U0938502

黃埔軍校史（增訂版）

1924-1927

HISTORY OF THE WHAMPOA MILITARY ACADEMY

曾慶榴——著

中華書局

序

黃克武

2014 年 6 月初，黃埔軍校建校 90 周年之際，我應廣州市社會科學院、黃埔軍校舊址紀念館等單位邀請，赴廣州參加「黃埔論壇」。該次論壇的主題是「黃埔軍校與百年中國」。參加論壇的大陸學者有汪朝光、許紀霖、曾慶榴；台灣學者有林德政與我。會中兩岸學者對於「黃埔精神」與「黃埔軍校對中國近代史的貢獻」等議題有深入的闡釋，大家的共識是黃埔軍校與整部中國近代史都有關連，要了解近代中國的歷史發展，尤其是中俄關係、國共的合與分、蔣介石與汪精衞的恩怨等，都繞不開黃埔軍校。

在該次論壇中我的發言主題是《黃埔軍校：國共兩黨共同的歷史記憶》，後來刊登在《同舟共進》2014 年第 8 期之上。在文中我指出：黃埔軍校創立於 1924 年，是孫中山「聯俄容共」政策下的重要產物。蘇聯提供制度、顧問與資金支援，目的是培養一支既具軍事實力又有政治信念的革命軍隊。蔣中正在創校之初擔任校長，這段經歷不僅奠定他的軍事領導地位，更成為他日後登上軍事、政治舞台的重要基礎。蔣說過：「余一生無私產亦不知有私產，私產者即我唯一之黃埔軍校耳！」由此可見他對黃埔軍校深厚情感。黃埔軍校不只是一所軍事學校，更是政治訓練的搖籃。黃埔軍校的校訓是「親愛精誠」，學生在這裏學到的是革命信念與國家責任感。從黃埔軍校走出了大批軍事與政治人才，如蔣中正、周恩來、聶榮臻、杜聿明、戴安瀾、謝晉元、林彪、徐向前、左權等。這一批將領對北伐戰爭、抗日戰爭乃至其後的國共內戰都有深遠的影響。

總結來說，黃埔軍校不只是現代中國軍事教育最具代表性的起點，更是國共兩黨從合作到破裂的縮影與蔣中正政治實踐的試煉場。這段歷史既充滿理想與熱血，也深藏矛盾與衝突，是國共兩黨共同的歷史記憶，值得我們深思。

在該次會議中，我也有幸認識曾慶榴教授。曾教授長期從事中國近代史的研究，在國共關係、黃埔軍校的歷史方面用力最深，可謂學界中黃埔軍校研究的第一人。2004 年他曾出版《共產黨人與黃埔軍校》集中研究 1924 年至 1927 年中國共產黨在黃埔軍校的組織及其活動。曾教授認為黃埔軍校對中共的影響，主要體現於兩點：一是在黃埔軍校工作、學習過的中共黨員（達 1000 多人，有姓名可考的將近 800 人，約佔前六期學生的十分之一），後來許多人投身中國革命，成為各路紅軍、各個革命根據地、各地中共組織的骨幹，在抗日時期和抗戰之後，也有許多人成為八路軍、新四軍和人民解放軍的骨幹；二是中共領導的軍隊繼承、發展了黃埔軍校創立的軍隊管理新體制，把政治工作作為軍隊的生命線，樹立並堅持以「党指揮槍」的原則。這是作者非常精準的論斷。

後來，曾教授又將對黃埔軍校共產黨人的研究，擴充到對黃埔軍校的全面研究，深入地挖掘國共兩黨這一段共同的歷史記憶。2024 年，在黃埔軍校建校 100 周年之際，他出版了《黃埔軍校史（1924 — 1927）》，還原了該校辦學的歷程並剖析其歷史意義。誠如作者所述：「這本書是對有關歷史問題做過較長時間的梳理、研究而寫出來的。」可謂畢生學術研究的心血結晶。我拜讀了這本大作之後，有幾點不成熟的感想。

首先，黃埔軍校的研究已經累積了豐碩的成果，不但推出了系列《黃埔軍校史料彙編》、先後出版多輯《黃埔軍校研究》，而且對各期學生有專門研究（陳予歡先生致力於此）。近年來，海峽兩岸又出版了許多相關人物的日記、回憶錄等（如《蔣介石日記》《胡宗南日記》《陳誠日記》《邵元沖日記》《張隱韜烈士日記》等；最近中研院近史所又公佈了劉峙的檔案、日記）。同時也有口述歷史的採訪，補充紙本史料的不足。本書是在大量而翔實的史料基礎之上，剪裁、撰述而成。作者一方面闡述黃埔軍校創辦、發展、演變過程，另一方面力圖揭示黃埔軍校的組織架構、規章制度、教學訓練和教官與學生活動的全貌，並對校內外發生的與本校有重大關連的各種事件，作出公允而客觀的分析。他又利用各種人名錄、報紙記載，詳述學校組織、教職員與學生背景、人數、教育特點（軍事與政治教育）等。其中不乏生動而有趣的故事。例如，作者在台灣「黨史館」找到一份檔案，上面顯示胡宗南在 1924 年投考黃埔軍校時，算術只考了 5 分（總分 100 分），評語是「中下老」，後來，因為「從寬錄取」，胡宗南才有機會成為黃埔軍校學生。沒想到這一位幾乎落第的學生，後來卻成為升遷最快、表現突出的將軍。這些事實從「微觀」與「宏觀」、「結構」與「變遷」等方面鮮活地呈現出這一段複雜的歷史。

其中作者利用蘇聯解密檔案（共產國際文件，蘇俄來華顧問、教官的報告）以及當事人撰寫的回憶錄、文章和著述等，還原了許多歷史細節，讓人印象最為深刻。如蘇聯向孫中山提供了約 200 萬金盧布的資金，用於軍校的校舍建設、武器採購及日常運營。1924 年 10 月「蘇聯運送武器的輪船『沃羅夫斯基號』到達虎門，船上載有 8000 支帶刺刀的俄式步槍、子彈 400 萬發等」。

其次，蘇聯軍事顧問團、教官，直接參與黃埔軍校的教學活動，包括課程設計（如戰術、炮兵、工兵科目）、課堂講授、操場訓練、野外演習與實戰指揮。這些人包括政治顧問鮑羅廷、軍事總顧問加倫、步兵顧問兼顧問長白禮別列夫、顧問長切列潘諾夫、政治顧問喀拉覺夫（羅加覺夫）、炮兵顧問嘉里列、工兵顧問互林等等。以上人員，許多參加過第一次世界大戰和俄國國內戰爭，並將他們的經驗融入黃埔軍校的教學和訓練。

然而這些史料也證明，蘇聯對黃埔軍校的介入並非單純「國際主義支援」，而是基於自身戰略利益的精密計算，並揭示蘇聯角色的雙重性。他們表面強調「國共團結」，實則暗中扶持共產黨力量。這種雙重性成為國共合作脆弱的根源。總之，本書讓我們充分了解俄國因素在黃埔軍校歷史中的複雜角色。

本書最重要的一個特色是作者不孤立地寫「校史」，而是以「校史」為中心，書寫歷史大勢、時代風雲。換言之，他把黃埔軍校放在 1924 年國共第一次合作，到 1927 年四一二慘劇之後「合作破裂與黃埔軍校的質變」的歷史過程之中，將重要的歷史事件與軍校的演變結合在一起。作者論述的主軸是「黨權」與「軍權」的較量，認為黃埔軍校並非單純的軍事學校，而是一個「黨權」與「軍權」博弈的舞台，這場博弈，正是理解蔣介石如何從「聯俄容共」走向「清黨反共」、最終發動「四一二政變」的關鍵。

以黨統軍、黨軍一體是孫中山建立黃埔軍校的核心理念，不過在孫中山逝世與廖仲愷被刺之後，孫中山的理念及其所設計的制度受到了衝擊。「黨權」與「軍權」相互制衡的平衡狀態不復存在。其後蔣介石透過一連串政治行動，以「軍權」對「黨權」的抵制完成了對國民黨的整合。其中「中山艦事件」是轉捩點，蔣以共產黨私調艦艇為藉口，驅逐蘇聯顧問與親共軍官，確立其對軍隊的控制。隨後，他和國民黨內的一些人合作，推動「整理黨務案」（1926 年 5 月國民黨二屆二中全會），「逼汪去職和以蔣代汪」，同時在上層清除共產黨，重組國民黨上層領導機構，將「黨權」收歸己手。1927 年 4 月初，蔣迎汪精衞返國，表面調和左右派，實則分化汪派、孤立共產黨，為「四一二清黨」鋪路。作者說：「這場以反對蔣的『軍權』擴張為目的的運動，最後卻以形成蔣的軍事獨裁而告終，其結局耐人尋味。」作者對於國民黨如何從「以黨領軍」變成「槍桿子左右了黨」的「質變」的描述，使我們在紛擾的歷史中，看到一條清晰的線索。繼之而來的是「聽命於蔣介石一人的『黃埔系』，縱橫於歷史的舞台」，此後，軍事長官缺乏「制度約束」，軍隊失去「政治工作的指引與管治」。這一方面說明了蔣介石為何能夠崛起，同時也解釋此舉埋下了後來失敗的種子。

黃埔軍校是中國近代史上的「一大事因緣」，20 世紀活躍於中國政軍舞台上的人物幾乎都與此校有關。本書以扎實的史料、細密的考據、公允的論斷呈現黃埔軍校從「聯共」到「反共」的來龍去脈。2024 年《黃埔軍校史（1924 — 1927）》出版之後深受讀者歡迎，最近將出版繁體字版，蒙曾慶榴先生的抬愛，要我撰寫序言，我深感榮幸。謹向曾先生表達最誠摯的祝賀之意，也希望讀者和我一樣，從這本力作中加深認識這一段國共糾結的歷史，並得到重要的啟示。

2025 年 4 月 8 日

（本文作者係台灣中研院近史所特聘研究員）

序

李吉奎

1924 年 1 月中國國民黨第一次全國代表大會期間，孫中山正式下令籌辦陸軍軍官學校，以蔣介石為籌備委員會委員長，指定廣州黃埔島原廣東陸軍小學、海軍學校舊址為校址。以故，陸軍軍官學校又被稱為黃埔軍校。

孫中山在興中會時期，經過 1895 年廣州重陽起義和 1900 年的惠州起義，已認識到依靠會黨反清，難於成事，於是於 1903 年在日本開辦青山軍事學校，招收學員進行訓練。中國同盟會成立後，孫中山鼓勵各同志進入日本士官學校、成城學校或振武學校學習。「二次革命」失敗後，孫中山在日本成立中華革命黨，其軍事部領導國內的中華革命軍東北軍等部，從事武裝鬥爭，並在日本設立軍事學校，培養軍事人才。孫中山從實踐中深刻地認識到，幹革命必須依靠筆桿子與槍桿子。靠筆桿子，體現於他強調宣傳的重要性，常引用拿破崙的話「報紙功力勝於三千毛瑟」，以啟示同黨；靠槍桿子，就是重視軍事幹部的培養，以造就革命軍的骨幹。但是，在 20 多年時間裏，孫中山旋起旋蹶，仍然是「革命尚未成功」。尤其是 1922 年 6 月 16 日陳炯明部發動兵變，炮擊觀音山總統府。孫中山踽踽於永豐兵艦，親信四散，待援無望，只得出走上海，暫住租界。殘酷的現實，使他不能不作深刻的反思，乃幡然悔悟，另謀出路，與共產國際、蘇聯及剛成立一年多的中國共產黨接洽，經過幾度磋商，終於在 1923 年 1 月 26 日發表《孫文越飛聯合宣言》，開始推行「聯俄」與「容共」。所謂「容共」，中國傳統「名從主人」，用孫中山的話語，是「容納共產分子」，中共黨員以個人身份參加國民黨（稱「黨內合作」），並非兩黨對等聯合。「聯俄」「容共」的最初也是最大的成果，便是國民黨第一次全國代表大會的召開（中共黨員參加國民黨中央執委、中央候補執委及擔任組織等部的部長、秘書），以及隨後成立的陸軍軍官學校（1924

年6月16日正式舉行開學典禮）。

初創時期的黃埔軍校，雖然有以巴甫洛夫、切列潘諾夫等人組成的蘇聯軍事顧問團的幫助，但開局難以完善，也未能全面推行蘇聯紅軍的軍事體制，短短半年左右，先後更換了戴季陶、邵元沖兩位政治部主任。只是到了1924年11月共產黨人周恩來任政治部主任以後，引進聶榮臻、熊雄、惲代英等人到黃埔軍校工作（聶任秘書，熊任副主任和代主任，惲任政治主任教官），建立體制，紅軍化的黃埔軍校才走上正軌。

國共兩黨中的黃埔軍校教官、學生在中國現代史上的重大作為，使黃埔軍校成為世界著名軍校，飲譽中外，黃埔軍校歷史研究在中國現代史、國民黨黨史、國民黨軍事史乃至國共關係史上，均居於重要的地位。國民黨將廣州、南京、成都所辦軍校以及遷台後的鳳山軍校，均冠以「黃埔」系統，出版了數量可觀的史料和論著。大陸方面，改革開放以來，學界急起直追，也出版了大量有關黃埔軍校的史料、論文和著述，在研究的廣度和深度方面，成果喜人。然而，綜觀有關資料與著述，無可諱言，尚未見到與黃埔軍校歷史地位相匹配的一部厚重而完善的《黃埔軍校史》出版。有求則有應，事情到了一定階段，必有轉機。現在，讀者可以慶幸的是，學界將會普遍認可、填補一項空白的《黃埔軍校史（1924—1927）》——曾慶榴教授的力作將刊行。

本書撰寫國共合作期間黃埔軍校在廣州辦學的歷史，前三期為陸軍軍官學校時期，第四至第六期為中央軍事政治學校時期，詳述黃埔軍校建校、建軍、改組、北伐以及在穗終結的方方面面的史事，緊扣國共兩黨攜手辦校這一主題，致力於闡述共產黨人與黃埔軍校的關係，認真梳理該校發展過程中出現的逆轉與質變，並對這所學校的歷史地位與研究的現實意義作了認真深入的分析探討。書中融匯了大量廣州大革命運動的史事，按史書規範撰寫，分五個部分、二十章，共約四十五萬言。全書結構嚴謹，條理清晰，史料豐贍，觀點明確，筆酣墨飽，洵為黃埔軍校歷史研究之集大成者，堪稱這一專題最為厚重之作。

著者從事黃埔軍校歷史研究已歷半世紀，出版多種專著和大量論文，對黃埔軍校許多歷史問題，均有所思考與研究，並有個人獨到的認識。縱覽全書，著者寫作之着力點，顯而易見：（一）孫中山創辦黃埔軍校的初衷；（二）蘇聯和共產黨人在黃埔建校、建軍中的作用；（三）黃埔軍校、國民革命軍「黨代表制」「政治部制」及「黨部制」的建立，軍校政治教育、軍隊政治工作、戰時政治工作的開展；（四）黃埔軍校開門辦學、學用結合的辦學特色；（五）在戰爭中學習戰爭（參加平定商團叛亂、兩次東征、討伐滇桂軍、北伐戰爭）；（六）黃埔軍校教官、學生的社會活動（援助工農學生運動）；（七）黃埔軍校左、右兩翼的分化及蔣介石的「軍權」擴張；（八）國民黨及黃埔軍校從「容共」到反共的演變；（九）黃埔軍校對各地革命運動的影響與輻射。凡此，均為在網羅中外文獻、分析諸家短長的基礎上，通盤斟酌、經久打磨、着墨尤多之筆。對此，讀者讀後當有所體認。

本書的另一特點是史料翔實。著者 1964 年考入中山大學歷史系，畢業後數十年間，主要從事中共黨史、廣東地方史的徵編、教學和研究工作，閱覽廣泛，對中方（包括港台）和俄方有關的史料，對黃埔軍校的檔案、書報，對蔣介石的日記、年譜，以及與黃埔軍校相關的口述史、回憶錄等，長期蒐集，孜孜以求，梳爬數十年，發微顯隱，所獲甚豐。

例如，書中對黃埔軍校兩「會」之爭、王懋功事件、布勃諾夫使團來穗、蔣介石的虎門之謀、蔣策劃排汪出局的「聯席會議」等史事的闡述，均以扎實的史料為依據，其中不乏個人所見，言人所未言。書中對黃埔軍校的教學情況，放筆而寫，特別是對他書涉及不多的第四、第五期的課程設置、教學方針方法等，作了全面的闡述，這也是重視史料發掘的結果。汪精衞 1926 年 3 月 25 日致張靜江函，是一通較為罕見的信函，著者發現於《馬敍倫自述》一書，並在本書「蔣介石逼汪去職」一章予以引用，從而對汪、蔣關係破裂的細節，作了深度揭示。所有這些，均可見其搜尋之勤，發覆工作之細緻。

此外，著者與黃埔軍校人士（在世教官、學生及其親屬）、學界和文博界人士及關注黃埔軍校歷史之社會人士交往密切，互相切磋，互證互補，從中獲得了不少有價值的史料，並加深了對黃埔軍校史學的認識。此書史料之翔實、富贍，他書實難望其項背。

《黃埔軍校史（1924—1927）》初稿寫成後，我有幸拜讀一遍，獲益匪淺。現又讀到校訂稿，感到此書政治導向正確，史實準確，在寫作上，用筆錯落有序，剪裁得體，收放自如，敍事、論事新意迭出。特別是，書中就共產黨人參與黃埔建校建軍的實踐對於中共早期軍事政治幹部的養成，對於人民軍隊建設的影響、作用和意義，作了嚴肅、認真的分析探討，觀點頗有見地。這尤為難得，也是著者立意之所在。綜合地看，這是一部下功夫寫作，並寫得成功之作。

《黃埔軍校史（1924—1927）》是曾慶榴教授在數十年的史料徵研基礎上寫成的學術著作。這本書的出版，是黃埔軍校歷史研究的一樁盛事，可喜可賀。慶榴教授邀我為此書作序，深感榮幸之至，但我對黃埔軍校的歷史研究不深，而又盛情難卻，於是勉強從命，寫了上面幾段文字，作為讀後感言，貽笑方家了。

謹此以報慶榴教授，並誠摯向讀者推薦這部新著。

2023 年 1 月 15 日

（本文作者係中山大學歷史學系教授）

代自序：黃埔軍校史五題

那是珠江中的一座小島，不足 9 平方公里。淺山起伏，林木葱蘢，浪拍堤岸；還有炮台、船塢、炊煙裊裊的村落……

島上早就出現過軍校了，水陸師學堂、魚雷學堂、陸軍小學、海軍學校等，是近代軍事教育的搖籃之一，堪稱軍校之島。

孫中山說，這裏適合練兵，辦軍校。1924 年誕生的黃埔軍校，即創設於此。

這是國共合作的產物。海內外熱血青年，紛紛「到黃埔去」！大批傑出的軍事、政治幹部，成長、輸出於茲。一座小島，影響了整整一個時代。建校至今，已經一百年了。

一、國共合作的產物

稱黃埔軍校是第一次國共合作的產物，這絕非出於虛擬。

辛亥革命後孫中山維護民主共和的鬥爭，目標是打倒軍閥，統一中國。孫中山說：創辦黃埔軍校「獨一無二的希望，就是創造革命軍，來挽救中國的危亡」。

中國共產黨成立後，通過對中國國情的認真分析和探討，逐步認識到必須開展反帝、反封建的國民革命，必須與國民黨合作，共同推進國民革命。是故，創辦軍校，建立革命軍，開展革命的武裝鬥爭，是時代的要求，也是國共兩黨的共識。

蘇聯對黃埔軍校的創辦給予了援助。1923 年 5 月，蘇聯決定向國民黨提供資金和物資，援助國民黨創建軍校。這年秋，鮑羅廷和首批蘇聯顧問到達廣州，參加黃埔軍校的籌創工作。軍校開學時，在廣州的蘇聯顧問有 20 多人，隨後，包括加倫在內的數十名顧問，先後到達廣州，他們深度介入軍校的教學、訓練，並參與率軍東征、北伐。1924 年 10 月，蘇聯援助的第一批軍械運至廣州，其中槍械 8000 支，子彈 400 萬發；1926 年 5 月，又有來福槍 20000 多支運至廣州；1926 年 10 月，蘇聯還給國民黨提供 24 架飛機，157 門野炮，128 門迫擊炮，295 挺重機槍，73993 支步槍。

顯然，假如沒有蘇聯全方位的人、財、物的援助，黃埔軍校是很難創辦起來的。

共產黨人積極參與黃埔軍校的創建。第一期招生時，李大釗、于樹德、譚平山、毛澤東、何叔衡、惲代英等，致力於為黃埔軍校引薦考生；毛澤東時任職於國民黨上海執行部，主持該校在北方地區的招考工作。1925 年和 1926 年，中共中央先後兩次發通告，指示各地為該校選送考生。

第一期學生入校前已加入共產黨者，有 30 多人。「中山艦事件」時，該校有共產黨員 500 多人，約佔前四期學生總數（4900 多人）的 10%。當時，廣東全省黨員 3700 多人，該校黨員約佔全省黨員的 13.5%。至大革命失敗時，在該校工作、學習過的共產黨員，共達千人以上，目前能查到姓名者，有 780 多人（未含武漢等分校）。當時，全國黨員不足 6 萬人，該校黨員按 1000 人計，約佔全國黨員的 1.7%。

大批共產黨員「到黃埔去」，是積極投身國民革命、踐行國共合作、以實際行動支持孫中山的舉動。

當時的黃埔軍校，是國民黨、共產黨兩黨成員近距離接觸、密切合作共事之平台。這是國共合作的前沿地帶，也是兩黨合作的成效最易彰顯於世的地帶。在國共合作的推動下，黃埔軍校在實踐中走出了一條成功辦學之路，在不長的時間內，培養出大批優秀的軍事、政治幹部。

二、戴季陶緣何棄職

戴季陶是國民黨的「理論家」。該校第一期入學國文試題，據說是他擬定的。軍校初創時，他任政治部主任。但他與黃埔軍校緣分不深。1924 年 6 月 16 日，軍校舉行開學典禮，6 月 19 日，他就棄職而去。如果從正式開學之日算起，他這個主任，總共只不過當了四天。個中情由，頗值得根究。

有文章說：「（戴季陶）講話總是販賣禮義廉恥、忠義孝節一套。由於學生哄他，不久就下台了。」按此，戴是被學生「哄」走的。又有文章說：「（戴）公開發表反動言論，中山先生甚為不滿。蔣介石與戴季陶關係甚密，即勸其辭職離粵去滬。」按此，戴是被蔣「勸」走的。《蔣介石年譜初稿》（第 209 頁）寫道：「共產黨幹部擠戴傳賢（戴季陶）去粵。」按此，戴是被共產黨「擠」走的。

那麼，戴季陶到底是被學生「哄」走的，被校長「勸」走的，還是被共產黨「擠」走的呢？

《黃埔潮》1925 年第二十四期所登《一年來政治部之概況》謂：「第一任的政治部主任便是戴季陶先生。他任事不久，因為和張繼、謝持為爭持共產黨員加入中國國民黨事起衝突，憤然離了黃埔軍校到上海去了。」張繼、謝持是國民黨第一屆中央監察委員。當時，張、謝致書孫中山和國民黨中央，說共產黨員加入國民黨，又在國民黨內成立「黨團」，是「危害」國民黨。此即國共關係史上有名之「六一八彈劾案」。張繼、謝持告共產黨之狀，牽扯到戴季陶。戴之棄職離粵，是他自己「憤然」出走的。

《黃埔潮》此文可信嗎？有另外的史料佐證嗎？讓我們讀一讀《邵元冲日記》吧。邵當時是國民黨第一屆中央候補委員、黃埔軍校教官。

邵 1924 年 6 月 18 日日記：「十時傾季陶來，談國民黨與共產黨之異同，謂其中條件，多無所區別，故不宜有界限存於其間。其說甚辯，談到十二時半始去。」

邵 6 月 19 日日記：「七時半至中央執行委員會，討論政府對農民之宣言，又討論及共產黨員之在本黨內有黨團之活動等舉動，由監察委員會委員鄧澤如、張繼、謝持等提出彈劾案，討論良久，各方間有爭論，建議待下次再加討論，十二時後始散。抵寓已一時頃，知季陶於今日下午猝行，赴港歸滬，殊為詫駭，棄置一切職務及學校課程而不顧，其神經病之深，殊為可虞。此事實難解決，為之惘惘不已。」

邵的日記說明，戴 6 月 19 日下午已出走，其直接原因，是他對張繼、謝持 6 月 18 日「彈劾共產黨案」有不同意見。

包惠僧撰《國民黨改組前後》，對張繼、戴季陶衝突，有十分具體的描述：張罵戴是共產黨的走狗，戴罵張是北洋軍閥的走卒。張罵戴「你從保皇黨幹到共產黨，是一個十足的反覆無常的小人」。並舉起拳頭要打戴。戴打張不過，當場大哭，於次日留了一個辭呈，跑到香港乘船到上海。

黃埔一期生張隱韜（共產黨員）的日記，也寫到這件事。

其一，張繼、謝持為右派中之尤甚者。「戴季陶所以不能在廣東立腳（他是在中央委員會的宣傳部部長及本校的政治部主任）而去上海，就是這個緣故。雖然本校也去電報請他回校，他是不肯的。其中有大不得之原因也。……因為他的宣傳部的部員多是共產黨，故引起右派之反對，而走去上海，先生之心，亦良苦哉。」（7 月 20 日）

其二，「左派的戴季陶先生，前因右派的攻擊而去滬，經本校及中央去電複來粵，在前些天來本校，吃了些校長的白眼羹，和學生也未得談話，就回省城去了。」（8 月 18 日）

包惠僧的文章和邵元沖、張隱韜的日記，說明戴這時與共產黨同坐一條板凳，他被張隱韜這些共產黨員稱為「左」派。戴之棄職，不是被「哄走」「勸走」，更非被共產黨「擠走」，而是因與張繼、謝持有思想、政見之衝突，自己「憤然」出走的。

然而，讓人大跌眼鏡的是，同樣是戴季陶，孫中山逝世後，很快就變聲、換調，從「左」派變成了右派了。他拋出「戴季陶主義」，鼓吹要發揮國民黨固有的「統一性」「獨佔性」「支配性」和「排他性」，以「純潔」三民主義，「淨化」國民黨。說穿了，是鼓吹排斥共產黨。戴季陶的「主義」，為瓦解革命統一戰線，分裂國共合作，提供了「理論」武器。

至此，戴季陶從國共合作的支持者，變成了極端反對者。

當國民黨已走上改組之路時，讓戴季陶這樣的「理論家」，讓這些人的「主義」主導了國民黨，是國民黨歷史的悲哀。戴的「主義」只是摧毀了國民黨的革新之路，而「淨化」不了國民黨，其後果是災難性的。1949 年 2 月，國民黨將敗出中國大陸，戴自戕於廣州。這分明就是一條失敗之路。

三、李之龍與賀衷寒

許多讀者關注黃埔兩「會」之爭。兩「會」一為中國青年軍人聯合會，即「青軍會」；一為孫文主義學會，簡稱「孫會」。左翼、右翼，嶄然對壘。此乃宏大敍事，非三言兩語可以說清楚。然而就事論事，則與李之龍、賀衷寒二人的糾結，不無關聯。

李之龍早年就讀於煙台海軍學校，很早加入共產黨，1924 年初已是中共漢口地委成員。因為懂外語，他與蘇聯顧問靠得很近。在第一期學生中，李風頭頗勁，開學不久，當選國民黨黃埔軍校特別區黨部執行委員。當選之後，居然擺出新委員的架勢，訓斥他的同學張隱韜、趙枏（張、趙是共產黨員）等，說：「我就有管你們的權力！」對此，張感到「極憤恨」，在他的日記中寫道：李「乳毛未乾，一步登天」，擺臭架子嚇人。可見，李少年氣盛，恃才傲物，許多同學都看不慣他的做派，對他嘖有煩言。

賀衷寒也是黃埔軍校第一期學生。賀早年在武漢參加社會主義青年團，在黃埔軍校第一期學生的「詳細調查表」上，賀寫道：「民十（1921 年）代表武漢社會主義青年團列席遠東民族及少年共產黨兩會議。」包惠僧（中共一大代表、曾任武昌共產黨臨時支部書記）在他的回憶錄中說：賀衷寒入讀黃埔軍校後，「希望鑽到共產黨或是青年團裏」。

1925 年 1 月，「青軍會」成立。陸軍軍官學校的代表是李之龍、蔣先雲、賀衷寒、曾擴情；蔣先雲任「青軍會」常務委員，賀衷寒任秘書。在「青軍會」的期刊《中國軍人》創刊號上，賀還發表《青年軍人與軍閥》，署名「衷寒」。

可見，直到第一期畢業、「青軍會」成立時，賀衷寒與蔣先雲這些共產黨員還是站在同一條戰線上的。他一度是「青軍會」秘書，包惠僧說賀「希望鑽到共產黨或是青年團裏」，並沒有說錯。

但是，賀衷寒碰了個釘子。原因是：往年參加遠東會議時，賀因「不服從中國代表團團長張國燾的領導，回國後被開除團籍」。這應當是賀內心拂之不去的陰影。他在「詳細調查表」上填寫了代表武漢青年團參加遠東會議一事，但未說明回國後已被開除，藏着、掖着，希冀蒙混過關。

問題就出在這裏。賀參加遠東會議，持的是武漢社會主義青年團駐會總幹事董必武簽字的介紹信。恰好，李之龍早年也是武漢社會主義青年團成員，1922 年 4 月 9 日，武漢青年團組織致函青年團臨時中央：「五五廣州大會

（指 1922 年 5 月 5 日在廣州召開的青年團第一次全國代表大會）共推李之龍出席。」（李因故未出席）故李之龍、賀衷寒二人，同為武漢社會主義青年團成員，早就互相認識，彼此知根知底。賀被開除團籍一事，瞞得了別人，瞞不過李之龍。

包惠僧回憶錄說：賀衷寒「冒充青年團員，而被李之龍揭破」。賀衷寒向左靠攏的希望，可能就這樣破滅了。1926 年 2 月，鮑羅廷在北京向聯共（布）中央政治局使團（布勃諾夫使團）報告廣州工作，其中說：「（孫文主義學會）最主要的領導人同我一起從廣州來到這裏，現住在北京等護照，要去俄國留學。原來這位同志曾八次提交加入共產黨的申請，八次遭到拒絕。」鮑所說八次申請加入中共、八次遭拒絕的人，顯然是指賀衷寒。

鮑羅廷說：「當我想知道為什麼不接受他入黨時，老實說，我並沒有從共產黨那裏得到令人滿意的答覆。這是個錯誤。如果讓他加入共產黨，他會對這個學會產生另一種影響。然而他卻被拒之門外。」賀衷寒向「左」走不通，遂退出「青軍會」，參與組織孫文主義學會，充當了「孫會」的一員幹將。

賀因不服從張國燾領導而被開除，其細節已無從考究。看來，「揭破」賀的隱瞞，理在李之龍；然如何處置，則值得斟酌。1926 年 4 月，中國青年軍人聯合會宣佈自動解散，其「通電」謂：「本會同志……簡陋、疏忽、粗直」，並指名道姓，直說李之龍「粗浮」。可見，當事者已對此有所反思。「粗浮」者，既「粗」且「浮」，器小識短也，對有過錯但仍可以團結、爭取的人，不給出路與機會，而將他推向反面，這當然是不智之舉。

後續的故事是，「中山艦事件」前夕，充當了「孫會」頭領的賀衷寒，被調離廣東，赴俄留學。此後，他是一路跟蔣走的。而李之龍，在「中山艦事件」中卻倒了大霉，遭人誣陷，被蔣逮捕。他宣佈退出共產黨，後又被反動派槍殺。在革命史上，李之龍是個悲劇角色。讀史至此，亦令人扼腕而歎矣。

四、桂永清向曹淵懺悔

黃埔軍校是國共合作的產物。國共兩黨成員在該校近距離接觸，同室而居，同窗共硯，在同一個操場上訓練，同一條戰壕上作戰。當然有意識形態分歧，有思想衝突，甚至是激烈的衝突。但黃埔同學的關係很特殊，不應泛泛而論，簡單畫線。

我們就來讀一讀蔣先雲和蔡光舉的故事吧。

蔣先雲是第一期第一隊學生，蔡光舉是第一期第三隊學生。1925 年 2 月，蔣、蔡二位同學一同參加了第一次東征。2 月 14 日，東征軍發起淡水攻城之戰。戰鬥中，任第一團第三營黨代表的蔡光舉中彈，被打穿了肚子。蔣先雲在《從前敵歸來》一文中這樣寫道：「我奉校長命去扶持他，他只說：『先雲，趕快為我醫治，逆賊正待我們痛殺！』」蔡光舉旋即犧牲。

蔣先雲，是毛澤東介紹加入共產黨的，也經毛澤東介紹考入黃埔軍校，是一位著名共產黨員。蔡光舉，廈門大學文科修業，1924 年 3 月 1 日在上海第三區第四分部加入國民黨。

蔡光舉在作戰中負了重傷，蔣先雲奉校長之命去救護他，是為第一次東征時，黃埔同學不分畛域，在同一條戰壕中並肩戰鬥的真實場景，是一個有代表性的、有文字記載的場景。

曹淵和桂永清的故事也很有意思，很值得一讀。桂永清是黃埔第一期第二隊學生。第一次東征時，桂任黃埔軍校教導團的連長。在興寧，他「擅自沒收敵人財物，寄歸家中」，被校長判定死刑（《蔣介石年譜初稿》第 337 頁）。因為黃埔同學聯呈中央執行委員會，念其有戰功，請從寬處治，免以死罪。桂遂被寄押於興寧縣監獄中。當時，黃埔軍校政治部主任周恩來兼任該校軍法處處長。周恩來於是致函興寧縣縣長羅師揚：「望於其飲食居處較予優待，惟看管則仍須嚴緊毋懈。」（周恩來致羅師揚函，1925 年 4 月 15 日）

曹淵，安徽壽縣人，第一期第三隊學生，共產黨員。第一次東征時，曹任黃埔軍校教導團學兵連黨代表、第八連連長；第二次東征時升任營長；北伐戰爭時，任葉挺獨立團第一營營長。1926 年 9 月 5 日，曹淵壯烈犧牲於北伐武昌攻城之役。曹淵的故事，感動了許多人。

當時，桂永清在汕頭，在報上讀到曹淵英勇犧牲的消息。曹淵說：「我是營長，當然我先扒城！」帶頭攀登城牆，說白了，就是帶頭去送死。面對這樣的危險，曹淵毫不猶豫，結果，曹淵壯烈犧牲於武昌城下。這使桂永清大受感動。他說：「這樣的營長，這樣的士兵，這樣的血戰，中國歷代的戰史上，幾曾見過這樣的死，這樣的事？」

1926 年 9 月 30 日，也就是曹淵犧牲二十五天後，桂永清在孫文主義學會的刊物《青白花》上，發表《同學曹淵同志之死》一文。桂永清寫道：「我應該向他（曹淵）懺悔。」

對此，我們應做點解讀。曹淵是共產黨員，中國青年軍人聯合會會員；桂永清是國民黨員，孫文主義學會成員。他們分屬於兩大截然對立的政治派別，思想意識不同，政治觀點不同。對此，桂永清雖未明說，但明了於心。他們是同一期的同學，一同參加兩次東征，當然有來往、有交集。然而，曹淵事跡感動了他，讓他一時拋開了思想分歧與派別之爭。在文中桂永清又寫道：「所以，現在我深恨往日對於曹淵同志不能有真確的認識，而要請他『在天之靈』容納我的懺悔！」他並寫道：「所欠故人惟一死，頭顱墮地作雷鳴。」

可見，黃埔同學的關係，有其特別之處。他們愛國、革命的初衷是一致的，為此，他們浴血奮戰於同一條戰壕上。血凝之誼，有時會超越於意識形態、政治觀點之畛域。孫文主義學會的桂永清，向共產黨員曹淵「懺悔」，不正說明了這一點嗎？

數十年之後，在東征中犯過錯誤的桂永清，成為國民黨高級將領，任國民黨軍隊海軍總司令。想當年，犯錯誤的桂永清被校長定死罪時，他的「同學」聯名上書營救他，「同學」之中，很可能就有共產黨員。而被寄押於興寧監獄時，周恩來又特別關照「於其飲食居處較予優待」（這一點桂可能不知道），事過境遷，清夜追懷，桂永清對此作何感想，吾人不得而知。但北伐時他被曹淵的事跡感動，寫文章向曹淵表示「懺悔」，他一定難以忘懷。

黃埔軍校同學會會長林上元說：「多年來，兩岸同學之間形成了千絲萬縷的聯繫。即使在海峽兩岸處於不相往來的年代裏，黃埔同學間也一直保持着交往和聯繫；即使在兩岸關係高度緊張的時候，黃埔同學關係仍保持相對穩定。這種深厚的人文、歷史淵源，對促進兩岸之間的交流發揮着重要作用。」

什麼是黃埔情緣？林會長以上一段話，是很好的解讀。

五、安體誠——闡釋「黃埔精神」第一人

1926年9月23日，安體誠發表《什麼是黃埔精神》一文，文中說：「（黃埔軍校）在中國已形成一種勢力，已成為中國革命工作上很有關係的一個組織了。這其中有它的特殊精神存在，已是本校和留意本校的人人都能感到而且都承認的了。它的精神，有以名之，名之曰『黃埔精神』！」

安體誠，黃埔軍校政治教官、該校政治部宣傳科長，共產黨員。目前所知，安教官這篇刊登於《黃埔日刊》的文章，是「黃埔精神」四字在傳媒上的首次亮相。

安教官是首先提出黃埔軍校精神是「特殊精神」，並第一次將這種精神命名為「黃埔精神」的人。故「黃埔精神」之發明權，非安教官莫屬。這應無異議。

安教官此文要點：一、「黃埔精神」是「信仰並真正實行中山主義」的精神，是建立在愛國、革命基礎之上的精神。二、「黃埔精神」的培育，既受「歷史與環境的支配」，又是「各分子人為的努力」的結果。三、弘揚「黃埔精神」，是黃埔軍人的「本分和使命」。

安教官對「黃埔精神」含義及其來由的闡述，極為精當。

「黃埔精神」是與黃埔軍人的核心價值觀即革命人生觀聯繫在一起的。革命不僅基於歷史、社會、政治層面的理解，也基於道德、人格、精神的追求。「黃埔精神」的形成，是黃埔軍人的革命人生觀經過校園熙育（政治教育）與戰場淬煉後的提升，質言之，是軍人血性與尚武精神的提升。有人評論說：淡水之戰，是「黃埔精神」初露鋒芒；棉湖大捷，是「黃埔精神」之異彩綻放；惠州攻城之役，是「黃埔精神」的發揚光大。「黃埔精神」一經形成，即成為全校教官、學生共有的精神家園，是對黃埔軍人的日常行為，特別是對他們的戰場表現能夠起到支配、規範和激勵作用的精神因素。堅守和發揚「黃埔精神」，可轉化為物質力量，釋放出軍事能量。

安教官此文發表後，當年10月，黃埔軍校舉行第四期畢業典禮。炮兵大隊第二隊學生郭俊英代表畢業同學發表演說，呼籲黃埔同學擁護、實行孫中山三大政策，擁護農工利益，發揚「黃埔精神」。這位郭俊英，後名郭化若，

是中國人民解放軍傑出的軍事理論家、軍事教育家，授中將軍銜。

1927 年 3 月 8 日，為陸軍軍官學校改名中央軍事政治學校一周年之紀念日。這一天，該校政治部主任熊雄發表《本校開學周年紀念之意義》，提出要發揚「黃埔精神」。熊雄說：「『黃埔精神』，不是上不接天，下不接地的，並非空洞的東西，乃是全體同志深知時代的需要，明了主義政策，肯為革命而努力犧牲的表現。全體黨員同志，務須看清自己的責任，加緊自己的工作，然後才能發揚『黃埔精神』！」

此後，黃埔軍校的道路雖然出現曲折，但「黃埔精神」一語，並未淡化。至南京辦學時，張治中教育長說：「『黃埔精神』是真正的革命精神。」

歲月匆匆，數十年過去了，早年闡釋「黃埔精神」的安體誠教官、熊雄主任等，早已不在人世，然而「黃埔精神」這四個字，仍然十分鮮活，使用率十分高。長期以來，不少出自黃埔軍校的人物，無論身在大陸，或寓居境外，都在講「黃埔精神」，不斷在他們的文章、著述中，寫着「黃埔精神」這四個字。兩岸傳媒也總是在這四個字上面，做着做不完的文章。這說明，在黃埔建校、建軍中鑄就的，以愛國愛民、精誠團結、勇敢無畏為主要特徵的「黃埔精神」，是黃埔軍校寶貴的精神遺產，仍有着當代價值。

目錄

序　／黃克武　i

序　／李吉奎　v

代自序：黃埔軍校史五題　ix

引言　001

第一部分　黃埔軍校的創建

第一章　背景、醞釀與準備　008

第一節　軍校創立的背景　008

第二節　「孫逸仙博士代表團」訪蘇聯　020

第三節　國民黨改組「試驗」與軍校創設案的議決　028

第二章　陸軍軍官學校的創建　034

第一節　國民黨一大與軍校籌委會的成立　034

第二節　黃埔軍校的籌建　037

第三節　蔣介石辭職事件　044

第四節　開學典禮　049

第三章　組織與人事　052

第一節　組織機構　052

第二節　前三期教職員 053
第三節　師資來源 057
第四節　教官團隊的特點 063

第四章　黃埔軍校學生 067
第一節　前三期學生 067
第二節　生源、學歷、閱歷與社會關係 069
第三節　「到黃埔去」 076

第五章　共產黨員與黨的組織 080
第一節　教職員中的共產黨員 080
第二節　前三期學生中的共產黨員 086
第三節　黨的組織 089
第四節　作用與影響 092

第六章　黃埔軍校的教育 097
第一節　學科與術科 097
第二節　黃埔軍校軍事教育的特點 099
第三節　思想政治教育 109

第七章　治校、治軍舉措 114
第一節　「精神訓話」 114
第二節　「連坐法」的頒佈 118
第三節　效法曾、胡、左 121
第四節　「以俄為師」 125

第二部分　黃埔建軍

第八章　以黃埔官生為骨幹建軍 130
第一節　黃埔軍校校屬部隊的產生 130

第二節　黨代表、政治部和黨部　138
第三節　軍隊政治工作　145
第四節　國民革命軍第一軍的建立　148

第九章　黃埔軍校與廣東戰爭　156
第一節　平定商團之亂　156
第二節　首次東征　162
第三節　回師廣州　167
第四節　第二次東征　170
第五節　黃埔勢力之崛起　176

第十章　孫中山、廖仲愷之死對國民黨和黃埔軍校的影響　182
第一節　孫中山逝世與國民黨的分化　182
第二節　廖仲愷被戕　186
第三節　「廖案」後的汪蔣秉政　190
第四節　孫、廖之死對黃埔軍校的影響　196

第十一章　黃埔兩「會」之爭　199
第一節　左、右兩翼的分化　199
第二節　中國青年軍人聯合會　204
第三節　孫文主義學會　209
第四節　風波迭起，「調」而不和　214

第三部分　黃埔軍校的改組

第十二章　陸軍軍官學校改組為中央軍事政治學校　222
第一節　國民黨二大與軍校改組　222
第二節　第四期教官與學生　226
第三節　「政治科」之創設　231
第四節　軍事教學與訓練　236

第十三章　軍校政治環境的變化　240
第一節　蔣介石政治態度之變　240
第二節　黃埔兩「會」態勢之變　246
第三節　汪、蔣關係之變　254

第十四章　中山艦事件　259
第一節　二二六：蔣介石的試劍之舉　259
第二節　三二〇：重拳打在影子上　265
第三節　聯共（布）中央政治局使團的退讓　269
第四節　蔣介石的將錯就錯　275

第十五章　蔣介石逼汪去職　280
第一節　虎門之謀：對汪上綱定性　280
第二節　四一六會議：排汪出局　285
第三節　鮑羅廷、蔣介石之「君子協定」　289
第四節　整理黨務案　293

第四部分　黃埔軍校與北伐戰爭

第十六章　北伐風雲　298
第一節　北伐戰爭緣起　298
第二節　北伐軍中的黃埔教官和學生　302
第三節　北伐進程之蔣介石與鄧演達　310

第十七章　北伐「迎汪」運動　314
第一節　汪的復職試探及反響　314
第二節　廣州聯席會議與「迎汪」復職　319
第三節　遷都之爭與「迎汪」抑蔣　323
第四節　「黨權」與「軍權」再較量　328

第十八章　黃埔軍校在北伐期間的擴展　335
第一節　統戰格局的維護　335
第二節　第五、六期教官與學生　340
第三節　教學與教研活動　346
第四節　武漢軍校的開辦　356

第五部分　黃埔軍校在廣州的終結

第十九章　國共合作破裂與黃埔軍校的質變　364
第一節　風雲驟變的 1927 年春天　364
第二節　黃埔軍校「清黨」——血雨腥風的日子　369
第三節　國共合作的黃埔軍校的終結　377

第二十章　黃埔軍校後話　380
第一節　黃埔軍校的變遷　380
第二節　黃埔軍人的走向　384
第三節　綴語　394

史事簡表　397

參考文獻　404

後記　417

引言

黃埔軍校創辦於 20 世紀 20 年代。這是第一次國共合作與中國大革命運動的產物，是一所對中國近現代歷史進程產生了重大影響的軍事政治名校。在廣州，黃埔軍校舊址名聞中外，是一道著名的革命歷史文化景觀。

黃埔軍校的史料較為豐富。孫中山、廖仲愷、蔣介石及蘇俄、國民黨、共產黨的眾多人物在黃埔軍校的活動，分別有或詳或略的文字記載；黃埔軍校軍事學科、術科和政治教育的內容，一般有資料可查，相關的教學大綱、講義、講演錄等，有的已專冊出版，有的已收錄於各種書刊中；黃埔軍校教官、學生參加東征、北伐的情況，不少見諸已出版的征戰錄或實戰記。尤為難得的是，黃埔軍校出版過多種期刊和報紙，除發表教官、學生的言論撰述外，還大量報道軍校的教學活動和社會活動，從中可以窺見軍校辦學的一些具體情況以及軍校與社會的種種聯繫，了解軍校教官、學生參加社會政治、軍事、黨務活動和投身工農運動的情況。這些期刊報紙不少得以保存。黃埔軍校很早成立「籌備校史編纂委員會」（1925 年 9 月 13 日），每一期都編印有同學錄，至 20 世紀 30 年代，還出版了《中央陸軍軍官學校史稿》。

值得注意的是，大量有關黃埔軍校的史料，是交錯積沉於歷史當事者的撰述或相關資料之中的。毛思誠根據蔣介石的日記、文電、函稿、演說詞等，纂成《蔣公介石年譜初稿》，蔣親自審定修改，1937 年 3 月以《民國十五年以前之蔣介石先生》的書名出版，但刪改了「年譜初稿」的若干內容。1992 年 12 月，檔案出版社出版中國第二歷史檔案館編《蔣介石年譜初稿》時，恢復了「年譜初稿」的面貌。這兩本書保留了黃埔軍校相當多的史料，對照着看，更能全面認識軍校深層次的一些問題。眾多黃埔軍校人物不同時期、不同形式的撰述，也不同程度地反映了黃埔軍校的辦學情況。如第二任政治部主任邵元沖的日記，有不少關於黃埔軍校的記述。第一期學生張隱韜入讀軍校前後的日記，具體記述了第一期招生、上課、軍訓和參加平定商團之役的經過，是親歷黃埔軍校初創階段的簡樸記述。蘇聯顧問鮑羅廷當年在各種場合所作的講話、報告和所發的書信，很多涉及黃埔軍校的內部情況。軍事顧問加倫不僅是一位傑出的軍事家，而且勤於寫作，他的《廣東戰事隨筆》中文譯本近 30 萬字，其中許多內容都與黃埔軍校直接相關。切列潘諾夫是軍校軍事教官，離華後所撰《中國國民革命軍的北伐》，是以蘇聯教官的身份參與黃埔軍校工作的親歷、親見之作。

因黃埔軍校歷史地位和作用影響的重要性，也因這所學校的歷史蘊含具有一定的學術魅力，長期以來，不斷有人致力於黃埔軍校史的研究和寫作。大致的情況是：（一）在關於中國近現代史、中華民國史、國民黨史、中共黨史以及中國軍事史、政治史的著作（包括港台和海外學者所作）中，有專門章節或一定篇幅論列黃埔軍校的史事；（二）在有關孫中山、廖仲愷、蔣介石以及黃埔眾多教官學生的傳記作品中，有一定篇幅介紹、評述他們在黃埔軍校的活動；（三）整理出版了《黃埔軍校史料（1924—1927）》，並陸續推出了卷帙浩繁的《黃埔軍校史料彙編》；（四）出版了《黃埔軍校圖志》《黃埔軍校史話》《大革命時期的黃埔軍校史略》《黃埔軍校名人名將名帥》等一批圖書；（五）出版了若干關於黃埔軍校的研究著述，發表了相當多的專題論文等。近 20 年來，黃埔軍校的研究在各地頗受重視，廣州「黃埔軍校研究中心」先後出版多輯《黃埔軍校研究》，在學術界產生了一定的影響。

總的看來，對黃埔軍校歷史的研究不但是有意義的，撰寫「黃埔軍校史」也是有條件和有基礎的，並取得了豐碩的成果。然而，此前的研究尚有待於深入，主要是因為還沒有專門的論著出版。已有的文論，有的是嵌接在其他著述之中，作為其書稿的組成部分而出現的，缺乏論述的完整性；有的是有一定論述範圍的專題之作，而不是對黃埔軍校歷史的全面、系統的撰述；有的「將帥錄」「名人傳」「征戰錄」，冠以黃埔軍校之名，但提及黃埔軍校的內容卻不多；有的還停留在對史料的整理編印階段，尚未作進一步的研究。迄今未見有「黃埔軍校史」一書出版，這不能不說是一個遺憾。

本書是努力遵循歷史唯物主義，按史學規範撰寫「黃埔軍校史」的嘗試之作。茲將筆者的寫作意圖和內容預設，簡述如下。

一、黃埔軍校是為適應時代的需要而誕生，又對歷史發展的走向產生了巨大影響的一所學校。本書是撰述黃埔軍校創辦、發展、演變過程的專門之作，力圖揭示黃埔軍校的組織架構、規章制度、教學訓練和教官學生活動的全貌，並對校內外發生的與本校有重大關聯的事件，作出歷史、客觀的分析。本書撰述黃埔軍校的歷史，將不可避免地要涉及第一次國共合作和中國大革命運動的大量史事。筆者的意圖在於：既要在國共合作與大革命運動的背景下詮釋黃埔軍校的歷史，又要對黃埔軍校作用於、影響於國共合作和大革命運動的種種因素，作出應有的梳理、分析和評述。筆者所預期的「黃埔軍校史」，是一部以「校史」為中心，融匯相關史料，全面展現 20 世紀 20 年代中期中國革命風雲的學術專著。

二、本書撰述的範圍，是從 1923 年黃埔軍校的籌創，至 1927 年夏秋國共關係破裂及黃埔軍校質變為止。這是在國共合作的歷史條件下，黃埔軍校在廣州創建、發展、演變的全過程。此為本書的骨架和主要部分。黃埔長洲島 1927 年夏季後所辦的軍校，以及後來在南京、成都所辦的軍校（包括各地的分校），雖然仍然稱為「黃埔軍校」，但性質已變，已不是國共合作創辦的軍校。這些學校的史事，宜另立專題來研究和寫作，本書只作為軍校變遷而略加交代，不予詳細撰述。

三、扣緊國共兩黨攜手建校、建軍的主題。本書以撰述黃埔軍校的史事為中心，大體設想是：（一）按陸軍軍官學校（1924 年 5 月至 1926 年 3 月）和中央軍事政治學校（1926 年 3 月至 1927 年 4 月）兩個階段，闡述軍校辦學的經過。陸軍軍官學校為前三期，中央軍事政治學校為第四、五、六期。兩個階段互相連接，但因政治因素、人事關係變動的影響，黃埔軍校各方面的情況也出現了複雜的變化。本書力圖對此作細化梳理，以揭示黃埔軍校辦學進程的複雜性及教學、訓練內容的多樣性。（二）設專門章節撰述黃埔軍校軍隊建設的情況，包括黃埔建校與建軍的關係，軍校「教導團」「黨軍」和「國民革命軍」的建立發展，軍隊「黨代表制」「政治部制」「黨部制」的建立及其意義等，以展示黃埔軍校以「校」建「軍」，「校」「軍」一體，以「軍」強「校」的特點。（三）按時間順序撰述軍校教官、學生參加兩次東征和北伐戰爭的經過，以體現戰場是黃埔軍校的「特色課堂」，「在戰爭中學習戰爭」是黃埔軍校辦學的基本經驗。

四、致力於撰述共產黨人與黃埔軍校的關係。黃埔軍校不僅有許多蘇聯顧問教官參與，而且自籌創之日起，陸續有大批中共黨員在校內、軍隊工作，或在軍校各期、各科學習。本書將細繹共產黨人在黃埔軍校活動的情況及其對黃埔軍校所作的建設性貢獻：（一）共產黨人進入黃埔軍校的動機、因緣，各期教職員和學生中的共產黨員和黨組織的情況。（二）共產黨人在黃埔建校、建軍中的作用，特別是在軍校政治教育、軍隊政治工作和戰時政治工作中發揮的作用。（三）軍校共產黨人參加社會政治活動和援助工農革命運動的情況，包括分赴各地開展武裝鬥爭的情況。（四）共產黨人參加黃埔軍校的深遠意義。參加黃埔軍校，是中國共產黨人認識武裝鬥爭的重要性、從事武裝鬥爭實踐和嘗試獨立組建軍隊的開端；中共早期的軍事、政治幹部，許多出自黃埔軍校；共產黨人在黃埔軍校主持政治教育和軍隊政治工作，對此後中國共產黨領導的人民軍隊的建設發展，產生了深刻的影響。這些內容，將在有關章節中予以闡述。

五、認真梳理黃埔軍校在發展進程中出現逆轉與質變的相關情況。黃埔軍校是孫中山手創、得到蘇聯大力支持並有大批共產黨員積極參加的軍事政治學校。黃埔軍校創立後所發生的種種變動，在本書中，必然要有所涉及。本書將擴大視野，聯繫國民黨及國民革命營壘的複雜情況，並聯繫中國大革命運動發展變動的複雜形勢，力圖對黃埔軍校的逆向演變及其內因、外因作出客觀的分析。主要着墨點為：孫中山、廖仲愷逝世後國民黨的分化；黃埔軍校左、右兩翼的形成及其活動；胡漢民、汪精衞、蔣介石的權力角逐；蔣介石軍事實力的擴張及「軍權」對「黨權」的挑戰；蘇聯顧問團指導思想、人事關係變動的影響；等等。本書有意在國民黨從「聯共」到「反共」轉變的大背景下，梳理黃埔軍校逆向轉變的漸進性和階段性，並揭示軍校的逆變對國共關係的破裂和大革命的失敗產生的影響，以期深化對黃埔軍校歷史經驗教訓的研究。

「黃埔軍校史」是專題性寫作，時間、地域跨度雖不算大，但牽涉的歷史事件多，問題複雜，千頭萬緒。區區一座江中之島，與國民黨左右兩派的關係、國共兩黨關係、中俄關係關聯着，甚至影響了整整一個時代。佛經有「芥子納須彌」之說，謂崇高之「須彌」（神話中的高山），納於微細的「芥子」（菜籽）之中。套用此語，比喻黃埔軍校雖小而容納至大，或不為過。本書的寫作，難就難在這裏，既要寫足、寫好黃埔軍校，又要寫出黃埔軍校包容之大、輻射之廣，這談何容易？筆者學養未足，乏剪裁潤色之功，暮年秉筆，思緒滯澀，故臨文未免疑慮，躊躇猶豫再三。現開弓再無回頭箭，惟秉承「永遠在路上」的精神，決心將這一寫作進行到底。但願有始有終，靜心澄慮，擬出並打磨好書稿，以不負學界、師友和各地讀者的期待，並了卻一宗多年的心願。

第一部分

黃埔軍校的創建

第一章　背景、醞釀與準備

第一節　軍校創立的背景

廣州黃埔，有辦軍事學堂、辦軍校的傳統，是中國近代軍事教育搖籃之一。1924 年陸軍軍官學校誕生前之 37 年（1887 年），黃埔即有軍事學堂之設。軍事教育落地於長洲島，是近代廣州一道引人注目的景觀。

當時，達爾文學說流行，「物競天擇」「適者生存」之說大倡，意思是生存空間有限，世界是強者、優勝者的世界，弱肉強食，天經地義。弱小國家、弱勢羣體，從中讀出了深深的危機感。中國落後，落後必捱打。達爾文學說的中譯者嚴復，呼籲國人從沉睡中覺醒，保種自強，救國圖存。19 世紀以來，國際社會把振興軍隊作為抓手。普魯士人先走一步，通過軍事變革，訓練新軍，實現了德意志的統一，遂崛起而為軍事強國。許多國家都想走德國的道路，整軍經武，以軍興國，成為世界性的潮流。急起救國圖存的中國人，喊着「軍國民主義」口號，也想走興軍強國的道路。

在中國，鴉片戰爭後，清朝軍隊（「八旗」「綠營」「營勇」等）日趨沒落，軍事改革的呼聲不可阻擋。上上下下，要求整軍經武，更新軍制，提高軍隊的作戰能力。19 世紀下半葉以來軍事學堂在黃埔的舉辦及其延續，實為晚清「軍事自強」運動的反映。在廣州黃埔之長洲島，在這座江中小島上，湧現了一所又一所的軍事學堂或軍校，走在各地整軍經武、振興軍事教育的前頭。

由於種種歷史原因，晚清「軍事自強」運動沒有達到讓清王朝免於衰敗的目的。在辛亥革命的烽火中，清王朝轟然倒塌。在帝制向民國轉變的大變局、大潮流中，由於袁世凱開歷史倒車，致使政治步入歧途，社會秩序失去控制，國家陷入混亂。這樣，全國各地在自強呼聲中編練的「新軍」、派赴外國學習軍事的學生，以及從各種軍事學堂走出的軍人，為時代與潮流所驅動，各自走上了不同而曲折的道路。有的加入反清及創立民國的行列；有的陷於迷惘，徘徊於十字路口，不知所措，繼而為野心家所操弄，成為擁兵割據的工具。地方軍事集團，如直系、皖系、奉系、晉軍、川軍、魯軍、豫軍、滇軍、桂軍等，大量湧現，軍人干政，武力割據，戰火蔓延，社會動亂。「軍閥」這個稱號，進入民國之後，變得婦孺皆知，無人不知其為社會之禍害。孫中山辛亥革命後維護共和的鬥爭，目標是打倒軍閥，統一中國。誕生不久的中國共產黨，這時明確指出：「軍閥政治是中國內憂外患的源泉，也是人民受痛苦的源泉，若沒有較新的政治組織——即民主政治，來代替現在不良的政治組織——即軍閥政治，這樣狀況是必然要繼續下去的。」[1] 中共並提出「消除內亂，打倒軍閥，建設國內和平」的綱領。[2] 打倒軍閥，統一中國，乃時代的要求，是推動歷史前進應有的擔當。

要打倒軍閥，就要掌握軍隊，就要培植革命軍事人才。基於推進中國革命的需要，至 1924 年，乃有陸軍軍官學校（黃埔軍校）創建之舉。這是中華民國締造者、中國國民黨總理孫中山長期思考、摸索的結果，也是蘇聯和中國共產黨人積極幫助、具體參與的結果。

黃埔軍校創立的原因、機緣、條件如下。

一、孫中山的思考與摸索

孫中山是重視軍隊的。他的革命生涯，總與軍隊聯結着。醫生和文人出身的他，頭上卻戴着大元帥的帽子。孫中山對掌握軍隊，做過許多思考、探索和嘗試。從辛亥革命到 1924 年，這一段時間，均可視為他對軍隊的問題，也就是對如何統攝軍心、振作軍隊、掌握和引領軍隊的問題進行思考和摸索

1　《中共中央第一次對於時局的主張》（1922 年 6 月 15 日），中央檔案館編：《中共中央文件選集（1）》，中共中央黨校出版社，1982 年，第 18 頁。

2　《中國共產黨第二次全國大會宣言》（1922 年 7 月），《中共中央文件選集（1）》，第 77 頁。

的時期，縱而觀之，也可以說是黃埔軍校創建前醞釀、摸索的一個漫長時期。

對孫中山的有關活動略加梳理，可以看出如下的動向。

（一）周旋於「新軍」、會黨之間

辛亥革命之前，孫中山借重的力量，一是會黨，一是「新軍」，主要依靠這兩種勢力從事武裝鬥爭，策動各地反清的武裝起義。孫中山與袁世凱不同，孫沒有屬於自己的一兵一卒，而袁卻手握重兵。袁以小站練兵起家，掌握北洋陸軍實權，又以門生之誼，或親緣、地緣等關係，羈縻部屬。赤手空拳的孫中山，只能周旋於「新軍」、會黨之間，做宣傳、轉化、爭取和策動的工作，以期將各種勢力吸引到反清的旗幟之下。

（二）「運動」軍隊

民國成立，禍患頻仍。始有袁世凱稱帝，繼有張勛復辟，再有馮國璋、徐世昌毀法。奉系張作霖霸佔東北；直系曹錕、吳佩孚控制中原；皖系段祺瑞則把持着江浙、福建、陝西和湖南；西南之雲、貴、川和兩廣，也是戰火綿亘，兵連禍結。孫中山南下護法，開府設政於廣州，但是他沒有自己的軍隊。當孫中山首次建政廣州任海陸軍大元帥時，廣東省省長朱慶瀾受舊桂系壓迫，親近孫中山，對孫頗多贊助。當時，朱慶瀾將省府衞隊擴充為「省政府親軍」，其中二十營，欲交孫中山。國民黨人朱執信建議孫中山藉此機會，建立革命武裝的基礎，徐圖發展。孫中山接受了這一建議，指令陳炯明擔任省政府親軍第一統統領。孫不堪受制於西南軍閥，被迫離開廣東。省政府親軍（第一統二十營）被陳炯明以「援閩」的名義，帶往福建。護法援閩粵軍，後來成為陳炯明的基本部隊。

由於沒有軍隊，也沒有獨立建軍的意識，孫中山只能拉攏、利用、借用各種名目的武裝勢力，來執行他的征伐之令。有人形容說，孫一時聯甲打乙，一時聯乙討丙，為達到一時之目的，招降納叛，綠林、山賊無所不用。他實行的是「借軍閥制軍閥」的所謂策略。這種舉動，在當時稱為「運動」軍隊。

所謂「運動」軍隊，主要是以物質（金錢、槍械、地盤等）手段賄賂和拉攏軍隊。在當時的中國，賄賂、拉攏軍隊，一是靠關係（親緣、地緣、故舊、門生等），二是靠金錢，而金錢尤其有衝破一切的魔力。從袁世凱開始，中國的官僚、政客、軍閥等，已養成以金錢收買軍人，軍人則為金錢打仗的習慣。廖仲愷這樣說：「這樁要錢的風氣，便傳遍了全國的軍人。」[1] 孫的「運動」軍隊，一言以蔽之，是金錢籠絡。

這樣，被先後「運動」而來的軍隊，只有利害關係，而無革命共識。孫中山後來說，民國軍人「可以分成兩派：一派是在革命黨內的軍人，這派軍人口頭贊成革命，行動都是反對革命，所謂口是心非；一派是在革命黨外的軍人，這派軍人，完全反對革命，只知道升官發財，時時刻刻都想推翻共和，恢復專制」。[2] 孫多次策劃的北伐，均遭受挫折。經歷多次教訓之後，孫中山認識到「運動」軍隊之路走不通，必須另謀出路。

（三）以「精神」「主義」感召軍隊

從武裝反清開始，孫中山已意識到應注重於「主義」的灌輸。早在 1906 年，在進行反清革命動員時，孫主張應「以主義集合，非以私人號召」[3]。此為孫對「主義」灌輸的早期闡釋。辛亥革命之後，四處「運動」軍隊之時，孫注意開展「主義」與「精神」的宣傳教育，對官兵曉以大義，感以至誠，苦口婆心，不遺餘力，以期將那些借利害策動而來的軍隊，感化、轉化為真正的革命軍隊。

1920 年秋，援閩粵軍回粵。孫中山再次在廣州建立政權，次年 4 月，由非常國會選舉為大總統（5 月 5 日就職）。正是這個時候，孫在廣州陸軍學堂的演說中說：「軍隊的靈魂是主義。有主義的軍隊，是人民和國家的保障。」希望軍界同袍，將軍隊改造成為「有主義的軍隊」。[4] 4 月 23 日，孫對粵軍第一、二師演說，指出民國的官吏「把中國攪得不成樣子，以後不用革命精神

1　廖仲愷：《革命黨應有的精神》（1924 年 6 月 24 日），廣東省社會科學院歷史研究室編：《廖仲愷集》（增訂本），中華書局，1983 年，第 182 頁。

2　孫中山：《陸軍軍官學校開學演說》（1924 年 6 月 16 日），廣東革命歷史博物館編：《黃埔軍校史料（1924 — 1927）》，廣東人民出版社，1982 年，第 48 頁。

3　孫中山：《中國同盟會革命方略．招降滿洲將士佈告》（1906 年秋冬間），廣東省社會科學院歷史研究室、中國社會科學院近代史研究所中華民國史研究室、中山大學歷史系孫中山研究室合編：《孫中山全集》（第一卷），中華書局，1981 年，第 311 頁。

4　孫中山：《在廣州陸軍學堂的演說》（1921 年 4 月 4 日），中山大學歷史系孫中山研究室、廣東省社會科學院歷史研究所、中國社會科學院近代史研究所中華民國史研究室合編：《孫中山全集》（第五卷），中華書局，1985 年，第 486 頁。

來改造民國，再沒有別的希望」。還說：「陳（炯明）是革命黨，你們人〔也〕是革命黨呀！你們要努力貫徹主義，才不負陳總司令。」[1] 4 月 24 日，在歡宴海陸軍警軍官的演說中，孫中山說：「故革命之義，實為世界之潮流，順之者昌，逆之者亡。而實行之者，則不得不有賴於軍人」，「民國既以革命之手段而創造，則今後亦必以革命之精神而維持」。[2] 勉勵官兵同心協力，贊成革命，支持革命。

其後，粵軍西征。孫中山於 10 月間離穗赴桂。駐節桂林時，他特別注意對所部將士進行精神訓話。當時，為準備北伐，粵、桂、滇、贛四省之師集中於桂林。各軍各戴其主，不相統屬，鬥毆衝突，習於見聞。城內城外，時有騷動。為灌輸「主義」於軍隊，振作官兵精神，孫中山在桂林可容 500 人的省議會廳內，對滇、贛、粵三軍分批、分次作了「軍人精神教育」的系列講演。[3] 每天講兩小時，每軍聽講三天。聽講者包括士兵、班長以至高級軍官。因公未能直接聽講的官兵，由官長回營補述。這些講演，主題詞為「精神與物質相輔為用」，着重剖析精神教育之要旨與定義，對軍人精神作了闡釋，指出革命軍人應具之精神，即古人所謂仁、智、勇三項，並比較「精神」與「物質」的關係，使聽眾明了精神力量的偉大。講演之中，他還肯定和讚揚了蘇俄軍隊有主義、有目的。此為孫中山軍隊精神教育中最具代表性之作。

然而，以「精神」「主義」感化軍隊，所得甚微，成效不彰。這主要是由各地、各種名目的軍隊的階級本質決定的，也與當時軍隊的政治素質、文化水平不高有關係。與之談「主義」，無異於對牛彈琴，或曰對井蛙而言滄海、對夏蟲而語冰。對於借利害策動而來的軍隊來說，「精神」「主義」的感召力有限，只有上層軍官才能掌控部隊，「主義」難於進入軍營，以「精神」「主義」感召或轉化軍隊，只是主觀願望而已。

---

1 孫中山：《在粵軍第一、二師懇親會的演說》（1921 年 4 月 23 日），《孫中山全集》（第五卷），第 522、523 頁。

2 孫中山：《在廣州歡宴海陸軍警軍官的演說》（1921 年 4 月 24 日），《孫中山全集》（第五卷），第 524 頁。

3 孫中山：《在桂林對滇贛粵軍的演說》（1921 年 12 月 10 日），中山大學歷史系孫中山研究室、廣東省社會科學院歷史研究所、中國社會科學院近代史研究所中華民國史研究室合編：《孫中山全集》（第六卷），中華書局，1985 年，第 9 頁。

以上，認識到「運動」軍隊之路不通，須另謀出路，是孫中山在親身經歷中的痛切感悟。這一點，為此後國民黨獨立建軍，作了思想上的鋪墊。而以「主義」「精神」感召軍隊，目的是要提高軍人的覺悟與精神境界，以改造部隊，儘管因當時條件所限，收效甚微，但卻是一種有新意的嘗試，是後來黃埔軍校思想建校、主義建軍的預演。孫中山以上活動和認識，雖有歷史局限性，但難能可貴，總的來說，屬於黃埔軍校創建前的醞釀與摸索。

二、六一六兵變的教訓

陳炯明所部粵軍，其基礎是前文所述省政府親軍第一統二十營。孫中山與之關係密切，寄予厚望。1920 年秋，粵軍從福建回粵，驅逐擾粵多年的陸榮廷、莫榮新的桂軍。對此，廣東各界頗有好評。《廣東羣報》《勞動者》等傳媒，對粵民歡迎和支持由閩返粵的粵軍，作過許多報道。是年 12 月中旬，新文化運動旗手陳獨秀，由上海來到廣州。1921 年元旦，陳獨秀在《廣東羣報》發表《歡迎新軍人》一文，此乃陳獨秀「亮相」廣州之作。有言：「我希望我廣東的新軍人隨着新年思想一新」，「我更希望廣東軍人能為中國軍界開一新紀元」，「我心中對於廣東，充滿了我的希望」。[1] 陳獨秀這裏所說的「新軍人」，具體說，是指陳炯明所部粵軍。

援閩粵軍從福建返粵後，孫中山、陳炯明之間，產生了矛盾和分歧。兩人的主要分歧是：（1）孫中山出於政治需要，提出成立正式政府，選舉大總統，以取代北洋政府。而陳炯明卻認為孫不切實際，陳義太高，自樹目標，適足於增加北方政府之忌恨，促其派兵南下，因而極力反對總統選舉。（2）孫中山主張北伐，以武力統一中國，而陳卻高唱「聯省自治」，保境安民，對北伐大加阻撓與掣肘。陳以回粵之功為己功，將粵軍變成只聽命於他一人的「陳家軍」。孫中山說：「競存（陳炯明）以我為萬惡之藪，凡舉措政事，其有善足述者，則引為己功；其受人唾罵者，即諉為餘過。⋯⋯余每舉一事，競存必

1　陳獨秀：《歡迎新軍人》，《廣東羣報》（1921 年元旦增刊）。

掣餘肘。有利於彼者，則亟為之……」[1] 陳、孫貌合神離，兩人的矛盾分歧越演越烈，以至於裏裏外外沸沸揚揚。

雖然如此，孫中山 1921 年 4 月 7 日當選大總統後，陳炯明仍於 11 日以個人和全體粵軍將士名義，致電祝賀：「我公手建民國，肇造共和，全國人民，夙深景仰。今茲當選，實愜人心。謹為我國前途賀。」[2] 在北伐方面，是年 11 月，孫中山與陳炯明會晤於梧州，陳答應由桂返粵，籌足餉銀 500 萬元、子彈 500 萬發，交桂林大本營，支持北伐。[3] 孫中山以為，在政府方面，陳是他的部屬，在國民黨內，陳為他的黨徒，雖意見參差，陳不致越軌而行。陳炯明也說：「余為中山黨員，焉有黨員而反對黨魁者？」[4]

1922 年春，因陳答應提供的餉彈遲遲未到，而湘軍趙恆惕反對北伐軍過境湖南，大本營乃決定由桂返粵，改道江西北伐。令孫中山未曾意料到的是，正當大本營移駐韶關，北伐軍道出梅關、展開於贛南之際，6 月 16 日，陳炯明所部粵軍竟在廣州發動了一場兵變，圍攻總統府，炮毀觀音山粵秀樓。孫中山脫險登艦，周旋於珠江一個多月。入贛北伐軍回師廣州，但告頓挫。不得已，孫中山再一次離開了廣東，出走上海。

六一六兵變，是孫中山一生中遭受的最慘痛的失敗。這一事變，給孫中山以深刻的教訓。

（一）必須切實思考軍隊的管治問題

陳炯明所部粵軍，非同於別的「運動」而來的黨外之軍，而與孫中山、國民黨有長期且密切的關係。孫曾以大元帥名義，任命陳炯明為援閩粵軍總司令。無論是出駐漳泉，還是回戈廣東，在外，孫中山為之策劃照應，在內，國民黨人致力於種種協助，故陳軍初能展佈於閩南，兩年後又以破竹之勢，不兼旬而直取廣州。朱執信曾謂，陳軍是「國民黨的遺腹子」。回粵後，

1 《危機四伏之廣東》，天津《大公報》1921 年 3 月 11 日，轉見段雲章、沈曉敏編著：《孫文與陳炯明史事編年》，廣東人民出版社，2003 年，第 361 頁。

2 《陳總司令電賀孫大總統》，《申報》1921 年 4 月 19 日，轉見《孫文與陳炯明史事編年》，第 379 頁。

3 黃夢熊：《追隨孫中山革命見聞》，廣東省政協文化和文史資料委員會編：《從辛亥革命到國民革命——孫中山文史資料精編》，廣東人民出版社，2017 年，第 722 頁。

4 《汪精衛到滬之談話》，長沙《大公報》1921 年 10 月 12 日，轉見《孫文與陳炯明史事編年》，第 424 頁。

孫中山任命陳為粵軍總司令兼廣東省省長。孫中山將陳炯明比作黃興，比作陳其美，信任有加，寄望殷切。

革命要依靠軍隊，更要管治軍隊。軍人有槍在手，軍隊難於掌控，歷來不乏擁軍自重、有兵乃大、為所欲為者。六一六兵變的教訓就在於，原以為可靠的軍事將領，竟然縱兵、弄兵，以下犯上，殘民以逞。孫中山拉出了一支軍隊，舉全黨之力扶植這一軍隊，卻為這支軍隊、為他自己所信任的將領所反噬。「禍患生於肘腋，干戈起於肺腑。」[1] 這說明，馭軍、治軍之道如不得法，軍隊不但不能為我所用，反而將危及自身，遺禍無窮。經此一變，孫中山意識到，必須着力研究治軍之道，力求在軍隊之外，尋找到一條能夠有效地監督、約束、制衡和引領軍隊的現實路徑來，將軍隊真正納入為革命所用的軌道。

（二）必須改組國民黨

中國國民黨的歷史，經歷了興中會、中國同盟會、國民黨、中華革命黨幾個階段。1919 年 10 月，中華革命黨改組為中國國民黨，設總部於上海。粵軍回粵後，中國國民黨在廣州特設辦事處。1921 年 3 月 6 日，孫中山在廣州辦事處發表演說，針對香港報紙有廣東是「黨人治粵」之說，明確回應道：「我們也甚願意承認『黨人治粵』……果能實行本黨底主義，也是我們粵人莫大之幸。」[2] 當時，孫中山委陳炯明兼任國民黨廣東支部支部長。陳於 3 月 17 日致函各縣知事：

> 本黨由同盟會國民黨淵源而來，而總理孫先生，又為民國開國之大總統、今軍政府主席總裁。本黨素以民族、民權、民生三大主義揚諸天下，民國之締造與維持，本黨負有惟一之責任，此歷史之事實，為中外所共認。……孫總理返粵重組建軍府，督率同人發揚前緒，以冀宗邦統一，國體磐安，政治修明，生民樂利。省為首善之區，本支部之設，更

---

1 孫中山：《致海外同志書》（1922 年 9 月 18 日），《孫中山全集》（第六卷），第 549 頁。

2 孫中山：《在中國國民黨本部特設駐粵辦事處的演説》（1921 年 3 月 6 日），《孫中山全集》（第五卷），第 481 頁。

刻不容緩。現我粵擬於各縣設立分部，使經天之義，日益昌明。[1]

在組織關係上，孫中山為國民黨黨魁，陳為國民黨的上層幹部。在這裏，陳已明確表示對國民黨有責任擔當，還說過「余為中山黨員，焉有黨員而反對黨魁者」這樣的話。然而，如上一場兵變，不但粉碎了陳的誓言，而且暴露了國民黨在政治上、組織上及黨員素質上存在的嚴重缺陷和弊端。

孫中山經此變故，意識到黨的問題疏忽不得。長期以來，由於不注重和未抓好黨的工作，在國民黨內，產生了政治方向不明、組織鬆散、成分複雜、紀律廢弛、黨務萎靡和黨員腐敗、墮落等弊端。唯官是獵，唯權是爭者，比比皆是。黨內腐敗的現象，「如深山蔓草，燒而益生，黃河濁波，激而益混」[2]。很顯然，一個政治混雜、組織鬆散的黨，不能吸引、號召民眾，沒有戰鬥力，更不能以黨領政、以黨治軍。以往歷次失敗，包括在六一六兵變中的失敗，都與黨的工作未抓好、黨的肌體出了問題有關係。經過這樣的反思，孫中山乃決心正本清源，改弦更張，抓好黨的各項工作。此為國民黨改組的思想觸發點。

以上，孫中山從中得出的啟示，是組織軍隊、建設軍隊、統馭軍隊的責任，必須交付給國民黨；而國民黨則必須整頓，必須改造。這是他重要的思想轉變，也是黃埔建校初衷所在。日後黃埔軍校創建時，孫中山特意於兵變發生的 6 月 16 日，舉行開學典禮，並且在這一天的講演中，告誡軍校全體官生，勿忘兩年前的教訓。可知六一六兵變的教訓，與黃埔軍校的創立，有重要的因果關聯。

三、蘇俄經驗的啟示

20 世紀 20 年代初，因世界局勢變化，蘇俄的目光從歐洲移向東方，嘗試在中國尋找同盟者，並逐步明晰地將目標定位於孫中山和國民黨。孫中山

1　《陳炯明致各縣知事函》，《廣東羣報》1921 年 3 月 18 日，轉見《孫文與陳炯明史事編年》，第 365 頁。

2　《中國國民黨改組宣言》（1923 年 11 月 25 日），中山大學歷史系孫中山研究室、廣東省社會科學院歷史研究所、中國社會科學院近代史研究所中華民國史研究室合編：《孫中山全集》（第八卷），中華書局，1986 年，第 429 頁。

亦為蘇俄的成就所吸引，對蘇俄產生了嚮往之情，認為蘇俄革命不過數年，內清叛逆，外抗帝國主義，新經濟政策實行後，國基日固，各項事業蒸蒸日上。他說：「十月革命使人類產生了大希望，從今以後只有沿着蘇俄指出的道路革命才能勝利。」[1] 遂把目光從西方轉向蘇俄。這樣，蘇俄與孫中山，你選擇了我，我選擇了你，相向而行，逐漸走到了一起。

孫中山認為，蘇俄革命成功如是之速，必有許多經驗，可供借鑒。據李章達回憶：「孫中山希望取得蘇聯革命成功的經驗，他決定派朱執信往蘇聯考察，並指定我做朱的助手。朱先生和我即做些準備工作並學習俄文、俄語。」後來，朱隨粵軍返粵，犧牲於虎門（1920 年 9 月 21 日）。赴蘇俄考察的任務，遂由李章達接手。幾經周折，李到達了蘇聯伯蘭俄維辛（遠東共和國），惜因赤塔有戰事，終止了他的行程。[2] 李章達之赴俄，時在 1920 年秋粵軍回粵、朱執信殉難之後。這是孫中山關注、嚮往蘇俄，向蘇俄學習的起步。

1920 年 10 月 29 日，從福建回師的粵軍，克復了廣州。第三天（31 日），蘇俄外交人民委員契切林致函孫中山：「貴國正堅定不移地前進，貴國人民自覺地走上同帝國主義對世界的沉重壓迫進行鬥爭的道路，謹祝你們取得偉大成功⋯⋯你們勝利在望。」[3] 此為俄方對孫中山的主動示好。11 月 20 日左右，經陳獨秀介紹，孫中山在上海會見了俄共（布）東方部長維經斯基（化名吳廷康），兩人談到了加強和俄國關係的問題。[4] 孫中山重返廣州，就任非常大總統後，收到了契切林此前發來的信件。他覆函契切林：「我希望與您及莫斯科的其他友人獲得私人的接觸。我非常注意你們的事業，特別是你們蘇維埃的組織、你們軍隊和教育的組織。」[5] 這是孫中山與蘇俄正式通信的開

1　宋慶齡親筆答覆問題（英文原件藏中山大學孫中山紀念館），轉見陳錫祺：《孫中山與國民黨「一大」》，《孫中山與辛亥革命論集》，中山大學出版社，1984 年，第 175 頁。

2　李章達：《六十自述》，《從辛亥革命到國民革命——孫中山文史資料精編》，第 812 頁。

3　《契切林致孫中山函》（1920 年 10 月 31 日），桑兵主編：《各方致孫中山函電彙編》（第五卷），社會科學文獻出版社，2012 年，第 468 頁。

4　《維經斯基在中國的有關資料》，中國社會科學出版社，1982 年，第 110 頁。

5　《孫中山致俄羅斯蘇維埃社會主義共和國外交部信》（1921 年 8 月 28 日），中共中央黨史研究室第一研究部編：《共產國際、聯共（布）與中國革命檔案資料叢書》2，北京圖書館出版社，1997 年，第 53 頁。

始。孫中山 1921 年 12 月駐節桂林時，出席中共一大的共產國際代表馬林，在中共黨員張太雷的陪同之下，遠道來訪。孫中山、馬林會談三次。馬林會見後的印象是：「國民黨的領袖多數都傾向於社會主義」，「他們畢竟對俄國革命，對蘇維埃俄國抱有很大的同情」。[1] 孫並派出了一個代表團赴俄，參加遠東會議。1922 年 4 月，孫中山在廣州，會見少共國際代表達林，反覆詢問了蘇俄「紅軍的規模，她的組織和政治教育」的有關情況。

六一六兵變後，當孫中山離粵到滬時，不少外國使者和種種政治勢力的代表，都對他態度冷淡，避之唯恐不遠。共產國際代表、蘇俄使者和中共黨員，卻向他伸出了熱情之手。馬林、陳獨秀、李大釗等，頻頻會見孫中山。蘇俄在華全權代表越飛致函孫中山：「我希望，以後我們之間能建立更密切的聯繫。」[2] 這讓孫中山特別感動。他說：「在這些日子裏，我對中國革命的命運想了很多，我對從前所信仰的一切幾乎都失望了。而現在我深信，中國革命的唯一實際的真誠的朋友是蘇俄。」[3] 隨後，孫中山邀請共產黨員李大釗加入國民黨。中共領導人陳獨秀、蔡和森、高君宇、張國燾和張太雷等，在此期間也加入了國民黨。

在上述思想轉變的基礎上，1922 年 9 月，孫中山啟動了改進國民黨組織的準備工作。1923 年元旦，國民黨本部連續發表《中國國民黨宣言》《中國國民黨黨綱》和《中國國民黨總章》，在政治上，宣示了改弦更張的決心；1 月 26 日，孫中山簽署《孫文越飛聯合宣言》，在對外方面，宣佈實行聯俄。這兩項工程，同時並舉，雙管齊下，是中國國民黨歷史上影響至深的重大舉措。這也是日後黃埔軍校創建的不可或缺的前提條件。

1923 年 3 月 8 日，聯共（布）中央政治局答應向孫中山提供資金援助，並決定向廣州派出政治、軍事顧問小組。5 月 1 日，越飛致電馬林，轉達蘇聯政府發給孫中山的電報，主要內容是：

1　馬林：《訪問中國南方的革命家》（1922 年 9 月 7 日），《共產國際、聯共（布）與中國革命檔案資料叢書》2，第 242-243 頁。

2　《越飛致孫中山函》（1922 年 8 月 22 日），桑兵主編：《各方致孫中山函電彙編》（第六卷），社會科學文獻出版社，2012 年，第 406 頁。

3　［蘇］C · A · 達林著，侯均初、潘榮、張亦工等譯：《中國回憶錄：1921 — 1927》，中國社會科學出版社，1981 年，第 126 頁。

第一，我們認為廣泛的思想政治準備工作是不可以須臾離開的，您的革命軍事行動和在您領導下的儘可能集中的機構的建立都應以此為基礎。

第二，我們準備向您的組織提供達 200 萬金盧布的款額作為籌備統一中國和爭取民族獨立的工作之用。這筆援款應使用一年，分幾次付，每次只付 5 萬金盧布。

第三，我們還準備協助您利用中國北方的或中國西部的省份組建一個大的作戰單位。但遺憾的是我們的物質援助數額很小，最多只能有 8000 支日本步槍，15 挺機槍，4 門 Opucaka（奧里薩卡）炮和兩輛裝甲車。如您同意，則可利用我國援助的軍事物資和教練員建立一個包括各兵種的內部軍校（而非野戰部隊）。這就可以為在北部和西部的革命軍隊準備好舉辦政治和軍事訓練班的條件。

第四，懇請將我國的援助嚴守秘密，因為遇公開場合和官方場合，即令在今後，對國民黨謀求解放的意向，我們也只能表示積極同情而已。[1]

這封電報明確規定蘇聯的援助，是用於建立「軍校」，而不是組建「野戰部隊」。雖然當時設想的「軍校」，並非建在廣州，但蘇聯援建軍校的意向已很清楚。5 月 15 日，孫中山致電蘇聯外交人民委員會，表明態度說：你們 5 月 1 日的電報給我們很大的希望。我們感謝你們慷慨的許諾，我們接受你們的全部建議，我們將竭盡全力實現這些建議。我們將力派代表前往莫斯科，以便討論細節。[2]

以上，國民黨組織改進工作的啟動，為日後國民黨改組作了預熱；國民黨聯俄政策的確立和蘇聯對孫中山的承諾，使日後黃埔軍校創建時，不但在經濟上、物質上和辦學人才上，可獲得蘇聯的援助，而且在黨務上、軍事上，可借鑒蘇聯的經驗。沒有這兩點，黃埔軍校的創建，無從談起。

1　《蘇聯政府致孫中山電》（1923 年 5 月 1 日），《共產國際、聯共（布）與中國革命檔案資料叢書》2，第 414 頁。

2　《孫中山致蘇聯外交人民委員部電》（1923 年 5 月 15 日），《共產國際、聯共（布）與中國革命檔案資料叢書》2，第 415 頁。

第二節 「孫逸仙博士代表團」訪蘇聯

1923 年初，孫中山策動西路、東路討賊軍，驅逐陳炯明之軍，克復廣州。孫中山於 2 月間由滬返粵，建立陸海軍大元帥府，第三次在廣州建立政權。孫中山的革命生涯，進入了新的進程。

大元帥府建立之際，中共領導人陳獨秀第三次來到廣州，任大元帥府宣傳委員會委員，實際上加入了孫中山的執政團隊，6 月任宣傳委員會委員長。同時，共產國際代表馬林也再次來到廣州，持第三十八號「特別出入證」，進出於大元帥府。中共中央機關在此期間亦遷至廣州。是年 5 月間，孫中山接受了馬林、陳獨秀所擬的國民黨改組計劃，提出將重點放在國民黨的宣傳與組織工作上。6 月 12 日至 20 日，中國共產黨第三次全國代表大會在廣州東山舉行，陳獨秀、李大釗、譚平山、瞿秋白、蔡和森、毛澤東、羅章龍、張國燾及馬林等出席了會議。會上討論並確定了中共黨員、社會主義青年團員加入國民黨的問題。會後，馬林、陳獨秀居留廣州，一同按莫斯科的意願做孫中山、國民黨的轉化工作，推動國民黨重視發展黨務，加強政治工作。

7 月 21 日，馬林致函廖仲愷。信中說：為「反對本國封建分子和外國帝國主義者合謀統治」而奮鬥的共產黨人，都可成為真正革命的民族主義政黨的優秀分子，中國也完全屬於這種情況。基於這個原因，馬林建議並促成中國共產黨人參加國民黨。通過這種方法使中國共產黨人參加實際活動，也吸引同情共產黨的青年靠近國民黨。馬林在信中批評了國民黨，直率地指出了國民黨存在的一些弊端，如從不召開代表大會或代表會議，黨的政治宣傳極其薄弱，違犯黨義的現象司空見慣，軍官將公共財產竊為己有，如此等等。馬林說：

> 關於黨的策略，只要領導人相信單純依靠軍事行動和軍隊將領（採取與他們在北方的武人相同的封建方式），就可能建立一個新中國，那麼，黨的前途就肯定是暗淡的。新中國，一個真正獨立的共和國的誕生，只能依靠一個強大的、具有堅定革命信念和遠見卓識的黨員組成的

現代化政黨的不懈的革命鬥爭。[1]

這時，孫中山準備派出代表團，赴蘇聯考察。代表團的組成，以蔣介石為首選。蔣是國民黨內為數不多的軍事科班出身的黨員。1922 年六一六兵變發生後，他登上永豐艦，護衞孫中山，表現出對孫的忠誠，深得孫的信任和好評。馬林在廣州與蔣介石有過接觸，5 月 10 日晚當孫中山宴請馬林時，蔣陪座，參與「研究一切」。7 月中旬，蔣離粵赴滬。馬林從廖仲愷的言談中，了解到「人們把蔣介石看作孫最優秀的將領之一，最優秀的國民黨員。他從不爭地位，也從未參與權柄之爭」。[2] 7 月 20 日，馬林致信達夫謙和越飛，將這幾句話寫進了他的信中，等於為蔣作了推薦。7 月 26 日，在上海的蔣介石從汪精衞處，得知已決定派他赴蘇聯的信息。8 月 5 日，蔣會見了從廣州到達上海的馬林，同馬林「商決赴歐事」。派蔣介石赴蘇聯，馬林顯然起了關鍵的作用。赴蘇聯考察代表團團長這一角色，可能就是未來借鑒蘇聯的經驗負責創辦軍校的人選。

8 月 4 日，《廣州民國日報》刊登《蔣介石又有歐洲之行》一文。文謂：

> 大元帥行營參謀長蔣介石，於此次各江戰事多所計劃，且皆命中，故大元帥倚畀甚殷。但蔣以某項要事，須要赴滬一行。抵滬後，即經向各方接洽，備極忙碌。又以歐洲各國，對於中山先生所抱建國主義，多未了解，故擬分赴歐洲各國，從事於主義上宣傳云。[3]

國民黨派蔣率團訪蘇，使用「孫逸仙博士代表團」的名義，成員包括王登雲、張太雷、沈玄廬（沈定一），以蔣介石為團長。其中張太雷、沈玄廬二人，是中共黨員。8 月 16 日，代表團由上海登船，啟程赴蘇。

1　《馬林致廖仲愷的信》（1923 年 7 月 21 日），《共產國際、聯共（布）與中國革命檔案資料叢書》2，第 432-433 頁。

2　《馬林致達夫謙和越飛的信》（1923 年 7 月 20 日），《共產國際、聯共（布）與中國革命檔案資料叢書》2，第 427 頁。

3　《蔣介石又有歐洲之行》，《廣州民國日報》1923 年 8 月 4 日。

代表團赴蘇的目的，是了解蘇聯紅軍的政治工作制度、共產黨與紅軍的關係、各類軍事學校的辦校情況及紅軍創建的經驗，並與俄方商討國民黨與共產國際及俄共（布）的關係等事宜，爭取莫斯科對國民黨的援助和支持。蔣一行於 8 月 25 日進入蘇聯境內，9 月 2 日抵達莫斯科。在蘇期間，代表團拜會了共產國際與俄共（布）領導人，參觀了軍用化學學校、高級射擊學校、陸軍學校、紅軍步兵第一四四團、海軍大學、海軍學校、海軍機器學校、海軍博物館。此外，蔣多次會見了已經由華返蘇的馬林和越飛、孫中山派駐歐洲的非正式代表邵元沖（邵並一度參加了代表團的工作）；還分別會見了在蘇聯的陳啟修（北京大學教授）、胡志明（阮愛國，蔣稱其為「安南之志士」）、趙世炎（東方大學學生，中共黨員，蔣稱其為「青年有為之士」）等。9 月 20 日，蔣在莫斯科出席了中國共產黨和青年團組織為代表團召開的歡迎會；10 月 10 日，同全體中國留蘇學生聚會，慶祝雙十節。11 月 7 日為俄國十月革命六周年紀念日，代表團前往莫斯科紅場，觀看了閱兵式。26 日參加共產國際執行委員會的特別會議，次日會見了蘇聯軍事革命委員會主席托洛茨基。12 月 8 日，代表團離開蘇聯，返回中國。代表團在蘇逗留，總共 106 天。

蔣晚年在《蘇俄在中國》中說：代表團赴蘇的任務，是「考察蘇俄革命後的黨務與政治軍事組織，以資參考」[1]。蔣等人主要的觀感、收穫如下。

（一）蘇聯人民誠懇熱情，紅軍風紀良好

蔣 9 月 2 日下午到達莫斯科，恰好遇上羣眾集會，參會者約 22 萬人，觀者塞途。蔣坐在汽車上觀望，很有感觸，當天在日記中寫道：「初到其地，適逢如此紀念大會，亦一快事。其餘諸事，可不言也。」蔣對蘇聯的黨、政、軍領導幹部，印象甚佳。他在日記中寫道：維經斯基「相見時頗誠懇，皆以同志資格談話」；契切林「語頗誠摯」，「彼此甚為投機」；斯克良斯基「其人和藹可親」，他的參謀總長「亦熱心助我者」。蔣還說：「俄國人民無論上下大小皆比我國人誠懇，令人欣慕。」

9 月 17 日，代表團參觀駐紮在斯巴斯軍營的第一四四步兵團。蔣主要關

1　蔣中正：《蘇俄在中國——中國與俄共三十年經歷紀要》，（台灣）「中央文物供應社」印行，1956 年，第 19 頁。

注軍事組織、行政管理機構和技術裝備的情況。接待方簡略說明紀律與同志關係、學習情況、同工農的親密關係。參觀之後，安排了士兵大會，約 400 人出席。蔣發表了演說，大意謂：紅軍是世界上一支最勇敢、最強大的軍隊。「今天我有幸訪問你們，訪問光榮的紅軍的一個光榮的團，並親眼看到了你們的強大和這種強大的秘密，這就是與人民的團結一致。從西伯利亞來到這裏時，我就在各處看到了這種團結，看到了你們的強大，現在對我來說已經很清楚了。」接待方的報告謂：蔣演講時「情緒很高、也很激動」，「充滿着強烈而誠摯的感情」，「代表團成員，特別是蔣介石，非常激動和興奮。他們非常活躍，整個回來的路上都在談論紅軍的『精神』、它的『熱情』，（據他們說）這是他們在其他任何一支軍隊中都沒有見到過的」。臨走時，蔣介石還請翻譯告訴接待方：他的印象非常好，他為紅軍的「精神」所感染。[1]

蔣在當天的日記中寫道：上午參觀約四小時。「其軍紀及整理雖不及日本昔日軍隊，然其上下親愛出於自然，毫無專制氣象，而政黨代表與其團長亦無許可權之見。」[2]

（二）蘇聯紅軍的黨代表制度「實行得很好」

蘇聯紅軍的特色，主要是有黨代表制度。俄國武裝最早出現黨代表（政治委員）是在 1917 年 4 月。十月革命後，隨着列強武裝干涉和國內武裝叛亂的擴大，蘇俄不得不大量吸收舊軍隊的軍官參加紅軍，擔任各級指揮員。為對這些指揮員實行政治監督，並加強對紅軍士兵的政治教育，1918 年 7 月，俄共在建立正規紅軍的決議中，把政治委員列為正式編制，分隊設政治指導員。政委、政治指導員等黨的代表負責領導部隊的黨務、政治與經濟管理工作，規定革命紀律，參與決定一切作戰行動問題，任何命令未經黨代表簽署，不得執行。各級部隊的領導、指揮權，實際全部集中在黨代表手中。政治部則為黨代表的下設機關，輔助黨代表從事政治訓練和指導黨務，有處罰

1　《關於國民黨代表團訪問第 144 步兵團情況的書面報告》（1923 年 9 月 17 日），中共中央黨史研究室第一研究部編：《共產國際、聯共（布）與中國革命檔案資料叢書》1，北京圖書館出版社，1997 年，第 291-293 頁。

2　呂芳上主編：《蔣中正先生年譜長編》，台灣「國史館」，2014 年，第 213 頁。

下級黨代表的權力。[1] 這一治軍模式，在十月革命及其後的政權穩定時期，發揮了無可替代的作用。

作為軍事將領，蔣介石對蘇聯紅軍的經驗，特別是軍隊黨代表的問題，是十分關注的。9 月 7 日在會見俄共（布）中央書記魯祖塔克時，代表團表示希望聽到「對共產黨在革命進程中的作用和意義」的介紹，「因為俄國革命的經驗教訓可能對國民黨在中國的工作很有教益」。9 月 10 日訪問軍事革命委員會時，代表團又要求「提供了解紅軍的機會」。委員會副主席斯克良斯基表示，對此「完全可以接受」，並安排蘇聯軍事學校管理總部主任彼得羅夫斯基，負責回答代表團所要了解的關於紅軍的問題。9 月 11 日，代表團同彼得羅夫斯基就紅軍的組織，特別是軍隊黨代表制度的問題，進行了座談。對方「詳述俄國軍隊組織之內容」，還向代表團提供了有關的材料。對黨代表制度的要點，蔣在他的日記中作了如下記錄：

> 每團部由其黨部派一政治委員常駐團部，參與團中主要任務，凡有命令均須經其署命，方能有效。而其共產黨員在團中當士兵及將校者，皆組織團體，在其團中活動為主幹，凡有困難勤務皆由其黨首先負責服務云。[2]

代表團成員之一沈玄廬，也關注紅軍黨代表的問題。他在從莫斯科寄回國內的信中寫道：「關於組織的：軍、旅、師、團本部，都有一個政黨代表機關；主持這個代表機關的代表，名是政府委任，其實由黨部選擇了適當分子去充任。軍、旅、師、團本部底主將，任何部令，非得代表的簽名，決不發生效力。所以軍中無論任用帝政或白黨底軍官，決不會發生挾兵造反的事情。」[3]

沈回國後在他所作的《遊俄報告》中說：「軍隊組織中最出色的，為軍

1　斯他委諾夫講演，黃錦輝筆記：《俄國紅軍黨代表制度》，《中國軍人》第七期，1925 年 10 月 10 日。
2　《蔣中正先生年譜長編》，第 211 頁。
3　沈玄廬：《最近的新俄羅斯——從莫斯科寄回來的四封信》（1923 年 11 月 8 日），陶水木編：《沈定一集》，國家圖書館出版社，2010 年，第 599 頁。

中政黨代表的組織。這個組織的最高機關為革命軍事委員會，凡陸軍海軍底全權是操在此會，而此會又從共產黨出發，凡軍師旅團中均有政黨代表的機關，團以下的營連等，只有代表而無機關。⋯⋯軍官底命令必須經代表簽字才發生效力。」[1]

蔣介石當時特別關注的是，黨代表制度在實際運行中會不會遇到障礙。也就是說，黨代表與軍事指揮官之間，會不會在職責、權限等問題上糾纏不清？有沒有矛盾和衝突？

9 月 17 日在考察第一四四步兵團時，蔣特意問及這些問題，對黨代表與軍事指揮官的職責分工，作了深入的了解。看來經過考察，蔣的這一問題已經得到了解答，他的日記寫道：

> 而政黨代表與其團長亦無許可權之見，大約軍事指揮上事務皆歸團長，而政治及智識上事，皆歸政黨代表，尤其是精神講話，及平時除軍事外之事務皆歸代表也。[2]

蔣 9 月 20 日在寄回國內的一封信中寫道：「這種組織的政治方面，由黨所派代表掌理。為求得一務實示範，我去考察了黨代表在陸軍中的工作情形。我發現在紅軍第 144 步兵團中，部隊長只能掌管軍事指揮的事，至於政治及精神訓練，以及一般知識講解等，完全交由黨代表主辦。軍官和黨代表的職責權力，都有明白區分。」蔣並寫道：這種制度實行得很好。

由上可知，蔣對蘇聯紅軍及其黨代表制度的考察，較為認真而深入，對「黨代表」「政治部」和部隊「黨組織」這幾個要素，作了一番較貼近的了解，並明白了黨代表與軍事指揮官的關係，是責任明確、各有分工、互相配合的關係。這一治軍模式的重點，在於軍隊之上設置黨的機制，明確黨對軍隊有監督、約束、引領的權力，對軍隊的鞏固、發展和戰鬥力的提升，起保證作用。這是以黨建軍、以黨治軍的具體、鮮活的參照物。

1　沈玄廬：《遊俄報告》（1924 年 2 月），《沈定一集》，第 603 頁。
2　《蔣中正先生年譜長編》，第 213 頁。

基於對紅軍官兵關係、軍民關係和黨代表制度的認識，蔣後來在黃埔軍校對他的學生說：「這樣的軍隊，有什麼打不勝的仗。所以我回國之後，就決定了，真要使軍隊能為人民求自由幸福打仗，能為黨實行三民主義打仗，非用俄國赤衛軍這種編制不可。」[1]

（三）近距離接觸了共產國際、俄共（布）領導人及有關部門的負責人，了解到共產國際與俄共（布）對於中國的方針

在蘇聯期間，代表團同蘇聯外交人民委員契切林舉行過兩次會晤；同蘇聯軍事革命委員會領導人（包括主席托洛茨基、副主席斯克良斯基、紅軍總司令加米涅夫等）會晤三次；並分別會晤了俄共（布）中央書記魯祖塔克、全俄中央執行委員會主席加里寧、教育人民委員盧那察爾斯基、俄共（布）東方部長維經斯基，等等。蔣顯然是帶着爭取蘇聯的「軍援」目的而踏入俄境的，多次在與共產國際、俄共（布）領導人的會談中介紹了國民黨的軍事行動計劃。蔣說「國民黨一向認為，蘇聯共產黨是自己的姐妹黨」，希望共產國際和俄共（布）對國民黨的軍事行動給予支持和援助。

此時，共產國際與俄共（布）對中國的方針，是要求國民黨轉變和放棄單純軍事觀點，端正政治方向。因為共產國際和俄共（布）近時關注的重點，是歐洲；而更為重要的，是孫中山此時的軍事行動連遭挫折，華南形勢危急，大元帥府地位不穩。有鑒於此，11 月 11 日斯克良斯基等人在會晤代表團時，斯氏發表意見說：國民黨應當集中力量於政治工作，否則「任何軍事行動都必將失敗」。這等於否定了國民黨的軍事行動計劃。托洛茨基談到外蒙古問題，蔣極為不滿。11 月 27 日，托洛茨基在會見代表團時，將談話的中心，「歸結到一點，是讓孫逸仙和國民黨儘快放棄軍事冒險，把全部注意力轉到中國的政治工作上來」。托洛茨基說：「國民黨應當立即堅決地、急劇地改變自己的政治方向盤。目前，它應該把全部注意力集中在政治工作上來。把軍事活動降到必要的最低限度。」[2]11 月 28 日，共產國際執委會通過了《關於中國民

---

1 中國第二歷史檔案館編：《蔣介石年譜初稿》，檔案出版社，1992 年，第 414 頁。
2 《巴拉諾夫斯基關於國民黨代表團拜訪托洛茨基情況的書面報告》（1923 年 11 月 27 日），《共產國際、聯共（布）與中國革命檔案資料叢書》1，第 340-341 頁。

族解放運動和國民黨問題的決議》，對三民主義作出新的解釋，還提到國民黨應當「放手發動」工人階級的力量，應「全力支持」中國共產黨。決議指出：對三民主義作新的解釋後，國民黨將是一個「符合時代精神的民族政黨」。[1] 在一定的意義上，這是國民黨同共產國際建立直接關係的開始。

蔣介石在與共產國際、俄共（布）領導人的會談中，強調中國是受多個帝國主義國家壓迫的國家，情況特別，實際上是堅持既定的軍事觀點和計劃，不贊成國民黨應當全力開展政治工作的意見。蔣的日記寫道：共產國際關於中國革命和國民黨決議案「普泛不實」，「驕傲虛浮」。然而，通過以上的接觸，蔣也摸到了共產國際和俄共（布）的意向，因此「他（蔣）贊同托洛茨基所說的意見，還說黨將努力貫徹俄國同志的意見。他表示希望在不久的將來，解放了的中國將成為俄羅斯和德國蘇維埃社會主義共和國的一員」[2]。

當蔣介石率代表團赴蘇考察時，蘇聯政府也派鮑羅廷來華。在蘇聯，從1923年列寧病重開始，在斯大林（總書記）與托洛茨基（軍事革命委員會主席）的較量中，斯大林越來越佔上風。在中國的問題上，斯大林主張以國民黨為旗幟，暫時擱置其他方面的因素。在斯大林、托洛茨基相爭的背景下，與斯大林關係親近的鮑羅廷，代替馬林，走上了國民黨的政治舞台。鮑羅廷初次進入中國的時間，在1923年8月，同蔣介石之進入蘇聯只是前腳、後腳之差。他們的出入境地點也相同，就是中國邊境——滿洲里。9月間，鮑羅廷被委任為蘇聯政府駐廣州的代表。

以上，在同一時間段，在中蘇之間交叉穿插、相向而行的蔣介石和鮑羅廷，實際上都擔負着差不多的使命，即努力促使國民黨作出轉變，端正指導思想，改弦更張，擺正黨、軍關係，重新規劃黨的路線。在1923—1924年冬去春來的日子裏，這兩人都自覺不自覺地當了一回弄潮兒，引領着潮流與「時尚」。應當指出，鮑羅廷來華的任務，是擔任孫中山的「政治」顧問，關注的是政治；而蔣介石赴蘇聯的任務，重在考察「軍事」。他們背後的俄共（布）

1　《共產國際執行委員會主席團關於中國民族解放運動和國民黨問題的決議》（1923年11月28日），《共產國際、聯共（布）與中國革命檔案資料叢書》1，第343頁。

2　《巴拉諾夫斯基關於國民黨代表團拜訪托洛茨基情況的書面報告》（1923年11月27日），《共產國際、聯共（布）與中國革命檔案資料叢書》1，第341頁。

與中國國民黨的決策者，各自的出發點和合作的興趣點，都存在着明顯的差異。他們到底會走向何方？又會走到哪一步？在當時，依然是個未知數。雖然如此，蔣、鮑對國民黨改組，對軍官學校的籌建，則起了架橋鋪路的作用。

第三節　國民黨改組「試驗」與軍校創設案的議決

1923 年，大元帥府重建，但廣州局勢仍然不穩定。孫中山仍處於無可靠之兵，無可管之政的狀態，號令不行，財政困難達於極點。這一年，為征伐東江陳炯明軍，孫仍然從外省引進滇軍和桂軍，下半年為解廣州之圍，又將另一支來自北方的軍隊（樊鍾秀）引進廣州，走的仍然是「運動」軍隊的老路。孫中山雖欲改弦更張，但在國民黨尚未改組，又受諸多客觀因素制約的情況下，要想刷新廣州的局面，有所作為，真乃不得其門而入。

一、國民黨改組在廣州的「試驗」

1923 年 10 月 6 日，鮑羅廷到達廣州。鮑 1903 年加入俄國社會民主工黨，曾以共產國際代表的身份，赴歐、美活動。抵穗伊始，鮑一面做共產黨員、社會主義青年團員的工作，提出幫助國民黨改組；一面在國民黨內開展活動。[1] 鮑對孫中山說：可在 6 個月內，將廣州市變成國民黨「最鞏固的地盤」。[2] 孫中山接受鮑的提議，重新啟動國民黨改組的工作。

10 月 10 日，國民黨廣東支部舉行「懇親」大會，接着召開黨務討論會、華僑黨人非常大會、廣州市全體黨員大會、改組特別會議。孫中山在黨務會議上說：「俄國革命六年，其成績既如此偉大；吾國革命十二年，成績無甚可述」，「故十年來黨務不能儘量發展，觀之俄國，吾人殊有愧色！」他進而

1　《中共中央局報告》（1923 年 11 月），中央檔案館編：《中共中央政治報告選輯（一九二二—一九二六年）》，中共中央黨校出版社，1981 年，第 20 頁。

2　孫中山：《人民心力為革命成功的基礎》（1923 年 11 月 25 日），《共產國際、聯共（布）與中國革命檔案資料叢書》2，第 540 頁。

鄭重提出：此後當「效法俄人」，「以黨治國」。[1] 隨後孫發表一系列講話，闡明國民黨改組的宗旨、辦法、意義，為改組做思想發動和輿論準備。10 月 11 日，孫致電上海國民黨本部，提出「本部應改組」。18 日任鮑羅廷為「國民黨組織教練員」，說「鮑君辦黨極有經驗，望各同志犧牲自己的成見，誠意去學他的方法」。19 日，委廖仲愷、汪精衛、張繼、戴季陶、李大釗為國民黨改組委員。[2] 24 日，委廖仲愷、鄧澤如召集特別會議，商量改組問題，並派胡漢民、林森、廖仲愷、鄧澤如、楊庶堪、陳樹人、孫科、吳鐵城、譚平山為國民黨臨時中央執行委員會委員，汪精衛、李大釗、謝英伯、古應芬、許崇清為臨時中央候補委員。[3] 28 日，臨時中執委成立，召開第一次會議，譚平山（中共黨員）任臨時中執委書記和組織員。由此至 1924 年 1 月，兩個多月內，臨時中執委開會 28 次，議決要案 400 餘件，包括召開國民黨第一次全國代表大會案。[4] 11 月 25 日，臨時中執委發表《中國國民黨改組宣言》，並公佈《中國國民黨黨綱草案》《中國國民黨黨章草案》等。國民黨改組，進入了籌備階段。

國民黨改組的目的和途徑，約而言之：一是端正政治方向。「以俄為師」，學習、借鑒蘇聯革命和俄共治黨、治軍經驗。二是汰劣留良，輸入新鮮血液。提出要吐故納新，振作精神，建立新陳代謝的機制，「使國內人民皆與吾黨合作」，「使廣州百餘萬人民皆變成革命黨」。[5] 三是健全機構，整頓和改造黨的組織。孫中山說：「曩者吾黨組織，形式上似部別整然，然實際則不特以全黨事務委一人之手，且以一人而供孤注，其不失敗、不隕越者幾希！」[6] 廖仲愷也說：「吾黨情形，目下除少數幹部，並無黨員」；「本黨自同盟會以來，即無精密組織，如民國成立改為國民黨後，僅以議員為黨員多少標準，其後

1　孫中山：《在廣州國民黨黨務會議的講話》（1923 年 10 月 1 日），《孫中山全集》（第八卷），第 268 頁。

2　孫中山：《致上海事務所電》（1923 年 10 月 19 日），《孫中山全集》（第八卷），第 310 頁。

3　孫中山：《致黨內同志函》（1923 年 10 月 24 日），《孫中山全集》（第八卷），第 334 頁。

4　譚平山：《臨時中央執行委員會報告概要》（1924 年 1 月 21 日），《譚平山文集》編輯組：《譚平山文集》，人民出版社，1986 年，第 271 頁。

5　孫中山：《在廣州大本營對國民黨員的演說》（1923 年 11 月 25 日），《孫中山全集》（第八卷），第 431、436 頁。

6　孫中山：《在中國國民黨廣州市全體黨員大會上的訓詞》（1923 年 11 月 11 日），《孫中山全集》（第八卷），第 390 頁。

經過中華革命黨，中國國民黨，均屬無甚組織」。[1] 故須從組織制度上，對國民黨力加整頓和改造。臨時中執委所擬出的「章程」，對中央、地方各級組織機構作出規定，並將「區分部」規定為「本黨基本組織」。[2]

從 11 月開始，國民黨臨時中執委決定在廣州進行改組「試驗」。1923 年 11 月 13 日，阮嘯仙（社會主義青年團廣東區負責人）致信劉仁靜說：關於國民黨改組，「現決定在廣州試辦兩個月」。譚平山在國民黨一大報告中說：「但決一章程，非是易事。而章程之運用，非實地試驗不可，故以廣州及上海兩地為章程本案試驗場。」[3] 廣州，成為國民黨改組的試行地點。

國民黨在廣州的改組「試驗」，第一步，重新登記黨員，要求居住本市的國民黨員辦理登記手續，以確認黨籍；第二步，自下而上組建國民黨的區分部、區黨部和市黨部。至 1924 年 1 月中旬，廣州全市總共成立區分部 66 處、特別區分部 3 處、區黨部 9 處、代理區黨部 3 處。國民黨基層黨部（區分部）的設立，是國民黨組織制度上的創新。同時仿照俄共（布）組織法，在各級黨部實行委員會制。

青年團廣東區委這時的報告說，「同志們奔走於國民黨中異常忙碌」[4]。各區分部、區黨部選舉時，共產黨員或青年團員阮嘯仙、劉爾崧、張元愷、周其鑒、張善銘、藍裕業、楊石魂、沈厚坤、施卜、楊命葵（楊殷）、黃覺羣、鄒師貞、黃居仁、賴國航、關肇康、楊匏安、潘兆鑾等，分別在他們所在的區分部或區黨部，當選為執行委員，有的還當選為秘書。[5] 改組試驗期間，共產黨、青年團為國民黨引進了大批進步青年。至國民黨第一次全國代表大會時，廣州市內國民黨員總數達 8218 人，兩個月內實增加 4569 人，其中工人

1　廖仲愷：《在中央幹部會議第十次會議上的報告》（1923 年 12 月 9 日），《廖仲愷集》（增訂本），第 139 頁。

2　孫中山：《中國國民黨總章》（1924 年 1 月 28 日），廣東省社會科學院歷史研究所、中國社會科學院近代史研究所中華民國史研究室、中山大學歷史系孫中山研究室合編：《孫中山全集》（第九卷），中華書局，1986 年，第 153 頁。

3　譚平山：《臨時中央執行委員會報告概要》（1924 年 1 月 2 日），《譚平山文集》，第 272 頁。

4　阮嘯仙：《致劉仁靜、惲代英的兩封信》（1923 年 11 月 24 日、12 月 10 日），阮嘯仙著，《阮嘯仙文集》編輯組編：《阮嘯仙文集》，廣東人民出版社，1984 年，第 105 頁。

5　《團廣州地委報告（第六號）》（1923 年 12 月 30 日），廣東省檔案館、廣東青運史研究委員會：《廣東青年運動歷史資料》（一），1986 年，第 168-169 頁。

佔 60%。對此，孫中山深表滿意：「今日各區分部之成立，時間雖甚短，而據各位同志之報告，成績已大有可觀。」[1] 鮑羅廷說：「應該為他們說句公道話，廣州的共產黨員為改組國民黨做了大量的工作。」[2] 國民黨改組籌備及其在廣州的試驗，國民黨員、共產黨員均有參加，摸索總結了整頓、改造國民黨組織的經驗，為國民黨第一次全國代表大會在廣州的召開做了各種準備。

二、軍校創設案的議決

當國民黨改組在廣州試驗時，創設軍官學校的問題，也提上了國民黨議事的日程。

1923 年 10 月 15 日，國民黨黨務討論會通過了陳安仁（國民黨駐南洋特派員）的議案：「建議設陸軍講武堂於廣州，訓練海外本黨回國之青年子弟，俾成軍事人材，擁護共和案。」[3] 這一議案，是國民黨設立軍校的先聲。

10 月 28 日，國民黨臨時中央執行委員會成立。至次年 1 月，臨時中執委前後開會 28 次，其中涉及組織義勇軍、創設軍校的問題，共有 7 次。（1）11 月 12 日，臨時中執委第 5 次會議，討論組織義勇軍問題。（2）11 月 15 日，第 6 次會議，議決由廖仲愷起草的《本黨義勇軍組織法》。（3）11 月 19 日，第 7 次會議，議決義勇軍學校的教學、訓練事宜，擬「先招有軍事學識黨人約十數人，日間為學生講習軍事及黨義，夜間教練義勇軍」。（4）11 月 26 日，第 10 次會議，議決義勇軍學校定名為「國民軍軍官學校」，並決定校長、教練長、政治部主任人選。（5）11 月 27 日，第 11 次會議，議決「國民軍軍官學校」校址、預算、招生等事項。（6）12 月 5 日，第 14 次會議，議決電催蔣介石來粵，就任軍官學校校長。（7）12 月 8 日，第 15 次會議，黨內公意請孫中山自兼軍校校長，孫未予採納，仍以蔣介石為校長。[4]

1　孫中山：《在廣州大本營對國民黨員的演說》（1923 年 11 月 25 日），《孫中山全集》（第八卷），第 438 頁。

2　《鮑羅廷關於華南形勢的札記》（1923 年 12 月 10 日），《共產國際、聯共（布）與中國革命檔案資料叢書》1，第 373-374 頁。

3　《黨務討論會議決事項》，《廣州民國日報》1923 年 10 月 16 日。

4　《臨時中央執行委員會會議錄》，黃振涼：《黃埔軍校之成立及其初期發展》，（台灣）正中書局，1993 年，第 52-53 頁。

以上，為國民黨臨時中執委關於國民軍軍官學校創設案議決的經過。此與國民黨改組的啟動有關，亦與廣州當時的軍事形勢相關。此前，陳炯明軍對廣州發起多次進攻，敵進至白雲山。11 月 13 日，廣州已能聽到炮聲。大元帥府窮於應付。譚平山稍後在國民黨一大代表臨時中央執行委員會所作報告說：

> 於是本委員會，乃召集各區主席、組織員、秘密執行委員等聯席會議，決議組織義勇軍，以禦敵人；組織慰勞隊，以慰勞前敵義軍，並向軍隊宣傳黨義。此舉頗得軍人同情。至義勇軍之組織，黨人加入者甚為踴躍，兩日之間，達五百餘人。後因義軍奮勇反守為攻，敵人竄退，於是有由義勇軍臨時的組織，變為本黨軍官學校永久的組織之決議。現在關於本黨軍官學校之組織，已有具體的計劃，且已決定由本黨總理孫先生為校長云。[1]

此即義勇軍的由來。參加義勇軍的，有加入國民黨不久的中共黨員阮嘯仙、劉爾崧、張瑞成等。[2] 這樣，因有義勇軍的成立，遂有將義勇軍臨時組織變成永久軍校之議，再有命名「國民軍軍官學校」之舉。創設軍官學校最初的方案，在改組試驗及保衛廣州的過程中，逐步醞釀成形。

國民黨臨時中執委上述 7 次會議的議決，顯示出值得注意的幾點。

（一）黨辦軍校

明確義勇軍及軍官學校各項事項，由國民黨負責。如由臨時中執委召集各區分部執委及組織員召開特別會議，討論組織義勇軍；由「黨委任專家」監督及輔助教員；以「中央執行委員會名義招請教練員」；教員應「受黨之訓練，充分了解黨之宗旨主義及其實現方法」；「請黨中軍人同志訓練」，要「講習軍事及黨義」，「由黨所委任專家及教員」商定軍隊組織；等等。

1　譚平山：《臨時中央執行委員會報告概要》（1924 年 1 月 2 日），《譚平山文集》，第 274 頁。
2　《黨員加入義勇軍之踴躍》，《廣州民國日報》1923 年 11 月 22 日。

（二）孫中山重視辦軍校

臨時中執委第 10 次會議，是孫中山親自主持的。這次會議議決：義勇軍學校定名「國民軍軍官學校」；校長定蔣介石，教練長定陳翰譽，政治部主任定廖仲愷，籌備工作由廖仲愷負責；校址租借東園。此為國民黨正式確定創設「軍官學校」的起點。可見，有關軍官學校創設的重大事項，是孫中山親自主持確定的。

（三）廖仲愷在其中發揮了重要作用

廖仲愷發起成立「國民義勇軍」，起草義勇軍「組織法」，貫徹國民黨改組的精神，提出在義勇軍的組織、訓練中，要體現黨的引領作用。這是軍校創設的較為具體、完整的構想。孫中山指定廖任軍校政治部主任，並負責籌備工作。12 月 9 日，在上海召開的中央幹部會議第 10 次會議上，廖仲愷所作的報告，在軍事方面，提出建立「軍團」的設想，暫定 600 人，教學的內容：一為「歐洲（疑為歐戰）後的軍事教育」；二為「惟黨可以造國的教育」；三為「政治關係」。每天上午教學，下午訓練。預計一年之內，「可以成兩師真正黨軍」。[1] 這是關於軍校創設的更為長遠的設想。

縱觀上述，1923 年秋冬之際，國民黨改組業已局部啟動，而軍官學校創設的方案，亦經臨時中執委議決，並付諸實施。當時，因擬任校長的蔣介石訪蘇回國後，遲遲未來粵，加上其他原因，致使有關的工作，進展不大。雖然如此，但國民黨軍官學校的創辦，已是曙光在望。

1　廖仲愷：《在中央幹部會議第十次會議上的報告》（1923 年 12 月 9 日），《廖仲愷集》（增訂本），第 139 頁。

第二章　陸軍軍官學校的創建

第一節　國民黨一大與軍校籌委會的成立

1924 年 1 月 20 日，中國國民黨第一次全國代表大會在廣東高等師範學校禮堂（今廣州魯迅紀念館）開幕。此前，孫中山曾說過：廣州是「革命的起點」，是「革命黨的發源地」，「我們想從新再造民國，還要拿這個有光榮的地方做起點」，「再來建設中華民國，為中華民國開一個新紀元」。[1] 大會代表 165 人，其中有陳獨秀（未到會）、譚平山、李大釗、毛澤東、于樹德、林祖涵、羅邁（李維漢）、夏曦、袁達時、謝晉、宣中華、李永聲、于方舟、韓麟符、王盡美、朱季恂、張國燾、李立三、廖乾五、陳鏡湖、沈定一（玄廬）、劉芬、胡公冕等中共黨員。鮑羅廷參加了大會。

孫中山以總理身份任大會主席，林森、汪精衛、謝持、胡漢民、李大釗為主席團成員。大會成立的宣言、黨務、宣傳、章程四個審查委員會，均有共產黨員參加：李大釗、于樹德參加宣言審查委員會，譚平山參加黨務審查委員會，李大釗參加宣傳審查委員會，譚平山、李大釗、毛澤東參加章程審查委員會。譚平山代表臨時中執委，在會上作《臨時中央執行委員會報告》。大會歷時 10 天，在國共兩黨成員共同努力下，取得了一系列重大成就。

大會討論通過《中國國民黨第一次全國代表大會宣言》，指出「軍閥之專橫，列強之侵蝕，日益加厲」，因此「益知進行國民革命之不可懈」。孫中山總結過去「與軍閥官僚相妥協、相調和」，致使革命「不免於失敗」的教訓，

1　孫中山：《在廣州商團及警察聯歡會的演説》（1924 年 1 月 14 日），《孫中山全集》（第九卷），第 61 頁。

提出「宣言」的主旨「就是計劃徹底的革命」：對內「終要把軍閥來推倒，把受壓的人民完全來解放」，對外「免除帝國主義之侵略」。

國民黨改組的關鍵，是關於共產黨員加入國民黨的問題。此事出於共產國際使者馬林的提議，並經共產國際批准。1922 年秋，中共高層陳獨秀、李大釗等，加入了國民黨。次年 6 月，中共三大決定全體加入國民黨。雖出於共產國際的決定，但贊同共產黨員加入國民黨，乃出於孫中山的斟酌，且是他不容更改的決策。孫中山希望通過引進共產黨員，達到推動、改進國民黨，為國民黨輸入新鮮血液的目的。孫中山說：「來者不拒，所以昭吾黨之量能容物，而開將來繼續奮鬥之長途。吾黨之新機於是乎在。」[1] 此即「黨內合作」之由來。然而，國民黨內對此存有爭議，持懷疑、反對態度者，不在少數。國民黨一大討論了這一問題。孫中山發表多次講話，解釋引進共產黨員的緣由和目的。

在孫中山看來，有的人反對共產黨員加入國民黨，攪動暗潮，是因為他們不了解民生主義與共產主義的關係，「質而言之，民生主義與共產主義實無別也」。[2] 一大期間的一次宴會上，有人發表反對共產黨員加入國民黨的言論，孫中山指出，這些人不過是為個人升官發財而已。「二十年以來，黨員總是阻撓我革命，總是丟掉民生主義。跟隨我的很多，但總是想打他自己的主意。」[3] 在另一次講演中，孫中山說：「你們老黨員已經墮落了，不革命了。你們反對共產黨員加入，是含有想做黨閥的意味，想要包辦革命。老實不客氣說，都只想發財做官。數十年革命尚未成功，就是受了你們的累。民族主義，你們只曉得打倒滿清。民權主義，你們只曉得議會政治，其餘便不知道了。至民生主義，更是全然不懂得。我的民生主義，就是共產主義，不過與馬克司（思）觀察稍有不同罷了。」[4]

1 月 28 日，當大會討論國民黨「總章」草案時，廣州代表方瑞麟提出「黨

1　孫中山：《致全黨同志書》（1924 年 3 月 2 日），《孫中山全集》（第九卷），第 542 頁。

2　孫中山：《批鄧澤如等的上書》（1923 年 11 月 29 日），《孫中山全集》（第八卷），第 458 頁。

3　子任（毛澤東）：《國民黨右派分離的原因及其對於革命前途的影響》，《政治周報》第四期，1926 年 1 月。

4　程潛：《紀念周演説詞》（1926 年 5 月 31 日），國民革命軍第六軍政治部編：《奮鬥》第二期，1926 年 6 月。

章應明文規定黨員不得加入他黨」，意在以設反對「跨黨」、反對一人而具雙重黨籍的規定，來阻撓共產黨員加入國民黨，進而叫停國共兩黨的「黨內合作」。為此，李大釗登台發言，說明共產黨員加入國民黨是「自己先從理論上事實上作過詳密的研究」，「再四審慎而始加入的」，「是為有所貢獻於本黨，以貢獻於國民革命的事業而來的」，「是正大光明的行為，不是陰謀鬼祟的舉動」。[1] 廖仲愷等發言力挺李大釗，支持共產黨人加入國民黨。經過激烈的鬥爭，共產黨員加入國民黨的問題，終獲解決，國共合作宣告實現。

國民黨一大選舉時，共產黨員李大釗、譚平山、于樹德當選為中央執行委員會委員，譚平山並當選為常務委員；林祖涵、毛澤東、瞿秋白、韓麟符、于方舟、張國燾、沈定一，當選為候補中央執行委員會委員。

國民黨一大釐定國民革命的政綱，建立了國共合作，開拓了國民革命嶄新的局面，從而成為中國大革命的起點。

國民黨一大的召開，與黃埔軍校的創建，是密切相關、鏈條相扣的關係，前者對後者，直接起牽引、帶動的作用。

在政治上，改組撬動了各項變革。在一大前召開的幹部會議上，廖仲愷說：國民黨過去只有上層幹部，沒有基層組織；而專靠上層的結果，是「徒賴軍隊，不過終為軍隊所用而已，遑能改造國家哉！」廖仲愷還說：「徒恃軍隊，必至為兵所制，不能制兵也。因為做事不能不賴力，一方雖賴軍力，然一方不可不有一種力量，能制伏軍隊之力量，即黨是也。」[2] 這一段論述，很值得注意。如前所述，孫中山長期思考如何馭軍、治軍的問題。在這裏，廖對接了孫的思路，指出治軍之道是以力制軍，但不是以軍制軍，而是以軍隊之外的「一種力量」制軍。這種力量，「即黨是也！」以黨制軍的思路，赫然明晰。廖並且斷言：黨的基礎鞏固了，「庶足制伏軍隊」。[3] 國民黨一大擺正了

1　《北京代表李大釗意見書》（1924 年 1 月 28 日），中國人民政治協商會議廣東省委員會、廣州市委員會文史資料研究委員會，廣東革命歷史博物館合編：《廣東文史資料》第四十二輯，廣東人民出版社，1984 年，第 313、375-376 頁。

2　廖仲愷：《在中央幹部會議第十次會議上的報告》（1923 年 12 月 9 日），《廖仲愷集》（增訂本），第 138-139 頁。

3　廖仲愷：《廖仲愷致孫中山改組國民黨原因及改組進行情況文》（1923 年 12 月 9 日），桑兵主編：《各方致孫中山函電彙編》（第七卷），社會科學文獻出版社，2012 年，第 351 頁。

黨、軍關係，並撬動了以黨建軍的三步走之進程：第一步，黨的改組；第二步，以黨辦校（軍校）；第三步，由校建軍。在以黨建軍的鏈條中，黃埔軍校的創建，是核心的一環。

在組織上，國民黨改組最具突破性的舉措，是引進共產黨員，這不但是更新國民黨組織，輸入新鮮血液的必要之舉，而且為共產黨人參與黃埔建校、建軍，敞開了大門。日後黃埔軍校的特色，或曰辦學成功之道，正在於大量共產黨員的踴躍加入。這與國民黨組織大門的開放，有直接的關聯。

1924 年 1 月 24 日，孫中山以大元帥的名義，任命蔣介石為陸軍軍官學校籌備委員會委員長。此前，國民黨臨時中執委 1923 年 11 月間議決的「軍官學校」創設議案，指定蔣為校長。12 月 15 日，蔣已從蘇聯返至滬上。廖仲愷、胡漢民、汪精衞等於 12 月間，多次函電蔣介石，以「鮑君（鮑羅廷）有事與商，學校（軍官黨校）急待開辦」「軍官學校由兄負完全責任辦理，一切條件不得兄提議，無從進行」「鮑先生日盼兄至，有如望歲」等情由，促蔣來粵。而蔣卻遲遲未行。軍校籌創進展遲緩，與此有關。直至國民黨一大開幕之前 4 天，即 1924 年 1 月 16 日，蔣才回到廣州。孫中山於一大期間派蔣為軍校籌委會委員長，是加大力度推進軍校籌建之舉。

據《李烈鈞將軍自傳》，軍校籌創時，李烈鈞對孫中山說：「校長一席，非蔣莫屬。」[1] 關於軍官學校的名稱，國民黨臨時中執委第 10 次會議（1923 年 11 月 26 日）命名「國民軍軍官學校」；組織軍校籌委會時，定名「陸軍軍官學校」。這是個重大改變。

至是，陸軍軍官學校正式開始籌建。

第二節　黃埔軍校的籌建

1924 年 2 月 1 日，孫中山派王柏齡、李濟深、鄧演達、沈應時、林振雄、俞飛鵬、宋榮昌、張家瑞為軍校籌備委員。

1　李烈鈞：《李烈鈞將軍自傳》，中華書局，2007 年，第 86 頁。

2 月 6 日，設軍校籌備處於廣州南堤 2 號。8 日，蔣介石主持召開軍校籌委會首次會議，決定分設教授、教練、管理、軍需、軍醫等五部，分別以王柏齡、李濟深（鄧演達代）、林振雄、俞飛鵬、宋榮昌為臨時主任，分部辦公。參與籌備處工作的，有王柏齡、沈應時、顧祝同、陳繼承、劉峙、鄧演達、嚴重、陳誠、王登雲、朱一鳴等。粵軍第二師參謀長葉劍英，應廖仲愷邀請，亦參加籌備處工作。

至 5 月 8 日，軍校籌備處共開會 32 次，討論決定訂定校章、修整校舍、招生考試、任用幹部、制定教練計劃等事項。要點如下。

一、選址黃埔

臨時中執委此前討論軍校創設事宜時，曾設想以市區東園為軍校校址，後又提出以「測量局及西路討賊軍後方病院」為校址。[1] 1924 年 1 月 28 日，孫中山決定以黃埔長洲島上原廣東陸軍小學校為軍校的校址。

黃埔島稱得上是中國近代軍事教育搖籃之一。1887 年，兩廣總督張之洞在此創辦廣東水陸師學堂，堂址為 1845 年蘇格蘭人約翰·柯拜修建的黃埔船塢。1876 年兩廣總督劉坤一以白銀 8 萬兩購買船塢，辦廣東「西學館」，後相繼改稱「實學館」和「博學館」。廣東水陸師學堂為中國最早的兩所軍事學堂之一（另一所是北洋武備學堂）。除黃埔船塢原址外，張之洞又在長洲島上徵地 47 畝，使用白銀 4592 兩，建造新校舍一座。八卦山以東之舊堂舍，專居陸師學生，稱「陸師誦堂」；八卦山以西的新校舍，居水師駕駛、管輪專業學生，稱「水師誦堂」。廣東水陸師學堂的創辦，不但是廣東官辦學堂之始，而且開廣東近代軍事教育的先河。

廣東水陸師學堂開辦之後，兩廣總督譚鍾麟將水陸師學堂的水師、陸師分開辦理。其中，水師誦堂獨立為廣東水師學堂，後與廣東魚雷局附設之魚雷學堂合併，改名廣東水師魚雷學堂。此後漸次演變為廣東水師工業學堂、廣東海軍學校等。陸師誦堂改為廣東陸軍速成學堂，後漸次改為廣東武

1　《國民黨軍官學校之規劃》，《廣州民國日報》1923 年 12 月 20 日。

備學堂、廣東陸軍中學堂、廣東陸軍小學堂，辛亥革命後改名為廣東陸軍小學校。

以上學堂情況，簡列如下：

廣東水師學堂：由廣東水陸師學堂之水師誦堂改成。設駕駛、管輪二部，學制 5 年，課程設置仿天津水師學堂和福州船政學堂，學生每年 9 個月在堂，3 個月在船。共畢業駕駛、管輪學生 14 屆，計 208 名。

廣東陸軍速成學堂：由廣東水陸師學堂之陸師誦堂改成。以水陸師學堂舊址為堂址。

廣東武備學堂（廣東陸軍中學堂）：以廣東水陸師學堂之陸師誦堂舊址為堂址。後改為廣東陸軍中學堂，堂址遷廣州大東門外北橫街（此處曾辦廣東隨營將弁學堂、廣東陸軍測繪學堂）。

廣東水師魚雷學堂：廣東魚雷局附設之魚雷學堂（學生 40 名）歸入廣東水師學堂，改名為水師魚雷學堂。學生兼學駕駛、管輪、魚雷課目。

廣東陸軍小學堂：清末陸軍學堂制度改革，仿效德國和日本，分為小學、中學、軍官三級。1905 年，在原廣東武備學堂（陸軍誦堂）舊址上，設廣東陸軍小學堂，以高小、初一學生為對象，學制 3 至 4 年。

廣東水師工業學堂：1906 年，在廣東水師魚雷學堂堂址上，辦水師工業學堂。

廣東海軍學校：由廣東水師工業學堂改稱，以「實施海軍教育，養成海軍人材」為宗旨，學制為預科與正科各 3 年。後歸北洋政府海軍部直接辦理。1922 年停辦。

廣東陸軍小學校：1912 年，廣東陸軍小學堂改名為廣東陸軍小學校。學生畢業後升武昌南湖第二預備學校。

黃埔島此前之軍事學堂和軍校，追求軍事的先進性和專業化。晚清國防建設有海防、陸防孰重之爭，沿海（北洋、南洋、福建、廣東）自然以海防為重，重點是發展海軍。廣東海域遼闊，是海防大省，故軍事教育重「水師」，着力培養海軍人才。英國優長於海軍，德國優長於陸軍，故「水師」學英國，「陸師」學德國。不但聘請外國教習，而且任用學有專攻的「海歸」人才。著名留美幼童詹天佑，耶魯大學畢業後回國，1884 年任教習於「博學館」，後任教於廣東水陸師學堂。

這些軍事學堂和軍校，培養了不少軍事人才。

在海軍方面：水陸師學堂第一期譚學衡，畢業後赴英留學，宣統年間為海軍副大臣，民國時任海軍總長；水師學堂畢業生湯廷光，1920年任廣州軍政府海軍部長，次年任中華民國政府海軍總長；楊樹莊、潘文治、葉在馥、伍景英、杜衍庸、鄧鈞、馮肇憲、李慶文，胡應球、鄧兆祥、陳策、黃文田、馬廷偉等，亦均出自黃埔水師學堂或海軍學校。1914年入讀廣東海軍學校第十六期的鄧兆祥，後赴英國留學，被稱為英國「海軍通」。1948年任重慶號巡洋艦艦長，1949年2月率重慶艦起義，加入中國人民解放軍海軍，1981年任海軍副司令員。

在陸軍方面：李濟深、姚雨平、張醁村、劉志陸、鄧彥華等，為廣東陸軍速成學堂畢業生；蔣光鼐、李朗如、李章達、陳銘樞、陳濟棠、張競生、王應榆、鄧演達、張雲逸、李揚敬、蕭冠英、余漢謀、徐景唐、李煦寰、吳奇偉、張文、葉挺、張發奎、薛岳、李漢魂、鄧龍光、韓漢英、林廷華、馮寶森、華振中、許志鋭、何春帆、謝嬰白等，就讀於黃埔各軍事學堂或軍校。張雲逸、葉挺分別是廣東陸軍小學堂第四期、第十一期學生。

黃埔長洲島之陸地面積約8平方公里，為廣州東南方門戶。孫中山「以其四面環水，隔絕城市，地當樞要，實為軍事重地，便於興學講武，遂指定該島為本校校址」。校址確定之後，2月13日，軍校籌備委員前往勘察。次日，蔣介石派管理處主任林振雄，率工兵前往修繕佈置，重修校門、校舍、操場、道路等。昔時之自修室，改為校長辦公廳。門庭、禮堂、走道、迴廊依舊，面貌更新。至4月17日，始告竣工。

二、招生考試

軍官學校籌創時，全國各地多處於軍閥勢力之下，招生不易，只得委託出席國民黨一大的代表，在各地引薦、介紹考生。對此，廖仲愷在大會上說明：「我們先前已告訴同志諸君，我們在廣州創建了一所軍事學校。為要在士兵中進行宣傳，必須有科班出身的軍官，如今我們將能培養這樣的軍官。凡願入學者均可以提出申請，入學者必須受過中等教育。各省均有權派遣10至

15 人。」[1] 廖仲愷特別提道：「必其人明白本黨主義，且誠實可靠，能做事方可入選。」[2] 2 月 10 日，埔校籌備處召開會議，分配各省、區招生名額，預定共招 324 名。其中東三省、熱河、察哈爾共 50 名；直隸、山東、山西、陝西、河南、四川、湖南、湖北、安徽、江蘇、浙江、福建、廣東、廣西，每省 12 名，計 168 名；駐廣東的湘、粵、滇、豫、桂五軍，每軍 15 名，計 75 名；國民黨先烈遺屬 20 名；機動名額 11 名。[3]

2 月 20 日，國民黨中央執行委員會第 7 次會議，通過《陸軍軍官學校考選學生簡章》。《簡章》聲明：本校希望對於軍隊有徹底的改良進步，故擬使全國熱心有志堪以造就之青年，得有研求軍事學術之機會，並教以三民主義，俾養成良好有主義之軍人，以為黨軍之下級幹部。投考者須符合如下資格：（1）中國國民黨員，或對國民黨有同情而未入黨者，始准應考；但於考取後，加入本黨，始許入校。（2）年齡 18 至 25 歲。（3）身體各部健全者。（4）在高小畢業，並入過中學一年以上，或具有相當程度者。[4] 除此之外，凡中央各直轄軍隊內之現役軍官、軍士，凡中等以上各學校學生有志報考者，亦可報名考試。

孫中山、廖仲愷及國民黨中央、大元帥府要員，各地黨、政、軍名人，很多都為軍校介紹過考生。出席國民黨一大的中共黨員李大釗、譚平山、于樹德、毛澤東、林祖涵等，亦為軍校推薦考生。經李大釗介紹而獲錄取的考生有 13 人，經毛澤東介紹而獲錄取的有蔣先雲等 6 人。

當時，何叔衡（共產黨員）受軍校籌委委託，返湘辦理招考事宜。以「試述報考軍校志願」為題，初次選出趙自選、陳作為、郭一予等，送往上海報考。[5] 長江流域及以北各地前往上海報考者，有 500 多人。毛澤東時任國民黨中央候補委員，一大後到上海，在國民黨上海執行部工作，任執行部組織部

1　［蘇］亞·伊·切列潘諾夫著，中國社會科學院近代史研究所翻譯室譯：《中國國民革命軍的北伐——一個駐華軍事顧問的札記》，中國社會科學出版社，1981 年，第 84 頁。

2　《中國國民黨全國代表大會會議錄》（第十六號），《廣東文史資料》第四十二輯，第 75 頁。

3　《蔣介石年譜初稿》，第 156-157 頁。

4　《中國國民黨周刊》第十期，1924 年 3 月 2 日。

5　郭一予：《我對黃埔軍校的片斷回憶》，中國人民政治協商會議廣東省委員會文史資料研究委員會、廣東革命歷史博物館合編：《廣東文史資料》第三十七輯，廣東人民出版社，1982 年，第 73 頁。

秘書、文書科代理主任。3 月間，毛澤東負責軍校上海地區考生複試工作，並在環龍路四十四號接見了趙自選、陳作為、郭一予及來自北方的考生張隱韜、楊其綱等。毛澤東後來說：我還曾經在上海為黃埔招過一期學生，地址是上海環龍路四十四號。[1] 上海考試，國文題為「你為什麼報考軍校」和「試述你的國防觀」，並考算術、代數、幾何、三角、化學和物理。經過考試，共錄得 200 多人，發給路費，赴廣州參加複試。3 月 21 日，孫中山任蔣介石為軍校入學試驗委員會委員長，王柏齡、胡樹森、張家瑞、錢大鈞、鄧演達、彭素民、宋榮昌、簡作楨、嚴重為入學試驗委員。因蔣離職不歸，入學試驗委員長一職由李濟深代理。27 日至 30 日，軍校入學考試在廣東高等師範學校舉行。應考者 1200 餘人（包括上海送考的 200 多人），除考國文、算術外，加考三角、幾何、代數。國文試題由戴季陶擬，數學試題由王登雲擬，張申府（中共黨員）參與擬口試試題。至 4 月 28 日，第一期招考放榜，共錄取 470 人，其中正取生 350 人、備取生 120 人。

三、經費、槍械籌措

當時，廣東財政極為困難。軍校籌建時，並未指定由哪個機關為軍校撥款，經費沒有可靠的來源。蔣離職期間，為使軍校籌建工作不至於因費用不濟而流產，代理軍校籌委委員長的廖仲愷，不得不到處奔波，忍氣吞聲，向把持廣東錢路的滇、桂軍首領「化緣」。廖仲愷說：「我非常痛苦，非常受氣，天天晚上都要去會楊希閔、劉震寰，等他們把煙吸完，然後我才說『向他們借錢來辦黃埔學校』。」

經過爭取，至 5 月 22 日，大本營財政委員會才議決：軍校開辦費 186600 元，由財政廳撥給；經常費 30000 元，其中財政廳撥 5000 元，公安局撥 15000 元，市政廳、籌餉局各撥 5000 元。[2] 辦校所需槍械，籌措起來也很困難。廣東兵工廠生產能力很低，每天只可出步槍 15 支，改進後，日產量也只

1　中共中央文獻研究室編：《毛澤東年譜（一八九三—一九四九）》（上卷），人民出版社、中央文獻出版社，1993 年，第 124-125 頁。

2　《蔣介石年譜初稿》，第 192 頁。

有 45 支。廠長馬超俊回憶：該廠為滇、桂軍閥所控制。一次，孫中山令撥步槍 500 支、機關槍 4 挺給黃埔軍校。兵工廠存槍不足，馬乃罄其所有，連同護廠隊的槍支，照數湊足撥發。事為滇軍第二軍軍長范石生所知，范石生悍然扣留了馬超俊，要馬立即將撥給軍校的槍械全數收回，否則槍斃。孫中山派參軍鄧彥華、侍衛長黃惠龍前往交涉，范置之不理。最後，孫中山又派秘書長楊庶堪持手諭，並約滇軍總司令楊希閔同往，與范交涉，范石生才將馬超俊釋放。[1] 軍校創辦之艱辛，由此可見一斑。

實際上，直到第一期學生入校時，軍校所需槍支仍未籌足。5 月 2 日，蔣介石致函廖仲愷：「本校步槍已領到 230 桿，尚差 250 桿，務請轉催馬廠長設法辦到。」

四、下級幹部考錄

2 月間，籌備處啟動下級幹部招錄工作，發佈《陸軍軍官學校下級幹部佈告》。凡由各方推薦人員，必先繕具履歷，經審查考試後，酌量錄用。學生隊副隊長、區隊長以下幹部，於廣東省警備軍講武堂、西江講武堂畢業生中挑選。當時，軍校籌備處收到推薦函件很多，為防止徇私用事，貽弊滋生，考試委員會發佈啟事：「所有考試及審查方法，一以公正無私，細密謹嚴之旨行之，以期選拔優才，無負重託。」[2] 3 月 24 日，下級幹部考試在廣東高師舉行。4 月 24 日，籌備處公佈下級幹部初錄名單：

王聲聰、吳濟民、陳應瑞、嚴鳳儀、王祿豐、呂敬藩、周得三、馮聖法、雷德、唐同德、楊步飛、張仲俠、周品三、楊權一、胡仕勛、楊銘三、侯又生、邱仕發、朱一鳴、徐文龍、宋雲競、張慎階、范馨德、祖靜川、鄧瑞安、楊鶴年、李鴻鈞、符騰光、周漢偉、韋兆熊、范振亞、李叔文、吳用淮、朱一鵬、鄭重達、張人玉、鮑宗漢、謝永平、鍾

1　馬超俊、傅秉常口述，劉鳳翰等整理：《馬超俊、傅秉常口述自傳》，中國大百科全書出版社，2009 年，第 42 頁。

2　《陸軍軍官學校考試委員會啟事》，《廣州民國日報》1924 年 4 月 7 日。

偉、麥鑒滿、賴杏、曾昭鏡、羅寶鈞、蔣魁、邱貞中、周振強、郭景、劉幹、郭遠勤、鄭燕飛。[1]

4 月 26 日，以上 50 人集中於南堤籌備處，共往黃埔本校複試。複試結果，周振強、唐同德、周品三、胡仕勛等 20 多人，未獲錄用，改為第一期學生。合格之幹部，從 28 日起，接受為期 3 天的訓練。

對黃埔軍校的創辦，蘇聯給予了支持。蘇駐穗代表鮑羅廷（國民黨組織教練員）參與軍校籌建工作。1923 年 9 月底，蘇聯紅軍幹部雅・格爾曼等到達廣州，隨後與亞・伊・切列潘諾夫、尼・捷列沙托夫、弗・波里亞克和波・斯莫連采夫組成顧問小組，參加軍校籌建工作。1924 年 4 月，曾任蘇聯紅軍十三集團軍司令安・巴甫洛夫抵達廣州，任孫中山的軍事總顧問。

軍校籌委委員長蔣介石，於 2 月 22 日離職。第二天，孫中山派廖仲愷代理籌委委員長，主持軍校籌建事項。以上修建校舍、籌措經費、招生考試、任用幹部等事項，主要是在廖仲愷的主持之下，艱苦備嘗、百折不撓進行的。

第三節　蔣介石辭職事件

蔣介石辭職的風波，是他就任軍校籌委會委員長未滿一個月，黃埔軍校籌建工作起步不久時發生的。

2 月 21 日，蔣具函孫中山，並呈中央執行委員會，以「駑駘庸材，難勝重任」為辭，提出辭去埔校籌委會委員長之職。蔣的英文秘書王登雲，即到籌備處宣佈：「蔣先生已決定黃埔軍校不辦了，籌備處馬上解散。」當場還宣佈每個人發多少遣散費。[2] 蘇聯顧問切列潘諾夫的回憶錄寫道：「實際上是蔣介石未經孫中山和廖仲愷的許可，擅自發給為黃埔軍校招來的教職員一筆離職

1 《陸軍軍官學校籌備處佈告》，《廣州民國日報》1924 年 4 月 24 日。
2 《葉劍英元帥談孫中山先生的建軍思想和大無畏精神》，《黃埔軍校史料（1924 — 1927）》，第 31 頁。

津貼，聲稱學校不辦了，而他自己則跑到了上海。」[1] 事發後，孫中山於 2 月 25 日派鄧演達赴寧波奉化，催促蔣介石返粵。孫中山、廖仲愷連續發出 10 多封函電，批評蔣介石。2 月 29 日孫致蔣電：「辭呈未准，何得拂然而行。」同日廖致蔣電：「黨事詎可因兄而敗。」3 月 7 日，廖仲愷致電在上海的胡漢民，說明「軍校勢成騎虎」「只有迫弟自殺謝人」，要胡漢民「務請介行，勿延」。17 日，孫中山密電蔣介石：「事緊急，盼速來。」然而各種努力，均無濟於事，蔣悠遊故里，不肯回粵。

在此之前，作為孫中山的部屬，蔣介石有多次擅自離職記錄：1918 年夏、1919 年秋、1920 年、1922 年各有一次；1923 年 7 月，蔣又以「受人妒忌排斥，積成嫌隙」為由，再次離職出走。可見，擅自離職這件事，對蔣來說屢見不鮮，司空見慣。

這次蔣於埔校籌建期間擅離職守，與他此時的際遇、心態，應有關聯。1923 年間，蔣在廣州只停留過短暫幾個月（4 月至 7 月），隨後去了上海和蘇聯，孫中山這一年在廣州重建大元帥府、經略廣東、整頓和改組國民黨等，蔣基本上置身事外。他在廣東的重要性，經已打折。12 月中從蘇聯回國後，蔣直接回到他的家乡，而非及時到穗述職。過了一個多月，即國民黨一大召開的前 4 天（1924 年 1 月 16 日），蔣才返至廣州。蔣居鄉一個多月，置孫、廖、胡、汪和鮑羅廷的多次催歸於不顧，這或可解釋為他訪蘇聯目的未獲滿足的情緒化表現，但卻是他與廣州權力中心的自我疏離。這影響了他在國民黨一大的待遇。當時，國民黨海內外各地、各界人士，大批集中於羊城，許多人都有所收穫。隨蔣訪蘇的沈定一，是大會代表，並當選候補中委。在蘇參加代表團工作的邵元冲，雖未出席大會，也當選為候補中委。蔣卻非大會代表，更未能進入中委或候補中委，這樣的安排，與蔣的自我疏離，應有關聯。他只是被派去辦軍校，似是被晾在一邊，坐了冷板凳。他此時有所失落，不言而喻。

當時，蔣對軍校校長這一位置的「含金量」，可能沒有足夠認識。正如蘇聯顧問切列潘諾夫所說：「顯然是因為他當時還不完全明白這所軍校對於大資

1　《中國國民革命軍的北伐——一個駐華軍事顧問的札記》，第 91 頁。

產階級和他本人來說是一筆多麼可觀的財富。」[1] 讓蔣去辦軍校，是孫中山對蔣的重用。蔣的失望與失落，只是他自己的一種錯覺而已。切列潘諾夫說，蔣「覺得軍校校長這個職位是給他設下的一個圈套」。

離開廣州後，蔣於 3 月 2 日上書孫中山，14 日致函廖仲愷，25 日致函胡漢民、汪精衛，「縷陳一己之心曲」，要點如下。

一是埋怨不受重用。蔣上書孫中山，羅列大本營之種種亂象，如「內部乖離，精神渙散，軍事、政治棼如亂絲，用人任事毫無統系」，「雖成必敗，雖得猶失」。直指孫中山用人不當，「今日先生之所謂忠者、賢者及其可靠者，皆不過趨炎附勢、依阿諂諛之徒耳」，以致君子道消，小人道長，邪正不明。蔣的自我評價是：「如吾黨同志果能深知中正，專任不疑，使其冥心獨運，佈展菲材，則雖不能料敵如神，決勝千里，然而進戰退守，應變致方，自以為有一日之長。」埋怨孫中山沒有「以英士（陳其美）之信中正者而信之也」，「先生今日之於中正，其果深信乎，抑未之深信乎，中正實不敢臆斷」[2]，聲言「合則留，不合則去」。

二是指責廖仲愷等。蔣說：「孫先生回粵已閱十五月，為時不可為不久，而對於民政、財政、軍政，未聞有一實在方案內定，如期施行。」蔣將這一切歸咎於廖仲愷等人，說「其初為徐（紹楨）、楊（西巖）辦理，固不得法，而其後接辦者為兄（廖）與海濱（鄒魯），何亦絲毫無有起色？」[3] 指廖為「有罪」之人。孫中山身邊的許多人，也受到蔣的指責。

三是對《遊俄報告書》未受重視，表示不滿。蔣介石在 1923 年 12 月 15 日回到上海，無視胡漢民、汪精衛、廖仲愷、鮑羅廷等來滬迎接並一同返粵的盛意，徑回寧波，滯留多時，才將《遊俄報告書》寄給孫中山。此報告書孫、蔣文檔及黨史會都無存。其內容主要應是反對聯俄容共。隨後（1924 年 3 月 14 日），蔣致廖函中，大致可看出其要旨：其一，「俄黨殊無誠信可言」；其二，俄國共產黨與國際共產黨（共產國際）不同，「崇仰」孫中山的，「非

1　《中國國民革命軍的北伐——一個駐華軍事顧問的札記》，第 91 頁。
2　《蔣介石年譜初稿》，第 160-164 頁。
3　《蔣介石年譜初稿》，第 164-165 頁。

俄國共產黨，而乃國際共產黨員也」；其三，「俄黨對中國唯一方針，乃在造成共產黨為其正統，決不信吾黨可與之始終合作」；其四，廖仲愷「過信俄人」；等等。或者正因為這樣，報告書未被看好。蔣對此耿耿於懷，說：「黨中特派一人赴俄，費時半年，費金萬餘，不可為不鄭重其事，而於弟之見聞報告，毫無省察之價值，此弟當自愧信用全失，人格掃地，亦引自咎不遑也。」他深感失落，在上書孫中山時說他「失信於黨，見疑於上」，又說：「不料到粵月餘，終日不安，如坐針氈，居則忽忽若忘，出則不知所往，誠不知其何為而然也。」報告書被冷置，是蔣出走的原因之一。然而，聯俄容共已上快車道，蔣唱反調，也只有被冷置了。

四是擺出返粵的條件。主要是：撤楊西巖（籌餉督辦）；解散孫科（廣州市市長）掌握的財團；「汝為督粵」，「展堂長省」，即讓許崇智主持廣東軍事，胡漢民當省長。

蔣這幾封信，不少話說得冠冕堂皇，卻不接地氣。蓋蔣長年不在廣東，孫中山、廖仲愷艱苦支撐，廖尤其身在一線，疲於應對，許多不合常規的事，屬不得已而為之。蔣自蘇聯歸來，不體察當事者之艱辛，大話連篇，等於隔岸觀火，徒託空論而已。在這裏，蔣提出「汝為（許崇智）督粵」「展堂（胡漢民）長省」，從後來的事變看，並非真的重視許、胡，實質是欲拉許、胡，抵制廖仲愷，進而要演出倒廖之一幕。只是因為廖的後台硬，即孫所言廣東不能沒有仲愷，迄孫去世，地位不易撼動而已。

當時，國民黨內缺乏軍事人才，孫中山要辦軍校，還得借重於蔣。為爭取蔣回心轉意，孫中山在人事方面做了若干調整，於 3 月 17 日決定免楊西巖職，隨後委胡漢民為大本營秘書長，還表示蔣提出的各有關事項，可在他回粵之後面商，這等於滿足了蔣的要求。然而，蔣 3 月 25 日在致胡漢民、汪精衞的信中，仍表示不願再回廣東，謂「弟之行止，不應以一楊西巖去而定」，如果就這樣子來廣東，等於「徒招物議，自損人格」。[1]

2 月間當蔣離粵，軍校籌備處騎虎難下，面臨解散之時，廖仲愷受命為代理籌委會委員長，指示籌備處各職員堅守崗位，並說：辦成軍校，是「愛人

1　《蔣介石年譜初稿》，第 171 頁。

以德」，實際上是幫助蔣介石，使蔣不至於因軍校流產而「開罪於全黨」。[1] 正是在廖的努力下，籌辦工作才得以進行。3 月 10 日，到粵報考的軍官和學生，已有數百人。21 日，廖致函蔣：「惟數百青年慕兄來學，為兄信用計，斷不能使來自遠方者望崖而返，故仍積極籌備，以副兄託。」[2] 然而，此時的蔣，仍在討價還價，糾纏不休。

到了這個時候，軍校籌委會只好決定按既定計劃，準期舉行入學考試，甚至不再期待蔣有回歸之日。3 月 26 日，廖仲愷致電在上海的胡漢民，請胡轉達在奉化的蔣介石：「轉介石兄：歸否？請即覆，俾得自決。」按台灣史家汪榮祖、李敖的講法，這是廖給蔣發出的「哀的美敦書」（ultimatum，最後通牒）。[3] 無異於向蔣表明，如果再糾纏下去，黃埔軍校校長一職將會另覓他人了。

直到這時，蔣才表明了他的態度。3 月 27 日，即廖的「通牒」發出的第二天，亦即軍校入學考試開考之日，蔣致書王柏齡、林振雄、鄧演達、俞飛鵬，表示：「弟擬即來粵，相會匪遙。」28 日，蔣致電廖仲愷：「弟必來粵，勿念。」蔣何以有回心轉意之舉？有人說是得之於張靜江的勸說，也有人說是因為戴季陶的催促，如郭廷以《近代中國史綱》謂，戴力勸蔣「暫時忍耐，先謀掌握實力，以觀其變」。[4] 胡漢民亦勸過蔣：「兄即宜速定歸粵計，不能久久消極，以待各種問題之解決。」胡在向蔣轉述廖仲愷電報內容時，直說「弟意兄萬不宜遽決」。[5]「萬不宜」這三個字，可能起了點作用。

這是黃埔軍校歷史上的一個節點。假如蔣不改變態度，繼續僵持、硬擰下去，讓機會從指縫間溜走，黃埔軍校校長一職，難說不屬他人。

蔣雖於 3 月 27 日答應返粵，但仍遲遲未有動靜。31 日，粵軍將領許崇智奉命從上海趕至浙江奉化，再一次前往勸駕。直至 4 月 14 日，蔣才偕同許由滬赴粵，21 日回至廣州。4 月 26 日，即下級幹部赴黃埔複試之日，蔣始入校

---

1 《葉劍英元帥談孫中山先生的建軍思想和大無畏精神》，《黃埔軍校史料（1924 — 1927）》，第 31 頁。
2 《蔣介石年譜初稿》，第 169 頁。
3 汪榮祖、李敖著：《蔣介石評傳》，中國友誼出版公司，2005 年，第 92 頁。
4 郭廷以：《近代中國史綱》，格致出版社、上海人民出版社，2015 年，第 374 頁。
5 《蔣介石年譜初稿》，第 174 頁。

視事。而埔校建校各項籌備工作，在此前的 4 月 1 日已經基本結束。

至此，蔣介石辭職事件已僵持兩個多月。這說明黃埔軍校辦校非易，也預示着埔校此後要走的路將是坎坷不平的。

第四節　開學典禮

至此，黃埔軍校的創辦，峰迴路轉，進入快速運轉的軌道。

4 月 26 日，蔣介石入校視事。是日第一次對軍校下級幹部講話。27 日，第二次對軍校下級幹部講話。28 日，軍校籌備處放榜，第一期學生總共錄取 470 人，其中正取生 350 人，備取生 120 人。是日及 30 日，蔣對下級軍官分別作了兩次講話，說明複試結果，除部分撥歸學生隊外，其餘人職已分派就緒。

5 月 2 日，孫中山簽署大元帥令，特任蔣介石為陸軍軍官學校校長。

5 日，正取生 350 人入校。新生集合於南堤 2 號籌備處（此後改為黃埔軍校駐省辦事處），在天字碼頭分登幾艘民船，由小火輪拖着，向黃埔駛去。學生編為三隊：蔣先雲、徐向前、宋希濂、賀衷寒、王爾琢等編入第一隊，派呂夢熊為隊長；鄭洞國、周士第、張際春、張隱韜等編入第二隊，派茅延楨為隊長；陳賡、曹淵、杜聿明、閻揆要、關麟徵、侯鏡如、蔡光舉等編入第三隊，派金佛莊為隊長。7 日，備取生 120 人進校，編為第四隊，有胡宗南、榮耀先、黃梅興等，派李偉章為隊長。以上 470 名學生，編為學生總隊，由鄧演達代理總隊長。

9 日，孫中山任廖仲愷為軍校黨代表。黨代表一職，胡漢民有政治經驗，且有軍事閱歷，本來有資格入選。對此，孫中山有全盤的考慮。他對廖仲愷、蔣介石知根知底，深知廖顧全大局，任勞任怨，為人隨和，而蔣有軍事才幹，廖、蔣搭檔，是各用其所長。更為重要的，是廖聯俄態度鮮明，蔣對此則持保留、觀望甚至抵制的態度，讓廖當黨代表，不但能對蔣有所節制，而且在聯俄方面，能發揮胡、蔣不能起到的作用。此為胡未能進入軍校班子，而廖終被選任黨代表的原因所在。

5月21日，第一期學生預備教育期滿。6月2日，第一期開始正式授課。

6月16日，陸軍軍官學校舉行開學典禮。這一日，是孫中山廣州蒙難兩周年紀念日，是個特別的日子。孫中山說，在兩年之前，「竟有號稱革命同志的陳炯明軍，炮攻觀音山，拆南方政府的台」。他選擇這個日子舉行開學典禮，是提醒黃埔官生，記住六一六兵變教訓。

這一天，黃埔長洲島上，朝氣勃勃，人人興高采烈。陸軍軍官學校校門，高懸「親愛精誠」四字，是為校訓；第二道門為蔣親書的「繼往開來」四字，兩旁以「先烈之血，主義之花」為門聯。大元帥、國民黨總理孫中山到校作開學演說，並檢閱官生隊列。國民黨中央執行委員胡漢民、汪精衛、林森、張繼，大元帥府外交部部長伍朝樞、軍政部長程潛、粵軍總司令許崇智、湘軍總司令譚延闓等，參加觀禮。

孫中山的開學講演，[1] 主要內容如下。

「獨一無二的希望，就是創造革命軍，來挽救中國的危亡。」孫中山從分析中國革命與俄國革命的差異破題，指出俄國革命之成功，是革命黨、革命軍共同奮鬥所致，是「革命軍做革命黨的後援」的結果；而中國革命之屢遭挫折、失敗，是因為「只有革命黨的奮鬥，沒有革命軍的奮鬥」造成的。他說：「中國革命雖然有了十三年，但是所用的軍隊，沒有一種是和革命黨的奮鬥相同的。……所以我們的革命，總是失敗。」他進而說明必須組建革命軍：「中國革命有了十三年，到今天還要辦這種學校，組織革命軍，可見大凡建設一個新國家，革命軍是萬不可少的。」

組建革命軍的路徑，是創辦軍校，以校建軍。孫中山說：「我們今天要開這個學校，是有什麼希望呢？就是要從今天起，把革命的事業重新來創造，要用這個學校內的學生做根本，成立革命軍。諸位學生就是將來革命軍的骨幹。」而創辦軍校，則要學習俄國的革命經驗：「我們現在開辦這個學校，就是仿效俄國。」

---

1 孫中山：《在陸軍軍官學校開學典禮的演說》（1924年6月16日），廣東省社會科學院歷史研究所、中國社會科學院近代史研究所中華民國史研究室、中山大學歷史系孫中山研究室合編：《孫中山全集》（第十卷），中華書局，1986年，第290-300頁。

「革命是非常事業，不是尋常事業，非常事業決不可以尋常的道理一概而論。」孫中山告誡全校官生：一要立革命志氣，效先烈行為，專心救國，捨己為民，敢於犧牲。二要革命必先革心。革命事業，要「從自己的方寸地做起」，革命要「從自己的心中革起」。三要有高深學問做根本。

孫中山通篇講演，強調的是「一定要開這個學校，要做成革命軍」。他將以俄為師、以黨建校、以校建軍的藍圖，作了完整的演繹。孫中山還頒發書面訓詞，由胡漢民宣讀。

近代以來，在反抗外來侵略的過程中，中國屢戰屢敗，慘痛的教訓極大地激發起國人整軍經武的決心，並隨着歷史的發展，逐步加深對武裝鬥爭在中國革命中的重要性的認識。許多國家都有一段尚武強兵的歷史。中國的社會狀況尤其注定了中國的歷史必然出現一個讓大批軍人走到歷史的前台，成為「時代驕子」的時期。黃埔軍校教授部副主任，後來成為國民革命軍和中國人民解放軍傑出將帥的葉劍英，在他少年時期的作文中寫過一句話——「兵之物，大矣哉！」此言可謂振聾發聵。

一代軍事政治名校——陸軍軍官學校（黃埔軍校），於茲宣告誕生。

第三章　組織與人事

第一節　組織機構

軍校籌備處成立（1924 年 2 月）時，僅設教授、教練、管理、軍需、軍醫五部。至 5 月學生入校時，校本部以下，設一廳（校長辦公廳）一室（總教官室）六部（教授、教練、政治、管理、軍需、軍醫），並配備特別官佐。

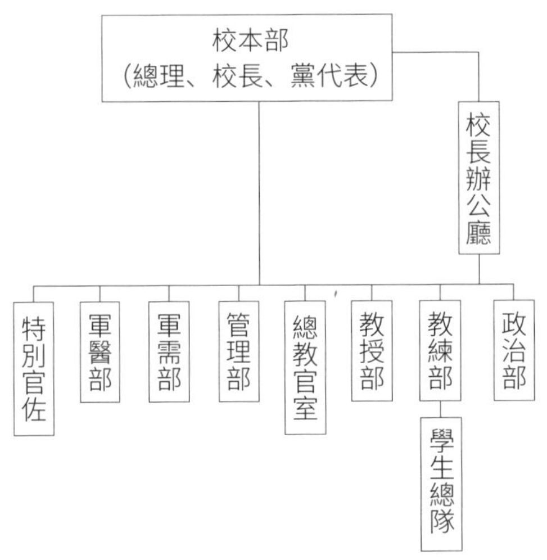

軍校組織系統圖（1924 年 5 月）

校本部由總理、校長、黨代表組成，總攬全校校務。校本部以下之辦公廳及各單位，各有權責，各有所司。教授部之軍事教官，負責軍事「學術」之講授；教練部之官長，除配合軍事教官「學科」之教學外，主要負責「術科」方面的訓練；政治部之設立，乃為中國軍校之首創，設政治教官，負責政治及思想的教育訓練，並在黨代表的指導、監督之下，從事黨務與宣傳；管理、軍需、軍醫三部，為輔助與後勤部門。此外，設總教官室，獨立於六部之外，總教官與教授、教練二部主任同負軍事「學科」「術科」之教學與訓練。

從 5 月 10 日起，由校長、黨代表聯署，呈請孫中山和國民黨中央執行委員會，分別任命教練部、教授部、政治部主任和總教官。隨後數月，全校教務、組織與人事安排，陸續編配完成，人員逐一到位。

1924 年底，軍校第一期學生畢業，教導團成立，第二期、第三期學生相繼入學。因東江戰事緊急，大本營即將發起東征之役。為適應內外情勢的變化，軍校第二期的組織機構，有若干調整：一是 11 月 29 日增設教育長一職，秉校長命處理校務。二是 11 月 20 日教導團第一團成立，12 月 3 日教導團第二團成立，為校屬部隊。為此，部分教官轉任隊官。三是因校屬部隊成立，軍校於 12 月 10 日成立參謀處，設參謀處長一職，贊襄軍務。四是 1925 年 1 月 30 日教授、教練二部合併為「教官部」（第三期稱「教育部」），由教育長主持；除政治部仍舊之外，其餘各部統改為處。五是 1925 年 3 月增設軍法處。六是 1925 年 4 月增設軍械處。

軍校第二期和第三期學生入學時間相近，校內機構設置略同，變化之處：一是第三期實行入伍生制度，成立入伍生隊。二是教授、教練二部，恢復分別設置。三是 1925 年 7 月，增設秘書長一職。

以上，軍校初期所設——校本部下設一廳一室六部，在前三期辦學過程中，時有調整與變更。主要是教授、教練二部時分時合，名稱編制亦有變化。這反映了軍校辦學環境多變（時局不穩等）、教學秩序易受影響的實情，是因時就勢，不得已而為之。這種情形在往後幾期仍然存在。軍校機構中，穩定不變並不斷充實發展的，是政治部。前三期如此，往後幾期亦如此。

第二節　前三期教職員

據不完全統計，陸軍軍官學校教職員，第一期 70 多人，第二期 110 多人，第三期 320 多人，此外還有為數不少的蘇聯教官。茲根據《陸軍軍官學校最初組織官長名錄》、前三期「同學錄」所收「第一期教職員名錄」，並參考各種口述史料，列出陸軍軍官學校第一、第二、第三期主要的教職人員簡況。

一、第一期

總理：孫中山。

校長：蔣介石。

黨代表：廖仲愷。

校長辦公廳：西文秘書王登雲，中文秘書張家瑞。

政治部：主任戴季陶、邵元沖（繼）、周恩來（繼），副主任張申府，秘書甘乃光。政治教官胡漢民、汪精衞、邵元沖。

教授部：主任王柏齡，副主任葉劍英，秘書顧元炳，英文秘書張靜愚。

總教官室：總教官何應欽。學科教官張元祜、梁廣謙、陳焯、朱棠；國文教官王南微；技術教官鄭炳垣；戰術教官顧祝同、劉峙、胡樹森、陳繼承、嚴重；兵器教官錢大鈞、文素松；地形教官王俊、黃香蕃、黃思基；築城教官陸福廷。

教練部：主任李濟深，副主任鄧演達。學生總隊總隊長沈應時。第一隊隊長呂夢熊（前）、陳復（後），第一區隊隊長汪鼎、副隊長朱得三，第二區隊隊長王仲珩、副隊長張魯，第三區隊隊長王聲聰。第二隊隊長茅延楨（前）、童錫坤（後），副隊長許用休，第一區隊隊長曹石泉、副隊長呂藩敬，第二區隊隊長蔣鼎文，第三區隊隊長童錫坤、司務長張仲俠。第三隊隊長金佛莊（前）、梁瑞寅（後），副隊長劉宏宇，第一區隊隊長郭俊、副隊長李鴻鈞，第二區隊隊長吳濟民，第三區隊隊長張強渠（前）、郜子舉（後）。第四隊隊長李偉章，副隊長嚴鳳儀，第一區隊隊長詹忠言、副隊長宋雲競，第二區隊隊長王祿豐，第三區隊隊長李春茂。

管理部：主任林振雄，副主任吳宗泰，副官趙世榮，衞兵長胡公冕。

軍需部：主任周駿彥，副主任俞飛鵬，事務員朱一鳴。

軍醫部：主任宋榮昌（前）、李其芳（後）。

特別官佐：徐堅、季方、黃為材、陳誠、徐成章、吳嶼、簡作楨、杭毅、徐桂八、江志航、王茀文、符騰光、嚴伯威、楊本烈、徐克武、李俠公。

最初蘇聯顧問小組：雅・格爾曼、亞・伊・切列潘諾夫、尼・捷列沙托夫、弗・波里亞克、波・斯莫連采夫。

二、第二期

總理：孫中山。

校長：蔣介石。

黨代表：廖仲愷。

教育長：胡謙，王柏齡（繼），何應欽（繼），鄧演達（繼）。

總教官：何應欽。

政治部：前方主任周恩來，後方主任包惠僧（第一次東征時）；主任汪精衞，副主任邵力子，秘書魯易，秘書股主任黃鰲，幹事蘇文欽、袁炎烈，書記黃道，指導股主任王逸常，指導員周惠元、譚其鏡、謝一寰，編纂股主任楊其綱，編纂員傅維鈺、黃第洪、張鎮。

教官部：戰術教官張元祜、鄒競、朱棠、胡宗陳、林國光、楊膺渭、錢如一、陳復、葛金熔、童錫坤、杜廷英、歐陽鍾、沈靜、吳奐、張鼎家、陳克齋、吳樹森、蕭友松、何埒聰、郜子舉、陳憲章、鄒黃俠；兵器教官楊煥新、蔡忠笏、朱毅、李尚庸、徐雄；工兵主任教官李卓元，教官陳哲、盧佐；地形教官黃香蕃、黃思基、程孝恭、李良仁；教育副官邱漢傑；特別官佐馮毅、鄢繁、吳展。

總隊部：總隊長嚴重；副官簡作楨、陳應龍；特別官佐袁守謙、謝維幹、關麟徵。

各處處長：軍需處處長周駿彥；管理處處長戴任，副處長陳適，代處長趙世榮；軍械處處長鄧士章、楊志春（繼），副處長宋繼堯；軍醫處處長金誦盤；軍法處處長周恩來。

步科第一隊：隊長張與仁，副隊長許非仙，區隊長陳德法、伍其中、趙篪，區副隊長謝力虎。

步科第二隊：隊長郜子舉，副隊長吳達，區隊長周振強、馮劍飛、王副乾、劉靜山、唐鑫元、王匡亞、王冕。

炮科：隊長蔡忠笏，副隊長周誠先，區隊長周鵬飛、鄧湘瑞、詹覺民。

工科：隊長陳哲，副隊長方清昶，區隊長熊綬雲、羅清澄、楊雄傑、唐渾。

輜重科：隊長黃在璣，副隊長宋炳炎，區隊長鍾離震、李國幹。

三、第三期

校長：蔣介石。

黨代表：廖仲愷（1925 年 8 月 20 日被害），汪精衛（1925 年 10 月 2 日就職）。

政治講師：鮑羅廷。

校長辦公廳：教育長胡謙（前）、王柏齡，鄧演達；秘書長邵力子，秘書袁同疇、毛思誠；特別官佐長韓亮兼，特別官佐萬越凡、宋文彬、吳展。

政治部：主任邵力子；副主任魯易；秘書聶榮臻；宣傳科長魯純仁，書記官陳良，書記袁公夏，幹事黃道；宣傳科員楊其綱、謝一寰、酈酈、朱雅雩、袁炎烈、黃第洪、曹蘊真、區作垣，速記員林春華；組織科員張鎮、雷德堂、李勉成、盧德銘、譚其鏡、楊溥泉；圖書管理員蔣先澤；司書楊雨廷、葉長德、李耀燊、楊宗勵、唐桂人、莫澍榮、薛卓中。

教育部：學科主任張元祜（前）、李繹；術科主任嚴重；戰術教官蕭友松、陳克齋、鄒黃俠、汪世鎏、萬夢麟、錢正南、徐定鼎、姚唯、謝□龍、杜廷英、蕭鍾鈺、吳樹森、吳請纓、吳奐、歐陽鍾、林振夏、李運剛、林榮、劉效龍、張聯輝、楊榆椿；兵器教官李尚庸；工兵教官孔慶睿、張寄塵、侯連瀛；地形教官程孝恭、李良仁、黃思基、黃仲恂、黃香蕃；技術教官鄧炳坦。

總隊部：總隊長嚴重，總隊附梁瑞寅，副官簡作楨、袁守謙、李蔚仁；第一大隊大隊長郭大榮，大隊附吳大虹；第二大隊大隊長陳復，大隊附胡壽昌；第三大隊大隊長張與仁，大隊附吳法斌；隊長翟瑾、伍樹帆、陳奇涵、楊寧、魏鴻、楊文璉、范藎、馮劍飛、顧濬、張鼎家；副隊長董仲明（董朗）；區隊長陳言、孫樹成、黃維、鄧文儀、賀聲洋、廖夬虎等。

第三期第二屆官佐：隊長季方，副隊長陶春霖，區隊長蕭序倫、鄧子超、劉楚傑、劉靜山。

入伍生隊：總隊長王懋功，代理總隊長張治中，營長陳繼承、文素松，戰術教官朱棠。

管理處：處長楊膺渭、朱一鳴，處員王茀文等。

軍需處：處長周駿彥，副處長朱孔陽。

軍械處：處長鄧士章，代處長楊志春，副處長宋繼堯。

軍醫處：處長金誦盤。

第三節　師資來源

師資是辦校的基石，是學校各種資源中最重要的一種。黃埔軍校的辦學之路，是由各科、各類教官及全校教職人員共同開拓出來的。

黃埔軍校的軍事教官，主要來自保定陸軍軍官學校、雲南陸軍講武堂，有的曾經就讀於日本陸軍士官學校，亦有本校畢業生留校任用者。而政治、文化各科類的教官，部分是海外留學回歸者，部分來自國內軍事學校。在當時來說，這些人屬於知識精英之列，稱得上是國內首屈一指的軍事、政治人才。

茲將陸軍軍官學校期間（前三期）部分教職員的來歷，[1] 分述如下。

一、保定軍校

通常所說「保定軍校」，乃 20 世紀初創建於保定的多所陸軍官佐學校之通稱，主要有：北洋速成武備學堂（1903 年）、通國速成武備學堂（1907 年）及保定陸軍軍官學校（1912 年）。黃埔軍校校長蔣介石、教授部主任王柏齡、管理部主任林振雄，均為通國速成武備學堂學生。保定陸軍軍官學校，則是中華民國成立之後第一所中央陸軍軍官學校。該校辦校之宗旨，據陸軍部呈

1　本節所述教職員有的是第三期以後入校的。

大總統文：「培植將才為整頓軍隊、力圖自強之基礎」。該校師資力量較為雄厚，校長、教官多有留學國外軍校的學歷，受過系統的軍事教育，如第二任校長蔣百里，先後留學日本、德國，成績優異，曾獲日本士官學校第一名佳績，為國內著名軍事學家。保定軍校的不少學生受過陸軍小學三年、陸軍中學二年、軍官學校二年的教育，軍事學修養堪稱上乘。

黃埔軍校的教職人員中，來自保定軍校者，除上述蔣介石、王柏齡、林振雄出自通國速成武備學堂外，軍校籌備委員鄧演達、沈應時，分別是保定陸軍軍官學校六期工科和六期炮科的學生；入學試驗委員嚴重（保定五期工科）、胡樹森（二期步科）、簡作楨（六期輜重科）、錢大鈞（六期炮科），均為保定陸軍軍官學校畢業生。此外還有：季方（一期步科）、陳繼承（二期步科）、郭大榮（二期步科）、劉峙（二期步科）、朱棠（二期步科）、何墀聰（二期輜重科）、吳石（三期炮科）、陳復（三期步科）、文素松（三期炮科）、陸福廷（三期炮科）、陳誠（三期步科）、張元祜（三期步科）、林薰南（三期步科）、陳焯（三期炮科）、林鼎祺（三期炮科）、王文翰（三期步科）、欒震東（三期炮科）、林國光（三期步科）、陳適（三期步科）、侯連瀛（五期工科）、劉秉粹（六期步科）、張與仁（六期步科）、嚴爾艾（六期炮科）、徐堅（六期步科）、梁瑞寅（六期步科）、蕭友松（六期步科）、顧祝同（六期步科）、李賡護（七期步科）、劉堯宸（七期騎兵科）、蔣必（八期炮科）、周至柔（八期步科）、范藎（八期步科）、許用休（九期炮科）等。以上，鄧演達任陸軍軍官學校教練部副主任、教育長，張元祜、嚴重、陳繼承、顧祝同任戰術教官。

黃埔軍校學生隊長來自保定軍校的有：茅延楨（九期工科）、金佛莊（八期步科）、童錫坤（三期步科）、郜子舉（八期步科）、郭俊（八期步科）、蔡忠笏（三期炮科）、楊培根（二期步科）、嚴重（五期工科）、王懋功（二期步科）、張治中（三期步科）。其中，王懋功、張治中任入伍生總隊隊長。在任教、任職於黃埔軍校的人員之中，出身於保定軍校者，較出自國內其他軍事學校者多，佔教官總數六成以上。他們佔據了黃埔軍校的中上層地位，成為軍事學科和術科教學、訓練的主要骨幹。黃埔軍校「校軍」「黨軍」成立後，軍隊中之主官，亦多為出身於保定軍校的教職人員充任。

二、雲南陸軍講武堂

雲南陸軍講武堂創建於 1909 年，1912 年改稱雲南陸軍講武學校（以下通稱雲南講武堂），是一所成立時間較早、辦學成績突出並為革命黨人實際掌控的軍事名校，與保定軍校和東北講武堂，並稱為中國三大軍校。雲南講武堂的教官中，多有留學日本軍校的經歷，如李根源、李烈鈞、方聲濤、唐繼堯等，著名軍事將領蔡鍔亦曾任兼職教官。此外，朱德（三期）、盧漢（四期）、龍雲（四期）、朱培德（三期）、葉劍英（十二期）、李範奭（十二期）、崔庸健（十七期）等，亦為雲南講武堂畢業生。朱德、葉劍英後授中華人民共和國元帥銜，李範奭任大韓民國第一任國務總理，崔庸健任朝鮮人民民主共和國最高人民會議常務委員長，故云南講武堂素有「將帥搖籃」之稱。

黃埔軍校 1924 年成立初，即有雲南講武堂的教官和畢業生到校工作，主要有：王柏齡（雲南講武學堂科長、教育長、雲南高等軍事學校炮兵科長）、何應欽（教務長）、帥崇興（工兵科長）、林振雄（騎兵科長）、葉劍英（十二期炮科）、徐成章（十二期步科）、嚴鳳儀（十一期步科）、楊寧（十六期步科）、陳奇涵（雲南講武堂韶州分校一期步科）、吳濟民（十三期步科）、葉佩高（十八期步科）、詹忠言（十五期步科）、萬夢麟（十二期步科）、盧濬泉（十五期炮科）、吳宗泰（十五期炮科）、王祿豐（十五期步科）、曹石泉（十五期工科）、崔庸健（十七期工科）、曾澤生（十八期步科）、趙一肩（十三期騎兵科）等。以上，王柏齡、葉劍英分別任黃埔軍校教授部主任、副主任，徐成章任特別官佐，曹石泉、吳濟民、崔庸健等任學生隊區隊長，楊寧任技術主任教官。

三、日本陸軍士官學校

日本陸軍士官學校創辦於 1874 年，是一所對中國軍事教育影響至深的軍事名校。1903 年後，中國學生大量赴日本留學，幾年間多達萬餘人。至 1908 年，僅學習軍事者就達千人，多數以日本陸軍士官學校為首選。如曾在保定就讀過通國速成武備學堂的王柏齡和林振雄，也是日本士官學校的學生。

而同為「通國」學堂出身的蔣介石，在日本入讀振武學校，畢業後入野炮第十九聯隊，其傳記稱之為士官「候補生」。留日士官生回國後，有的躋身高層，執掌軍機；有的任教、任職於陸軍大學或保定、雲南各軍校，成為軍事教育領域的風雲人物。黃埔軍校創辦後，也聘任了不少日本陸軍士官學校的畢業生。

在黃埔軍校工作的日本陸軍士官學校畢業生主要有:敖正邦（二期步科）、邵保（四期炮科）、張翼鵬（五期騎兵科）、李鐸（六期騎兵科）、李孔嘉（六期步科）、吳思豫（七期步科）、張華輔（六期步科）、方鼎英（八期炮科）、王柏齡（十期騎兵科）、林振雄（十期騎兵科）、何應欽（十一期步科）、張春浦（十一期步科）、錢大鈞（十二期炮科）、帥崇興（十二期工科）、王俊（十四期工科）、廖士翹（十四期工科）、李卓元（十五期步科）、陳隱冀（十五期炮科）、湯恩伯（十八期步科）等。以上，何應欽任黃埔軍校軍事總教官，嚴重先後任學生總隊長、訓練部主任和教授部主任，方鼎英先後任入伍生部長、教育長和代校長。

四、國內外其他軍事學校

黃埔軍校前期軍事教官，除出自上述幾所軍校之外，還有出自國內外其他軍事學校者。如初任軍校教練部主任、後任副校長的李濟深，早期就讀於兩廣將弁學堂和廣東陸軍速成學堂，後入北京軍官學堂（陸軍預備大學堂，即陸軍大學前身）三期，畢業後任陸軍大學教官，完整接受了新軍教育。覃異之，畢業於桂軍軍官學校。軍需部主任周駿彥，畢業於日本警監學校和東京政法大學；軍需部副主任俞飛鵬，畢業於北京軍需學校；戰術教官蔣鼎文，畢業於浙江講武堂；軍械處處長戴任，畢業於湖北武備學堂和日本明治大學；經理處長黃為材，畢業於北洋陸軍測量學校等。

黃埔軍校學生畢業後留校任職任教者為數不少。如一期畢業生周振強，任學生隊隊長和總隊長；黃維任隊長；蔣先雲、陳明仁、關麟徵、胡宗南、杜聿明、蔡光舉、陳賡、董朗、俞墉、鄭洞國、曹淵、許繼慎等，分別在入伍生隊或軍校教導團任排、連、營長或黨代表；王逸常、洪劍雄、黃鰲、黃第洪、傅維鈺等任職於軍校政治部。

五、政治教官和其他科類教官

黃埔軍校的政治教官和其他各科類教官，來源甚為廣泛，有出自國內高等學校或專科學校者，亦有留學海外回歸者。如校長辦公廳英文秘書王登雲，畢業於美國威斯康辛大學等；英文秘書張靜愚，畢業於北京留美預備學校和英國利物浦工學院；參謀馬文車畢業於日本法政大學；秘書廖尚果為德國柏林大學法學博士。在黃埔軍校政治部，主任邵元沖畢業於美國威斯康辛大學和哥倫比亞大學，主任邵力子先後畢業於上海南洋公學、震旦公學和復旦公學。

至於先後任職、任教於黃埔軍校政治部的張申府、周恩來、卜士畸、包惠僧、魯易、聶榮臻、熊雄及先後調入黃埔軍校工作的中共黨員饒來傑、熊銳、李合林、惲代英、蕭楚女、陳啟修、高語罕、王懋廷、于樹德、張秋人、毛簡青、李世璋、黃日葵、安體誠、韓麟符、黃松齡、陳日新、羅懋琪、孫炳文、陽翰笙、宋雲彬等，多受過高等教育，或曾赴法、德、日、俄留學。他們各人的情況，詳見下文。

六、蘇聯教官

黃埔軍校總顧問加倫說：「學校（黃埔軍校）從創建至教學，始終有俄國教官直接參加。」[1] 國民黨組織教練員鮑羅廷參加軍校的籌建工作。蘇聯工農紅軍軍事學院東方系畢業生雅・格爾曼等人於 1923 年 9 月底到達廣州，隨後與亞・伊・切列潘諾夫（契班諾夫）、尼・捷列沙托夫、弗・波里亞克和波・斯莫連采夫組成顧問小組，參加籌建黃埔軍校的工作。其中，波里亞克是蘇聯駐黃埔軍校的第一位首席顧問，與教授部主任王柏齡拍檔，參與主持教務；切列潘諾夫與捷列沙托夫同總教官何應欽合作，從事學員隊列、射擊與戰術訓練。[2]

1924 年 4 月，曾任蘇聯紅軍十三集團軍司令的安・巴甫洛夫（又譯巴富

1　［蘇］А・И・卡爾圖諾娃著，中國社會科學院近代史研究所翻譯室譯：《加倫在中國（1924—1927）》，中國社會科學出版社，1983 年，第 155 頁。

2　《中國國民革命軍的北伐——一個駐華軍事顧問的札記》，第 109 頁。

羅夫）抵達廣州，任孫中山的軍事總顧問。隨後，大批炮兵、步兵、工兵、軍需、交通、通訊、衞生、政治方面的顧問，陸續被派到黃埔軍校工作。主要有：機槍專家帕洛、齊利別爾特、科楚別耶夫、馬采伊里克；步兵顧問舍瓦爾金（普里貝列夫）；炮兵顧問別斯恰斯特諾夫；通訊兵專家德拉特文；工程兵顧問雅科夫列夫、基列夫、格米拉；還有馬邁耶夫、艾蒂金（勃拉依洛夫斯基）、羅加覺夫、季山嘉（古比雪夫）、奧利金（奧爾堅、拉茲貢）、鐵尼羅，等等。

以上人員，許多參加過第一次世界大戰和俄國國內戰爭，並在蘇聯工農紅軍軍事學院學習或工作過。如切列潘諾夫參加過第一次世界大戰，然後進入總參謀部軍事學院，即伏龍芝軍事學院學習；奧利金來華之前是工農紅軍軍事學院主管政治工作的副院長，在黃埔任季山嘉的政治助手。1924 年 7 月 18 日，安・巴甫洛夫在東江前線失足墜江，不幸溺亡。孫中山稱他為「俄國為中國自由而捐軀的第一位先烈」[1]，表彰他「來佐我華，羽扇綸巾，運謀設策，頗見經綸」[2]。隨後，蘇聯政府派蘇聯遠東共和國軍事委員會主席、陸軍部長、遠東軍總司令加倫（瓦・康・布留赫爾）來華，擔任大元帥府首席軍事顧問和黃埔軍校軍事總顧問。至 1924 年底，在廣州的蘇俄教官、顧問達 25 人。

除此之外，尚有韓國和越南人士在黃埔軍校擔任教職員。如：韓國孫鬥煥任校長辦公廳少校副官，金鐵男任軍校教導團少校副團長，李客雨任政治部少校教官，姜波任軍校教官。在黃埔的韓國教職員還有楊寧（技術助教練）、梁道夫（俄炮助教練）、李彬、吳成崙（聲倫，俄文教官）、吳明、蔡元愷、崔秋海（崔庸健）、安應根、李逸泰、朴孝三、孔周宣等。[3]

---

1 《加倫在中國（1924 — 1927）》，第 33 頁。

2 孫中山：《祭巴富羅夫文》（1924 年 7 月 23 日），《孫中山全集》（第十卷），第 441 頁。

3 據金光載《黃埔軍官學校與韓國獨立運動》及崔鳳春《廣州起義與韓國獨立運動》，載中山大學韓國研究所等：《韓國獨立運動與華南地區的關係學術研討會論文集》，2012 年，第 93-94、135-139 頁。

第四節　教官團隊的特點

黃埔軍校的教官，大體包含：各科（類）教官；從事軍事訓練之各科（類）學員隊隊官；軍事、政治訓練部門之訓育人員；其他相關的教學輔助人員。第一期有 70 多名職員，此後陣容擴大，陸續加入者為擁有各種學校的學歷、不同的社會閱歷和程度不等的學術造詣的人員，其構成越來越廣泛和多樣化。

一、陣容強大

冷兵器時代中國的軍事教育，或表現為私相傳授兵書武略，或設館授徒，苦練十八般武藝，規模既小，也未形成學科。這種教育遠遠落後於船堅炮利的世界大勢。新式軍事教育，應從晚清基於強兵富國的認識而開辦的軍事學堂算起。至民國初年，軍事學堂改稱軍官學校，軍事教育逐步走向程式化和規範化，教育與訓練融為一體，從而培養、訓練出大批軍事人才。清末民初各軍事學堂和軍官學校，原本是清廷及北洋政府的軍官培訓基地，不期然卻為國民黨的軍事教育準備了充足的師資人才。黃埔軍校創辦時，保定軍校實際已於 1922 年停辦。黃埔軍校以其國民黨中央辦校的影響力和吸引力，輔之以相應的組織手段，將保定軍校及其他軍事學堂和軍官學校的畢業生，網羅於一校之內，並廣泛聘用留學外國軍校的學生，兼容並包。這就大大充實、增強了黃埔軍校的師資力量，使各科（類）教官應有盡有，各種專門人才濟濟一堂，陣容蔚為可觀。

二、富於實踐經驗

聚集於黃埔島上的教職人員，許多人不但具備較好的軍學造詣，且有領兵閱歷或辦學經驗。校長蔣介石在日本受過軍事養成教育，辛亥革命後投身軍旅，追隨陳其美、孫中山，先後任過團長、參謀長、支隊司令、東路討賊軍參謀長和大元帥大本營參謀長，參加過光復上海、杭州與粵軍「援閩」「回粵」「討賊」諸戰役。教練部主任李濟深在北京軍官學堂（後為陸軍大學）畢業後，留校任教五年，之後赴廣東，於粵軍第一師（師長鄧鏗）任參謀長。教授部主任王柏齡先後就讀於江蘇陸軍小學、保定軍校、日本振武學校和士官學校，畢業後任中華革命軍東北軍總司令部參謀和混成旅代理旅長，之後赴雲南，先後任雲南講武學堂科長、教育長和雲南高等軍事學校炮兵科長，1923 年到廣州，任大本營高級參謀。軍事總教官何應欽，先後就讀於貴州陸軍小學、陸軍第三中學（武昌）、日本振武學校和士官學校，畢業後任過團長、支隊參謀長、混成旅旅長、黔軍總司令部參謀長、省會警察廳長，並先後擔任過貴州講武堂校長、貴州騎兵及炮工兵實施學校校長和雲南陸軍講武堂教務長。教育長鄧演達先後就讀於廣東陸軍小學、廣東陸軍速成學堂、陸軍第三中學和保定陸軍軍官學校，畢業後應鄧鏗之邀赴福建漳州，任憲兵司令，繼而轉任粵軍第一師參謀兼獨立營營長、團長，兼任西江講武堂教官。教官劉峙在保定軍校畢業後，先後任護國軍岑春煊部參謀、駐川滇軍連長、援贛軍營長、粵軍團附、建國粵軍總司令部軍事參議。林振雄在日本士官學校畢業後，入雲南陸軍講武堂，後任粵軍第一支隊參謀官、粵軍第二軍副官長。張治中在保定軍校畢業後，輾轉於安徽安武軍、駐粵滇軍、援閩粵軍、川軍和駐粵桂軍擔任軍職，或從事軍事教育，還一度入讀過上海大學。錢大鈞先後就讀於江蘇陸軍小學堂、陸軍第二預備學校（武昌）、保定軍官學校和日本士官學校，畢業後曾受聘於保定軍校，先後任分隊長和炮兵隊長，之後南下廣東，任粵軍第一師參謀。嚴重先後就讀安徽陸軍小學、陸軍第一預備學校（清河）和保定軍官學校，畢業後先在邊防軍見習，之後加入粵軍第一師，任過副營長、團附和營長。葉劍英在雲南講武堂畢業後，曾任廣西桂林軍官教導團教官，之後在廣東任海軍陸戰隊營長、第八旅參謀長、粵軍第二師參謀長。管理部衞兵長胡公冕擅長於軍事體操，辛亥革命後曾加入蔣介石所在部隊，先後任排長和隊長，之後是浙江第一師範學校的體育教員。其餘方鼎英、陳誠、顧祝同、陳繼承等，也分別在國內外的軍校畢業之後，在各種軍隊擔任過不同的職務。

軍事學本為操作性和實踐性很強、知行一體的學科，「紙上談兵」素為兵家之大忌，只有書本知識而無實際領兵、參戰經驗，決然當不好軍校教官。既受過較系統、完整的軍事教育，又有帶兵、參戰的體察、閱歷，有的人還在不同的軍校中擔任過教職，積累有一定的教學、訓練經驗，此為黃埔軍校教職員的特點之一，這也是黃埔軍校的一種整體辦學優勢。

三、多學科並存，異質交錯

黃埔軍校各教官的學歷和社會閱歷，還具有多門類和多樣化的特點，其出身不限於軍事一科，而有相當多的人畢業於人文社會學科，是當時日本、歐美及國內知名院校哲學、法學、經濟學、政治學、社會學、文學和藝術等科系的畢業生，甚至曾獲得碩士、博士學位（如廖尚果是德國柏林大學法學博士）。他們之中，有的人曾經是北京大學等高校的教授（陳啟修等），有的人辦過報紙雜誌，是《新青年》《中國青年》一類知名期刊的撰稿人或編輯（張申府、高語罕、惲代英等），有的人任過政府官員，有的人從事過黨務工作，有的參加過各地區、各類型的社會政治活動。他們大多數稱得上是有一定影響力的學者、理論家和社會活動家。還有的人是從蘇俄歸來的，學習過馬克思主義。黃埔軍校軍事、政治兼容，加大了非軍事學科的比重，從而改變了以往各軍事學堂和軍官學校軍事學科一科獨大的狀況；而在非軍事學科之中，也吸收了大批出自不同院校、專攻不同學科和持有不同學術觀點及思想信仰的人物，讓各路學人同領風騷，同登黃埔軍校的講壇。

黃埔軍校既為軍官培訓基地，而優質軍官的養成，不能只靠軍事一科的營養。軍人應具有人文情懷，要認識人生、了解社會，要提升自身的正義與道德情感，就不能缺少人文精神的陶冶。如果沒有這種陶冶，只是一味灌輸軍事技能，當然不可能養成軍人健全的思想與人格。以上黃埔軍校教官具備的綜合素質，為黃埔軍校的優質辦學和辦出本校的特色，奠定了基礎。

四、蘇聯教官隊伍齊備

此前北洋武備學堂、廣東水陸師學堂及保定、雲南等軍校，也聘請外籍教官，有德國、英國、日本人士來校教洋文、練洋操，教習兵法、兵器、算法、測繪、防禦等科目。然而，這些軍校的外籍教官的人數、影響及介入教學活動之深，均不如黃埔軍校的蘇聯教官。蘇聯教官人數多，陣容龐大，據稱最多時曾達七八十人，均為蘇聯政府所派出，而並非個人與校方之受授行為，其背後有蘇聯的經費、軍械援助支撐着。[1] 蘇聯教官的層次較高，素質較好，閱歷豐富。鮑羅廷的來歷暫且不論，在前後三位首席軍事顧問波里亞克、巴甫洛夫和加倫之中，巴甫洛夫和加倫均為戰功赫赫的名將。巴甫洛夫通曉多國語言，所率部隊紀律嚴明，英勇善戰，被譽為「列寧的士官生」，曾獲兩枚紅旗勛章、一枚布哈金星勛章。加倫曾任蘇聯遠東共和國軍事委員會主席、陸軍部長、遠東軍總司令，曾獲得兩枚十字勛章，其在黃埔所授「大縱深戰略」，對黃埔官生影響至深，在東征、北伐時均有實際的運用。回國之後，加倫於 1935 年授元帥銜，是蘇聯當時僅有的五位元帥之一。切列潘諾夫 1923 年畢業於伏龍芝軍事學院，以高才生身份奉派來華，是黃埔學生十分親近的教官，黃埔軍校的史料將他的名字寫作「蔡爾帕諾夫」或「契班諾夫」，有的學生稱他「柴顧問」。切列潘諾夫回國之後任蘇聯紅軍旅長，授中將銜。抗日戰爭時他再次來華。新中國成立之後，還以蘇聯政府代表團成員的身份訪華。別夏斯特洛夫來華之前，是加倫所屬部隊的炮兵隊隊長，在黃埔講授炮兵課，回國後任第一炮兵旅旅長，之後出任蘇聯炮兵指揮員高級進修學校校長。總之，被派至黃埔的蘇聯教官，多為軍學造詣較深、層次地位較高並指揮過重大戰役、戰鬥的軍事家，這是以往軍校所聘外籍教官所不能比擬的。毫無疑問，這是黃埔辦學成功的重要因素之一。

黃埔軍校教官是一個特殊的羣體。其中追隨蔣介石的那一部分人，不少後來躋身國民黨領導集團，掌握了國民黨的軍隊（中央軍）、政府和黨務的權力，教官團隊一變而成為執政團隊，在近代中國歷史舞台上縱橫捭闔，其影響所及，遠遠超出黃埔軍校本身。

1　1924 年 5 月，駐華南蘇聯顧問 25 人；次年 4 月顧問團 76 人，其中顧問 58 人，技術人員 18 人，幾乎都在黃埔軍校工作。參見［蘇］維什尼亞科娃—阿基莫娃著，王馳譯：《中國大革命見聞（1925 — 1927）——蘇聯駐華顧問團譯員的回憶》，中國社會科學出版社，1985 年，第 144-152 頁。

第四章　黃埔軍校學生

第一節　前三期學生

1924 年 3 月，黃埔軍校開始招生。5 月初新生入學，實行預備教育；6 月 16 日舉行開學典禮。軍校初名「陸軍軍官學校」，1925 年東征時稱「中國國民黨陸軍軍官學校」，1926 年 3 月改稱「中央軍事政治學校」。在陸軍軍官學校階段，辦學共三期。

茲將第一、第二、第三期辦學的基本情況（開學、畢業時間，科目設置及畢業人數），列表如下。

陸軍軍官學校三期辦學基本情況

期別	入校（入伍生）時間	開學時間	科目設置	畢業人數	畢業時間
第一期	1924 年 5 月	1924 年 6 月 16 日	步兵	650 人	1924 年 11 月 30 日（畢業典禮 1925 年 5 月 20 日）
第二期	1924 年 8 月	1924 年 8 月	步兵、炮兵、工兵、輜重、憲兵	449 人	1925 年 9 月 6 日
第三期	1924 年冬	1925 年 7 月 1 日	步兵、騎兵	1233 人	1926 年 1 月 17 日

第一期學生包括：（1）1924 年 4 月 28 日放榜，正取 350 名，備取 120 名，共 470 名；5 月 5 日、7 日入學，初編為四隊。（2）參加下級幹部複試的 50 名，有 20 多名未被錄用，轉為第一期學生。（3）9 月 21 日，四川來粵赴

考的學生，錄取22名。（4）11月19日，大元帥府軍政部（部長程潛）陸軍講武堂學生158名，編為第六隊，歸併為第一期。以上共約680名。

辦學期間，商團事變發生（1924年8至10月），第一期學生分別參加拱衛大元帥府、廣東省署，有的作為孫中山衞隊，護衞孫中山北上韶關，有的於10月中旬參加平定商團之役。11月8日，舉行畢業考試，成績及格者456人，於11月30日畢業。第六隊學生至1925年2月始行畢業。是年5月20日東征途中在梅縣公署舉行畢業典禮，畢業學生總共約650人。

第二期從1924年8月開始在上海、廣州等地招考，共錄取學生400餘人，分步兵、工兵、炮兵、輜重、憲兵五科。從本期起，有越南、韓國、南洋各地的青年前來報考就讀。本期編為六隊：（1）1924年9月1日，成立第五隊（步科），隊長陳復；（2）9月1日，成立工兵隊，隊長王俊；（3）10月24日，成立炮兵隊，隊長陳隱冀；（4）11月6日，成立輜重隊，隊長簡作楨；（5）11月27日，成立憲兵隊，隊長顧祝同（11月19日成立第六隊，後歸併在第一期）；（6）1925年1月10日，成立第七隊（步科），隊長梁瑞寅。

1925年2月，第二期學生隨軍校教導團參加東征。平定東江後，在潮州設分校繼續修習，6月回師廣州，參加討伐楊（希閔）劉（震寰）之役。本期學制原定為六個月，然以隨軍東征之故，延至年餘，至1925年8月21日，舉行畢業考試，9月6日舉行畢業典禮，畢業生共449人。

第三期入伍生1924年冬陸續入學。入伍生報考條件：中學畢業，身體健康，無不良嗜好。1925年元旦成立入伍生總隊，總隊長王懋功，代理總隊長張治中，編為三個營。入伍生訓練期三個月，期滿後方能升學。入伍生第一、二、三營分別於1925年4月17日、5月17日、6月14日入伍期滿，於5月22日、6月8日、6月29日奉命入校，7月1日舉行開學典禮，接受正式教育。本期學生編為三個大隊和一個騎兵中隊。修學期為六個月。

第一次東征期間，第三期入伍生擔任廣州、虎門之間的護送運輸任務。東征軍回師廣州討伐楊劉時，入伍生在廣州從獵德村渡河，協助作戰。1926年1月17日舉行畢業典禮，畢業生共1233人。

關於第三期學生構成的情況，蘇聯軍事顧問切列潘諾夫在《中國國民革命軍的北伐——一個駐華軍事顧問的札記》一書中提到：本期畢業生共 2500 人，其中江西 115 人，廣西 80 人，山西 100 人，江蘇 70 人，山東 60 人，福建 55 人，安徽 48 人，湖南 750 人，廣東 260 人，四川 200 人，湖北 155 人，陝西 150 人，河南 150 人，浙江 140 人，新疆 4 人，察哈爾 2 人，台灣 15 人，河北 40 人，貴州 23 人，綏遠 19 人，東三省 10 人，內蒙古 5 人。[1] 這一組數字，與陸軍軍官學校第三期「同學錄」之記載有較大出入。謹過錄於此，以待查考。

1925 年 12 月，黃埔軍校設潮州分校。潮州分校第一期畢業生、滇軍下級幹部訓練班畢業生與第三期畢業生同等待遇。

應當說明，黃埔軍校各期學生人數，有不同的計算與記載。以上所引數字，並未包括黃埔各期「同學錄」中之缺名者，例如第二期蕭人鵠、李友邦、聶紺弩，第三期方先覺、黃文傑、康澤等，多項資料說明他們的確入讀過黃埔軍校，而黃埔「同學錄」未錄其名。除此之外，與廣州本校關係密切的潮州分校，因資料不齊，其學生人數也未被統計在內。

第二節　生源、學歷、閱歷與社會關係

茲就如下幾個方面，對陸軍軍官學校第一期、第二期、第三期學生的情況，略作說明。

一、生源

黃埔學生來源很廣，覆蓋全國各地，還有南洋僑生和來自韓國、越南的學生。籌辦之初，籌備委員會所擬之首期招生名額，即明確規定分配給東北三省及熱河、察哈爾共 50 名；直、魯、晉、陝、豫、川、湘、鄂、皖、蘇、浙、閩、粵、桂 14 省各 12 名；湘、粵、滇、贛、豫 5 軍各 15 名；國民黨先

1　《中國國民革命軍的北伐——一個駐華軍事顧問的札記》，第 107-108 頁。

烈遺屬 20 名。可見，黃埔軍校從籌辦之日起，即將自己定位為全國性的、國家層面的學校，面向全國各地招生。

在南方革命聲勢感召之下，「到黃埔去！」成為一代有志青年的熱切期望，小小黃埔島，吸引了各方英才。

第一期學生以湖南最多，為 195 人。其餘學生較多的省份，依次是廣東（114 人）、陝西（75 人）、江西（47 人）、浙江（45 人）、廣西（39 人）、安徽（29 人）。邊遠地區如甘肅、吉林、內蒙古，也有學生入讀，分別為甘肅 4 人、吉林 2 人、內蒙古 2 人。[1] 在第二期學生中，廣東最多，為 100 人，其餘依次是湖南（69 人）、浙江（68 人）、江西（52 人）、四川（50 人）、湖北（27 人）、廣西（18 人），台灣也有學生入讀。在第三期學生中，廣東最多，為 235 人，其餘依次是湖南（227 人）、浙江（180 人）、江蘇（106 人）、江西（105 人）、四川（101 人）、湖北（87 人），台灣也有學生入讀。甚至有韓國、越南學生和南洋僑生入讀。

黃埔軍校的生源，覆蓋除西藏之外的全國各地，並及於海外。較為集中的地域，則為廣東、湖南、浙江、江西、陝西、安徽和四川數省。這同孫中山的影響、國民黨人的活動和共產黨組織開展的工作有關，也是這些地方相對富於革命風氣和革命傳統所致。這一點，也是造成後來較有影響的黃埔軍人、黃埔戰將多出於這幾個地方的原因之一。

除生源廣之外，黃埔學生的家庭出身及經濟條件，也是多種多樣的。出身於官僚士紳、商人資本家、當地大戶、軍人家庭、教師家庭者，每期都有一些，而大多數是一般農民或城市平民的子弟。

黃埔學生之中，既有在大城市中出生成長，見多識廣者，也有世居於窮鄉僻壤而從未出過遠門、未見過大世面者；既有國民黨烈士子弟，從小就受革命影響者，也有對此全無聽聞，但對社會其他方面的情況有深切體察者。凡此種種，不一一列舉。生源廣泛、充足和學生家庭出身的多樣性，有利於

1　容鑒光、葉泉宏：《黃埔軍校一期研究總成》，（台灣）易風格數位快印有限公司，2003 年，第 92 頁。謹按：黃埔軍校學制較短，學生流動性大，對學生人數的統計不易確切，出現多種記載與統計。本書未能一一考證。

黃埔軍校取材於各方，擇優錄取，而所招收的學生亦可以大範圍地相互交流、啟發、碰撞和激揚，取對方之長，補自身之短，拓寬彼此視野，開闊彼此見聞與胸襟。

二、入校前受教育程度

黃埔軍校對考生的要求，文化程度規定為：「舊制中學畢業及與中學相當程度之學校畢業。」有的人認為黃埔軍校門檻低，學生文化程度不高，甚至說只有小學水平。對此，應當全面把握有關的資料，作綜合的分析。

就第一期來說，在 600 多名學生之中，進入黃埔軍校之前，有留過學、讀過大學者，有高中生、師範生、講武學校學生，也有小學畢業生乃至未讀完小學的學生。故黃埔軍校學生入校之前接受教育的程度，呈現出多樣性，簡單地下一個高或低的結論，殊為不當。

台灣容鑒光、葉泉宏綜合相關資料，撰成《黃埔軍校一期研究總成》，列出一期學生入軍校前接受教育的情況為：大學畢業 18 人，未畢業 4 人；大學肄業 63 人，未肄業 6 人；專科畢業 26 人，未畢業 6 人；專科肄業 46 人，未肄業 4 人；師範畢業 46 人，未畢業 2 人；高中畢業 159 人，未畢業 9 人；高級職校畢業 15 人；講武學校生（視同高中生）69 人；高中肄業 60 人，師範肄業 3 人，具有講武學校學歷 11 人；初級師範畢業 18 人；初中畢業 15 人；小學畢業 69 人，小學肄業 4 人。以上，高中畢業以上（包括等同者）共有 440 人，約佔第一期學生總數的 68%。容、葉之結論是：「學生程度平均高於高中畢業；各講武學校畢業，併入或考入者，程度亦高，均非傳言之『黃埔一期皆小學畢業』。」[1]

具體來說，在黃埔一期生中，確有受教育程度較低、讀書不多者。如第四隊學生楊伯瑤，彝族，出於貴州大定土司之家。楊在學生「詳細調查表」中「受過教育」一欄填寫「只知中國文字」，屬於未正式入學讀書者，因「孫大元帥特許」而進入黃埔軍校。調查表填寫的字跡頗佳，應為他人代

1　《黃埔軍校一期研究總成》，第 161 頁。

筆。第三隊學生孫一中，10 歲進小學，12 歲輟學務農，應未讀完小學，因柏文蔚（駐粵皖軍總司令，國民黨軍事委員）的推薦而入軍校。第四隊學生王鏞，後改名王叔銘，調查表上寫的是受過私塾教育及高等小學教育，應只有高小水平，因王樂平（國民黨一大代表）的關係而入軍校。周振強自己說是「高小畢業」。第四隊學生王世和，是蔣介石的親戚，由蔣氏帶來廣州，經蔣特許入埔校。陳適（軍校管理處副處長）談及：「王世和」三字是「王師傅」的諧音變來的，他可能是廚房的掌勺，應當未讀過什麼書。同樣是因特別關照而入讀軍校。另一方面，本期學生中卻不乏大學畢業生或大學肄業生，如陳以仁（北京大學），王之宇、侯鏡如（均河南中州大學），黃彰英（廣東大學），耿澤生（上海聖約翰大學），孫元良（北京法政大學），王逸常、俞墉、徐石麟（均上海大學），蔡光舉（廈門大學），王公亮（建國大學），曾擴情、劉詠堯（均北京朝陽大學），張其雄（武昌文華大學、上海大學），冷欣（之江大學），朱祥雲（上海震旦大學），宋思一（上海大同大學），周惠元（北京師範大學）等。本期多名學生具有國外留學（或勤工儉學）經歷，如顧濬（德國）、宣俠父（日本）、劉雲（法國）、萬少鼎（法國）等。

黃埔軍校其餘各期學生，學歷亦參差不齊。入讀黃埔軍校之前讀過大學的，第二期有吳明（金陵大學，赴法勤工儉學）、羅振聲（赴法勤工儉學）、胡秉鐸（北京朝陽大學）、周逸羣（日本慶應大學）等，第三期有方先覺（上海法政大學）、劉國用（廣東大學）、李秉中（北京大學）、鄭峻生（鄭用之，朝陽大學）等。

總而言之，黃埔軍校學生進校之前所受的教育，程度有高有低，學歷多種多樣，參差不齊，而平均程度在高中以上。這種估量，大體上符合實際。將黃埔學生一律說成是「小學生」，不但對第一期來說說不過去，對其餘各期同樣不符合實際。當時國內教育風氣乍開，有機會上中學、讀武校，已十分難得，故以中學程度入校，不能簡單論定為「門檻低」。況且，學前學歷較低的黃埔生，後來亦有成大氣候者，如前面提到的王叔銘（王鏞），雖只讀過小學，但後來當上了國民黨空軍總司令，一級上將；小學未讀完的孫一中，後來是中國工農紅軍第六軍軍長。

三、社會閱歷

黃埔軍校學生進校之前，多數已經投入社會。有的當過軍人、從事過黨務活動、擔任過公職人員；有的當過教師；有的辦過報紙刊物、當過新聞記者；還有的從事過商務活動，甚而有工人和工運工作者。

在第一期學生之中，范漢傑、王馭歐、李靖難、張君嵩、潘佑強、吳斌、李杲等進入黃埔軍校之前，已經是職業軍人，曾任軍職。其中第四隊范漢傑曾任粵軍第二軍副團長、代理團長，1920 年任桂軍第三路支隊長、第六路少將司令，並一度兼任廣東三水縣縣長，入校之前已獲少將軍銜。第二隊吳斌，曾為高雷討賊軍游擊支隊司令、桂軍第五師軍需處長。此外，王馭歐為湘軍少校，潘佑強為湘軍連長，李靖難為川軍副官，張君嵩為粵軍連長，楊伯瑤為黔軍連長；周振強、周品三、張慎階、侯又生、楊步飛等，曾為孫中山大元帥府衛士；孫一中為駐粵皖軍總司令部衛士。

從事過黨務工作的人員，最引人注目的是趙志超，為出席國民黨第一次全國代表大會的吉林代表，在國民黨一大代表的題名錄上，可以查到他的姓名。趙志超還是大元帥特任軍事委員。[1] 第三隊吳乃憲，曾為公職人員，曾任瓊東縣公安局、工務局局長，廣東全省官產清理處科員，廣東財政廳科員等職。第六隊的谷樂軍，曾為湖南長沙市國民黨黨部籌備員。

本期學生進校前已經是中共黨員者，有蔣先雲、陳賡、李之龍、張隱韜、楊其綱等，總共 30 多名，其中有數名是共產黨早期組織的成員（詳情見下文）。

從事教育工作，擔任過中學、小學或職業學校教師者，人數更不在少數。如冷欣在調查表中寫道：讀過杭州之江大學文科，曾任「上海女學教授」；黃珍吾擔任過南洋多所華僑學校的教師，並兼任過校長；李之龍、韋日上（韋義光）等曾任中學教師，李之龍教的是英文和數學，黃鰲為職業學校教員；吳乃憲任過瓊山縣儲英學校校長；胡宗南、黃維、桂永清、霍揆彰、李仙洲、蔣孝先、

1　趙志超在黃埔軍校第一期編在何隊不詳，本期同學通訊錄的「補錄」有他的名字，其籍貫為吉林省城（今吉林市），通訊處是「吉林省城後新街縣立第一女子小學校長駱靜儀轉」。

曾擴情、董朗、徐向前、唐澍、顧希平、郭一予等，均任過小學教師。

當過新聞記者的，有王汝任（陝西《明天報》總編輯）、俞墉（《上海快報》編輯）、賀衷寒（《上海時報》記者）、蔣伏生（北京《東方時報》特約通訊員）、韓紹文（《民生周刊》特派員）、張其雄等。

第一期學生趙子俊，工人出身，史料顯示他是一名「失業工人」，為中共武漢早期組織的成員。酆悌當過布店學徒，周啟邦當過木工和郵差，夏楚中是礦務局的實習員，杜成志亦當過織巾業學徒，李榮、宣鐵吾、宋文彬等均在印刷行業中工作過。此外，張隱韜、蔣先雲、趙枏、周啟邦等，從事過職工運動。然而，蘇聯顧問切列潘諾夫卻說第一期「幾乎沒有工人出身的學生」，實有欠斟酌。

據粗略統計，在黃埔軍校第一期學生中，進軍校之前當過軍人者有 160 多人，教師 109 人，新聞記者 18 人，工人或工運工作者 17 人。此後各期，大致情況是：軍人出身者逐次減少，而來自學生的比重逐期增加，社會閱歷相對簡單。具體情況不一一細述。

四、社會關係

黃埔軍校是國民黨所辦軍官學校，其章程明確規定投考者「須有國民黨員介紹」。國民黨一大召開時，孫中山動員、佈置各地代表為黃埔軍校選拔和介紹考生。包括孫中山、廖仲愷、蔣介石、于右任、胡漢民、譚延闓、王樂平、柏文蔚等人在內，都為黃埔軍校介紹、推薦過考生。第一期「調查表」填寫的經孫中山、廖仲愷介紹的考生，有甘達潮、容保輝、趙子俊、容有略、張森五和楊伯瑤。經于右任推薦的考生，有杜聿明、關麟徵、張耀明、閻揆要、王泰吉、王逸常、朱祥雲、董釗等，共達 70 多人。

因上述須經國民黨員「介紹」的規定，國民黨中央、大元帥府之要員，各地國民黨人，孫中山旗下各軍長官，都可能將他們的部屬、親屬、學生和同鄉引進黃埔軍校；黃埔軍校學生也因之同各地黨、政、軍方面的人物存在着千絲萬縷的聯繫。諸如，王世和、蔣孝先、蔣國濤、鄭坡等，與校長蔣介石有同鄉或親戚的關係；何紹周、王文彥、王慧生等，是總教官何應欽的親戚；毛宜是毛思誠（蔣介石童年塾師）的兒子；俞濟時是俞飛鵬（軍需部副主任）

的姪子；王叔銘是王樂平（國民黨一大代表）的族姪；江震寰是江浩（同盟會會員）的兒子；劉明夏是劉英（大元帥府參議）的兒子；洪君器是張治中（教官）的內弟；顧希平是顧祝同（教官）的堂弟。其餘各期，或多或少也找得出這種聯繫。如第二期學生謝宣渠，是國民黨一大代表謝晉的兒子。張靈甫據云持于右任之介紹信投考黃埔軍校，蓋因張靈甫寫字曾得到于右任指點或賞識。這種關係，成為張進入黃埔的一道津樑。國民黨烈士子弟有陸汝羣、陸汝疇兄弟和葉彧龍等。陸汝疇自云：「因先君（陸寵廷）革命被害，故入此校，繼續父志。」陸氏兄弟經胡漢民介紹而入讀黃埔軍校。葉彧龍寫道：「因為先親（葉松鰲）為革命而被刺殺，余要入本校，就是來繼續父親未竟之志。」葉彧龍入校介紹人為李濟深。

為黃埔軍校選拔、引薦學生的，還有當時因實行「黨內合作」而加入國民黨的中共黨員。出席國民黨一大的中共黨員李大釗、譚平山、于樹德、毛澤東、林祖涵、胡公冕、李維漢等，於大會之後在全國各地大力為黃埔軍校選拔學生。經李大釗介紹而投考黃埔第一期的，有蕭洪、曾擴情、孫元良、陳以仁等 13 人；第四期李運昌（李芳岐），也是經李大釗介紹而入校的。經于樹德介紹的有楊其綱、江震寰等；經譚平山介紹的有洪劍雄等。毛澤東時任國民黨中央候補委員和國民黨上海執行部組織部秘書，參加黃埔軍校在上海地區的招考工作，經他介紹的有蔣先雲、張際春、伍文生、趙枏、李漢藩、李焜。為黃埔軍校推薦考生的，還有共產黨員董必武、何叔衡、李立三、惲代英、楊殷等。共產黨員為黃埔軍校引進的學生，既有中共黨員，也有許多非中共黨員。

晚清時期，清室曾仿日本皇室學校設「貴胄學堂」，專收王公大臣子弟，讓他們學習和訓練軍事，其打算或者說目的，是要在皇室人員之中，造就一批軍事人才，以期讓日後的兵權掌握在這部分人的手裏。黃埔軍校的考生「須有國民黨員介紹」，可能就是這一思路與設計的沿襲，應當看作是讓陸軍軍官學校保持國民黨黨辦學校性質的一項重要措施。

五、思想意識

黃埔軍校招考的政治條件，包括必須接受三民主義，擁護國民革命，是國民黨員或同意加入國民黨者。考官於筆試之外，通過口試、面試，觀測考生的志趣和人品，了解其思想傾向、政治態度。故思想、政治條件實為能否入讀此校的一道重要關卡，而文化水平和身體條件，往往被擺在次要位置。

在第一期「詳細調查表」中，設有「何以要求入本校」一欄。各學生所填寫的內容，應當是各人的獨立思考，表達了考生報考的思想動機。閱讀這數百篇「答卷」，可以找到幾個共同點：（1）為實現救國的抱負，挽救民族之衰微、民權之旁落、民生之凋敝，盡國民的責任；（2）增進學識，研究三民主義，探討社會問題；（3）接受軍事教育和訓練，將自己磨煉成有主義、守紀律的革命軍人。而這幾點，都可以看作是當時黃埔軍校學生帶普遍性的政治思想意識，即「救國」「革命」「愛民」意識。這些，是當時知識青年在遭受外國欺凌、國內軍閥壓迫和國家日趨衰微的境遇下所產生的正義感、道德情感和社會責任感的表達，與當時國民黨宣傳的思想意識，互為一致。

第三節　「到黃埔去」

陸軍軍官學校創辦後，珠江江中之小島——長洲島（黃埔），即成為一方熱土。「到黃埔去！」成為各地進步青年的心聲。

黃埔軍校創辦伊始，在如下幾個方面，也就是他種學校所不具備的強勢，釋放出對於青年一代的吸引力，並越來越成為其招生、辦學的有利資源。

一、「熱門」教育

當時國內的教育，以法政學校一類為時新；而時新又適合於一般青年就讀，對青年有吸引力的，應當屬於軍事學校。因時代與環境的關係，軍事教育不但被認為是人才培養的迫切需要，亦為社會所看重。對於家庭經濟狀況一般而又在尋找為社會、國家服務途徑的青年而言，軍事教育無異於為他們開闢了一條終南捷徑。長久以來，軍事教育極盛一時的情況並未過去，青年人嚮往軍營、報考軍校的熱潮亦未減退。故在當時的教育領域中，軍官學校無疑可登上「熱門」學校排行榜之前列，鍾情於此、往來追逐者，經久不絕。

當陸軍軍官學校在廣州創辦時，國內極具知名度的保定陸軍軍官學校，自從1922年12月第九期畢業之後，不再招收正期學生，實際上已經停辦。[1] 黃埔軍校的創辦，正「逢」其時，正好「填補」其空缺，似是專為有志於報考軍校者而適時創設。南北各地青年之所以聞風而動，呼朋引類，南下赴考者絡繹不絕，與這種「熱門」學校、「稀缺」學科的吸引力，乃有密切的關係。

二、背景強勢與資源優勢

陸軍軍官學校創辦於國民黨改組之時。國民黨一大「宣言」的發表，國民黨與共產黨實現合作，乃是影響中外、改變歷史進程的大事。國民黨因改組而煥發新機，長期以來組織渙散、頹萎不振的面目，因之改觀，在組織上、政治上轉入了上升時期。孫中山的威望，也在提升。黃埔軍校作為國民黨改組的產物，國民黨改組的成效，正轉化為黃埔軍校的辦學資源和招生號召力。此外，隨着保定軍校的停辦，保定之「中央」軍校性質與格局，業已消失。黃埔軍校這所國民黨之「黨立」軍校，亦有取代保定、讓自己成為「中央」軍校的勢頭；後來黃埔軍校的名稱，亦標出了「中央」二字。故黃埔軍校實佔據了當時國內軍事教育的制高點，其背景、地位極具強勢，其品牌亮麗之至。至於這所學校所擁有的來自蘇聯的人、財、物的援助，更非別的學校所能具備。此為黃埔軍校自身之凝聚力、吸引力所在。

三、靈活的招生手段

黃埔軍校招生手段靈活，除公開招考之外，在尚不便公開的地方，採取秘密、半秘密的方式招生，並以廣渠道、多措施、不拘一格降人才的手段，在全國及南洋招攬考生。韓國、越南等地青年，亦聞風而至。例如通過國民黨一大代表、各界有影響人士在全國各地物色、引薦考生；派「招生委員」「學生募集委員」「特派員」往各地辦理招考；在廣州之外的一些地方（上海、開封等）成立招考辦事機構，實行分層次篩選等。國民黨的某些地方黨部及中

1　鄭志廷、張秋山等編著：《保定陸軍學堂暨軍官學校史略》，人民出版社，2005年，第264頁。

共的某些地方組織，亦以不同的方式，介入了招生工作。在黃埔第一期學生中，集中了中國社會主義青年團保定、安慶、衡陽和上海這四個地方委員會的「書記」「委員長」或「代理委員長」（依次為楊其綱、楊溥泉、趙枏、周啟邦），集中各地黨、團骨幹於一校之內，這絕非出於偶然，而是在招生之中組織渠道開通、組織手段運用的體現。國民黨和中共在考察、選拔、推薦和輸送考生的過程中，各自運用組織機制、組織渠道、組織手段，發揮組織的作用。這些舉措，對黃埔軍校順利招生，吸收人才，起了保證的作用。

四、教官的帶動和學生互相吸引

黃埔軍校的教官、職員，有不少是帶着學生來的。如第一期蔣超雄說，他是「隨父執季方先生去廣州」的。季方為軍校初創時的特別官佐。黃埔軍校學生對他們同學、同鄉的吸引，其事例更不勝枚舉。如三期生劉安祺說：「我受到徐州中學歷史老師孫樹成先生的教化和指導，決定南下投考黃埔軍校。」[1] 孫樹成，第一期第二隊學生，畢業後任第三期區隊長、第四期連長，對劉安祺考入黃埔，起了帶動作用。韓國教官楊林致信《獨立新聞》主編崔昌植：「黃埔軍校為我們學生（指韓國學生）入校提供方便」；並一一說明報考黃埔軍校應當注意的事項，希望他們預先做好準備。[2] 從這封信可以看出，黃埔教官為引進學生，不遺餘力，發揮了重要的作用。北伐軍進至兩湖時，湖南湘陰青年陳漫生（步青）收到了他的四叔陳毅安的來信：「火速到廣東投考黃埔軍校。」陳毅安為第四期經理科學生，此時尚未畢業。陳漫生到廣州後經考試，編入第六期入伍生隊。

五、宣傳效應

外界對黃埔軍校的了解，有通過黃埔辦學的成效而得知，亦為多渠道的、不脛而走的宣傳所致。孫中山北上，病逝北京時（1925 年 3 月 12 日），

1　張玉法、陳存恭訪問，黃銘明紀錄：《劉安祺先生訪問紀錄》，（台灣）「中央研究院」近代史研究所編印，1991 年，第 8 頁。

2　《獨立新聞》1926 年 10 月 3 日，轉引自崔光斗《黃埔軍校與韓國獨立運動》，《韓國獨立運動與華南地區的關係學術研討會論文集》，第 86 頁。（《獨立新聞》為在上海的韓國臨時政府的機關雜誌）

各地隨之舉辦各類悼念活動，這對孫中山是一次大規模的宣傳，當中包括了對他手創的黃埔軍校的事跡宣傳。黃埔教官、學生參加平定商團之役，驅逐滇、桂軍，兩次東征，在實戰中釋放出巨大的軍事能量，更加迅即擴大了黃埔軍校的影響，媒體稱黃埔「為中國革命前途開一新紀元」。黃埔軍校所處的時代，是一個風雲變幻的時代，黃埔教官、學生擁有許多參與政治活動、投身革命戰爭、參與各種社會運動的機會和展現自身價值的場合。黃埔軍校是大批傑出人才的成長和集散之地，是一所軍事學校，也是一所政治學校，還被孫中山稱為「黨校」。這些均為黃埔軍校的吸引力、包容性所在，亦其涵蓋面、影響力和輻射力所在。各地青年嚮往黃埔軍校，不懼千難萬險，跨過千山萬水，一心「到黃埔去」，是有其緣由的。

陸軍軍官學校創辦後，於短短數年間，養成了大批軍事、政治人才。日後參加東征、北伐、土地革命戰爭、紅軍長征、抗日戰爭、解放戰爭的著名將領，不少出身於此。黃埔軍校教育成效之取得，是多項條件、多種因素、多方努力所致，並非只是某種單一的原因所造成，但也與黃埔軍校學生本身所具有的良好素質有着莫大的關係。菁菁者莪，樂育材也。黃埔軍校得天下英才而育之，故而能夠使其成為一所軍事政治名校。

第五章　共產黨員與黨的組織

第一節　教職員中的共產黨員

黃埔軍校開辦時，接受蘇聯經濟和物資援助，有蘇聯教官到軍校工作，在任用幹部、招考學生等方面，實際上已向中共打開了大門。當時國民黨、共產黨實行「黨內合作」，中共黨員參加國民黨，兼具國民黨黨籍，此亦為中共黨員到黃埔軍校工作和學習提供了現實條件。此外，當時廣東之外各地革命形勢低落，革命者備受打壓，許多人在當地無以立足，不得已北雁南飛，到南方尋找希望。上述種種，讓當時尚處於幼年時期、在指導思想上尚未十分強調軍事的中國共產黨的許多黨員有機會通過各種途徑，陸續加入黃埔軍校，從而成為黃埔軍校的教職員或學生。

黃埔軍校有共產黨員與黨的組織，是當時人所共知的事實。[1] 周恩來後來說：1926 年 3 月「中山艦事件」時，黃埔軍校有 500 多名中共黨員。[2] 黃埔軍校教育長方鼎英說：1927 年 4 月廣州「清黨」時，黃埔軍校有 400 多人被捕。而據黃埔同學會組織科 1929 年的統計報告，黃埔軍校第一期至第五期的「共黨嫌疑者」，共計 1522 人。由於原始資料缺失，有關黃埔軍校共產黨員和黨的組織的歷史情況，尚未十分明晰。筆者通過搜尋各種有關資料，至目前為止，查出在黃埔軍校前六期工作、學習過，有姓名、事跡可考的中共黨員，

1　1927 年 3 月 1 日，黃埔一期生、中共黨員、政治部秘書楊其綱在《黃埔日刊》上刊出《本校之概況》，文中說：黃埔軍校「每期學生不僅有單純的國民黨員，而且有第三國際支部的中國共產黨員」。

2　周恩來 1943 年 11 月 27 日在中共中央政治局會議的發言，見《毛澤東年譜（一八九三—一九四九）》（上卷），第 159 頁。

總共有 780 多人。[1]

當時中共成立未久，全黨黨員人數並不多，在短短的兩三年內，有數百上千名來自全國各地的黨員集中於黃埔軍校，這不是偶然的現象。在黃埔建校、建軍的過程中，在校內外各項重要事務和歷次革命活動中，共產黨人的作用與影響，並非微不足道。共產黨人與黃埔軍校有着客觀的歷史聯繫，這一點不論對於中共黨史來說，還是對於黃埔軍校校史來說，都不可抹殺，不應忽略。

在陸軍軍官學校第一期教職員中，張申府、茅延楨、金佛莊、郭俊、嚴鳳儀、胡公冕、徐堅、徐成章、周恩來等，在進入軍校工作之前，已經加入共產黨。張申府是中共北京早期組織成員，參與第一期招生工作，1924 年 5 月 12 日被委任為政治部副主任，並任蔣介石的英文、德文翻譯，為最早任職黃埔軍校的中共黨員。茅延楨、金佛莊均畢業於保定軍官學校，茅延楨 1922 年加入中共，金佛莊 1923 年到廣州列席中共第三次全國代表大會。茅、金二人，經廖仲愷推薦到黃埔軍校工作，分任第一期學生第二隊、第三隊隊長。茅於 1925 年秋赴河南工作時遇難，金翌年底被害於南京。《黃埔日刊》1926 年 12 月 21 日發表文章提及：「聞金、茅二隊長均係 C.P. 同志。」這兩人的中共黨員身份，在他們死後不久即已公諸報端。郭俊畢業於保定軍校，曹石泉、嚴鳳儀畢業於雲南講武堂，三人分別任區隊長或副隊長。胡公冕 1921 年加入中共，為出席國民黨一大之浙江省代表，任管理部衛兵長。徐成章、徐堅分別畢業於雲南講武堂和南昌軍校，任軍校特別官佐。上述人員，有多位出身於軍校，並從事過軍事工作，可以稱為中共最早的一批軍事幹部。周恩來為旅法中共早期組織成員，經張申府介紹入黨，1924 年夏由歐洲啟程回國，9 月到達廣州，初任中共廣東區委（亦稱兩廣區委）委員長，兼黃埔軍校政治教官，11 月間被任命為黃埔軍校政治部主任。[2]

1　《黃埔同學會第二次全體會員代表大會會議錄》（1929 年），廣東省立中山圖書館等編：《黃埔軍校史料彙編》第二輯第三十五冊，第 92 頁。關於黃埔軍校中共黨員與黨的組織的情況，見曾慶榴：《共產黨人與黃埔軍校》，廣州出版社，2013 年。

2　《一年來政治部之概況》（1925 年）中說：「十三年十一月，周恩來先生繼任本部主任。」見《黃埔軍校史料（1924 — 1927）》，第 178 頁。按：1924 年 12 月 25 日黃埔二期學生吳明致廖仲愷函謂：「明（吳明）之經歷，周恩來主任、陳延年教官、徐天柄特別官佐、黨部幹事魯易均詳知之，均必不至於有逸出常軌之活動。」從文中「陳延年教官」一語看，時任中共廣東區委書記的陳延年，可能亦擔任過黃埔軍校教官。吳明函存台北國民黨黨史館。

此外，在黃埔軍校工作的共產黨員，還有章琰、李俠公、葉劍英等。章琰潛心研究軍事問題，在黃埔軍校工作時，著有《中國徵兵制芻議》《軍需獨立制概論》等，軍校教導團成立後任營代表，1925 年 3 月 13 日陣亡於粵東棉湖。中共七大時中央組織部所編「烈士英名錄」，稱章琰為「東征犧牲的第一個共產黨員」。李俠公任特別官佐，當時為中共黨員。葉劍英任教授部主任，1927 年 7 月加入中共。

繼第一期之後，因各種機會和際遇，共產黨組織從全國各地，乃至從蘇聯等國的留學生中，陸續抽調了魯易、包惠僧、聶榮臻、熊雄、惲代英、蕭楚女、熊鋭、陳啟修、韓麟符、孫炳文等，到黃埔軍校工作。據目前掌握的資料，在黃埔軍校前六期工作過的中共黨員，第一期有 14 人，第二期 25 人，第三期 28 人，第四期 37 人，第五、六期 38 人，總共 142 人（次）。其中有連續任職多期者，有本校畢業留校服務者。[1]

茲將在黃埔軍校各部門工作過的第一、二、三期部分中共黨員的簡要情況列表說明如下（第四、五、六期有關情況在以後各章分述）。

一至三期中共黨員教職員信息

序號	姓名	籍貫	職務（1924 年 5 月—1925 年 12 月）	備註
1	周恩來	浙江紹興	第一期政治部主任，軍法處處長，校史編纂會審查員，第一軍政治部主任，第一軍第一師黨代表	
2	葉劍英	廣東梅縣	第一期教授部副主任	1924 年 5 月 12 日任命
3	張申府	河北獻縣	第一期政治部副主任	1924 年 5 月 12 日任命
4	茅延楨	安徽壽縣	第一期第二隊隊長，教導團第二營黨代表	

1　本稿所列出的中共黨員教職員名單及學生黨員名單，有的後來在不同時期，因不同的原因，以不同的形式脫離中共，不一一註明。

續表

序號	姓名	籍貫	職務（1924 年 5 月— 1925 年 12 月）	備註
5	金佛莊	浙江東陽	第一期第三隊隊長，教導第二團第三營長，警衛團少將團長	
6	郭俊	湖北安陸	第一期第三隊第一區隊隊長	
7	嚴鳳儀	廣東瓊海	第一期第四隊副隊長	
8	胡公冕	浙江永嘉	第一期管理部衛兵長	
9	徐堅	廣東瓊山	第一期特別官佐，校本部編纂員	
10	章琰	河北清苑	教官，教導團營黨代表	1925 年 3 月 13 日陣亡
11	李俠公	貴州貴陽	第一期特別官佐，第一師政治部主任	
12	徐成章	廣東瓊山	第一期特別官佐，大元帥府鐵甲車隊隊長	
13	羅漢	湖南瀏陽	「青年軍人社」發行股長	
14	曹石泉	廣東樂會	第一期第二隊第一區隊隊長，教導團營長	1925 年 6 月 23 日犧牲
15	毛簡青	湖南平江	政治教官	
16	譚其鏡	廣東羅定	第二期政治部指導股指導員，第三期政治部組織科員	
17	邵力子	浙江諸暨	第二期政治部副主任，第三期政治部主任，軍校秘書長，校史編纂會主席	
18	楊其綱	河北衡水	第二期政治部編纂股主任，第三期政治部宣傳科員，校史編纂會編纂員	
19	吳展	安徽舒城	第二期特別官佐	
20	周逸羣	貴州銅仁	軍校第二屆特別區黨部執行委員，校史編纂會編纂員	
21	黃鰲	湖南臨澧	第二期政治部秘書股主任	
22	黃第洪	湖北英山	第二期政治編纂股編纂員，第三期政治部宣傳科員	
23	傅維鈺	湖北英山	第二期政治部編纂股編纂員	
24	盧德銘	四川宜賓	第三期政治部組織科員	

續表

序號	姓名	籍貫	職務（1924年5月—1925年12月）	備註
25	魯純仁	貴州貴陽	第三期政治部宣傳科長	
26	楊溥泉	安徽六安	第三期政治部組織科員，教導第一團連黨代表	
27	李之龍	湖北沔陽	第三期入伍生部黨代表，海軍局政治部主任	
28	陳賡	湖南湘鄉	第三期入伍生連長	
29	范藎	江西豐城	第三期步隊隊長、教官	
30	饒來傑	江西南昌	第三期政治部宣傳科員，中共黃埔軍校黨團成員	
31	包惠僧	湖北漢口	第二期政治部後方主任，第三團黨代表，教導師黨代表	中共一大代表
32	胡允恭	安徽壽縣	《中國青年軍人聯合會會刊》主編	
33	卜士畸	湖南益陽	代理政治部主任	
34	魯易	湖南常德	第二期政治部秘書，第三期政治部副主任，校史編纂會編纂員	
35	賀聲洋	湖南臨澧	第三期區隊長	
36	蔣先雲	湖南新田	教導團營長，軍校特別區黨部第四屆執行委員	
37	聶榮臻	四川江津	第三期政治部秘書，政治教官	
38	洪劍雄	廣東澄邁	第三期政治部科員，《士兵之友》編輯	
39	陳奇涵	江西興國	學生隊隊長，武漢軍校黨員志願兵團參謀處處長	
40	酈鄘	湖南耒陽	第三期政治部宣傳科員	
41	徐向前	山西五台	第三期入伍生第三隊區隊長	
42	薛卓中	安徽壽縣	第三期政治部司書	
43	袁炎烈	湖南武岡	第三期政治部宣傳科員	
44	董朗	四川簡陽	第三期入伍生隊附，葉挺獨立團參謀	
45	黃錦輝	廣西桂林	政治部秘書，第二屆特別區黨部候補執行委員	

以上人員，有的是經廖仲愷安排到軍校工作的。如曾為中共旅俄支部早期負責人之一的卜士畸（世畸），1924 年 10 月到廣州，任鮑羅廷翻譯、中國社會主義青年團中央執行委員會特派駐粵委員。1925 年 4 月，廖以軍校黨代表身份致函蔣介石，「派卜士畸往黃埔陸軍軍官學校擔任政治訓練工作」。卜一度代理黃埔軍校政治部主任。曾經出席中共一大的包惠僧，初到廣州時在國民黨中央黨部工作。1925 年春周恩來出發東江後，廖仲愷請中共廣東區委書記陳延年擔任政治部主任，陳延年則「向廖仲愷推薦包惠僧以自代」。廖乃於 1925 年 5 月 4 日簽發委任令第六號：「查黨立陸軍軍官學校政治部主任周恩來因隨校本部出發東江，該校政治部主任亟應遴員代理部務，以資整頓。查有該員堪以委任，合行令委，仰該員即便遵照，刻日到差，為黨盡力。」[1] 委任令中說的「該員」即包惠僧。

具留學法國、德國、日本、蘇俄經歷者有魯易、羅漢、聶榮臻、熊雄、饒來傑等。其中魯易、羅漢曾赴法勤工儉學，回國後一度到海南從事社會主義青年團的組建工作。在黃埔軍校，魯任政治部秘書、副主任，羅任《青年軍人》（後改名《革命軍》）發行股長。聶榮臻先後到法國、蘇聯學習，回國後任黃埔軍校政治部秘書。熊雄曾留學於法、德和蘇聯，1925 年秋與聶榮臻等一同回國，經「校長（蔣介石）延攬」（方鼎英語）而到黃埔軍校工作，任軍校政治部副主任、代主任，經歷了第三、四、五、六期，為任職黃埔軍校時間最長的中共黨員之一。

第三期政治部薛卓中，是因惲代英的關係而進入黃埔軍校的。薛卓中又名薛滄海，因多次聽惲代英演講而欽佩、崇敬惲代英，後加入中共，因惲代英介紹而任軍校第三期政治部司書。[2]

蔣先雲、李之龍、王逸常、周逸羣、盧德銘、譚其鏡等，為黃埔軍校畢業生留校服務者。此外，還有的人在軍校教導團、「黨軍」、國民革命軍中擔任過工作，如一期曹淵任軍校教導團學兵連黨代表、連長和營長；許繼慎任

1　梁尚賢：《廖仲愷與黃埔軍校——讀中國國民黨中央黨史館藏檔案之三》，《近代史資料》編輯部編：《近代史資料》總 106 號，中國社會科學出版社，2003 年，第 125 頁。

2　胡允恭：《憶薛滄海烈士》，《金陵叢談》，人民出版社，1985 年，第 99 頁。

連長、代理團黨代表；劉疇西任連黨代表；二期麻植任東征軍政治部宣傳科員等。人數很多，不一一列舉。因黃埔軍校初時實行「校」「軍」一體，在軍校所屬部隊服務者應視為是黃埔軍校的教職工。

隨後，陸續到黃埔軍校工作的中共黨員，有惲代英、蕭楚女、張秋人、安體誠、歐陽繼修、王懋廷、黃克謙、宋雲彬、李求實、熊銳、陳啟修、于樹德、韓麟符、孫炳文等。這些人的情況，詳見下文。

第二節　前三期學生中的共產黨員

陸軍軍官學校創辦時，其招生信息為各地共產黨人所關注，黨組織於短時間內在全國各地選拔、推薦了大批有志青年踴躍報考軍校。報考者包括了不少中共黨員和社會主義青年團員。

一、第一期

在第一期錄取學生中，進校之前（即 1924 年 5 月以前）已經加入中共者，目前所知有 30 多名。他們是：楊其綱（入黨時間 1924 年春）、李紹白（1923 年）、劉疇西（1922 年夏）、游步瀛（又名游步仁，1923 年）、王逸常（1923 年 11 月）、蔣先雲（1921 年 10 月）、張其雄（1922 年春）、伍文生（1923 年冬）、譚鹿鳴（1923 年）、董仲明（1923 年）、李漢藩（1922 年 4 月）、洪劍雄（1924 年初）、許繼慎（1923 年 12 月）、彭幹臣（1923 年 12 月）、趙枏（1922 年）、趙子俊（1921 年春，中共武漢早期組織成員）、白海風（1923 年）、張隱韜（1922 年 7 月）、李之龍（1921 年 12 月）、楊溥泉（1923 年 12 月）、陳賡（1922 年）、趙自選（1924 年春）、郭一予（1923 年）、樊崧華（1924 年 3 月）、宣鐵吾（1923 年）、周啟邦（1923 年）、劉雲（1924 年）、榮耀先（1923 年 4 月）、黃再新（1923 年）、文起代（1924 年）、江鎮寰（1924 年）、宣俠父（1922 年）、唐際盛（1923 年）。此外，袁仲賢、傅維鈺、羅煥榮、郭德昭等，進校前已加入了中國社會主義青年團。

第一期陸續有學生加入中共（包括在校學習期間，在軍校教導團及東征、北伐期間，即1927年夏秋前加入者），目前所知有姓名、事跡可查考者，總共有80多名。較為人知者有：傅維鈺、唐同德、羅煥榮、王爾琢、徐向前、宋希濂、王泰吉、賀聲洋、張際春、唐震、周士第、唐澍、郭德昭、梁錫祜、黃鰲、李奇中、孫樹成、曹淵、廖運澤、閻奎耀、韓濬、葉彧龍、梁文琰、譚其鏡、孫一中、侯鏡如、宋文彬、冷相佑、劉明夏、馮達飛、俞墉、吳展、李光韶、何章傑、胡煥文、左權、李默庵、袁仲賢、劉楚傑、黃雍、蔡昇熙（蔡申熙）、劉立道、陳啟科、李隆光、黃錦輝、黃第洪、史書元、徐會之、王之宇、王叔銘（王鑣）、郭安予、劉希程、鄒範、劉先臨、謝任難、金仁宣、尚士英等。綜合有關資料，在目前可認知的第一期學生中，入學前已入中共者30多人，入學後陸續入黨者80多人，總共120多人。

關於黃埔第一期中共黨員人數，史料上出現過若干不同的記述，試加分析如下。陳延年1925年1月5日謂：「此校有我們同志43人」；[1] 蘇聯顧問切列潘諾夫謂，一期畢業生中的共產黨員39名；[2] 台灣學者李雲漢謂，第一期中共黨員41人。[3] 這幾個數字，應當是1924年底第一期畢業時中共黨員人數的反映。上文說及，第一期入學前已加入中共者目前所知30多人，在黃埔軍校學習期間（1924年5月至年底）大約吸收了10人，兩項相加，共應40多人，這應當是實際情況（在本人的材料中說明1924年12月前在黃埔入黨者，有周士第、薛文藻等）。上述人數（43人、39人、41人）之所以略有出入，可能是因為統計時間不同。周恩來說，黃埔一期有黨團員五六十人，[4] 這應是進埔校之前第一期學生中共產黨員與社會主義青年團員的人數之和。查1925年1月1日青年團廣東區委組織部報告第一號，文稱：「黃埔軍校組織（團組織）：人數三十一人。」[5] 校內團員31名，加上上述中共黨員30多人，總共為60多人，符合「五六十人」的說法。

1　《陳延年致喬年、若飛、羅覺同志》（1925年1月5日），中央檔案館、廣東省檔案館編：《廣東革命歷史文件匯集》甲2，1982年，第10頁。陳延年時任中共廣東區委書記。

2　《中國國民革命軍的北伐——一個駐華軍事顧問的札記》，第107頁。

3　李雲漢：《中國國民黨史述》，第496-497頁。

4　周恩來：《關於一九二四至二六年黨對國民黨的關係》（1943年春），中共中央文獻編輯委員會編：《周恩來選集》（上卷），人民出版社，1980年，第116頁。

5　《團粵區委組織報告（第一號）》，《廣東革命歷史文件匯集》甲2，第7頁。

二、第二期

第二期學生中的中共黨員，目前可認較知名者，包括黎鴻峰、蔡鴻猷、羅振聲、鄺鄘、吳明、程俊魁、余灑度、王秉璋、符明昌、陳恭、盧德銘、練國樑、胡秉鐸、陳作為、宛旦平、吳道南、蔣友諒、王一飛、張炎元、張堂坤、麻植、古懷、王柏蒼、周逸羣、李勞工、謝宣渠、吳振民、姚世昌、陳紹秋、譚侃、符南強、李道國、羅英、王禹初、蕭素民、張源健、方汝舟、徐遠揚、彭禮崇、陳連軍；本期同學錄缺名者，有蕭人鵠、覃異之、廖夬虎、劉光烈等。綜合有關資料，第二期學生中有中共黨員近 50 人，另有 10 多人待查證。

三、第三期

第三期學生中共黨員，目前可認知者，主要包括王鄂峰、尹伯休、石衡鐘、申朝宗、古宜權、朱雲卿、朱斌、李乾元、吳光浩、余少傑、周恩渭、周邦采、姜鏡堂、胡燦、胡承焯、段子中、范宏亮、唐克、陳永芹、徐康、徐介藩、張獲伯、符節、曹伯球、曹素民、常乾坤、黃克鼎、黃鐵民、黃偉斌、斯勵、焦啟愷、彭哲夫、熊受暄、葉古衣、廖卓然、劉軼超、蔣作舟、蔡晴川、饒春榮、穆世濟、郭光彩、周玉冠、車鳴驤、金錫祺、章夷白、段焱華、陳鑄新、佘廣生、陳采夫、林澤深、王福生、賀維中、謝光亞、李鼎三、鄭平、劉之志、陳可超、傅昆言、皮言智、毛嘉謀、喬茂才、蔡乘波、夏北侯。本期同學錄缺名者，有黃文傑、蔡林蒸、曾幹廷、陳順侯、魏定邦、徐魯侯、羅夢陽等。綜合有關資料，在第三期學生中，中共黨員有近 90 人，另 20 多人有待查證。

第四期、第五期、第六期學生和入伍生中的共產黨員的情況，詳見後述。

應當說明，在有關的檔案、史料中，至目前為止，並未找到在黃埔軍校工作、學習的中共黨員的原始名單。以上所列人員，僅為有姓名、事跡可以查考者。由於在校時間短、人員流動性大、處於隱蔽的狀態等原因，不少教官學生的名字並未記錄於「教職員名錄」及「同學錄」，致使許多人的共產黨員身份難以辨認。故上述人數，只是前三期中共黨員人數的一部分。

第三節　黨的組織

黃埔軍校內共產黨的組織，開始時稱中共黃埔直屬支部，史料上曾經出現過這一組織的簡稱為「黃支」。第一期直屬支部大約成立於 1924 年 8 月，支部幹事會由蔣先雲任書記，王逸常任宣傳幹事，楊其綱任組織幹事，許繼慎、陳賡任候補幹事。[1] 蔣先雲為湖南省立第三師範學校畢業生，曾參加組織、領導安源、水口山的工人運動，是由毛澤東介紹加入共產黨，並由毛澤東介紹投考黃埔軍校的。

第二期直屬支部約於 1924 年 11 月成立，以楊其綱為支部書記，余灑度為組織幹事，周逸羣為宣傳幹事，麻植、王逸常為候補幹事。楊其綱是黃埔一期畢業生，早年求學於河北保定，經鄧中夏介紹加入社會主義青年團，1922 年初任保定社會主義青年團執委，1924 年春加入中共。

除了黃埔軍校之外，廣州及周邊各地，當時還駐有粵軍、湘軍、滇軍、桂軍等名目的軍隊，而各軍又有着各自的軍校。這些軍隊和軍校，為共產黨人留下了開展活動的空間。1924 年夏秋商團事變期間，廣州地區還成立了「廣東工團軍」、「廣東農團軍」（農民自衞軍）等工農武裝團體，這也有待於中共廣東區委加強統一領導。為加強黃埔軍校、各軍事組織及各工農武裝團體中黨的工作，中共廣東區委大約於 1924 年底，成立了軍事運動委員會（簡稱「軍委」，又稱「軍事部」），由周恩來任軍委書記（亦稱軍事部長，後由張伯簡、熊雄接任書記）。廣東區委軍委的成員，先後有徐成章、李富春、聶榮臻、惲代英、黃錦輝（秘書）等。此為中國共產黨內成立的第一個軍委。[2] 黃埔軍校黨的工作，直接歸中共廣東區委軍委領導。

黃埔軍校第三期直屬支部，約於 1925 年夏秋成立，以楊其綱為支部書記，曹素民為組織幹事，段子中為宣傳幹事，焦啟愷（啟鎧）為候補幹事。

1　中共黃埔軍校黨組織情況，據王逸常、黃雍、李奇中等的回憶材料。《黃埔軍校史料（1924 — 1927）》，第 114-121 頁。

2　目前能見到的有關中共廣東區委軍事委員會（軍事部）的史料不多，一般認為其成立的時間在 1924 年底或 1925 年初。中共中央 1925 年 10 月召開的第二次中央執委會擴大會議決定，「中央之下應有職工運動農民運動及軍事運動委員會」。

曹素民 1924 年在上海參加工人運動，在黃埔軍校入黨。段子中 1923 年加入中共，曾在安源從事工人運動。焦啟愷 1925 年加入共產黨，在黃埔軍校當選為國民黨黃埔軍校特別區黨部第三屆執行委員和財務委員。據聶榮臻回憶：1925 年下半年，黃埔軍校已成立了一個由魯易、聶榮臻二人負責的「黨團領導小組」，小組之下，設立了幾個支部和小組。政治部的中共支部，由聶榮臻負責。

至第四期，中共黃埔直屬支部改為中共黃埔特別支部（簡稱黃埔特支），仍以楊其綱為書記。「中山艦事件」（1926 年 3 月）後，為加強軍校中黨的工作，中共廣東區委決定另設中共黃埔黨團，直屬於廣東區委軍委（詳見後文）。

綜觀黃埔軍校教職員中的共產黨員、學生中的共產黨員及軍校黨組織，可以得出如下幾點認識。

一是中共黨員人數不少。黨員人數在校內的比例頗高，在中國共產黨內，亦為重要的組成部分。第一期學生 600 多人，目前所知中共黨員 120 多人，約佔 17.6%。前四期學生總數為 4971 人，黃埔軍校（包括在校官生及由本校官生組成的軍隊）的中共黨員 500 多人[1]，約佔 10%。1926 年 4 月，廣東全省中共黨員為 3700 多人，黃埔軍校的黨員人數（按 500 人計）佔全省黨員總數的 13.5%。至 1927 年初，全國黨員不足 6 萬人，黃埔軍校黨員按保守估算 1000 人計，約佔 1.7%。這說明黃埔軍校黨組織在中共黨內的重要性。

二是黨員素質較好。首先是文化程度較高。教職員中有不少人曾留學法國、德國、日本和蘇俄。除此之外，學生中有留學海外者，如宣俠父、劉雲、吳明、周逸羣等；有北大等著名院校的教授，如陳啟修、于樹德、安體誠等，這些人在學術上、理論上均有相當高的造詣；有北京大學、東吳大學、廈門大學、上海大學等院校的學生，如王懋廷、李世璋、伍中豪、魯純仁、蘇怡、鍾友千、蘇士傑等為北大學生，王逸常、張其雄、陽翰笙、張慶孚、李元傑等為上海大學學生。惲代英、蕭楚女等，為黨內前沿理論家。

其次是政治素質比較好。有的參與中共的創建活動，如張申府、周恩

1　周恩來 1943 年 11 月 27 日在中共中央政治局會議的發言，見《毛澤東年譜（一八九三——一九四九）》（上卷），第 159 頁。

來、吳明、唐際盛、趙子俊等，分別為中共北京、巴黎、武漢早期組織成員。包惠僧出席過中共一大，金佛莊列席過中共三大，胡公冕、趙子俊出席過俄國「遠東會議」，四期惲雨棠是陳雲的入黨介紹人。有的人是共產黨、青年團各地方組織的創建者，如一期榮耀先為蒙古族的第一位中共黨員，楊其綱、趙枬、楊溥泉分別參與創建保定、衡陽、安慶社會主義青年團，李之龍曾為中共漢口地委執行委員。有的參加過國民黨改組，胡公冕、于樹德、韓麟符、廖乾五是國民黨一大代表；高語罕、惲代英、蔣先雲、唐際盛出席過國民黨二大。

再次是閱歷、經驗豐富。許多人進校前是各地社會活動的先鋒人物，其中有唐山、開灤、正太鐵路、京漢鐵路、安源煤礦等工人運動的組織者或領導者，有學生運動的活躍分子。如唐際盛為中國勞動組合書記部長江分部成員，張隱韜為中國勞動組合書記部北方分部特派員，周啟邦是中國勞動組合書記部上海郵務友誼會委員，趙子俊參加過二七罷工，蔣先雲、趙枬參加過安源和水口山罷工，許繼慎、楊溥泉、傅維鈺、曹淵等是安徽學生運動的活躍分子。還有的從事過軍事工作，或思考、鑽研過軍事問題。如徐成章、茅延楨、金佛莊、郭俊、章琰、曹石泉、徐堅、楊寧等畢業於軍校，有軍隊工作的閱歷；魯易到粵軍活動過；吳明則對學習軍事、掌握軍隊的問題，有較為超前的意識，他以中共早期黨員的資歷，金陵大學肄業、赴法勤工儉學的學歷就讀於黃埔二期，應是他對這一問題做過思考之後的行動。一句話，他們是當時黨內幹部的精華所在。

三是黨的組織狀況比較好。簡而言之是組織較為健全，幹部得力，支部幹事會、黨團成員較為精幹，活動能力較強，黨內的學習、教育也抓得較緊（星期日經常在廣州農民運動講習所組織學習、聽報告），表現出有政策、策略水平，能夠按實際情況開展活動，審時度勢應對各種環境、處理複雜問題。

活動於黃埔軍校的中共黨員，是在國共合作的條件下，在蘇聯政府幫助辦學、蘇聯顧問與教官參與校務的情況下，通過軍校的招考、聘用渠道而進入黃埔軍校的，並非以「安插」「打入」「潛伏」的手段羼入。他們是一個人數相當多、活動能量較大的羣體。他們對黃埔軍校的創建和發展，自有其付出、作為與貢獻，這當然是不應抹殺的。

第四節 作用與影響

共產黨人在黃埔軍校的作用、影響，約有如下幾點。

一、充實、加強了黃埔軍校

1924年1月28日，李大釗在國民黨一大針對共產黨員為何加入國民黨的質疑回答說：我們加入國民黨，是「自己在理論上事實上作過詳密的研究」，「再四審慎而始加入的」，「不是胡裹胡塗混進來的，是想為國民革命運動而有所貢獻於本黨的」。[1] 這些話，也可用以解釋共產黨員加入黃埔軍校的動機。接受軍事、政治的教育與訓練，投身國民革命，並期待對於這一場革命運動「有所貢獻」，是共產黨員投奔黃埔的初衷。

黃埔軍校創辦時，考生雖多，但具備新的思想意識者並不多。當時，國民黨中央候補執行委員彭素民參加了閱卷，在閱讀了第一期考生的300份考卷之後，彭在他的日記中寫下了對考生的印象：多數考生知識陳舊，像「社會」這樣的常用詞語，「能應用其名詞者不及百分之十，能略言其一二者不及百分之五，無非拾取二十年前科場試藝之餘緒，可見學生總程度之差」。[2] 彭素民的意思是考生熱情有餘，而思想準備不足，知識未及更新；具備新的思想觀念者不多。共產黨員加入黃埔軍校，為黃埔軍校輸入了大批如前面所說的文化、政治素質都比較好，思想意識比較前衛的新進青年，恰好填補了到黃埔軍校應考者這一方面的稀缺。這一點，是共產黨人在人力資源方面，對黃埔軍校建校所作出的一個貢獻。

黃埔學生中的中共黨員，多數思想活躍，組織能力、活動能力都較強，不少人都可躋身成績優秀、才華橫溢、表現出眾之列。如第一期學生蔣先雲，「學術兩科冠於全校」[3]，被蔣介石稱為「好學生」。蔣先雲畢業後留校從事

1 《北京代表李大釗意見書》（1924年1月28日），《廣東文史資料》第四十二輯，第375-376頁。
2 彭素民1924年4月27日日記（手寫影印本），孫中山大元帥府紀念館「彭素民先生生平史料展」簡介第39頁，2011年3月。
3 鄭作民：《黃埔血史．蔣公先雲傳》，盧璐、謝中、蔣美成：《黃埔第一傑蔣先雲》，湖南人民出版社，2012年，第305頁。

的工作，只記錄為「教導團營長」「軍校特別區黨部第四屆執行委員」，其實，他還擔任過蔣介石的秘書。第一期學生徐石麟憑「政治討論報告書」，被政治部主任邵元冲評為「成績最佳」者。第二期學生酈鄘，被評為本屆優等生第二名，獲獎金錶一隻。李之龍、吳明、陳作為、羅振聲、周逸羣、黃錦輝、焦啟愷、何焜等，被選入國民黨黃埔軍校特別區黨部，擔任委員。這些人不但是校內各種活動的中堅人物，也是社會活動的活躍分子。王一飛、游步仁、胡承焯、王備、熊受暄、胡秉鐸、饒榮春、段子中、宋雲彬、張鴻沉、羅懋其等，是《青年軍人》（後改為《革命軍》）、《中國軍人》、《黃埔潮》、《黃埔日刊》等報刊的主編、編輯或主要撰稿人。趙自選、唐澍、伍文生、王世英、季步高等，被派往各社會團體，充當工農武裝的教練。譚其鏡、袁策夷、李勞工、吳振民、李運昌等被派赴全省各地，蕭人鵠、榮耀先被派赴北方援助革命運動，如此等等。

共產黨員進入黃埔軍校，不只是在人數上充實了黃埔軍校，更主要的，是為黃埔軍校注入了新質，將大批有理論素養，又有社會活動經驗，富於開拓精神、創新精神的新進青年，引進黃埔軍校，從而使軍校的人員結構更為多樣化，奠定了黃埔新型軍校的基礎。這些人不僅是課堂、操場上的佼佼者，戰場上衝鋒陷陣的先鋒，而且是校內外政治活動、黨務活動和民眾運動的中堅人物和活躍分子。

二、主持軍校之政治教育和軍隊政治工作

黃埔軍校政治部歷任主任、副主任和政治主任教官、政治教官，主要由共產黨員擔任。軍校籌創階段，張申府任副主任，之後周恩來任主任。至第四期，政治部教職人員達 80 多人，以熊雄為代理主任。政治部向來被認為是黃埔軍校最具特色和最有活力的一個部門。

查以往保定、雲南等軍校的教育，其學科有「精神教育及講話」等，並要求學生閱讀《孝經》《聖諭廣訓》《修身教科書》之類，可知那些軍校雖無政治部之設，但不等於不講政治。保定軍校第二任校長蔣百里，曾明確提出中國的「新軍人」，應兼有中國之「遊俠」、日本之「武士」、歐洲之「騎士」三種精神，這當然也是講政治，是按照一定的政治觀念塑造軍人的靈魂。

「政治部」這一設置亦並非源自黃埔軍校，1914 年中華革命黨「總章」已經有設「政治部」的規定。黃埔軍校前兩任政治部主任戴季陶和邵元沖，也非中共黨員。然而，綜觀相關的歷史情況，仍然可以認為政治工作並非國民黨人的傳統，更不是國民黨人的強項。戴季陶、邵元沖雖然一度主持過軍校政治部，也不等於說在周恩來接手之前，政治部的工作已經打好了基礎、鋪好了路子。總之，黃埔軍校的政治教育和軍隊政治工作，並不是在以往傳統軍校的基礎上，也不是在國民黨自身的傳統中滋長出來的，而是共產黨人借鑒蘇聯紅軍的經驗，並結合中國實際而開拓、發展起來的。

黃埔軍校的政治教育和軍隊政治工作，包含三個層次：一為軍校內的政治教育；二為革命軍的政治工作；三為戰時政治工作。三個層次，實為開創性的、含義豐富的三大跨越，共產黨人為全過程的參與者和主持者。具體情況，容後分述。

三、深入社會，促進軍校教學活動與社會實踐相結合

黃埔軍校創辦於國民革命運動興起、高漲的時期。1924 — 1927 年的廣州，是國民黨中央、大元帥府和國民政府所在地，革命精英風雲際會，各項革命運動蓬勃展開。在共產黨人的參與下，黃埔軍校辦學理念新穎，強調學以致用、知行合一，不搞關門辦學，不是將學生封閉於黃埔島上，單向性地傳道、授業、解惑，而是讓學生深入社會，面對實際，自覺投身於民眾革命運動。黃埔軍校的共產黨員，許多在進校之前就從事過工、農、學生運動，有開展社會活動和羣眾工作的豐富經驗，他們在促進軍校教學活動與社會革命運動的結合方面，起了極為重要的作用。

黃埔軍校的共產黨組織和黨員，通過多種渠道，同社會工、農、商、學各界保持密切聯繫，並以種種形式，對社會革命運動給以支持和援助。廣東工團軍、農團軍的軍事教練，農民運動講習所的軍事教官，省港罷工工人糾察隊的教練和骨幹，多數是黃埔軍校的中共黨員。被派赴全省各地負責訓練農民自衛軍、援助農民運動的，多數也是黃埔軍校的中共黨員。如二期生李勞工、吳振民被派往海豐；四期生李運昌、于以振被派往潮汕，藍廣孚被派往西江，詹寶華被派往順德等。這些人還沒當完學生，就當起了先生。其中

李勞工、蔡林蒸（蔡和森之兄）等，在援助工農運動中犧牲。黃埔軍校黨員自覺、積極參加國民革命運動的實踐，不但密切了軍校與社會的聯繫，對軍校的教學活動來說，也是一項改革和創新，打開了軍校辦學的新路子。正是在參與社會政治運動、黨務活動和投身工農運動的過程中，黃埔軍校學生擁有許多機會與場合，施展自己的才智、愛國熱忱和創造精神。黃埔軍人的成長，同這一點有密切的關係。共產黨內的不少優秀幹部，國民黨內的許多黃埔名人、名將，當年都親身參加過援助省港大罷工及支援廣東農民運動。他們在聯繫實際、學用結合的過程中，邁出自己軍旅或政治生涯的第一步。

四、充當黃埔軍校「校軍」「黨軍」和國民革命軍的骨幹

1924 年 11 月，黃埔軍校第一期結業，遂以本期畢業生為基礎，成立黃埔軍校教導團（兩個團），此為孫中山、大元帥府以校建軍、獨立組建軍隊之發端。1925 年 4 月 6 日，國民黨中央第 73 次會議通過《建立黨軍案》，黃埔軍校「校軍」乃被正式冠以「黨軍」之名。同年 8 月，國民政府實行「統一軍政」，統編國民革命軍，「黨軍」被編為國民革命軍第一軍。1926 年 1 月，成立黃埔軍校教導師（後稱第二十師）。1925 年 8 月前是「校」「軍」一體，此後雖稱「校」「軍」分立，但實際上仍然由校長統攬「校」「軍」。

共產黨員在黃埔軍校所屬各部隊中，擔任重要職務。在軍校教導團，嚴鳳儀、金佛莊、宋文彬、曹石泉等任營長，章琰、茅延楨、胡公冕、唐震等任營黨代表，郭俊、曹淵、劉疇西、彭幹臣、游步仁、張隱韜、李漢藩等任連長或連黨代表。第一軍組建時，周恩來任第一軍副黨代表、政治部主任和第一師黨代表（第二次東征時任東征軍總指揮部總政治部主任），魯易任第三師黨代表，李俠公任第一師政治部主任，金佛莊（第二次東征中任團長）、包惠僧、徐堅、胡公冕、蔣先雲、張際春、傅維鈺、王逸常任團黨代表，許繼慎任代理團黨代表，唐同德、郭俊等任營長，譚鹿鳴等任副營長。至黃埔軍校教導師成立，包惠僧任師黨代表，李默庵任團黨代表（團長為葉劍英）。黃埔一期生李之龍，1925 年 10 月任海軍局政治部主任，授少將銜，次年 1 月任海軍局代理局長，授中將銜，是第一期畢業生中升遷最快的一位。

黃埔軍校教導團創建之際，大元帥府鐵甲車隊改組，黃埔軍校特別官

佐、中共黨員徐成章任隊長，第一期畢業生周士第任副隊長，趙自選任軍事教官。1925 年 11 月，第四軍獨立團（葉挺獨立團）成立。中共黨員葉挺任團長，中共黨員、黃埔軍校教官楊寧，第一期畢業生周士第、曹淵、許繼慎、董朗，第二期畢業生盧德銘等，分別擔任團參謀長和營、連長。這是中共廣東區委獨立掌握團級軍隊的開端。

共產黨員不但是軍隊中的骨幹，更重要的是戰場上的先鋒，為廣東戰爭、北伐戰爭的勝利，作出不可磨滅的貢獻。據有關資料，黃埔軍校學生的陣亡犧牲者，第一次東征時 16 人，討伐楊劉在獵德渡河作戰時 6 人，沙基慘案時 23 人，第二次東征時 58 人。犧牲者之中，有相當多是共產黨員，如章琰、曹石泉、譚鹿鳴、唐同德等。在北伐中犧牲的共產黨員，有胡煥文、吳兆生、曹淵、張其雄、洪劍雄、趙枏、趙子俊、郭俊、金佛莊、蔣先雲等。在此前後犧牲的，還有茅延楨、張隱韜等。目前所能辨認的廣州時期 780 多名中共黨員中，至 1927 年廣州四一五「清黨」之前，已犧牲了 70 多人。在近代中國幾所軍事名校中，最為人所稱道的，是保定軍校的課堂、雲南講武堂的操場、黃埔軍校的戰場。這說明，在戰爭中學習戰爭，是黃埔軍校辦學的主要經驗所在；戰場，是黃埔軍校的「特色課堂」。犧牲於戰場的中共黨員以自己的一腔熱血贏來東征、北伐的勝利，也為黃埔軍校的成功辦學，開闢了道路。

總上，在黃埔軍校中，教職員和學生中的共產黨員人數眾多，能量與影響很大。他們在上述幾個方面的付出與作為，均帶有建設性和開創性，特別是在思想建校、主義建軍方面，具有草創、開拓的意義。

第六章　黃埔軍校的教育

第一節　學科與術科

孫中山為黃埔軍校制定的教育方針，是「軍事與政治並重，人格與技能訓練共進」。黃埔軍校的軍事教育，有學科、術科兩種。《中央陸軍軍官學校史稿》等資料顯示，前三期之學科，主要設：（1）典範令（步兵操典、射擊教範、陣中勤務令）；（2）戰術學；（3）兵器學；（4）築城學；（5）交通學；（6）地形學；（7）軍制學；（8）馬學；（9）經理學；（10）衛生學；（11）軍服內服規則；（12）陸軍禮節；（13）軍語；（14）軍隊符號；（15）實地測圖。其中，戰術學、築城學、兵器學、地形學四門，稱四大教程，為必修課。術科設：（1）制式教練；（2）野外演習；（3）夜間演習；（4）實彈射擊；（5）閱兵分列；（6）技術；（7）馬術；（8）工作實施等。

一、第一期

第一期為單純步科教育，並未分科。上述學科之「馬學」「經理學」「衛生學」及術科之「技術」未授。在學期間，因發生商團事變，廣州形勢危急，第一期學生上課、訓練之餘，要站崗放哨，警衛黃埔；並有124人隨孫中山北上韶關，一邊上課訓練，一邊擔任護衛。

二、第二期

第二期實施分科教育，除步科外，還有工兵、炮兵、輜重、憲兵，共五科。學生接受一個月的預備教育，然後正式升為軍官候補生。

學科：（1）第二期步科教育與第一期大致相同；（2）炮科除典範令、四大教程外，設野戰炮兵操典、野戰炮兵射擊教程、馬術教範、馭法教範、野戰炮兵築壘教範、陣中勤務、馬學；（3）工科設工兵操練、地形學、射擊教範、築壘教範、架橋教範、築營教範、通信要範、交通要範、爆破要範、坑道要範、野外勤務、夜間教育；（4）輜重科設輜重操典、輜重勤務、鐵道船舶汽車各種輸送學、馬學、馬術教範、應用戰術、游泳學、射擊教範、測圖學；（5）憲兵科設憲兵學、射擊教範、一般之軍事學、陸軍現行懲罰令、陸軍警察軍制大要、馬學、偵探學。

術科：第二期各科訓練的項目，主要有馬術、操炮、野外演習、工作實施、爆破實施、築城實施、汽車駕駛、手槍射擊等。

1924年11月，第二期之工科、炮科、輜重科遷至廣州城內北較場（稱省分校）上課。1925年初，本期學生隨軍東征，收復潮汕後，留潮州分校上課。後參加回師廣州之役，戰事結束後，返校繼續未完成之課程和訓練。

三、第三期

第三期開始實施入伍生教育。入伍生期間，學科教育共設16門，授課139次（每次一小時三十分），共約208小時；術科教育共338小時。1925年7月1日，入伍生升為正式學生。此後，學科設基本戰術、應用戰術、兵器學、築城學、交通學、地形學、軍制學等主要課目；術科項目有制式教練、野外演習、射擊和技術（器械體操、劈刺）、典範令（從學科移為術科）。

第三期辦學期間，適逢第一次東征（1925年1至4月）、討伐楊劉（6月）、第二次東征（10至11月），廣州發生「沙基慘案」（6月）和「廖案」（8月），本期學生除教學、訓練之外，要擔任警戒，參與實戰。6月中旬，入伍生從赤崗塔、獵德渡過珠江，參加討伐楊劉之役。

前文已述，黃埔軍校的軍事教官，部分來自保定軍校，部分來自雲南講武堂，他們在教學實踐中，對保定軍校注重課堂教學、雲南講武堂注重操場訓練的傳統，均有所借鑒和傳承。

而在初時，在軍事教育中負有指導責任的，則是蘇聯顧問和教官。蘇聯軍事顧問波里亞克、切列潘諾夫等組成軍校顧問團，常川駐校，主要介入教授、教練二部及軍事總教官室。切列潘諾夫說：「我們彼此做了這樣的分工：沃洛佳・波里亞克擔任顧問組長和管教務，他和王茂如（王柏齡）將軍直接共事。我和尼古拉從事學員的隊列、射擊及戰術訓練，並同何應欽將軍保持工作聯繫。」蘇聯顧問或參與課程設計和組織教學；或對任課教官、隊官作課前輔導；或在講台上、隊列前，親自為官生講解和示範。切列潘諾夫說：

> 我們這批顧問是既有實踐經驗，又有相當理論素養的指揮員。我和沃洛佳是行伍出身，尼古拉則是從武備學校出來，一直升到將軍職位的……我們經歷過兩次戰爭，並且把所有這一切通過在軍事學院的理論進修加以鞏固提高；因此，我們不但善於組織學員的課堂教學，而且能夠通過實踐講明一切基本原理。我們竭力使學員在初學階段最大限度地掌握實際要領。我們希望這些未來的指揮員能夠懂得隊列訓練、一貫精力集中、良好的軍風紀、服從命令的重要性，並且自覺準備克服軍人可能遇到的各種困難。[1]

1924 年 10 月起，又一批蘇聯顧問參加黃埔軍校的工作，如舍瓦爾金（戰術、射擊和隊列訓練）、別斯恰斯特諾夫（炮兵訓練）、雅科夫列夫（工程兵培訓）、尼庫林（騎兵訓練）、科楚別耶夫和德拉特文（軍隊的聯絡技術）、蘇聯顧問團偵察處長楚芭列娃（薩赫諾夫斯卡婭）也在黃埔軍校講課。蘇聯顧問、教官多方面並深入地介入了黃埔軍校的教學活動，因而對黃埔軍校的教育，產生了至深的影響。

第二節　黃埔軍校軍事教育的特點

因環境和客觀條件的限制，黃埔軍校的辦學無法按常規進行。上列課程設置，就實際而言，難於一一照章實施，只能因時就勢，隨情況而變更。

1　《中國國民革命軍的北伐——一個駐華軍事顧問的札記》，第 111 頁。

一、打破常規，從實戰需要出發，改進教學內容

按以往軍校的慣例，初級軍官的培訓，需時三年。保定軍校 1912 年的課程表顯示，軍事學科之「平常課業」，包括戰術學、兵器學、築壘學、地形學、軍制學、馬學、衛生學、經理學，教習次數 735 次；「特別課業」，包括工兵作業見習、測圖實習、野外戰術演習、野外演習及野外築壘演習、兵器及火藥製造見習、炮扛操法、手槍操法、兵棋等，教習次數 71 次；外國語為 425 次；典令勤務書為 140 次。術科包括校內教練、野外教練、馬術、劈刺術、體操，學習次數為 635 次。以上學科、術科的教習次數，總共 200 次。[1] 迫於形勢，黃埔軍校的軍事教學，無法按步驟、照常規進行，而只能縮短學時，壓縮課程。此乃受制於客觀環境，出於實際需要，不得已而為之。第一期入學未久，蔣介石說：「本校是六個月中間，就要把軍隊和軍事學校裏的教育教練完成。」[2] 也就是說，要在半年之內學完三年才能學得完的課程。

為此，蘇聯顧問會同何應欽、鄧演達、王柏齡、嚴重等共同研究，制訂切合上述實際而又符合實戰需要的軍事教學計劃，妥當安排各項課目的教學進度。這不能不打破常規，大量削減課時；不能不大刀闊斧精簡、壓縮教學內容。按照新編定的教學計劃，蘇聯顧問又參考蘇式教材，重新修訂典範令及四大教程。教學計劃、課目安排的編制，新教材的修訂，多為蘇聯顧問親力親為。農民運動講習所學員到黃埔軍校接受為期 10 天的軍訓計劃，也是蘇聯顧問斯莫連采夫編寫出來的。

蔣介石說，定好的教學計劃，也要隨時變更。我們學校裏以後的教程，因為時局變遷不定，不能照着以前那個課程來教。本來教育是應時代的需要，時代要求怎麼樣，教育就應怎麼樣。[3] 這種打破常規的、看似與速成班或短訓班相差無幾的教學，在當時的情況下屬於不得已而為之，但非馬馬虎虎，隨意減「工」減「料」，而是有目的、看對象地對教學內容加以濃縮。蔣介石說：「本校把最緊要的東西教你們，把從前別個學校三年或五年畢業的學

1　《陸軍軍官學校教育次數表》（1912 年），《保定陸軍學堂暨軍官學校史略》，第 228 頁。

2　《蔣介石年譜初稿》，第 202 頁。

3　《蔣介石年譜初稿》，第 234 頁。

科中最緊要的教你們。」[1] 軍事是人的活動，是人的情感驅動下的作為，在許多情況下，軍事能力是受人的情感、心智影響的，而技術只是其中的一個方面。故黃埔軍校一期學生雖然只讀了半年，但他們的潛能素質，加上其他方面的積極因素，補救了其課時之不足，從而使學習質量仍然得到了保證。

第一期學生蔣超雄回憶：

> 全部課程本來需要三年，而第一期是用六個月來完成的。這並非只讀六分之一的課程，把其餘六分之五棄置不讀，而是每一個小時吞下六個小時的功課。這種教學方法，當時國民黨黨中央是有爭議的。有的認為這是食而不化，反而造成時間的浪費。但只學習六個月的黃埔軍校一期學生，比之後來學習三年的各期學生，在軍事才能上是毫無遜色的。這無以名之，名之曰革命精神。[2]

二、重視操場訓練和野外演習

上引保定軍校課程表，軍事學科平常課業的教習總次數為 735 次，其中「四大教程」595 次，佔學科課程總次數的 80.95%；術科教習總次數 635 次，比學科少 100 次。可見保定軍校的軍事教育，以學科為主，術科次之；學科之中，又以「四大教程」的教習為主。在黃埔軍校，目前所見，有關軍事學科如「四大教程」教學、研習情況的史料不多；記載較多的，則是關於操場訓練、野外演習的情況。重視操場訓練和野外演習，應是黃埔軍事教學較為明顯的特點。

關於操場訓練，內容有隊列、槍械、射擊、行軍警戒等，具體課目有徒手教練、持槍教練、戰鬥教練以及班排連教練，步哨、軍士哨、排哨、連哨，尖兵、前兵搜索偵察，實彈射擊、夜間射擊、手榴彈投彈、刺槍和超越障礙，還有森林戰、山地戰、村落戰的演練等。訓練嚴格認真，由淺入深，

1　《蔣介石年譜初稿》，第 209 頁。

2　蔣超雄：《我在黃埔軍校學習的回憶》，《廣東文史資料》第三十七輯，第 40 頁。

由易到難，注重於實用、技能和效果，使學生通過訓練，掌握要領，觸類旁通。在訓練中，特別是對俄式槍械的性能、使用的講解，多採取自上而下、逐級負責的教法，首先由蘇聯顧問預作講解和示範，然後讓總隊長教隊長、區隊長，讓隊長、區隊長教分隊長，讓分隊長教學生，直到人人領會並熟練掌握為止。教學中強調耐心細緻，因人施教，互教互學，對後進的學生耐心施教，不搞體罰。

對於軍訓，校方着重抓了一個「嚴」字。蔣對第一期學生說：

> 你們現在是要想鍛煉成功（為）一個強毅不屈的軍人，不先經過一番嚴厲的訓練，怎麼可以呢？……世界上最注重個性的軍隊要數法國，但是歐洲大戰的結果，其操典中明明白白說道，在戰場上到了極苦至難的時候，如但憑着我們天稟的性質，和我們民族習慣的名譽心、愛國心、自由熱、義務觀念等等，那決是靠不住的。這就是人類弱點暴露的一個明證，也是從經驗下來的一個結果，不是單抱片面理想的人們所能想得到的。……這不是教訓我們說，要維持軍隊精神到冒危犯難、赴湯蹈火的一個地步，就少不了一番嚴重的訓練。[1]

野外訓練，是黃埔軍校非常重視、經常組織的項目。野外訓練分為「野外作業」「實地演練」和「野營演習」三大類，在黃埔軍校學生的日記、回憶錄和蘇聯顧問所寫的文字材料中，常有相關的記述。入學前曾在開灤煤礦等從事工人運動的第一期學生張隱韜，在黃埔撰有求學「日記」，多次寫到「野外作業」和演習的情形。如 1924 年 7 月 2 日：「昨夜大雨。今天的功課，已換課表授課，上午四點的學科，下午四點的術科，晚上還有二點的夜間演習。」7 月 11 日：「今晨三時起牀，是為野外演習。……每人給麵包四個，並醬肉一塊，鹽蘿［蔔］數條。待三時半出操後，天尚漆黑。」7 月 29 日：「天熱甚！今天我上術科野外戰鬥時，全衣盡為汗濕。這種熱，真不好過。」7 月 31 日：「今天我們都實習野外測圖，上午八時出校，十一時返校，下午實習四

1 《蔣介石年譜初稿》，第 202 頁。

點鐘。所測的係『道線法』『交會法』兩種，雖是很簡單的科目，因為人數多，時間長，勞苦得很，但精神到也愉快。」[1]

與黃埔島隔江相望的珠村，是黃埔軍校的訓練、演習基地。指揮部設在珠村北帝廟，總教官何應欽坐鎮於此，組織、指揮過多次軍事演練。

據《蔣介石年譜初稿》：1924 年 9 月 10 日，「第四隊學生在野外研習排戰鬥教練。開始地為洪福市，人員四十二名，指揮官第四隊區隊長詹忠言，對抗指揮官第四隊副隊長嚴鳳儀，各部隊長官均莅場參觀」[2]。

1924 年 9 月，孫中山移大本營於韶關，黃埔軍校第一期部分學生作為孫的衞隊隨同出發，其中有徐向前、宋希濂等。宋希濂回憶說：10 月間，孫中山在韶關指令教官文素松、隊長陳復選擇高地，組織山地攻防演練。第一、第二區隊從山麓發起攻擊，宋希濂所在的第三區隊則在山上挖散兵壕，佈置防守。孫中山親到 800 米高的山頂上，觀看這次演習。演習完畢後，孫中山對學生講話，讚揚學生在演練中表現出來的沉着、勇敢精神。[3]

「野外訓練」和「實地演練」尤為蘇聯顧問所重視，這亦是他們在教學中的優長所在。據《蘇聯駐華軍事顧問軍事部日誌》：1924 年 11 月下旬，在黃埔北部地區，即珠江左岸之廣九鐵路兩側，黃埔軍校舉行了一次規模較大的實地戰術作業訓練，蔣介石和軍事顧問加倫觀看了這次演練。加倫於演練結束後，有針對性地指出：一定要讓指揮人員（不只是教學人員）參加演練，這樣才可克服種種不足，使軍隊的訓練和養成，達到一個應有的高度。加倫對其顧問團隊成員說：經過長期的努力，顧問們的作用已經得到了發揮，今後的訓練和養成工作，在很大程度上要落在顧問們的肩上。加倫不忘指出：演習和參加演習的學員們給他留下了「良好的印象」。切列潘諾夫於演練結束後，提出了一篇詳細的總結報告，對各參練部門、部隊的表現，各種演習動作及相互協調的情況，一一作了分析點評，指出雖存在許多缺點，但亦有「不少可取」之處，如：會使用地圖，會與其他地形對比識別地形的特點，

1　《張隱韜烈士日記》，中國革命博物館黨史研究室：《黨史研究資料》第七、八、九期，1989 年。

2　《蔣介石年譜初稿》，第 233 頁。

3　宋希濂：《參加黃埔軍校前後》，中國人民政治協商會議全國委員會文史資料研究委員會編：《第一次國共合作時期的黃埔軍校》，文史資料出版社，1984 年，第 254 頁。

選擇陣地及其突破口，選擇巡邏哨的偵察路線，下達命令，編制報告，做出各種條令規定的編組，派出警衛和偵察部隊，完成地形拍攝和繪圖作業，等等。

應當指出，黃埔軍校重操場、重野外演習，並不是沒有原因的。一些出自日本、保定等軍校的教官（王柏齡等），想多安排課堂講授，他們堅信自己的知識，堅持要以普通的講授來取代訓練和演練。因此，他們與蘇聯顧問之間總有大大小小、持續不斷的爭論，兩種辦學觀念，時有碰撞、爭執或交鋒。這在蘇聯顧問留下的文字中，有不少記述。只是當時的客觀條件顯然不利於他們的主張，即不可能安排太多的課堂講授，這才讓操場訓練和野外演習顯得突出，並使這種教學的績效得到了體現。

三、嚴格的校紀、軍紀教育

黃埔軍校的紀律教育，是結合軍事教育並作為其組成部分而開展的。1924 年 5 月 25 日，第一期發放槍支，蔣介石專講了「槍的意義與效用」。其中說道：帶槍的人稱為軍人，其責任是維護人道，保障正義。軍人是國民的菁華，自有其尊嚴，但軍人要守軍紀，假如違犯軍紀，將要受到懲治。後來，蔣還專門就軍紀的定義、要素、程序、根源、效力和整肅軍紀的方法，以及校風的維護和整飭，作過多次講演。

軍紀、軍令、校令是強制性的，用蔣的話說，這是「很嚴厲的、堅決的、迅捷確實的」強制措施，全校官生必須遵守。軍校先後頒佈的軍法，有《革命軍連坐法》《革命軍刑事條例》《革命軍懲罰條例》等；校令、軍令有《整肅本校軍紀令》《飭守禮節令》《飭各官長嚴束所部令》《禁止軍士擾民令》《查拿強用廢票士兵令》《整理校政訓令》《官長除惡習令》《切實整頓本校禁閉令》《飭盡職守令》《恤刑令》《處決叛逃令》《整飭校風令》《重申砭正校風令》《取締學生病假令》《取締請假辦法令》《戒嚴時期嚴禁請假令》《申明軍紀令》《制止遷調人員擅自離差訓令》《實行門禁令》《重申紀律令》《嚴防採辦軍用品營私舞弊令》《重申敬禮令》《為北伐禁止官長學生事假令》《飭師生遵守請示報告程序令》等；校規條例有《考勤規則》《禁閉室規則》《給假規則》《風紀衛兵規則》《會社組織規則》等。

以上，制定並頒佈於1925年1月第一次東征之前的《革命軍連坐法》[1]，是蔣最為重視，也是被蔣之部屬稱為「為法之良，無逾於此」的一項法規。

初時，黃埔軍校一些學生，對實施嚴格的軍紀、校紀，感到難以接受，議論頗多，反彈情緒甚為激烈。他們以為黃埔軍校既然是一所革命的學校，就應當多來點自由，少搞些「死板」「枯燥」「形式主義」的東西，以為「軍事教育是與普通教育同樣的，可以優柔感化的」。因此，他們斷言「本校的教育方法是壓制性的、形式的，而非精神的」，是「專重形式不重精神的」，認為「本校的處罰是不人道的，並以為賞罰是不必要的」，甚至指責黃埔軍校的訓練是「帝國主義的訓練」。

針對這種「帶有反抗的性質」（蔣介石語）的情緒，蔣作過多次講演，再三強調軍校必須實行嚴明的軍紀。蔣說明：教育分為德育、智育、體育和美育，而德育就是訓育。在黃埔軍校，「政治部是任主義上的訓育及智育，教練部是任精神上的訓育及體育，教授部是任軍事上的智育及訓育」。軍紀屬訓育，是各項教育得以實行的保證。學生如違反軍紀，擔任訓育的官長要執行懲戒，如不加懲戒，「那就是官長忘了本分，失了組織的能力，是官長首先破壞了軍紀」[2]。蔣指出軍事訓練就是「嚴格的、規律性的、帶有刺激性的」，如果不明白這一點，就是根本不理解軍事訓練，也就不能接受軍事訓練。軍校的手段，就是要「先強制，後感化」。

為說明嚴格的訓練並不是什麼「帝國主義的訓練」，蔣搬出了蘇聯軍校、軍隊的經驗，說俄國「革命最大的成效，固然是在農人、工人能夠幫助他們，但他們黨員個個肯負責任守紀律，始終努力奮鬥，視死如歸，實在是他革命成功的最大要素。他們的革命，第一注意紀律；第二明白主義，凡是黨員，統統能為主義犧牲；第三是軍官學校的青年學生，統統能盡忠他自己的職務，完成他自己的責任，所以能練出良好的革命軍，完成俄國的革命事業」[3]。意思是軍事訓練一定要嚴格，這不是只有帝國主義才這樣做，社會主義的俄國也

1　《蔣介石年譜初稿》，第293頁。
2　《蔣介石年譜初稿》，第203頁。
3　《蔣介石年譜初稿》，第205頁。

是這樣做的。蔣說「你們如不相信，可再詢問俄國同志，俄國的軍紀與訓練是怎樣的」[1]。

軍紀、校風的養成，不但是教學秩序和教學質量的保證，而且本身寓有軍事教育在內。學生從有關法令、命令、校規的理解和執行中，可以領悟和學習到多方面的軍事學識；從執勤、管理、維紀糾風等活動中，也可以受到多項軍事訓練。蔣解釋說：軍事學不神秘，「因為軍事學問，所謂秘密軍事及高等軍事學，其實皆在日常生活之中，統統是極普通極平常的事，不過大家不去注意他，就以為很深很難了」[2]。

軍事教育寓教於校紀、軍紀的養成，此為黃埔軍校教育的路徑之一。

四、以戰場為課堂，寓教於戰，在戰爭中學習戰爭

黃埔軍校創辦於戰爭時期，戰端多發，戰事頻繁。各期學生、入伍生都上過戰場，親歷過戰爭，是黃埔軍校與別的軍校相比之主要區別所在。戰爭，讓黃埔軍校遭逢了多重困厄，但也為黃埔軍校提供了特殊的、有利於軍人養成的辦學條件。

實戰是黃埔學生的「必修」課程。第一期辦學未久，商團事變發生了，本期學生以舉行「巷戰演習」為名，冒雨開赴城內，參加平定商團之戰。此為黃埔學生在校期間的第一次參戰。隨後，第一期畢業生、第二期學生和第三期入伍生，參加了第一次東征和平定楊（希閔）、劉（震寰）之戰；第一期和第二期畢業生、第三期學生和第四期入伍生，參加了第二次東征；再後來，前四期的畢業生、第五期學生和第六期入伍生，參加了北伐戰爭。總之，黃埔軍校學生或在求學期間，或剛剛畢業，就已隨本校所屬部隊（少數隨其他友鄰部隊）參加過多場真槍實彈的戰爭。參戰，是黃埔生黃埔求學的真切經歷，是他們在黃埔「必修」的一門課程。

第一期學制雖然只有半年多，但學生參加了平定商團之役、兩次東征、回師廣州、南征瓊崖和北伐之役，其經歷已經遠不止半年。參與者是同班同

1　《蔣介石年譜初稿》，第 202 頁。
2　《蔣介石年譜初稿》，第 185 頁。

學，指揮者多是本校教官，這種經歷，應是他們黃埔求學經歷的一部分，理應看作是他們學習的繼續，如同一般學校的「實習期」那樣，或者是學制的延長。黃埔軍校不同於什麼「短訓班」「速成班」，理由之一在這裏。

對於黃埔軍校學生來說，實戰是知行合一，學以致用。課堂、操場所學，即時在戰爭中派得上用場。一期生剛在課堂上聽講過「巷戰」（1924 年 8 月 19 日），不久舉行「巷戰演習」（10 月 14 日），接着就真槍實彈打響了「巷戰」（10 月 15 日）的槍聲。黃埔學生野外測量、演練之地，到平定楊劉之時，一變而成為黃埔軍校官生與滇桂軍真槍實彈交戰的戰場。學生們在演練中所學習到的知識都在實際戰爭中發揮了作用。

更為重要的是，置身於實戰之中，學生的心理、情感與對軍事求知的慾望，跟平時是不一樣的。商團之戰行將爆發時，蔣介石說：

> 我們生在這個不幸的中國，時局是不能一定的，所以我們求學的時候和打仗的時候都分不開。現在我們在這裏集會，等一會便要去打仗也未可知，所以我們時時刻刻不可把打仗這件事忘記，不要以為求學和打仗是兩件事。[1]

緊迫的戰爭氣氛，讓學生自覺地將求學、打仗連成一體，教官要求學生「平時當作戰時看，戰時當作平時看」，讓學生們大大提升了對軍事的緊迫感和求知慾，對教學起了推動、促進的作用。

戰場，是黃埔軍校的「特色課堂」。第一次東征時，蘇聯顧問在戰火紛飛的淡水城下，親自為學生示範攻城動作。淡水既克，經過激烈爭論，東征軍繞過惠州城，疾進海豐、陸豐和潮汕。這實際上是課堂所授各種戰法（如不能屯兵堅城之下，以老我師之類）的運用，對學生不可能沒有啟發。棉湖之戰中，教導團第一團正面拒敵，第二團及粵軍一部側出援兵，擊敵不豫，最終獲得大勝。黃埔戰術教官顧祝同後來將棉湖之戰比擬為隋末「霍邑之戰」，又比擬為 1815 年英、法兩軍的「滑鐵盧之戰」。黃埔學生從親身經歷的戰事

1　《蔣介石年譜初稿》，第 234 頁。

中，亦會得到有關戰略、戰術方面的啟迪。兩次東征途中，在淡水、河婆、梅縣、潮州等地，蔣介石、加倫等人於每戰之後，多有集隊講話，對參戰部隊的戰場表現作總結講評；蔣並於征途中撰寫了《作戰應取之態度》《戰鬥秘訣》《戰鬥心理》等文，針對部隊作戰表現，或提示作戰要領，或解讀兵法。這就是以戰場為課堂，寓教於戰，邊戰邊教，在戰爭中學習戰爭。第二次東征時，東征軍第三師在五華華陽輕敵冒進，交戰不久，即全線崩毀，致使校長陷於危急之中。第一期學生陳賡救蔣脫險，即發生於斯時。這樣的情節，對學生們也是一次深刻、難忘的實戰教育。

黃埔軍校對「四大教程」的講授，遠不如保定軍校。蔣介石承認「本校『學科』，『術科』，都不比人家高」。[1] 蔣對第二期畢業生說：「你們現在所學的軍事學，實在說，還沒有到陸軍中學的程度。」[2] 對第三期畢業生說：「你們現在雖然畢業了，而實際程度還比不上陸軍中學」，且「『學』、『術』科差得很遠」。[3] 講到軍事訓練，即使黃埔軍校有「帝國主義的訓練」之稱，有記錄可查的，亦無非摸爬滾打、帶病帶傷出操、在潮水湧浸的場地上跑步、忍飢捱餓和坐禁閉而已。很顯然，黃埔軍校的特別之處，不是在課堂上，也不是在操場上，而是在戰場上。

戰場是真實的，而不再是「虛擬」或「模擬」的。戰場上的一贏一輸，不再是書本上的研習，也不再是操場上、沙盤上或軍棋上的推演。戰場要面對的更加不是什麼「假想敵」。儘管當時的戰爭烈度不算大，但人員傷亡、損兵折將，卻免不了隨時都在發生。營黨代表蔡光舉、章琰，團長劉堯宸，迅即殞身於兩次東征之役；營長曹石泉，瞬間倒在沙基路上。以東征軍第三師華陽失利為例，汪精衛在一次講話中說道：八名連長、八名連黨代表、一名團長、一名代理團長及 1000 多名士兵陣亡。[4] 與戰場的嚴酷、痛苦、血肉橫飛、死亡枕藉相比，那些所謂「魔鬼訓練」等，也就算不了什麼了。

---

1 蔣介石：《革命的人生觀與本校教育的方針》（1925 年 1 月 3 日），國民政府軍事委員會政治部編印：《黃埔訓練集選輯》，第 193 頁。

2 《蔣介石年譜初稿》，第 421 頁。

3 《蔣介石年譜初稿》，第 517 頁。

4 《汪精衛先生政治報告》，《工人之路特號》第 149 期，1925 年 11 月 23 日。

在游泳中學習游泳，才能真正學會游泳。在戰爭中學習戰爭，才能真正學會戰爭。黃埔軍校學生的畢業證書，是在戰場上領取的。實際上，第一期部分學生的畢業證書，就是在東征途中的梅縣（1925 年 5 月 20 日）頒發的。

第三節　思想政治教育

在黃埔軍校的組織中，除了黨代表，還專設政治部，專門從事政治教育與訓練。這是黃埔軍校不同於以往各種軍事學堂、軍官學校的主要特點。包括保定軍校、雲南講武堂在內，雖亦有以灌輸某些政治觀念為目的之「精神訓話」或思想教育，但在學校的組織機構之中，並無「政治部」之設，也未開過名為「政治課」的課程。中國軍事教育之有政治部的設置，肇端於黃埔軍校。蔣介石說：「本校惟一的特點，就是有個政治部，政治部是要使軍人了解現在的經濟政治與明了主義。」[1] 黃埔軍校創立後，孫中山任命汪精衞、胡漢民、邵元沖為政治教官。

黃埔軍校第一任政治部主任為戴季陶，戴亦被稱為「部長」，他在黃埔講過零星幾課。1924 年 6 月 19 日，也就是開學典禮舉行後的第三天，即已棄職離校。繼戴而任政治部主任的邵元沖，留學歐美，應召回國，在第一期講授「各國革命史」，在黃埔軍校工作兩個月左右（1924 年 6 月至 8 月）。

戴、邵之後，黃埔軍校政治部主要由共產黨員主持。除上文提及張申府、周恩來分別擔任過政治部副主任、主任之外，卜士畸、包惠僧、邵力子（三人時為中共黨員）、熊雄，先後擔任代主任、主任，魯易任副主任，聶榮臻任政治部秘書等。

黃埔軍校政治教育的宗旨，是通過學習和引導，培植學生正確的政治意識，提高軍人的近代思想觀念，增強軍人對於國家、民族的政治自覺。要達到這一目的，就要通過有計劃、有針對性的課程設置和教學安排，採取各種生動活潑、行之有效的形式，落實孫中山以「主義」感召士兵的設想，讓「主

1　蔣介石：《精誠團結共負改造中國之責》（1924 年 9 月 1 日），《黃埔訓練集選輯》，第 109 頁。

義建校」「思想建軍」不只是停留在口號上，而是變成可行、可操作、可轉化為軍事能量的現實路徑。

黃埔軍校所開政治課程，最初只劃定為「黨義」「黨史」和「政治經濟」三個方面，重點是詮釋、講解三民主義，由教官根據授課時間、學生接受程度及需要，斟酌裁剪講授內容。其始也簡，隨意性和因人而異、因時因事發揮的情況較為明顯。周恩來到校之後，這些情況逐步改變，政治教育的方向、重點漸趨明確，課程亦有所調整和更新。共產黨人在政治教育方面的創新點有二。

第一是逐步確立政治課的獨立性，改變講授內容因人、因時、因事而隨意變動的情況，讓政治課真正作為一門學科，逐步朝系統性、專業化、學科化的方向發展。任課者從黨、政、軍各界「名人」，逐步改為在人文社會各學科中學有專長者。

第二是在講授內容上有更新與改進。蔣介石的「精神訓話」，重心是培植軍人的「服從」意識、「紀律」意識及同學之間的「親愛」意識（「精誠團結」）。共產黨人在黃埔軍校從事的政治教學，不是一般地講「服從」、講「紀律」和講同學「親愛」，而是通過講述中國落後捱打的歷史、中國貧窮的根源、世界社會主義潮流的興起等，通過對各種實際社會問題的分析和研討，致力於提升軍人的革命、政治覺悟。與軍人但知「服從」、莫問政治的說教相反，周恩來等要求軍校學生關心政治，首先要解決為何當兵和為何、為誰打仗的問題，積極參與改造社會、推動社會進步的政治活動。努力養成和提高軍人的政治自覺，明確軍人、軍隊的社會責任意識和角色意識，是共產黨人在軍校政治教育中的主要建樹，是他們在這個領域中所堅持的核心價值觀。

黃埔軍校的政治課教學，逐步明確了以革命思想、政治理論、國際國內政治狀況的講授為重點。所開設的課程或講題，起初開 8 門，後增至 18 門，之後多達 26 門。思想政治教育以研習三民主義為主，但不限制學生閱讀有關社會主義、共產主義和馬克思主義的書籍，不禁止在課堂上講授相關的內容。1925 年 10 月 27 日頒佈的《校黨代表訓令》規定，「關於社會主義、共產主義、馬克思主義等書籍，以及表同情於本黨或贊成本黨政策而極力援助本黨之一切出版物，除責成政治部隨時購置外，本校學生皆可購閱」[1]。

黃埔軍校政治教學內容的調整與更新，在軍校教育中，是對舊式軍校「精神訓話」之類的重要突破或跨越。主義建校，思想建軍，在這裏邁出了新的一步。

共產黨人在黃埔軍校開展的思想政治教育，一開始就意識到必須防止「注入式」教學，要求從實際出發，講求實效，在形式上應生動活潑，不斷有所創新，易於為受教育者所接受。

一、政治教育常態化

通過設「政治訓練班」「宣傳研究班」，舉辦「討論會」「講演會」等形式，軍校實現了政治教育常態化。蔣介石說：「軍校政治部施行政治股實習討論，規定用開會方式，名曰實習，其性質可為教育之一種，每星期五午後六時至八時行之。」[2] 軍校着力營造革命氛圍。校門對聯最為人知者為「升官發財請往他處，貪生怕死勿入斯門」，橫批「革命者來」。校內張貼着各種革命標語，營房懸掛「黨紀似鐵，軍令如山」的大字，舉行緬懷、學習先烈的活動，營造特定的革命情境。

黃埔軍校在廣州辦學時，廣州為國民政府和國民黨中央所在地，是國民革命運動的中心。各地的革命精英紛集於此，工、農、商、學、婦女運動在南方蓬勃展開。軍校不搞關門辦學，不是將學生封閉在江中之島，「注入式」、單向性地「傳道」「授業」「解惑」，而是結合實際辦學，讓學生儘量深入社會，接近市民，參與各界、各項實際運動。身處風雲激盪的年代，黃埔學生擁有許多投身實踐的機會，可以參與各種政治活動、黨務活動和市民運動，有許多能夠充分展示自己的才智、激情和展現自身價值的場合。黃埔新一代軍人的養成，同這一點有很大的關係。

二、教、學互動

為研究和解答課堂所講授的各種問題，政治部設政治問題「質問箱」，帶

1　《汪黨代表訓令》，《黃埔軍校史料（1924 — 1927）》，第 78 頁。

2　《蔣介石年譜初稿》，第 298 頁。

析疑性質。學生所提問題，涉及政治、軍事、經濟、外交，青年人的理想、生活以至戀愛等，無所不包，反過來對授課者有所啟發與促動。上海《民國日報》報道說，這是一種新的「引起學生之研究與興趣，使講義不致偏於注入式」的教學手段。

教學的互動性特別體現於注重校刊、校報的編印。黃埔軍校先後出版的期刊、小報有《士兵之友》、《青年軍人》（《革命軍》）、《中國軍人》、《黃埔潮周刊》、《武力與民眾》、《黃埔日刊》、《黃埔旬刊》等，此為教官、學生發表言論、討論問題、交流思想的園地。

黃埔校刊、校報的編輯和撰稿者，許多是本校的在校生或畢業生，如洪劍雄、蔣先雲、游步仁、胡秉鐸、周逸羣、吳明、王一飛、陳作為、饒榮春、熊受暄、葉書（李逸民）等。這是一個頗為活躍的寫作羣體。軍校亦支持學生寫作，鼓勵自由發表言論，勇於表達思想。如一期生蔣先雲（湘耘）發表《對於湘軍整理之希望》[1]；二期生陳作為發表《兵工政策實施的一個計劃》[2]，洋洋萬言，詳論「寓兵為工」方方面面的問題。這些作者之所思、所言，並不以課堂授受為限，而是更為主動、視野更為開闊、對他人亦有啟迪與影響的教學互動。

三、寓教於樂

將教學內容融入文化形態之中，讓學生在富有樂趣的文化活動中接受教育，這是黃埔軍校一種形象化、趣味性的教學方式。

軍校創辦之初，政治部遴選學生，編演《還我自由》《黃花崗》《鴉片戰爭》等話劇，於官兵娛樂之際，傳遞革命思想，演出的效果很好。軍校遂於1925年1月成立「血花劇社」，蔣介石自任社長，主要骨幹有李之龍、余灑度、鄭峻生等。血花劇社的創作和演出，基於對革命政治的感悟，是國民革命意識形態、價值體系的藝術表現，對觀眾的精神與心靈，有感染、薰陶、潛移默化的作用。劇社並肩負宣傳和動員的職責，傳播革命思想於各地城

1 《中國軍人》第三號，1925 年 3 月 12 日。
2 《青年軍人》第五期，1925 年 4 月 15 日。

鄉，爭取民眾對革命運動的同情、援助和參與。第二次東征，東征軍出師潮梅時，血花劇社隨軍抵達梅縣演出，深受梅邑人士歡迎，尤以學生為最。不少學生受劇情感染，報名從軍。[1]

黃埔軍校編印、教唱的歌曲，主要有《陸軍學校校歌》《國民革命歌》《革命軍行軍歌》等。歌曲本為振奮人心、引起共鳴、激發凝聚力與向心力的有效手段。嘹亮雄壯的歌聲，讓人瞬時豪情煥發。《國民革命歌》曲調本為歐洲兒歌，一經填上革命歌詞，兒歌即變為軍歌，迅即傳唱大江南北。

1925 年 4 月，軍校政治部組建俱樂部，分政治、經濟、美術、戲劇、音樂和體育等組，後又辟置「總理室」、革命博物館、文化陳列所。其中，總理室模仿蘇軍之「列寧室」，是其後部隊設立「中山室」之開始。革命博物館與文化陳列所蒐集、陳列革命歷史及英雄人物的遺物。

上述話劇演出、文娛活動和圖片實物展示，具直觀性和感染力，讓學生於觀摩娛樂之際，在情感、思想上受到觸動和陶冶，從而收到自我教育的效果。這不同於「注入式」和單向性的說教。寓教於樂，是黃埔思想教育的重要形式，也是對課堂教育、精神訓話的配合和補充。

黃埔軍校的政治教育，提升了軍人的政治信念，明確了軍人、軍隊的社會責任和角色意識，開創了思想建校的新局面，在中國軍隊中首次創立了旨在堅持、維護軍隊革命化的政治工作制度。政治部是黃埔軍校工作中最出色的部門之一。

黃埔軍校的辦學，可謂「摸着石頭過河」，走一步，看一步，在實踐中摸索前進。軍校教育長方鼎英說：聞前三期之招生、入伍、升學、畢業分配以至成立軍隊，都是由不正規走向正規，真如「草鞋沒樣，邊打邊象」。[2] 但這樣辦學也辦出了成效。當時校園朝氣蓬勃，大批傑出的軍事、政治人才，從黃埔軍校源源輸出。特別是「黃埔一期」，蔚為優質辦學的範例。

1　《血花劇社再赴潮梅排演》，《廣州民國日報》1925 年 12 月 9 日。

2　方鼎英：《我在軍校的經歷》，《第一次國共合作時期的黃埔軍校》，第 68-69 頁。

第七章　治校、治軍舉措

第一節　「精神訓話」

蔣介石出任陸軍軍官學校校長，資質有三：一為青年時受過中日軍事教育；二為辛亥以來之軍旅歷練；三為曾赴蘇俄考察，對蘇俄黨、政、軍情略有了解。黃埔軍校建校初期，蔣的主要精力放在「精神」「思想」訓導方面。1924 年 4 月 26 日蔣入校視事後，即於 26 日、27 日、28 日及 30 日，對下級幹部四次訓話。開學後的 8 個月中，先後向學生發表講話 46 次，講題包括軍人的義務、責任、信仰、紀律與服從、團體生活及軍人拿槍的目的等。1924 年 5 月 8 日至次年 9 月 18 日的訓話和講演，收錄於《黃埔訓練集》的，共有 79 篇。這些「訓話」的主要內容，包含了他治校、治軍的某些舉措。

一、樹立「革命人生觀」

1924 年 5 月 8 日，蔣首次對第一期學生訓話，主題詞為「革命黨須明了做人的意義」。蔣說：「現在本校長得了兩句人生觀的斷語，就是『生活的目的，是增進我全體人類的生活；生命的意義，是創造我將來繼續的生命』。」[1] 意思是把生活和生命的重心，放在「全體」與「將來」，對具有「全局」和「長遠」意義的事業，要抱敬畏和服從的情感。為此，要樹立自我克制、自覺奉獻、勇於捨棄的精神，並以此為道德、正義和榮耀。

1　《蔣介石年譜初稿》，第 182 頁。

蔣說：人生觀教育的目的，是「使得各學生，各個人對於人生觀和做人的道理能夠了解，這是本校第一個方針」。為此，他反覆告誡學生：(1) 要胸懷大志。軍人要有責任心，要認清職務、責任及地位，「要為黨做事，為國家做事，為主義做事」。(2) 要不畏艱難，顧全大局，講團結，守紀律。(3) 參透生死問題，不可偷生怕死。「軍人的本分，是要犧牲自己的一切來救國救民的。」

蔣講的人生觀，核心是生死觀，要求學生直面死亡，樹立「為主義」「為革命」而死的信念。他將人生觀教育，歸為本源教育，是心靈洗滌，靈魂鑄造。強調人生觀的確立，與教育有關，得之於師友教誨、先賢啟迪。講人生觀，是蔣黃埔精神訓話的「得意之筆」。

二、以三民主義為中心

蔣說：革命要有一個中心，這個中心，就是孫中山的三民主義。古人說：「與其背義而生，則生不如死。」這個「義」字，就是主義之義。他要求學生「絕對服從」三民主義，對三民主義「不准有一毫懷疑」，尤其「不准有別的主義侵犯到這個學校裏來」。

蔣說：「我們中國軍人還有一種最大的毛病，就是只知道盲從官長，不知國家是什麼，主義是什麼。真正的革命軍人，是要以信仰主義、服從紀律為職責。倘與我們主義不相符，或是犯了紀律，那就是我們的敵人，我們就應該反對他，攻擊他」，「十三年來，中國的軍人被袁世凱輩弄壞了，他們專用金錢來收買軍人，軍人變為他們個人的利器，專供他們做家狗」。[1] 1925 年 4 月 14 日，蔣對第三期入伍生說：軍紀的根源是三民主義，軍紀即以三民主義為中心……願為三民主義而奮鬥，願為三民主義而犧牲。[2]

當時，基於某種需要，蔣在講三民主義時，也提到共產主義，還將三民主義、共產主義聯繫起來，說三民主義的民生主義「是通向共產主義的第一步」，或者說「三民主義包括一切社會主義」。1925 年 12 月 5 日，蔣為第三

1　《蔣介石年譜初稿》，第 205 頁。
2　《蔣介石年譜初稿》，第 345 頁。

期「同學錄」撰序，寫了以下一段話：

> 吾為三民主義而死，亦即為共產主義而死也。吾願與黨內死者諸同志，同穴安眠於地下，吾願本黨後死諸同志不分畛域，不生裂痕，終始生死，本我親愛精誠之校訓，團結精神，繼續我先死者之事業，以完成我國民革命之責任，直接以實行我總理之三民主義，即間接以實行國際之共產主義也。三民主義之成功，與共產主義之發展，實相為用而不相悖者也。⋯⋯未有不誠而能實行三民主義者也，亦未有不誠而能實行共產主義者也，未有不以誠對三民主義者，而能以誠對共產主義者也，亦未有對共產主義以誠，而對三民主義不誠者也。[1]

這篇文章還說：「中正為三民主義之信徒，然而對於共產主義者之同志，敢自信為誠實之一人，尤望諸同志開誠相見，本我校訓，不負我總理之所期。」

蔣說：以三民主義為中心，就要提高「黨」的地位。「學校是由黨所產生的，有此黨斯有此校」，黃埔軍校「就是我們黨的學校」。「黨」與學校是一體的，但「黨」比學校更重要，因此，學校要聽命於「黨」，服從「黨」的主張。學校創辦的目的「不單是使學生有了軍事學識，能做軍官就算了事的，還有一個主要目的，是要使學生都明白黨員的責任，擔負同志的義務⋯⋯做一個正正當當的革命黨黨員」。

蔣還說，以三民主義為中心，就不應以官長為中心，不應搞偶像崇拜和個人盲從，不要將學生變成某人的「利器」或「家狗」。以三民主義為中心，也不能以地域為中心，要打破地域觀念。直系、皖系、奉系，就是「以同鄉為中心」，導致國家四分五裂，軍閥派系林立。地域觀念如不打破，「只有擾亂國家，禍害人民，（革命）決沒有成功的希望」。在黃埔軍校內，不准成立「同鄉會」。他還強調：精神的團結，更要以主義為中心。「所謂志同道合者，決不是一時之權利可以苟合的，乃是以主義為中心，大家向這中心的目標去

1 《蔣介石年譜初稿》，第 468-470 頁。

做，生死與共，安危相同，也就是萬眾一命，不成不休，不死不休之意。」

三、「親民」「愛民」

黃埔軍校創辦時，廣州及其周邊地區，聚集多種因不同的際遇而投奔於孫中山旗下的軍隊。本為良莠不齊、自成派系的隊伍，歷來難以相安，軍令難以統一。尤為嚴重的是，各軍以餉源為藉口，干涉地方政務，包攬用人、行政之權，蠶食行政、教育經費，防地跡類分封，形同割據。孫中山、廖仲愷每痛心於軍隊不法、軍人亂政，常提出要改革軍政、改良軍隊。在 1924 年 11 月發佈的「北上宣言」中，孫中山提出：「第一步使武力與國民相結合，第二步使武力為國民之武力」。

黃埔軍校建立後，蔣十分重視爭取國民信任，挽回軍隊聲譽，重塑軍人、軍隊形象。在訓話、講演中，多次大講「仁民愛物」，致力於「親民」「愛民」教育。

1924 年 5 月 15 日，蔣在第一期學生將去「周覽」長洲島時發表訓話，主旨為「仁民愛物」。蔣說：你們出去的時候，有兩件要緊的事須要留心：第一是愛護百姓；第二是愛惜物質。要知道這二件事，是軍隊的命脈，皆足以致我們軍隊的死命。以後你對於百姓，無論男女老幼，須要親愛小心，不可稍有輕侮的舉動。對於物質，無論一草一木，須要珍惜，不可稍有暴棄的行為。蔣介石還強調仁民、愛物要出自真心，真正以百姓為衣食父母，從校內的事做起，從身邊小事做起。親愛百姓，可以從親愛校內的伕役做起，珍惜物質，可以從珍惜校內的物質做起。5 月 25 日軍校發槍，蔣發言說：「政府的槍是由兵工廠製造出來的，兵工廠的經費是向百姓收捐收租得來的，捐與租就是百姓的血汗，所以是槍就是百姓的汗血製造出來的……槍的目的，是保護百姓與國家的，不是殺害百姓敗壞國家的……你們拿了這枝槍，就要時時刻刻關心百姓及工匠的勞苦。」[1] 5 月 28 日軍校發餉，蔣講「餉」的含義：「這個餉直接是從政府和黨部發給我們，間接是從百姓身上拿來的。百姓的錢，

1　《蔣介石年譜初稿》，第 194 頁。

是他們勞動得來的，所以我們的餉，就是百姓的血汗，我們所吃這餉，就同吸百姓的汗血一樣……人民因為要挽救他們的生命和權利，所以給我們的餉，我們要爭回人民的生命和權利，所以我們有這個資格去吃他們的餉。」蔣強調說：「我們無論在學校在軍隊裏面，對於衣服飲食應該節儉，應該要保存，就是一粒米，一滴水，一顆彈，一件衣，也要體察來源艱辛，不可漫不加意。」[1]

1925 年 3 月 7 日，軍校頒佈《禁止軍士擾民令》：

> 近聞各團隊有強買貨物、強用廢票、擾害農作、擅拔甘蔗蘿蔔等事，而以各處勤務兵、落伍病兵與輜重隊伕役尤為不規無狀，若不嚴行查究，則紀律掃地殆盡，所謂革命軍救國救民者，不將變為害國害民之軍隊乎！仰各該官長上體總理訓練本軍之至意，下念民生之痛苦，同心協力，維持軍紀，保持本軍之威信，不愧為實行三民主義、有紀律、有精神、不要錢、不要命、不怕凍、不怕熱、不怕餓、不怕渴、不怕痛、不怕苦之革命軍。[2]

軍校並頒佈《整肅本校軍紀令》《查拿強用廢票士兵令》《整飭校風令》《重申砭正校風令》《申明軍紀令》《嚴防採辦軍用品營私舞弊令》等校令、軍令，強調必須嚴肅紀律，改善軍校、軍隊與民眾的關係。

第二節 「連坐法」的頒佈

蔣介石校事繁忙，軍務倥傯，但不忘研讀兵書，留心前人治軍之法。他的訓話和講演，多次講到岳飛、戚繼光、胡林翼和曾國藩，對這些人的帶兵、治軍之法都關注過，並借鑒取法過。

---

1 《蔣介石年譜初稿》，第 198-199 頁。
2 《蔣介石年譜初稿》，第 319 頁。

當時蔣考慮最多的，是軍紀問題。在多次訓話中，講到必須整肅軍紀，分述軍紀的定義、要素、程序、根源和效力，還提出整肅軍紀的方法、措施。他希圖在教學、訓練的過程中，借鑒前人帶兵之術，創造出一套管理軍隊的辦法。

第一期學生即將畢業時，蔣在一次講演中說：

> 從前我們中國治軍嚴厲的，還有一條很重要的紀律，就是關於逃跑的事。比方現在一個師長在前方打死了，旅長退回來的時候不把師長的屍首拿回來，這個旅長就要槍斃。旅長、團長打死了，也是同樣。要這樣，大家才不敢輕易退卻，大家才能敬重保護上官，與上官同死生。……現在的軍隊卻不然，只要一排人打死一兩個人，就恐慌起來，不敢抵抗，這是大家沒有看得明白。我們一個同志被敵人打死了，我們應該想一想，他是為什麼給敵人打死的，同時我們還要把同志被打死的原因告訴兵士，使大家能夠同仇敵愾，前仆後繼。[1]

這次講話，重點是治軍必嚴，並涉及戰場責任的問題。

1924 年 12 月 25 日，蔣對軍校教導團士兵訓話。此日為雲南起義推翻袁世凱帝制的紀念日，蔣講到岳飛抗擊金兵的歷史：

> 從前岳飛是最會帶兵的，他的軍隊叫做岳家軍，當時金兵就是岳飛的敵軍，有句話稱讚他的軍隊說：「撼山易撼岳家軍難」。岳家軍不容易動搖，因為他的兵士都是一條心的，前仆後繼，至死不退，這樣如何撼得動呢？[2]

蔣還講到關雲長和顏良，稱關公是「有忠心，有勇氣，有膽量的」，而顏良「士兵雖多，然而都是人各一心，活活地讓他的主將殺死」。

1　《蔣介石年譜初稿》，第 266 頁。

2　《蔣介石年譜初稿》，第 276 頁。

正是在這次講演中，受歷史上「治軍嚴厲」紀律的觸發，受「撼山易，撼岳家軍難」軍內團結的啟迪，蔣講到了如何防止部隊戰時臨陣退卻的問題。他給出的方案是：「上官沒有命令，一班人同退，就槍斃班長，一排人同退，就槍斃排長」。依此逐級類推，只殺少數臨戰退逃者，而管束整個部隊。這篇講演，首次出現「連坐」二字，他說：「有了這條連坐的軍法……是一定不會打敗仗的。」[1] 同月 28 日，蔣對第一期學生講戚繼光練兵之法，稱戚氏練兵成效顯著的五條分別是編制使軍隊成有節制之師、連坐法、賞罰公正、號令分明、兵器精良等。蔣明確對連坐法表示讚賞，說連坐法在戚繼光的練兵成效中，佔十分之一。

就這樣，蔣介石經過幾番思索，一部新的軍法逐漸明晰，逐步成形。1925 年 1 月 6 日，《革命軍連坐法》制定完帙。據《蔣介石年譜初稿》，連坐法的內容如下：

第一條，本軍以遵循先總理遺囑、完成國民革命、實行三民主義為目的，各官兵應具犧牲精神，與敵交戰時，無論如何危險，不得臨陣退卻。

第二條，本連坐法即適用於戰時臨陣退卻之各官兵。

第三條，連坐法之規定如左：一、班長同全班退則殺班長；二、排長同全排退則殺排長；三、連長同全連退則殺連長；四、營長同全營退則殺營長；五、團長同全團退則殺團長；六、師長同全師退則殺師長；七、軍長亦如之；八、軍長不退，而全軍官兵皆退，以致軍長陣亡，則殺軍長所屬之師長；九、師長不退，而全師官兵皆退，以致師長陣亡，則殺師長所屬之團長；十、團長不退，而全團官兵皆退，以致團長陣亡，則殺團長所屬之營長；十一、營長不退，而全營官兵皆退，以致營長陣亡，則殺營長所屬之連長；十二、連長不退，而全連官兵皆退，以致連長陣亡，則殺連長所屬之排長；十三、排長不退，而全排皆退，以致排長陣亡，則殺排長所屬之班長；十四、班長不退，而全班皆退，以

1 《蔣介石年譜初稿》，第 276 頁。

致班長陣亡，則殺全班兵卒。

第四條，各級黨代表亦適用本連坐法。

第五條，本連坐法自公佈日施行。

連坐法，主旨在於明確和加大戰場責任，將一個「殺」字，高高懸諸各級官長和士兵頭頂上，以嚇阻臨陣退卻者；且以「捆綁」的手段，牽制全體，欲使軍隊上下一致，榮辱一體，同生共死。在蔣及其門人看來，這一連坐法亦是蔣軍校治理的「得意之筆」。

連坐法頒佈於 1925 年第一次東征前夕。第一次東征時，黃埔軍校教導團編為右路軍，開赴前線。2 月 14 日，教導團發起淡水攻城之戰，次日攻克淡水城。戰事進行時，教導團第二團第七連連長孫良臨戰而逃。16 日，蔣在駐地講評此戰之得失時說道：「第二團第七連連長孫良，他一個人一直退到龍岡，這樣的行為簡直是革命軍的敗類，所以我已照連坐法定了孫良的死罪。以後大家要留心，切不可象孫良這樣退後就跑。」[1]

第三節　效法曾、胡、左

蔣介石崇尚晚清中興名臣曾國藩，稱曾國藩、胡林翼、左宗棠「蓋已足為吾人之師資矣」。在讀了他們的書後，蔣「不禁而歎胡潤之之才略見識，與左季高之志氣節操，高出一世」，「曾氏標榜道德，力體躬行，以為一世倡，其結果竟能變易風俗，挽回頽靡」。蔣認為清廷之中興與太平天國的失敗「必有所本」，「蓋非人才消長之故，而實德業隆替之徵也」。蔣之道德情感，遂由心儀太平天國，轉而歎服曾、胡、左。

蔣介石取法、借鑒曾、胡、左，主要體現於兩件事。

1　《蔣介石年譜初稿》，第 309 頁。

一、印發《軍士愛民歌》

1924年12月14日，即與制定、頒佈連坐法同一時段，蔣下令印發《軍士愛民歌》。咸豐八年（1858），即曾國藩在江西南昌建立湘軍大營之時，曾國藩編寫了《愛民歌》，採用民間歌謠的形式，在軍隊中進行愛民教育。

黃埔軍校印發的《軍士愛民歌》，在曾國藩《愛民歌》的基礎上加以改編，內容為：

三軍個個仔細聽，行軍先要愛百姓，
賊匪害了百姓們，全靠官兵來救生。
百姓被賊吃了苦，全靠官兵來作主。
第一紮營不要懶，莫去人家取門板。
莫拆民房搬磚石，莫踏禾田壞田產。
莫打民間鴨和雞，莫借民間鍋和碗。
莫派民伕來挖壕，莫到民家去打館。
築牆莫攔街前路，砍柴莫砍墳上樹。
挑水莫挑有魚塘，凡事卻要讓一步。
第二行路要端詳，夜夜總要支賬房。
莫進城市佔店舖，莫向鄉民借村莊。
人有小事莫喧嘩，人不躲路莫擠他。
無錢莫扯路邊菜，無錢莫吃便宜茶。
更有一句緊要書，切莫擄人當長夫。
一人被擄挑擔去，一家號哭不安居。
娘哭子來眼也腫，妻哭夫來淚也枯。
從中地保又訛錢，分派各團並各部。
有夫派夫無派錢，牽了騾馬又牽豬。
雞飛狗走都嚇倒，塘裏嚇死幾條魚。
第三號令要嚴明，兵勇不許亂出門。
走出門來就學壞，總之百姓來受害。

或走大家訛錢文，或走小家調婦人。
邀些地痞做夥計，買些燒酒同喝醉。
逢着百姓就要打，遇着店家就發氣。
可憐百姓打出血，吃了大虧不敢說，
生怕老總不自在，還要出錢去賠罪。
要得百姓稍安靜，先要兵勇聽號令，
陸軍不許亂出營，水軍不許岸上行。
在家皆是做良民，出來當兵也是人。

對照曾國藩原作，黃埔軍校印發的《軍士愛民歌》缺錄如下部分：

官兵賊匪本不同，官兵是人賊是禽。
官兵不搶賊匪搶，官兵不淫賊匪淫。
若是官兵也淫搶，便同賊匪一條心。
官兵賊匪不分明，到處得出醜名聲。
百姓聽得就心酸，上司聽得皺眉尖。
上司不肯發糧餉，百姓不肯賣米鹽。
愛民之軍處處喜，擾民官兵處處嫌。
我的軍士跟我早，多年在外名聲好。
如今百姓更窮困，願我軍士聽教訓。
軍士與民如一家，千記不可欺負他。
日日齊唱愛民歌，天和地和人又和。[1]

曾國藩歌詞中的「賊匪」，指的是太平軍，「官兵」指的是清軍。蔣介石照搬照抄曾的詞句，表明他對曾氏注意修好軍民關係、爭取民心之作為的認同，也說明他對曾的帶兵、治軍之法，欲有所取法和借鑒。軍民關係遭破壞，軍隊形象受損害，往往因「小事」而起。曾國藩《愛民歌》之着重點，

1　鄧文儀：《黃埔訓練的特色》，《黃埔軍校六十年》，（台灣）實踐出版社，1985 年，第 451-452 頁。

在於反覆告誡軍人應循規蹈矩，不要在看似細小的事情上行差踏錯。曾國藩領兵多年，深知門板、磚石、禾田、雞鴨、碗鍋等，雖屬於細微小節，但對百姓的影響，則不可低估。在這些看似小事的問題上，對軍士的管束如不到位，一定鬧出大事。行軍紮營中出亂子、惹事端的，往往就是這些雞零狗碎的小事。故一叮三囑，三番四覆，編成歌冊，要部屬「熟唱」並牢記。看來，蔣介石是贊同曾的經驗之談的，認為仁民愛物應體現於小事，治軍要從小事抓起。

二、編輯《增補曾胡治兵語錄》

1924 年 10 月，蔣介石在蔡鍔 1911 年纂輯的《曾胡治兵語錄》十二章的基礎上，選擇曾國藩、胡林翼「治心」之語，兼採左宗棠，增加「治心」一章，輯成《增補曾胡治兵語錄》，印發全校，人手一冊。

曾、胡之治兵，基本辦法是以「良心血性」選將，悉心「陶冶」將才，以禮治軍，恩威並用。中心內容是：「用恩莫如仁，用威莫如禮。」仁即「欲立立人，欲達達人」，恩即「待勇弁如待子弟」，「以仁存心，以禮存心」，目的是使勇弁「知恩」和「知威」。蔣介石之效法曾、胡、左氏，主旨應在「以禮治軍」四字。蔣為這本語錄所增補的「治心」一章，強調的是「治心為治兵之本，治兵須先治心」。

蔣為《增補曾胡治兵語錄》撰序，要點為：（1）「太平天國之戰爭，為十九世紀東方第一之大戰」，「而其政治組織與經濟設施，則尤足稱焉」。（2）「曾氏標榜道德，力體躬行，以為一世倡，其結果竟能變易風俗，挽回頹靡。……而其苦心毅力，自立立人，自達達人之道，蓋已足為吾人之師資矣。」（3）「而治心即為治兵之本，吾故擇曾、胡治心之語之切者，另列一目，兼採左季高之言，可以為後世法者。」（4）「曾、胡、左氏之言，皆經世閱歷之言，且皆余所欲言而未能言者也。其意切，其言簡，不惟治兵者之至寶，實為治心治國者之良規。願本校同志人各一編，則將來治軍治國均有所本矣！」[1]

1 《蔣介石年譜初稿》，第 256-257 頁。

蔣規定《增補曾胡治兵語錄》為黃埔生必讀書。蔣說：「軍人最要緊的是精神，現在你們將要出去教人了，最要緊的幾種書籍，如增補曾胡治兵語錄，本校日課問答，革命軍刑事條例，新兵精神教育問答等書，都時時要看。」[1]

以上，可見蔣介石辦黃埔軍校，在許多方面，步曾、胡、左氏之遺蹤，是以他們的經驗為取向的。

第四節　「以俄為師」

黃埔軍校是在孫中山「以俄為師」的思想指引下創辦起來的，從籌創之日起，即有蘇聯顧問、教官的積極介入，並有俄援等方面的支助。蔣介石1923年訪俄數月，直接感知蘇聯「黨」「軍」的優點和長處。蔣在黃埔軍校尤其是初創時期的講話，明確主張向俄學習，體現了「以俄為師」的辦校、建軍意向。

一、俄黨注意爭取民心

蔣說：「論理，我們做革命運動要比俄國容易，然而在事實上適得其反，這是什麼緣故呢？就是因為俄國共產黨的黨員，無論什麼艱苦的事，他們都願去做，而我們國民黨黨員不能如此。俄國共產黨黨員只願為國家為羣眾謀幸福，卻不單為自己謀幸福，權利便讓給人家，義務卻拿歸自己，從前反對他們黨的，現在不單是不反對，不單是贊成，而且想要加入他的黨，都不能夠了。」[2]又說：「當一九二一年俄國煤荒的時候，他們不論軍官兵卒，凡是黨員，統統去砍柴來供給老百姓的柴火，這個樣子，才能使得百姓佩服他們黨員，使得百姓都能尊重他們的黨。否則，俄國的黨員如果同我們中國一個樣

1　《蔣介石年譜初稿》，第421頁。
2　《蔣介石年譜初稿》，第209-210頁。

子，他們的成功，決不會這樣容易的。」[1] 蔣認為，比較之下，俄國共產黨在得民心方面，優於國民黨，國民黨應當向俄學習。

二、俄革命成功是天時、地利、人和綜合作用的結果

1924 年 9 月，蔣對第一期學生講中俄革命成敗之異致：俄國有嚴寒時節，每年只有半年可以打仗，這種氣候對革命有利；俄國的地理環境，也「最適宜革命」。但俄國革命的成功，還有一個要素是「人和」。所謂「人和」，蔣歸結為蘇俄實行「勞農制度」。因為歐戰使兵民所受的痛苦到極點，「而勞動階級受貴族和地主的壓迫，亦已到極點」，勞農制度的實行，爭取了民眾的同情、各國勞動黨的支持，以至敵軍兵士倒戈。由此，蔣得出結論：「俄國革命所以成功，固然因為他們革命黨組織得完好，宣傳工作做得巧妙和黨員能盡責任……事實上他們成功，還是在天時、地利、人和三者湊合起來的。」[2]

在對第三期入伍生的一次講演中，蔣說：「我們的國民黨究竟為什麼不能成功，俄國共產黨為什麼能成功，而且他們在列寧未死之前就可以成功，我們總理死了之後還是不成功……這就是我們的黨員不遵守黨的紀律，不服從黨的命令」，「俄國共產黨重在紀律，組織又嚴密，他們的黨員服從黨的命令，遵守黨的紀律，絲毫不能自由的。他們為什麼甘願犧牲個人的自由呢？因為他們明白主義，都有決心，犧牲各個人的自由，來求全他國家的自由，所以他們成功就那麼快」。[3]

三、俄國黨員守紀律、服從命令

蔣介石說：「當我到俄國研究的時候，見着赤衛軍那樣能守紀律，不騷擾人民，完全為人民做工夫，和人民很親愛，人民也和他和好團結，這樣的軍隊，有什麼打不勝的仗。所以我回國之後，就決定了，真要使軍隊能為人民求自由幸福打仗，能為黨實行三民主義打仗，非用俄國赤衛軍這種編制不

---

1 蔣介石：《服從命令與軍人的人格》（1924 年 6 月 9 日），《黃埔訓練集選輯》，第 67-68 頁。
2 《蔣介石年譜初稿》，第 238-239 頁。
3 《蔣介石年譜初稿》，第 339-340 頁。

可。」[1] 蔣特別注意到，俄國黨員和士兵除守紀律、服從命令外，還有一種權力，就是「監督上官」的權力。他說，「從前我未曾到過俄國以前，以為俄國同志對於列寧這樣信仰，恐怕對於他的主義會發生危險，後來到俄國一看，才知道列寧實在可以受黨員的信仰，同時也知道他的同志對於他的思想行動，監督也是很厲害的，就令他要發生帝制思想也不可能。因為俄國共產黨一般的黨員和他的人民都是很明了主義，他們共產黨的基礎是很鞏固的」[2]。在這裏，蔣對下級「監督上官」的做法表示欣賞和贊同。

四、向蘇俄學習，並非「恥辱」

蔣經常說要尊重蘇俄顧問，多向蘇俄顧問、教官學習，虛心聽取建議和主張。蔣當時最為看重的是俄人辦事不「拘泥陳腐的習慣」。總顧問巴甫洛夫告訴他說，俄軍戰術完全不照德國和法國，是「一種特別的戰術原則」。蔣由此意識到，中國革命軍不能勝利，「就是拘泥各國戰術原則的結果」。他很欣賞巴甫洛夫此言，說：「這是我對高和羅夫將軍最佩服的地方。」[3]

當時有種論調認為，國民黨不應受蘇俄「指揮」。蔣不以為然，說：「因為現在中國問題，幾乎就是世界問題。若不具世界眼光，閉了門來革命，不聯合世界革命黨，不以（與）世界上以平等待我之民族共同奮鬥，那麼，革命成功的路徑，恰同南轅北轍，決無成功的希望。」又說：「我可老實說，只要他革命先進國的蘇俄，誠心誠意來幫助我們民族的獨立和平等，來指導我們中國的革命，我們世界革命的中國革命黨員，只要為求我們民族獨立和平等之故，亦並不是什麼恥辱。」[4]

總之，1925 年底之前，在黃埔軍校和革命軍中，蔣致力於宣傳蘇俄、推廣蘇俄的經驗。正因為這樣，在辦校、建軍中，蔣亦加大了「黨」「主義」與「政治」的分量。1925 年 10 月 30 日，蔣頒佈「勖官生研究政治令」：

1　《蔣介石年譜初稿》，第 414 頁。

2　《蔣介石年譜初稿》，第 267 頁。

3　《蔣介石年譜初稿》，第 223 頁。高和羅夫即巴甫洛夫。

4　《蔣介石年譜初稿》，第 472-473 頁。

> 黨軍所以異於其他軍隊者，全在將士一致對於主義有信仰之熱誠，有實行之決心，而主義之能深入人心，則由平日受政治訓練，於世界國家民族諸問題，有切實之了解。深知本黨三民主義為中國之唯一生路，故不恤犧牲一切，以期主義之實現，此實黨軍之特殊精神。所以能摧堅破敵，所向無前，莫非此特殊精神之鼓盪，故捨主義則無所謂黨軍，捨政治訓練何從知有主義。……為此切實誥誡，以後入伍諸生，每日須有一定時間受政治訓練，各隊官長毋得藉端阻撓。不寧惟是，各隊官長自身亦當隨時留心研究政治問題，以為學識之修養，否則寢假忘卻黨軍之意義，而與其他一切驕兵悍將無異矣。[1]

這是蔣走俄國人之路，以蘇俄經驗治校、治軍的表現。

以上，蔣介石治校、治軍的言行，有學習孫中山的成分；有取法前人，追蹤岳飛、戚繼光，借鑒曾國藩、胡林翼、左宗棠「治兵」「治心」的影子；亦有對蘇聯建黨、建軍經驗的學習和運用。身為校長，蔣介石初期對黃埔軍校的治理，稱得上鉅細躬親，不遺餘力。

1 《蔣介石年譜初稿》，第 448-449 頁。

第二部分

黃埔建軍

第八章　以黃埔官生為骨幹建軍

第一節　黃埔軍校校屬部隊的產生

一、黃埔軍校教導團

1924 年 7 月，黃埔軍校開始在上海、浙江等地招募兵員，以編練附屬於本校的作戰部隊，亦為軍校畢業生之實習建立基地。8 月 11 日，蔣介石呈函政治委員會「請決定革命軍募練計劃」，內容包括：預定募練幹部三營，以為整頓現有各軍及以後新練各軍幹部之用；此外預備步兵三團，炮兵、工兵各一營；步兵每團步槍約計 2304 桿至 2340 桿，機關槍 6 桿，編員 3569 名（含伕役與輪卒）；所需費用，每月 22 萬餘元，總共需 272 萬餘元。[1] 是時，大元帥大本營處境艱難，不但財政奇絀，而且槍械嚴重不足。8 月中旬，黃埔軍校奉令扣壓廣東商團的一船槍械；10 月 7 日，蘇聯運送武器的輪船「沃羅夫斯基號」到達虎門，船上載有 8000 支帶刺刀的俄式步槍、子彈 400 萬發等。這兩件事，使缺槍少械的難題獲得解決。

「沃羅夫斯基號」到達第二天，即 10 月 8 日，孫中山手諭，力主改革新兵編制，其中謂，「我更要今日之軍人捨去其故習而服從我之制度，斯將來乃能服從我之命令，聽從我之指揮也」[2]。10 月 11 日，孫中山又致函蔣介石：「新到之武器，當用以練一支決死之革命軍。」[3]

1　《蔣介石年譜初稿》，第 225-226 頁。

2　《蔣介石年譜初稿》，第 241 頁。

3　《蔣介石年譜初稿》，第 248 頁。

對建立黃埔軍校教導團，孫中山最初提出要以本校學生為骨幹，士兵從廣東工團軍、農團軍及革命信念堅定者中招募。蔣又令陳果夫在上海法租界設立徵募機關，主持招募和接送事宜。新兵招募之地區，蔣指定為浙江台州、紹興、麗水、金華暨奉化，以及江蘇、安徽兩省。許多窮鄉僻壤的男兒，被分批送到廣州。

據蘇聯駐粵軍事顧問團史料，當教導團開始醞釀籌劃時，蘇聯顧問鮑羅廷表示：建立有三個營的教導團，作為新型的或改編的軍隊的計劃是完全適時和恰當的；教導團應有俄顧問參與指揮，由俄教官參與訓練；這個團應以適當的方式精選軍官和士兵，即黃埔軍校畢業的青年士官，經過政治訓練之後，使之成為各軍的楷模；這個團要定期向軍隊輸送訓練良好的士官。鮑羅廷還認為，蘇聯援助的槍械可以建成兩個團。

1924 年 9 月 3 日，蔣指派軍校總教官何應欽，「籌備教導團，組織及訓練採用蘇俄新制」。9 月 19 日，軍校招考教導團學兵，錄取 73 名，其中 68 名為湘軍司令部選送，多曾充軍官者。從投考本校之考生中，又挑錄 27 名。10 月 3 日，蔣任命沈應時為教導團第一營營長，兩日之後，第一營即在虎門開始訓練。12 日，蔣任命何應欽為教導團團長、軍校教練部代理主任，陳繼承為教導團第二營營長。18 日，派王懋功、戴任、陸福廷赴滬，參與「招募北兵」，額定為 5000 人。11 月 11 日，任命王俊為教導團第三營營長。11 月 20 日，黃埔軍校教導團成立，帶學兵的性質，自排至團採取「三三制」。何應欽辭去軍校總教官及教練部代理主任職，專任教導團團長。

教導團採用黨代表制，團、營、連設黨代表。11 月 18 日，蔣呈請任命王登雲為團黨代表；30 日，呈請任命胡公冕、茅延楨、蔡光舉分別為教導團第一、二、三營黨代表。

1924 年 12 月 2 日，軍校組織教導團第二團，軍校原教導團遂改稱為教導第一團。蔣任命王柏齡兼第二團團長，顧祝同兼第二團第一營營長，林鼎祺為第二營營長。17 日，任命羅為雄、陳焯為教導第二團團附，楊天樗為該團獨立營營長。26 日，教導第二團正式成立，次日任命張靜愚為該團黨代表，金佛莊為該團第三營營長。1925 年 1 月 13 日，任命王俊為教導第二團團附，嚴鳳儀為第二團第三營營長。22 日，任命羅為雄為暫編獨立營營長，朱棠為教導團第二團參謀長。2 月 3 日，分別任命胡公冕、季方、鄭洞國為教導第二團第一、二、三營黨代表。4 日任命唐震為獨立營黨代表。黃埔軍校教導團組建時，正值軍校第一期畢業之時。故教導團之組建與第一期畢業生之分發見習，實際同步而行。上述營黨代表之中，有的是第一期畢業生。教導團排長、連長及連黨代表，主要由第一期畢業生擔任。

後幾經變動、調整，至 1925 年 2 月第一次東征時，黃埔軍校教導團的組織系統，大致情況如下。

校　長　蔣介石
黨代表　廖仲愷
參謀長　錢大鈞（後王柏齡）
政治部主任　周恩來（1925 年 4 月 1 日兼軍校軍法處長）
參謀處長　陳　焯
副官處長　王文翰
軍需處長　周駿彥
教導團第一團　團　長　何應欽
　　黨代表　繆　斌（原王登雲）
　　參謀長　劉秉粹
第一營　營　長　蔣鼎文（初為沈應時）
　　黨代表　章　琰
第二營　營　長　劉　峙
　　黨代表　茅延楨
第三營　營　長　嚴鳳儀（後為王俊）
　　黨代表　蔡光舉
偵探隊　隊　長　孫常鈞
特務隊　隊　長　張本清
輜重隊　隊　長　鄧振銓
學兵連　連　長　曹石泉
　　黨代表　曹　淵

教導團第二團	團　長	王柏齡（沈應時繼，錢大鈞代）
	黨代表	張靜愚
	參謀長	郭大榮（後顧祝同）
第一營	營　長	顧祝同
	黨代表	胡公冕
第二營	營　長	林鼎祺（後劉堯宸、宋文彬）
	黨代表	季　方
第三營	營　長	金佛莊
	黨代表	鄭洞國
獨立營	營　長	楊天樗
	黨代表	唐　震
特務連	連　長	樓景越
輜重隊	隊　長	沈　良

在黃埔軍校的史料上，軍校教導團的兩個團，被稱為黃埔軍校「校軍」，此為黃埔建軍的開端。

二、「黨軍」

1924 年 11 月 11 日，孫中山於離粵北上之前，頒佈了「令新軍改稱黨軍，任蔣中正為軍事秘書」的命令。[1] 孫中山思想指引明確，強調以黨建軍、以黨領軍，指明新組建的軍隊，必須姓「黨」。

第一次東征告捷之際，國民黨中央執行委員會於 1925 年 4 月 6 日舉行第 73 次會議，通過廖仲愷所提《建立黨軍案》：以黃埔軍校教導第一團、第二團為基礎，成立「黨軍」第一旅，委教導第一團團長何應欽兼充「黨軍」旅長，沈應時為第二團團長，全旅仍歸黃埔軍校校長蔣介石節制。13 日，國民黨中央任廖仲愷為「黨軍」黨代表。21 日，黃埔軍校開始組建教導團第三團，由

1　《蔣介石年譜初稿》，第 263 頁。

錢大鈞兼任團長；次日委蔡熙盛為該團中校團附，沈良為少校團附，王俊為第一營營長，郭俊為第二營營長；24 日委文素松為第三營營長。國民黨中央執行委員會第 79 次會議，議決任蔣介石為「黨軍」司令官。

「黨軍」，顧名思義是黨化之軍。清末民初以來，經過大大小小、連續不斷的社會與政治動盪，中國軍隊日益走上了地方化、私人化的道路。晚清之湘軍、淮軍是以地方命名之軍，其後的直系、皖系、奉系之軍，以至粵、湘、滇、桂、川、陝等軍，莫不是地方化而實質上是私人化之軍，即為軍閥掌控的軍隊。國民黨「黨軍」的誕生，意味着軍隊將從地方化、私人化走向黨化，從而讓軍隊接受革命黨、革命政府的監督與指揮。故從「私軍」到「黨軍」，以歷史的眼光看，是中國軍隊的一種進步。

5 月 18 日，黃埔軍校官兵集合於梅縣東較場，聽蔣介石講演「黨軍與黨的關係」。蔣說：「現在我們教導團的軍隊，已算是黨軍了……黨是什麼？就是志同道合的人集合在一處，同向一個目標去奮鬥。」[1] 應當說明，此時的黃埔軍校教導團雖已命名為「黨軍」，但仍然是黃埔軍校的校屬部隊，教導團的名稱亦同時使用，黃埔軍校的體制，仍然是「校」「軍」一體，蔣介石既是軍校校長，亦是「黨軍」首長。

1925 年 6 月，黨軍回師廣州，平定楊、劉，黨軍第一旅擴編為黨軍第一師。

三、與黃埔軍校有關的軍隊或軍事機關

當黃埔軍校組建教導團時，在廖仲愷、蘇聯顧問的策劃及黃埔軍校相關人員的參與之下，在廣州還改組成立了若干支軍隊或軍事機關。

（一）大元帥大本營（大元帥府）鐵甲車隊

大元帥府早有籌建鐵甲車隊之議。駐穗之蘇聯顧問列米（烏格爾，又譯李糜）為飛行員出身，「專長」鐵甲車戰術。1924 年 8 月 3 日，經鮑羅廷提議，決定由列米負責組建鐵甲車隊。9 月 4 日，孫中山致函蔣介石，對鐵甲車

1　《蔣介石年譜初稿》，第 356-357 頁。

隊的組建表示關注，說「此事關於黨務、軍事之進行，甚為要着」[1]。鐵甲車隊的隊長，初為盧振柳。

11 月 18 日，即黃埔軍校教導團第一團組建時，廖仲愷與加倫商談為黃埔教導團選派黨代表問題，加倫即提議在黃埔一期畢業生中，選拔 5 人到鐵甲車隊。20 日，加倫、列米、胡漢民經過商談，決定對鐵甲車隊實行「改組」。12 月 1 日晚，廖仲愷與加倫談話，加倫告知說：「有 12 名黃埔軍校畢業的軍官」被派往鐵甲車隊，目的是讓黃埔訓練的新型軍隊來加強鐵甲車隊。[2] 正是經過了這幾次談話之後，鐵甲車隊出現重大的人事變動，原隊長盧振柳改任大元帥府衞士隊隊長。

經過改組後的大元帥府鐵甲車隊，由中共黨員徐成章（黃埔軍校特別官佐）任隊長，廖乾五任黨代表，周士第（一期學生）任副隊長，趙自選（一期學生）任軍事教官，曹汝謙任政治教官，全隊 100 多人，隊部設在廣州市大沙頭。

周士第後來說明：鐵甲車隊的「改組」，其實是中共廣東區委在取得孫中山、廖仲愷和加倫支持的前提下，由區委軍事部長、黃埔軍校政治部主任周恩來具體籌劃進行的。在上述加倫與廖仲愷、胡漢民的幾次談話中，加倫所表達的，顯然是中共廣東區委的意願。徐成章、周士第、趙自選來自黃埔軍校，廖乾五、曹汝謙分別來自陝西和山西，均為中共黨員。鐵甲車隊的隊員，亦多是中共廣東區委從各地挑選的。鐵甲車隊成立了直屬於中共廣東區委的黨小組。廣東區委並且打算，要把這鐵甲車隊作為「培養訓練我們的幹部」的陣地。[3] 這一舉動，無疑應看作是中共廣東區委獨立掌握武裝的最初嘗試。

（二）廣東航空學校

1924 年 7 月 26 日，孫中山接見鮑羅廷、梅利尼科夫等人，「表明他急切建立空軍」。此時任大元帥府航空局局長的陳友仁，被俄顧問評價為「顯然是

1　孫中山：《致蔣中正函》（1924 年 9 月 4 日），廣東省社會科學院歷史研究所、中國社會科學院近代史研究所中華民國史研究室、中山大學歷史系孫中山研究室合編：《孫中山全集》（第十一卷），中華書局，1986 年，第 11 頁。

2　《加倫在中國（1924 — 1927）》，第 73、80、84 頁。

3　周士第：《周士第回憶錄》，人民出版社，1979 年，第 2 頁。

一個精通航空事業的人」。孫中山和陳友仁一樣「把建立空軍的希望全部寄託在梅利尼科夫身上」。8 月 1 日，「陳友仁完全委託梅利尼科夫負責整頓機場和機場的設施」。

上引加倫與廖仲愷、胡漢民的談話，除涉及鐵甲車隊的改組之外，也多次談到空軍的問題。11 月 18 日，加倫向廖仲愷提議從黃埔第一期畢業生中選拔 5 人去航空學校，廖同意，並說軍校中有一名學生曾經在法國受過五年飛行訓練，決定派他到空軍去。12 月 1 日，加倫對廖仲愷說：「必須派遣至少 5 名軍官到空軍去，以便擠走那些不合格的人員，把空軍掌握在自己手中。遺憾的是，往空軍只派了一名曾在法國受過飛行訓練的人。」[1] 廖仲愷說：已同 15 名擬分配擔任政治工作的學員談話，有 8 人表示願意去空軍。

廖仲愷在上述談話中提到的「曾在法國受過五年飛行訓練」的學生，為黃埔第一期學生劉雲。劉雲，湖南宜章人，中共黨員，曾赴法國勤工儉學。他在「學生詳細調查表」中「專門技能或特長」一欄填「航空術」，在「經過履歷」一欄中寫「法國飛機學校畢業」。黃埔一期生萬少鼎，湖南湘陰人，亦曾赴法國勤工儉學。萬少鼎在「調查表」中寫道：「曾在法國方登布魯公學肄業」，後在法國入「飛機專門學校」。劉雲、萬少鼎進入黃埔軍校之後，被選派至廣東航空學校，劉雲並代表航校參加中國青年軍人聯合會。廣東航空學校第一期學員除上述劉、萬二人外，還有王鏞（王叔銘）、馮洵（馮達飛）、郭一宇、李杲（李岳陽）、王翱（王鳳儀）、袁滌清、唐鐸等。郭一宇後來說：「廖黨代表認為我尚勇敢，就批准了我上航空學校學習。」郭被派往航校，還因為他學過德文。廣東航校第二期 1925 年 7 月開學，有學員 42 名，其中有常乾坤、徐介藩、李乾元、黎鴻鋒、金震一、徐經濟、龍文光等。[2] 在史料上，廣東航校又稱為「軍用飛機學校」。

（三）「飛機隊」「飛機工廠」和「飛機掩護隊」

「飛機掩護隊」是飛機及機場的保安部隊。加倫、廖仲愷所談論的旨在「擠走那些不合格的人員，把空軍掌握在自己手中」的空軍「改組」，包括對

1 《加倫在中國（1924—1927）》，第 84 頁。

2 孔君史：《最早學航空的共產黨人》，《中國空軍》1988 年第一期。

「飛機隊」「飛機工廠」和「飛機掩護隊」的改造和掌控。1925 年 4 月 16 日，廖仲愷致函蔣介石：

> 徑啟者：查航空學校及飛機隊、飛機工廠和飛機掩護隊，俱為軍事重要機關或部隊，應設黨代表以資擘畫。查有貴校見習官劉雲、郭一宇、趙自選等堪以委任。除令委劉雲為航空學校及飛機隊黨代表、郭一宇為飛機工廠黨代表、趙自選為飛機掩護隊黨代表外，相應函請貴校長查照，希通飭所屬一體知照，至紉公誼。
>
> 此致
>
> 陸軍軍官學校校長蔣
>
> 各軍黨代表廖仲愷[1]

周士第的回憶錄寫道：1925 年三四月間改造飛機掩護隊時，經大元帥府及航空局同意，周士第一度兼任飛機掩護隊隊長，與趙自選一同參與相關的工作。[2]

以上鐵甲車隊、廣東航校及相關軍事機關的改組或改造，是在孫中山、廖仲愷、加倫的策劃和主持之下，有黃埔教官、學生參與的活動，理應視為黃埔建軍的組成部分之一。雖屬草創，卻亦有不同尋常的意義。鐵甲車隊後擴展為國民革命軍第四軍獨立團（葉挺獨立團），是中共運用當時的條件獨立掌握軍隊的嘗試。廣東航空學校走出了中國早期的一批飛行員，這與國民黨、共產黨空軍誕生的歷史，都有割不斷的關聯。黃埔軍校辦學條件不足，但其軍事教學卻有「航空」這樣的前沿學科，研究中國軍校和軍事的歷史，對這一點，不應忽略。

從「校軍」到「黨軍」，黃埔軍校邁出了以本校教官和畢業生為骨幹而創建新型軍隊的步伐。實際上，這是中國國民黨改組之後，孫中山及大元帥府獨立組建軍隊的發端。黃埔軍校教導團，是為國民革命軍之發軔。

1　梁尚賢：《廖仲愷與黃埔軍校——讀中國國民黨中央黨史館藏檔案之三》，《近代史資料》總 106 號，第 121 頁。又見《蔣介石年譜初稿》第 346 頁。文中「郭一宇」又作「郭一予」。

2　《周士第回憶錄》，第 23 頁。

第二節　黨代表、政治部和黨部

國民黨以黨建軍、由黨掌握軍隊的體制，形象地說是「三駕馬車」，即「黨代表制」「政治部制」和「黨部制」。三種機制，統一運作於黨領導軍隊的總架構中，此為中國軍隊前所未有的制度。

一、黨代表

黃埔軍校創建時，有國民黨駐軍校代表之設置。1924 年 5 月 1 日，即第一期學生入學之前，廖仲愷上中國國民黨中央執行委員會呈：

> 請指派陸軍軍官學校中國國民黨代表，並懇核准由中央執行委員會頒發印章一顆，篆文如下：
>
> 駐陸軍軍官學校中國國民黨代表之印
>
> 廖仲愷謹呈
>
> 中華民國十三年五月一日[1]

孫中山在廖的呈文上批：「派廖仲愷為代表」。5 月 9 日，孫中山頒佈命令：「特派廖仲愷為駐陸軍軍官學校中國國民黨代表」。此為黃埔軍校黨代表制度之設立及廖仲愷出任軍校首任黨代表的由來。這也是中國國民黨軍隊黨代表制度的起源。

向軍隊派黨代表，是從蘇聯學來的辦法。十月革命時，舊俄軍隊在歷史變動的大潮流中，處於大分化、大動盪之中。為應付革命後出現的困難局面，牢牢掌控軍隊，蘇維埃乃向俄軍派出黨代表。這一辦法後來逐步演變、定型為由黨（布爾什維克）來掌管、領導軍隊的制度。這對新生蘇維埃政權的鞏固，無疑發揮了無可替代的作用。

黃埔軍校黨代表，與校長並列。由總理（孫中山）、黨代表、校長組成的

1　梁尚賢：《廖仲愷與黃埔軍校——讀中國國民黨中央黨史館藏檔案之三》，《近代史資料》總 106 號，第 107 頁。

軍校「校本部」，為軍校最高決策機關。

駐穗蘇聯顧問斯他委諾夫在黃埔軍校作過《俄國紅軍黨代表制度》的講演，其中說道：

> 最初紅軍中黨代表之權力很大，不啻為政府之代表。無論對於軍官或士兵，可完全自由處置，因此蘇俄情形才得一天天改好，鞏固存在，發展到現在。[1]

對「黨」「軍」關係做過長期摸索的孫中山，對蘇聯這種黨管軍隊的管理體制，十分看好。孫中山在一次有蘇聯顧問出席的軍事委員會議上宣稱，國民黨「將遵循和仿效俄國的經驗」。蔣介石也說：「我們老實說，我們軍隊的制度實在從俄國共產黨紅軍仿照過來的。」[2]

黨代表制之核心，是在軍校、軍隊中樹立黨的觀念，向軍人灌輸黨的意識，最終由黨掌握軍隊，將軍隊納入中國國民黨可監督、管治的軌道。孫中山在黃埔軍校開學典禮的演講，重在檢討以往「黨」「軍」分離的弊端，宣示建校目的，就在於建立一支國民黨掌握的軍隊。蔣介石亦於此時大力向教官和學生灌輸「黨存與存，黨亡與亡」的思想意識，說明蔣儘管對蘇聯援華的用意有所懷疑，但對蘇聯軍隊中突出黨的地位、強調黨的作用、明確黨管軍隊的做法與制度，初時是認同的、嚮往的。在蔣介石看來，黨與軍隊應是生死與共的命運統一體，而在這個統一體中，黨又是軍隊的靈魂。

黃埔軍校創辦後，黨代表僅設於軍校一級。廖仲愷出任軍校黨代表，初時的工作，除講課、訓話、組建黨部之外，大量的精力，用於為軍校籌措費用及人事安排，而制度建設尚未提上日程。黨代表制是隨着軍校各項工作的展開才逐步健全和擴展的。至黃埔軍校教導團籌建時，乃決定將黨代表的設置，從黃埔軍校擴展至校屬軍隊。

1924 年 8 月 2 日，鮑羅廷在談論建立教導團的草案及預算時，就說到軍

1　斯他委諾夫講演，黃錦輝筆記：《俄國紅軍黨代表制度》，《中國軍人》第七期，1925 年 10 月 10 日。

2　《蔣介石年譜初稿》，第 460 頁。

校新編練的團須設置「黨代表」。10 月末，加倫來穗，代替不久前在東江逝世的巴甫洛夫，擔任華南軍事團總顧問。11 月 18 日，廖仲愷與加倫商談，廖提出將在黃埔新建的教導團中，設立「黨代表制」。廖說：已經選定 50 至 60 名剛畢業的學員，這些人可以勝任黨代表之職。現在，已經為該團任命了 16 名黨代表，即 12 名連黨代表、3 名營黨代表、1 名團黨代表。廖仲愷的這一套黨代表配備計劃，得到加倫贊同。[1] 11 月 30 日，「教導團採用黨代表制。各級黨代表由廖黨代表遴選教官、學生中之富有政治學識者，呈請中央任命之，除實施政治訓練外，凡軍隊一舉一動，一興一廢，均須受其節制，以示黨化云」。[2] 教導團成立及第一次東征時出任連黨代表的，有張際春、彭幹臣、游步仁、趙枏、劉疇西、李奇中、鄭洞國、譚其鏡、張隱韜、曹淵、蔣超雄等，均為第一期畢業生。

1924 年 11 月 11 日，孫中山於北上前夕，在決定「新軍改稱黨軍」的同時，頒佈命令，「所有黨軍及各軍官學校講武堂，以廖仲愷為黨代表」。[3]

由上可知，隨着黃埔軍校教導團的組建，「黨代表制」已從黃埔軍校推廣至校屬部隊各團、營、連；並從黃埔軍校一校，推廣至「所有黨軍及各軍官學校講武堂」，具體包括：大元帥大本營鐵甲車隊、廣州「空軍」、廣東航校、飛機掩護隊、飛機工廠及在廣州的滇軍幹部學校、桂軍軍官學校、湘軍講武堂等。

12 月 12 日，蔣介石發表訓話，「黨代表負了黨裏託付的大責任」。這是蔣第一次就黨代表問題發表言論。16 日，蔣對第一期學生演講：「中國軍隊黨代表制度是第一次施行，本校長對此制度志在必行，常以為寧可無軍隊，不可無黨代表」。蔣並稱，黨代表制是「救濟中國軍隊的唯一制度」。[4] 蔣並對團、營、連黨代表的日常事務，作了具體說明。包括：實施政治教育，使官兵了解黨的主義，恪守黨紀和軍紀，凝聚團體精神，提高戰鬥能力；關心士

1 《加倫在中國（1924—1927）》，第 73 頁。

2 《蔣介石年譜初稿》，第 268 頁。

3 《孫中山全集》（第十一卷），第 304 頁。按：1924 年 12 月 2 日，二期生吳明致函廖仲愷，請准往肇慶見粵軍陳銘樞，建議陳的部隊「採用黨代表制並設政治部、黨部，以訓練其部曲」。廖仲愷認為吳明所請「不無見地」，即致函陳銘樞，介紹吳明往晤。吳、廖函存台北國民黨黨史館。

4 《蔣介石年譜初稿》，第 274-275 頁。

兵生活，接近並感化士兵；監督部隊事務；負責軍隊黨務。

1925 年 5 月 23 日，國民黨中央執行委員會決定：（1）在軍校及軍隊中，所有一切命令，均由黨代表副署，由校長或應管官長執行。軍中黨的決議，其執行須遵照此程序。（2）所有一切軍校及軍隊中之法令規則，經黨代表副署者完全有效。[1] 可見，黨代表是黨的象徵，在軍校和軍隊中，立於很高地位，並被賦予很高的權威：在軍校負監察本校行政、指導黨務、主持政治訓練之責；在軍隊中代表黨參與對部隊的管理，掌握部隊的政治方向。

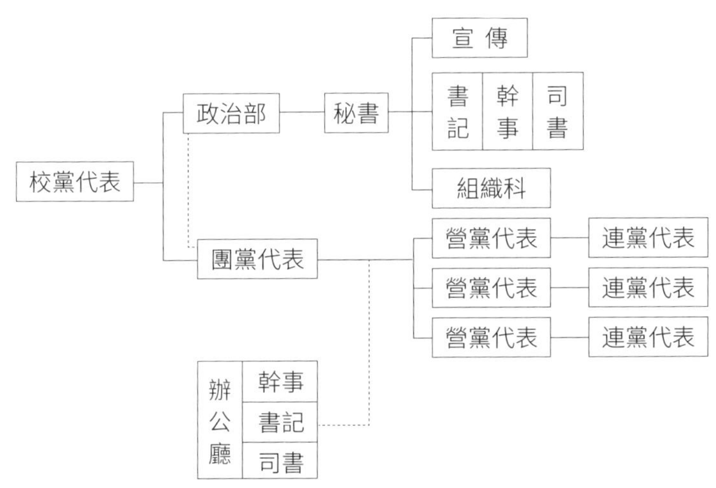

黨軍最初黨代表系統圖

二、政治部

黃埔軍校和軍隊中的政治部，是協助黨代表工作的機構，對黨代表負責，具體從事黨務、組織、宣傳等項工作。廖仲愷說：「政治部就是黨代表的參謀部，政治部主任是黨代表的參謀長，政治部主任有權行使黨代表的職權。」黨代表與政治部的關係，應為孫中山所說的「權」與「能」的關係，「權在黨代表，事在政治部」。

政治部規定任務：「（甲）工作的分配：1. 本部擔任對內訓練工作，特別

1　榮孟源主編：《中國國民黨歷次代表大會及中央全會資料》，光明日報出版社，1985 年，第 87 頁。

區黨部擔任對外宣傳工作；2. 於必要時，本部得與特別區黨部合作。（乙）對於士兵的訓練：1. 將平時訓練材料改為戰時訓練材料，由編纂股編纂小冊子；2. 通報參謀處，請供給戰事必要消息，使訓練工作適合於戰事的要求。（丙）對於學生政治訓練：1. 除壁報及壁報特號外，發黨報及小冊子；2. 前方發出報紙，須由本部檢查蓋章，方准管理部派發；3. 請中央送上海《民國日報》及《廣州民國日報》各一百份，給本部分發前方。」[1]

據《本校之概況》：「政治部是負擔政治教育及在學生與人民羣眾中發展國民革命的意識之唯一機關。政治部對黨及黨代表負責，黨代表命令並指導政治部，務使嚴重的軍隊紀律在正確的政治認識和指導之下，以鞏固戰鬥力之基礎，使部隊成為嚴密的組織。」[2]《政治部服務細則》規定：政治部的主要任務，第一是「對於全校官佐、員生、士兵、伕工負有政治訓練或指導之責，使其具正確的政治知識，增進革命精神，自覺的遵守革命紀律……完成國民革命之歷史使命」。第二是「對外負責宣傳、組織及政治指導之責，務使人民確知革命軍為被壓迫民眾謀利益而奮鬥……而收軍事進行上得人民幫助之實效」。[3]

第二次東征時，政治部制定《戰時政治宣傳大綱》：對本軍是解釋作戰意義和戰爭形勢，鼓舞士氣，獎勵戰功，維護軍紀，活躍部隊，追悼烈士，慰勞傷兵；對敵軍是揭露軍閥罪行，比較兩軍隊區別，激發士兵的民族感、愛國心，優待俘虜；對民眾是宣傳政府政策、法令，解釋東征意義和革命軍紀律，以密切軍民關係。

可見，黃埔軍校政治部的工作對象，包括了校內和校外，即包括本校官生員工、軍隊官兵，還有社會民眾。黃埔軍校教導團組建後，軍校政治部工作，已走出軍校大門，進入了軍營和面向社會。

三、黨部

黃埔軍校規定，所有學生必須加入國民黨。黨代表廖仲愷重視在軍校組

---

1 《蔣介石年譜初稿》，第 300 頁。
2 楊其綱：《本校之概況》，《黃埔日刊》1927 年 3 月 1 日。
3 《政治部服務細則》，《中央軍事政治學校法規全部》，1927 年 5 月。

建國民黨組織。在廖的指導下，軍校開學後即着手組建「區分部」和軍校「特別區黨部」。1924 年 7 月 3 日，選舉第一區分部陳復、第二區分部李之龍、第三區分部金佛莊、第四區分部嚴鳳儀、第五區分部蔣介石為黃埔軍校特別區黨部第一屆執行委員，蔣兼監察委員。

蔣介石說：「黨部成立以後，軍紀範圍，並沒有縮小，並且在軍紀之上，再加一層黨紀。這個黨紀，在學校裏，是輔助軍紀之不足的，是比軍紀更要厲害的。」蔣並強調：「中國的軍隊如果不能受黨的指揮，不能以黨的主義為中心，那是無論什麼軍隊，不能利國福民，只能害國殃民的。」[1]

1925 年 1 月，黃埔軍校選舉產生第二屆特別區黨部，以吳明、陳作為、羅振聲、周逸羣、蔣介石為執行委員，王柏蒼（伯蒼）、成恭（陳恭）、黃錦輝為候補執行委員。

第三期入伍生進校後，廖仲愷於 3 月 18 日致函陳賡（第一期畢業生）等：

> 徑啟者：現查黃埔軍官學校入伍生已有千人，士兵亦有五百餘人，全是本黨同志，亟應從速組織黨部，以便開始進行黨的訓練工作。茲特派執事等為組織員，希依照該校特別區黨部第二屆學生組織法，分別組織小組，所有各小組仍由該校特別區黨部直接指揮。自接到公函後即由陳賡同志立即召集各組織員會議，推定組織員主席，討論進行組織事務，限於一星期內將黃埔、北較場二處組織完竣，仍將組織情形具報為盼。
>
> 此致
>
> 陳賡、俞墉、黃鰲、楊溥泉、黃仲明、吳明、許繼盛、李俠公、張治中、張元祐、李漢藩、曾幹廷、陳作為各同志
>
> 廖仲愷[2]

1　《蔣介石年譜初稿》，第 218 頁。

2　梁尚賢：《廖仲愷與黃埔軍校——讀中國國民黨中央黨史館藏檔案之三》，《近代史資料》總 106 號，第 110-111 頁。文中「黃仲明」疑為「董仲明」，「許繼盛」應為「許繼慎」。

這封信表明，隨着軍校工作的進展，在本校新生和士兵中組建黨部和黨小組的問題，擺上了廖的日程，並已有具體的部署。

黃埔軍校教導團組建後，在軍隊之中，開始建黨。連及連以上的部隊，設各級黨部，黨部之下設小組。東征期間，蔣介石致函周恩來，強調「然黨部之組織，不論戰時平時，皆應進行」，要求於休戰期間，趕緊把各團黨部組織起來。軍中基層黨小組每周召集會議，圍繞「組員報告之批評、黨綱及黨義之解釋」展開討論。這種黨小組會，亦為蔣所關注，要求認真開好，「使士兵開小組會議時，完全自由發表其意見，報告其痛苦，官長不得懷恨報復」。

在軍校、軍隊中建立黨部，旨在將軍人納於國民黨的組織系統之中，進而讓黨的信仰、主義扎根於軍隊之中，讓黨的意志在軍隊中得以貫徹落實，是為以黨建軍的基礎性工作。在廖仲愷指導之下，經過努力，國民黨的各級組織不但在軍校，而且在軍隊之中，逐步建立和發展了起來。這為國民黨掌管軍校和軍隊，打下了基礎。

以上，黨代表、政治部和黨部，是目標一致、互為依託、各具能效的黨管軍隊的統一體。黨代表憑藉黨賦予的地位和權威作用於部隊，掌握部隊的政治方向；政治部通過教育及各種政治活動來鞏固、發展、壯大部隊，對黨管軍隊起保證作用；黨部則為黨代表、政治部工作的開展，奠定組織的基礎。這「三駕馬車」，即三種機制所形成的合力，不但將推動部隊自身的良性壯大發展，更為重要的，是將軍隊和軍事將領置於黨的監督之下，形成黨對軍隊的約束和制衡。

蘇俄軍隊之設黨代表，初時是針對「不可靠」的舊俄軍人而來的。孫中山深察中國軍隊的內情，對軍隊必須施以監督、約束或制衡，有深切的認識，故對向軍隊派黨代表這一套辦法，極為讚賞。其實，對有槍在手的人而言，無論是「舊軍」或是「新軍」，無論其道德評價如何，亦無論其標榜「革命」與否，都是應當監督、約束、制衡的。對軍隊實行監督、約束和制衡，是黃埔建軍的創新意義之根本所在。而這種監督、約束、制衡能否成功有效實施、能否長久堅持，是國民黨、國民政府、黃埔軍校面臨的重大考驗。

第三節　軍隊政治工作

黃埔軍校教導團成立之前，軍校政治部工作的重心，主要在軍校之內，以學生為主要對象，以主義、理論的傳授和課堂教習為主。黃埔軍校教導團組建後，軍校政治部的工作，遂從軍校的政治教育，往軍隊政治工作的方向拓展。

軍隊政治工作的目標，是提高官兵的思想覺悟，鞏固、壯大部隊，提高部隊的政治素質和作戰能力。除堅持政治教育之外，須採取各種切實有效的形式和措施，開展旨在提升政治覺悟、振奮革命精神、提高作戰能力的思想工作。顯然，這是一個更為新穎的課題，更加寬廣的領域。

校軍組建之初面對的主要問題，是如何加強對官兵的教育，增強部隊的紀律觀念，清除舊軍隊的習氣與影響，改善官兵關係和上下級關係等。針對這些問題，1924 年 12 月，周恩來任主任的黃埔軍校政治部，提議並經校方同意，開設了政治訓練班，以訓練主要從第一期畢業生中挑選的、即將派往教導團任職的見習軍官及見習黨代表；設宣傳研究班，以培養宣傳人才。對各級黨代表所實施的政治訓練，旨在「使一般官兵莫不了解黨之主義，革命環境，恪守黨紀軍紀，以期凝集團體精神，提高戰鬥力」。[1] 可見軍校政治部的工作，已開始轉向了軍隊。

第一次東征（1925 年初）開始後，剛剛組建不久的黃埔軍校教導團，即已進入了戰時狀態。軍隊的政治工作，進而又發展成為戰時政治工作。這時，黃埔軍校政治部的工作範圍，又從軍校內、教導團內，進一步擴展至戰區，擔負處理軍政關係、軍民關係、友軍關係之責任，目的是使黨、政、軍、民齊心協力爭取戰爭的勝利。這當然更是全新的工作。

1925 年 2 月初，東征軍攻克東莞縣城。2 月 6 日，東莞商務分會召開歡迎東征軍大會。蔣介石在大會上說：我軍係真正的革命軍，以革害國、害民賊之命為目的。本校軍隊有黨代表、政治部，專管與人民有關係之事。蔣特

1　《蔣介石年譜初稿》，第 272 頁。

意對周恩來的身份、職責作了介紹：「現政治部主任周先生在此，列位有意見發表者，可與周先生接洽」。蔣介石並且明確說，「興利除弊，乃政治部之責任」。

就這樣，軍校政治部主任周恩來，走上了處理軍民關係、軍隊與地方關係的前台。

周恩來隨即發表演說。大意謂：革命數十年尚未成功，原因是多數軍隊係前清遺留而來，不知人民痛苦，不知政治意義。如欲使中國和平，須有真正之革命軍，須有為人民所用之軍隊。孫中山先生因此特設黨的軍官學校，於軍事教育之外，授以政治教育，告以中國如何受列強壓迫、軍閥壓迫，以及農工商各界之痛苦，告以解除壓迫與痛苦之途徑。要使每個軍官、每個士兵均能了解此理，此為黨立軍官學校設立之目的。

周恩來說：「今者人民痛苦極矣，不受土匪之害，則受反革命軍之騷擾。工無工作，農無耕地，商人停止貿易。此次軍校出發，是為人民解除痛苦而來，但全恃本校軍隊，力量太少，若無人民援助，仍不足負重大責任。故本校極希望東莞人民通力合作，以促革命成功。」[1]

周恩來 1925 年 2 月 6 日在東莞商務分會歡迎東征軍大會上發表演說，就軍隊政治工作而言，可以稱得上是一個歷史性的場景。這是黃埔軍校政治工作走出校門、走出軍營，在社會民眾面前的第一次「亮相」。

第一次東征期間，國民黨中央和廖仲愷賦予黃埔軍校政治部的主要工作，是在東征軍佔領地區建立黨的地方組織。這既是爭取人民援助並參與革命戰爭的一項舉措，也是鞏固東征軍之佔領區，推廣革命運動的基礎性工作。為此，周恩來被國民黨中央任命為東江各地黨務組織主任。

2 月 18 日，國民黨中央執行委員會致函周恩來：「查克復各區域，亟應組織黨部，以期擴充，而資聯絡。茲派黃埔陸軍軍官學校政治部主任周恩來，為東江各地黨務組織主任。軍官學校各團營連排之黨代表為組織員。在我軍克復各地，依照本黨第一次全國代表大會議決總章，從區分部着手組織。」

---

1 以上見《東莞各界對黃埔革命軍之信仰》，原載上海《民國日報》1925 年 2 月 18 日，轉引自《黃埔軍校史料（1924—1927）》，第 249-250 頁。

國民黨中央執行委員會並通函各軍總司令，轉飭各部隊長官，「對於本會所派各黨務組織主任及組織員，及所組織各級黨部，一律妥為保護」。[1] 軍校政治部於是派出人員，在東征軍收復之地，組建國民黨地方黨部。

2 月下旬，黃埔第二期學生、軍校特別區黨部第二屆執行委員王柏蒼等，奉周恩來之命，到惠陽縣平山墟籌建國民黨黨部。2 月 27 日，王柏蒼、溫耀致函廖仲愷，報告籌建黨部計劃：

> 仲愷先生鈞鑒，敬啟者：伯蒼等奉組織東江黨部主任周恩來先生命來平山組織黨部，已於本月二十四日到此。竊查此地為惠陽縣屬第六區，竊意欲將此地定名為惠陽縣第六區區黨部籌備處。至進行辦法，第一步與各界交換意見；第二步召集各界開一籌備會議，推舉籌備人員，使其自動的組織，蒼等立於指揮監督地位；第三步發給總章、調查表、志願書、黨證；第四步開成立大會，討論章程（由蒼起草），選舉職員，未知可否，請速示知。

3 月 7 日，廖仲愷答覆王柏蒼、溫耀：「來函備悉。所擬組織平山墟黨部進行辦法尚屬妥善，希即從速進行，俾得早觀厥成。」廖並批給了組建黨部所需資料及款項。[2]

此後，東征軍相繼克復海豐、陸豐、潮汕、興梅。東江各縣的國民黨地方黨部，多是黃埔軍校政治部派員籌備組建起來的。據黃埔軍校政治部、特別區黨部的有關資料，第一次東征時隨軍從事政治工作和地方黨務工作的，有王逸常、洪劍雄、李之龍、陳烈、周逸羣、黃錦輝、陳恭、吳明、陳作為、羅振聲、羅漢、王柏蒼、吳振民等。

除從事地方建黨之外，第一次東征時，黃埔軍校政治部在東征軍佔領

1　《派周恩來為東江黨務主任》，《建國粵軍月刊》第 3 期，轉引自陳漢初主編，廣東省汕頭市社會科學聯合會編：《周恩來在潮汕》，中央文獻出版社，2004 年，第 167 頁。

2　《王伯蒼、溫耀致廖仲愷函》（1925 年 2 月 27 日）、《廖仲愷覆王伯蒼、溫耀函稿》（1925 年 3 月 7 日），引自梁尚賢：《廖仲愷與黃埔軍校——讀中國國民黨中央黨史館藏檔案之三》，《近代史資料》總 106 號，第 109-110 頁。

區還兼負了若干地方行政工作。至第二次東征時，政治部擬定《政治設施方案》，針對東江地區吏治腐敗，提出實行禁絕煙（鴉片）賭、輕徭薄賦、整頓財政、澄清吏治。主持東征軍總政治部工作的周恩來，被國民政府任命為東江各屬行政委員，擔任東江惠（州）、潮（汕）、（興）梅行政長官，所轄治區域，在當年為 25 個縣。故黃埔軍校之政治工作，與地方建黨、建政，均有一定的聯繫。

黃埔軍校的政治思想教育和軍隊政治工作，在兩次東征中，釋放出極大的軍事能量。黃埔軍校教導團銳不可當，進展迅速，大破敵軍。周恩來後來總結說：「這是由於新成立的兩個團，是新的革命軍隊，是有着革命的三民主義作政治工作基礎的軍隊。政治力量超過了敵人，提高了戰鬥力，保障了軍隊本身及軍隊與人民的團結。」[1]

第四節　國民革命軍第一軍的建立

1925 年 6 月，東征軍回師廣州，於同月中旬取得討伐滇、桂軍的勝利。6 月 14 日，軍校任命郭大榮、茅延楨、惠東昇分別為教導團第四團第一、二、三營營長；賈伯濤、酈悌、李定安、張慎階、曾擴情、楊溥泉、項福川、杜成志、淩光亞為第一至九連連長；劉堯宸為第四團團長，團部設在長洲上莊曾家祠。[2] 與此同時，決定將黨軍第一旅升編為第一師，任命何應欽為師長。

不久，黃埔軍校開始組建教導團第五團，以蔣鼎文為代理團長，團部設在魚珠蒲氏宗祠。

6 月 15 日，國民黨中央執行委員會議決：（1）國民黨中央執行委員會為最高機關；（2）改組大元帥府為國民政府；（3）「建國軍」和「黨軍」改編為國民革命軍；（4）整頓軍政、財政。7 月 1 日，國民政府成立，汪精衞任主席。7 月 3 日，國民政府軍事委員會成立，汪精衞為主席，汪精衞、胡漢民、

1　周恩來：《抗戰軍隊的政治工作》（1938 年 1 月 10 日），《周恩來選集》（上卷），第 93 頁。
2　《廣州民國日報》1925 年 6 月 19 日。

伍朝樞、廖仲愷、朱培德、譚延闓、許崇智、蔣介石為委員。7 月 5 日，軍事委員會批准軍隊正規化方案，決定統一軍令，對在粵各軍實施整治。

7 月 7 日，蔣介石向軍事委員會建議「革命六大計劃」。當中指出「革除軍隊積弊」，謂十數年來，西南各種「革命」軍隊其實「積弊」多端，「一切武力機關幾何曾操於革命黨人之手？軍規軍制更視北洋為不及」。文中說：

> 故西南軍隊名為革命軍，實則內容腐敗，甚於舊式；組織編制，雖名目時見更張，然考其實際，兵無實額，槍非實數，隊伍零落，系統紊亂，升降不均，賞罰無則。參謀無作戰之備，經理無可稽之冊。有言稱軍者，其額數或僅百人，或尚不及百人，貽人以無兵司令之譏；有自稱司令者，聚土匪以成軍，劫民槍以為械，招搖過市，倘其聲勢動人，定有收編之望；有專以兼併隊伍為事者，苟有可以利用之机［機］，便極其挑撥能事，使人自相殘殺，我便從中漁利。以如斯之人，有如斯軍隊，其心目中幾曾有革命意義？一切權利，咸為個人，軍隊為個人而設，事功為個人而圖，虛報軍額，吞沒軍餉，強劫稅收，庇賭包煙，通盜運私，干涉民政，霸佔機關。流弊所及，甚至一官之設，亦必須徵其同意，一稅之收，亦必須交其經手。財權武力兼於一身，驕奢專橫，相因而至。軍官之富者，多積資在萬數以上，而兵士則窮至衣不蔽體。至其為害地方，更觸處皆是。人民畏兵更於畏匪，狡黠者寧為匪以抗兵，謹厚者非遠離鄉里，即死於溝壑。禍害之烈，死亡之慘，有心人所為長歎息，亦即先大元帥所痛心疾首，成其致病而死之由也。

孫中山曾斥責過滇、桂軍，「戴着我的帽子，糟蹋我的家乡！」蔣明確說：新成立的軍事委員會的職責，不但要滌除舊穢，而且要「根據舊穢之癥結所在，從而改建新猷。務使楊、劉倒後，不復再有楊、劉繼起之可能，更不復再有楊、劉繼起之可能環境」。[1]

7 月 8 日，黃埔軍校「黨軍」奉命擴大為國民革命軍第一軍，蔣介石任軍

1　《蔣介石年譜初稿》，第 387-388 頁。

長，廖仲愷任黨代表。

為整治軍隊，統一軍令，國民黨中央、國民政府決定統一軍隊名稱，一律稱作國民革命軍。在 7 月 26 日的軍事委員會會議上，蔣介石就統一軍隊名稱的問題發表演說，謂統一軍政必自統一名稱始，「在軍事委員會曾擬有三種名稱：（一）國民軍，（二）革命軍，（三）國民革命軍。其要義不外指明我們國民黨召集優秀國民所組織的軍隊，是以革命為主旨，所以國民革命軍乃為最切合的名稱」。蔣並且說，舊日大元帥大本營所轄以「建國軍」命名的地方軍，如湘軍、滇軍、桂軍、粵軍等，其名稱應統一取消。[1]

與此同時，軍事委員會決定：黃埔軍校實行「校」「軍」分立，國民革命軍第一軍須從黃埔軍校中分離出來。

8 月 1 日，國民政府頒發統一軍權和統一軍隊名稱的命令。這一天，建國粵軍總司令許崇智發表通電：「遵照國民黨中央執行委員會統一軍政計劃，即日解除建國粵軍總司令職務，將所有軍隊交由國民政府軍事委員會統率。」8 月 4 日，許崇智、譚延闓、朱培德、程潛聯銜發出「解除總司令職」通電。[2] 此外，國民黨中央和國民政府又決定收回各軍政治工作幹部的培訓權，任命陳公博為國民政府政治訓練部主任，負責集中培訓並向各軍派出政治工作幹部，以統一國民革命軍政治工作體制。陳公博於 8 月 5 日宣佈就職。[3]

然而，正當國民政府對軍隊的各項整頓全面進行時，黃埔軍校黨代表、國民革命軍黨代表廖仲愷，突於 8 月 20 日，遭兇徒刺殺身亡。

整軍的步伐，並沒有因「廖案」的突發而延緩、停頓。在鮑羅廷介入下，汪精衛、蔣介石互相援手，藉助於廣州當時波詭雲譎的形勢，將查辦「廖案」與軍隊的整治、改編並軌進行。汪、蔣以「涉嫌」本案為辭，排斥了國民黨中央政治委員會主席胡漢民、軍事委員會委員許崇智，隨之，迅雷不及掩耳地對粵系軍隊實施第一波打擊，於 8 月 25 日逮捕了粵軍將領梁鴻楷、梁士鋒、張國楨、楊錦龍等，出兵解散梁鴻楷部粵軍。張國楨、楊錦龍稍後被槍

---

1 《蔣介石年譜初稿》，第 398 頁。

2 《許譚朱程解除總司令職之通電》，《廣州民國日報》1925 年 8 月 6 日。

3 《政治訓練部主任陳公博就職通電》，《廣州民國日報》1925 年 8 月 10 日。

殺。(「廖案」詳情見第十章）做完這一系列動作之後，軍事委員會即於 8 月 26 日議決：「黨軍改為第一軍，統轄第一、二兩師，蔣中正任軍長；建國湘軍改為第二軍，譚延闓任軍長；建國滇軍改為第三軍，朱培德任軍長；建國粵軍改為第四軍，李濟深任軍長；福軍改為第五軍，李福林任軍長。」其餘如贛、鄂、豫、陝各小部軍隊，則仍其舊。[1] 以李濟深為軍長的第四軍，是由被整肅的梁鴻楷建國粵軍第一軍改編的。

廖仲愷死後的軍隊整頓及國民革命軍統編，遂完全為汪、蔣所掌控。

此時，黃埔軍校第二期學生畢業。為加強軍校、軍隊的工作，蔣介石於 9 月 8 日下達「分發見習令」。分發的方向，包括政治工作、軍隊職務、機關槍班、通信隊和第一師工兵連。蔣指示：「其政治工作細部，按照學校、軍隊、海軍黨代表、糾察隊官長、國民政府政治訓練部，由代理政治部主任周恩來核派。軍隊職務，按照師部第一、二、三、四、五團，除第五團已先行派遣 9 名、憲兵營 5 名外，由第一師長何應欽核派。」[2] 這樣，第二期畢業生從黃埔軍校輸出，充實於軍校、軍隊各部門。

廖仲愷被刺後，汪精衞於 9 月 14 日接任黃埔軍校黨代表及各軍黨代表，於 10 月 2 日宣佈就職。

9 月中旬，鮑、汪、蔣決定「請」胡漢民「出洋」，實際上是讓他離開廣東，投畀萬里之外的俄國；接着又於 9 月 20 日對粵系軍隊實施第二波打擊：粵軍總司令許崇智所轄鄭潤琦、許濟、莫雄等部，分別在虎門、莞城、石龍等地，被包圍繳械；許崇智、許濟被逐離粵境，送往上海。同一天，蔣介石着手組編第一軍第三師，呈請任命譚曙卿代理第三師師長，並將鄭潤琦、許濟、莫雄各部，分別改編為第三師第七、八、九團。任命譚曙卿兼第七團團長；陸瑞榮為第三師副師長兼第八團團長，並指揮補充團；衞立煌為第九團團長。並令第七團集中於新塘，第八團集中於石牌，第九團集中於石灘，補充團開赴深圳和寶安，分別加以改組。[3] 蔣指示第三師「暫歸」第一軍軍長指

1　《蔣介石年譜初稿》，第 410 頁。
2　《蔣介石年譜初稿》，第 420 頁。
3　《蔣介石年譜初稿》，第 428-429 頁。

揮。至此，第一軍已擁有三個師。

稍後，汪、蔣又策劃拘禁了剛剛遠道來粵的川軍將領熊克武，出兵驅逐了熊克武部川軍。

許崇智被逐、第三師組編第二天（9月23日），《廣州民國日報》登出《舊軍新化的問題》一文，說：

> 現在軍隊最不良的習慣就是「屬人而不屬國」，比方這一營兵是阿甲帶領的，那麼這營兵便說是甲的軍，而把國家的軍的觀念，完全拋之腦後，這是做成個人勢力的原因，只要阿甲發令，便什麼都可以幹，這與武力與國民結合的原意去得遠了，補救這個毛病的辦法，最終是實行設黨代表。那時無論什麼軍的號令都操之黨代表的手裏，而不操之於軍官的手裏。[1]

這時強調黨代表的作用，顯然是為汪精衞出任黃埔軍校黨代表及各軍黨代表造勢。

9月19日，周恩來被任命為第一軍政治部主任。黃埔軍校「校」「軍」分立後，周恩來主要從事軍隊方面的工作，但仍然以中共廣東區委軍委負責人的身份，主管中共在黃埔軍校黨組織的工作，同黃埔軍校仍有多種聯繫。[2] 是月28日，國民黨中央執行委員會任命周恩來為第一軍第一師黨代表，賀衷寒為第一團黨代表，金佛莊為第二團黨代表，包惠僧為第三團黨代表，徐堅為第二師第四團黨代表，嚴鳳儀為第五團黨代表，蔣先雲為第三師第七團黨代表，張際春為第八團黨代表，王逸常為第九團黨代表。[3] 此外，任命王懋功為第二師師長，繆斌為第二師黨代表，魯易為第三師黨代表。國民革命軍第一軍幹部的配備，基本就緒。

1　曙風：《舊軍新化的問題》，《廣州民國日報》1925年9月23日。

2　《委定各軍政治部主任》（《廣州民國日報》1925年9月19日）：第一軍周恩來，第二軍李富春，第三軍黃實（10月20日為朱克靖），第四軍陳孚木，第五軍（暫缺，12月8日為雷劍敖），第六軍羅漢，副主任吳明，攻鄂軍講武堂林祖涵，湘軍講武堂謝晉，警衞軍陳雁聲，海軍李之龍。並謂「均定為少將級」。

3　《蔣介石年譜初稿》，第431頁。

經過多次的調整、變動，至第二次東征時，國民革命軍第一軍的組織系統，大致情況如下。

軍　長　蔣介石
黨代表　汪精衛
政治部主任　周恩來
第一師　師　長　何應欽
　　　　黨代表　周恩來
　第一團　團　長　沈應時
　　　　　黨代表　賀衷寒
　第二團　團　長　劉峙
　　　　　黨代表　金佛莊
　第三團　團　長　錢大鈞
　　　　　黨代表　包惠僧
第二師　師　長　王懋功
　　　　　黨代表　繆斌
　第四團　團　長　劉堯宸
　　　　　黨代表　徐堅
　第五團　團　長　蔣鼎文
　　　　　黨代表　嚴鳳儀
　第六團　團　長　惠東昇（後編）
第三師　師　長　譚曙卿
　　　　黨代表　魯　易
　第七團　團　長　譚曙卿
　　　　　黨代表　蔣先雲
　第八團　團　長　陸瑞榮
　　　　　黨代表　張際春
　第九團　團　長　衛立煌
　　　　　黨代表　傅維鈺

第一補充團 團 長 周保山
黨代表

黃埔軍校史料顯示，當國民革命軍第一軍組建，黃埔實行「校」「軍」分立之際，黃埔軍校重新組建校屬部隊。據《蔣介石年譜初稿》：1925 年 10 月 4 日，「呈請任命李皋（李杲）為軍校教導第一團團長」；10 月 6 日，「呈請任命吳奐為教導第二團中校團附，並代行組織第二團，沈振亞為該團參謀長」；10 月 9 日，「呈請任命胡宗陳為教導第三團團附，陳憲章、張寄塵、萬夢麟為該團第一、二、三營營長」。可見軍校原教導團編為第一軍後，黃埔軍校很快重建教導團，至 1926 年 1 月，已建立黃埔軍校教導師。

1925 年 11 月，在國民革命軍第四軍內，建立由中共廣東區委直接掌握的第三十四團，由中共黨員葉挺任團長，最初由周士第（一期）、許繼慎（一期）、楊寧（教官）分別任第一、二、三營營長，董朗（一期）任團參謀長。原大元帥府鐵甲車隊併入此團。中共廣東區委在第三十四團建立中共支部。1926 年春，第三十四團改名為第四軍獨立團（葉挺獨立團）。此為中共廣東區委獨立掌握軍隊的嘗試。

國民革命軍第一軍組建後，軍隊更換名稱，而黨管軍隊的性質未變。汪精衞說：

> 我們看國民政府委員會組織法第一條，和軍事委員會組織法第一條，便可知道國民政府軍事委員會是在國民黨的指導監督下而成立的。事實上，國民政府是國民黨的政治部，軍事委員會是國民黨的軍事部，所以無論什麼軍隊或軍校，總是國民黨的。[1]

汪強調的是，黨高於一切。國民革命軍依然實行黨代表、政治部、黨部的黨管軍隊體制。

1 汪精衞：《黃埔軍官學校成立典禮訓話》（1926 年 3 月 1 日），少侯編：《汪精衞文選》，上海仿古書店，1936 年，第 190 頁。

以上，從「校軍」到「黨軍」，再到國民革命軍，為黃埔建軍進程的三階段。當時，國民黨改組讓這個黨煥發出一定活力，為以黨建軍提供了條件；黃埔軍校辦校的成效，為之準備了一批幹部；不僅如此，國民黨當時還有一次除舊佈新的機遇。黃埔建軍，可謂條件具備，機遇難逢。前後不足一年，國民黨獨立建軍的願望，得以實現。

然而，由於國民黨的複雜性，其改組不徹底，加上種種原因，未真正形成黨管軍隊的基礎與實力。稍後，在建軍、整軍及其他機會中得以迅速擴張勢力的蔣介石，即以手中的軍事實力，來與他的黨爭、政爭對手展開博弈。故軍隊「黨化」的開始，也就是「黨軍」逆變的開始。軍隊之中以種種名義和手段抵制和反對黨代表制，即反對黨管軍隊新制度的勢力和人物，逐步浮現，並越來越活躍。其代表人物，就是蔣介石。隨後（1926 至 1927 年），國民黨內「黨權」「政權」「軍權」的較量（表現為「中山艦事件」「遷都之爭」「迎汪運動」等）的結果，是「軍權」戰勝「黨權」，同時也戰勝「政權」，形成了蔣介石軍事集團「以軍制黨」「以軍制政」的局面。

第九章　黃埔軍校與廣東戰爭

第一節　平定商團之亂

廣東商團創建於辛亥時期，初為商人自衛武裝，後與入粵之滇、桂軍對立，對大元帥府亦懷戒心，彼此存在一種緊張關係。1924 年 5 月，商團決定組建聯防總部，以廣州滙豐銀行買辦陳廉伯為總長，佛山商會會長、商團團長陳恭受為副總長。全省 10 個分團，總共 4000 多人。當年 8 月至 10 月間，因大元帥府扣壓了商團從國外購進的槍械，引起商團的激烈反抗，並很快演變成一場暴亂。史稱「扣械潮」，亦稱「商團之亂」。

開學不到兩個月的黃埔軍校，遇上了這一事件。

據黃埔軍校一期生張隱韜的日記記載：8 月 11 日，「至晚間忽有匪警，說是有船載的兵來劫學校。又說是在虎門過來一船，滿載軍械將運往沙面。本校晚上即將第一隊之一區隊及四隊之一區隊，調往黃埔東岸炮台處，對之放槍。並鳴大炮三聲，將該船也未打上。防守一夜，究不知是怎樣辦理解決？並實在是一段什麼事情？」[1] 這段日記所記，是商團械輪從虎門開進當夜為黃埔軍校察覺的情形。

《蔣介石年譜初稿》對商團事件的起因，記錄如下：

> 初楊、劉軍隊之在粵也，假揭革命旗幟，暴斂橫徵，商民不堪其苦，遷怒於政府。商團會長陳廉伯〔廣東英商滙豐銀行買辦〕，因受陳

1　見《張隱韜烈士日記》1924 年 8 月 11 日部分。按：這裏記的應是 8 月 10 日發生的事情。

> 炯明暨英帝國香港政府〔英酋深嫉政府與蘇俄親善〕煽惑，密組中國反動黨，託言商民自衛，向香港德商順全隆洋行購定大批槍械〔九千餘桿〕，於本月四日蒙領軍政部護照一張，越四日，即以哈輔輪懸哪喊旗裝運入口。大元帥得港探報，立派蔣司令辦理此事。是晚，公（指蔣介石——引者）奉手令，率同大本營副官鄧彥華乘江固艦赴沙角弋緝。[1]

裝載商團槍械的「哈佛輪」(即哈輔輪)，被蔣介石派出的「永豐」「江固」二艦監押至黃埔，停泊於校門之外。處置商團槍械的任務，即由本校教官學生負責。對扣艦並搬運槍械的過程，張隱韜 8 月 12 日日記，有具體記述：

> 昨夜發生之私運槍械事，已經成為事實了。其他的談論，都是謠啄。此事之發覺，預有人密報大本營，大元帥來一電，命扣留該船，並命省城來一軍船來幫助一切……及至夜間，派多數學生，荷槍實彈，協同要塞司令部，在東岸防守，見該船來時，即命停駛，不聽，乃開槍開炮。該船乃反轉往東而逃，本校特拍一電至虎門，命其截住該輪。乃於今日正午解該船至黃埔。因恐該船不受搜索，乃派二隊為警戒，不得已時即開槍轟擊之。直至晚七時許乃開始搬運該軍火。
>
> 大雨驟作，我亦正值警戒之際，水深數寸，行動時皮鞋為水浸入，槍亦濕。本校乃命三四隊學生脫去軍衣，戴上雨笠搬運，至十二時乃止。因為船上軍火未搬完，學校的軍火亦須防禦不虞，故我們在下午一時出外警戒，直至天將明的四時半方回校睡覺。聞該軍火約一千二百箱，槍數目還不知清楚。——我在夜間警戒時，那種暴烈的風雨，要說是辛苦得很，但我認為國民黨得這大批軍火，誠是前途的幸事，高興得很，故毫亦不覺苦！
>
> 又，夜晚用的口令，是「得威必勝」四字，也表示國民黨得這批軍

1　《蔣介石年譜初稿》，第 225 頁。本書着重敍述黃埔軍校官生參與平定商團的活動，對商團事變的起因及激化等問題，未展開敍述。

火而歡出意外的意思。[1]

這篇日記說第二隊負責警戒，第三、四隊冒雨搬運。第三隊學生有陳賡、關麟徵、張耀明、杜聿明、廖運澤、孫元良、侯鏡如、黃傑等；第四隊有蔣超雄、胡宗南、容有略、冷欣、楊伯瑤、范漢傑等。這些日後廣為人知的人物，在這個風雨交加的夜晚，應當都登上了「哈佛輪」，參加了搶運行動。張隱韜估計，船上有「步槍四千五百餘支，手機關百架許，盒子炮五百餘支，輕機關數架，並其他槍械共九千餘支，子彈三百萬發，價洋八九百萬元」。

這艘「哈佛輪」，打亂了黃埔一期的課程表。此後，教官不可能按部就班地教，學生也不可能循序漸進地學，一切的教學、訓練活動，都與解決商團事變聯繫在一起了。蔣介石告誡學生說：「我們時時刻刻不可把打仗這件事忘記，不要以為求學和打仗是兩件事。」[2]

黃埔一期官生在平息商團事變中的活動，主要有如下幾個方面。

一、參與保衛帥府和省長公署，守衛黃埔島

槍械被扣後，商團即聚眾包圍大元帥府，呼喊「械存與存，械亡與亡」的口號，要求無條件全部發還被扣槍械。8 月 20 日，商團移其總部至佛山，謀以全省商團聯合之勢，對抗帥府。罷市於 22 日從佛山開始，迅速蔓延至九江、陳村、順德等多個城鎮。25 日，商團總部又遷回廣州，意在煽動廣州全市總罷市。

當商團包圍帥府及省長公署時，黃埔軍校「徇廖黨代表電請，派軍校教官文素松率領第三、四隊學生，前往省城維持治安，鎮謠言」[3]。張隱韜的日記寫道：「他們（商團）聞此項軍火被扣，乃率千餘商團軍包圍大本營及省長公署，大元帥向之演說扣留之理由，他們仍不稍聽。本校乃派第三、四隊學生去省城大本營保護，於（12 日）下午出發。」

1 見《張隱韜烈士日記》1924 年 8 月 12 日部分。
2 《蔣介石年譜初稿》，第 234 頁。
3 《蔣介石年譜初稿》，第 229 頁。

存放於黃埔島上的被扣槍械，等於一座隨時都會爆炸的火藥庫。當時覬覦這批槍械，欲行劫奪者，當不止於商團而已。黃埔軍校於是宣佈長洲全島戒嚴，並派第一、二隊學生嚴守。張隱韜為第二隊學生，他記錄當時執行任務經過說：「下午一時派出警戒，我與三四人為步哨，位於東南岸之山上。不時大雨驟至，直到九時返校時雨猶未止。此地隨地有匪，我們位置之地，與各地步哨接的太遠，真是危險的很；人數又少，每人發五發子彈。」

二、加緊戰備演練

為應對日益惡化的事態，黃埔軍校調整了課程，取消了原定的行軍訓練等，服從戰備需要，急用先學。首先是提前講授「築城學」，並在環黃埔島各山頭上，着手修築戰壕。這既是「築城學」一科的實習，更是守衛黃埔島的一項緊急舉措。

接着，黃埔軍校開始學習「巷戰」。蔣介石於 8 月 19 日親自講解，下午即令學生開赴城內，實行「巷戰」演練。張隱韜日記記載：「上午校長說話，並講『巷戰』。」此時，商團之亂愈演愈烈，為此，大元帥府對商團總長陳廉伯嚴下通緝令，並佈置軍隊，以觀音山（越秀山）為陣地，監視商團總部所在地——西關。蔣介石在講話中表示，如果商團「一有舉動」，即強行攻打西關。[1]

張隱韜接着寫道：「我們去（即開進城內），也是為的備戰，全副武裝，充分子彈，而實習『巷戰』者也。下午一時出發，三時船至省城。住於省長公署內，食住亦甚安心。」第二天，軍校學生列隊巡行西關，對商團實行武裝示威。

三、護衛孫中山到韶關

商團槍械被扣後，英國駐穗公使向大元帥府提出「抗議」，公開支持商團和陳廉伯。英國並派兵艦數艘游弋於白鵝潭，耀武揚威。孫中山說，英國的

1　見《張隱韜烈士日記》1924 年 8 月 19 日部分：西關「約五六十萬人，廣州商業之中心地也」，如果西關商團「一有舉動，則以炮轟之，而犧牲此西關人民」。

壓迫、東江陳軍的反攻、「客軍」（滇、桂軍）的貪橫，這三條足以制我於死地。迫不得已，孫於9月12日以北伐為由，將大本營移往韶關。《蔣介石年譜初稿》寫道：「大元帥親率警衛隊、飛機隊、贛軍全部〔方本仁部〕、湘軍〔譚延闓部〕、滇軍〔朱培德部〕、豫軍〔樊鍾秀部〕各一部〔惟楊、劉等部不受調遣〕出發，指揮北伐軍事。公派軍校教官文素松率第一隊學生隨駕護衛。」[1]

作為孫中山衞隊，第一隊乘坐鐵甲車開赴韶關，第一隊中有徐向前、宋希濂、鄧文儀、曾擴情、周振強、王泰吉等人。隨着孫中山的轉移，第一隊的課堂和操場，也轉移到了粵北。至10月上旬，派赴韶關的學生，才調回廣州。

四、參加西關之戰

孫中山離開廣州前後，處置過部分扣械，並下達過將扣械分給各校、各軍的命令。當時，滇軍范石生、廖行超以「調解」為名，向帥府施加壓力；胡漢民、汪精衞、許崇智、李福林等，則分別與商團交涉，討論交換條件。孫中山為各種勢力所包圍，左右為難，舉棋不定，朝令夕改。他甚至決定放棄廣州，於10月9日致函蔣介石說：「然我來韶之始，便有寧棄廣州為破釜沉舟之北伐，今兄已覺得廣州有如此危險，望即捨去黃埔一孤島，將所有槍彈並學生一齊速來韶關，為北伐之孤注。」蔣介石卻立意堅守廣州，答覆孫中山說：「叛軍與奸商聯成一氣，其勢益兇，埔校危在旦夕。中決死守孤島，以待先生早日回師來援，必不願放棄根據重地，致吾黨永無立足之地也。」[2]

這時，胡漢民、許崇智、李福林與商團達成了妥協條件，要點是商團交付20萬元，帥府發還槍械，數目在5000支以上。孫中山同意了這一條件，於10月9日下午5時半，「下令發還扣械」。第二天，蔣介石致電孫中山：「商團槍械昨夜移交李登同（福林）轉交各戶，子彈待其交足二十萬元再發。」

10月10日為雙十節，廣州發生了「雙十慘案」。《蔣介石年譜初稿》記載此事起因說：「軍校學生暨廣州市各界，在市舉行大巡行，過西濠口，商

1　《蔣介石年譜初稿》，第233頁。
2　《蔣介石年譜初稿》，第243-244頁。

團乃與尋釁。商團運回發還槍械，在河岸起卸，巡行隊經其地，團員疑將劫之，放槍擊斃工團軍數名，事遂決裂。」[1] 隨之，西關等處遍貼打倒孫政府等標語。

孫中山認為：商團「叛跡顯露，萬難再事姑息。生死關頭，惟有當機立斷」[2]，遂成立並授權「革命委員會」全力應付非常之變，並令北伐部隊全部南返廣州，令蔣介石統一指揮警衞軍、工團軍、農民自衞軍、飛機隊、鐵甲車隊、兵工廠衞隊、陸軍講武學校、滇軍幹部學校，蔣介石並派為「革命委員會全權委員」。14 日，孫中山下令解散商團。

10 月 14 日黃昏，黃埔軍校第一期第二隊和第四隊，奉令進城參加「巷戰演練」，乘火輪逆江而上，在天字碼頭登岸，涉水進入廣州城區。第二隊學生李奇中說，是茅延楨帶着二隊去的。

第四隊學生蔣超雄後來回憶說：

> 在下午七時左右，在廣州東堤軍校辦事處碼頭登陸。時正大雨如傾，永漢路積水二三寸。這兩個學生隊軍容嚴肅，氣勢高昂，雖行軍於大雨積水之中，步伐整齊、行陣不亂，無人低頭縮頸或東張西望，真是一往無前，傍若無人。永漢路兩旁商店裏的人都在門內觀看，莫不嘖嘖稱羨。象這樣的隊伍，在廣州是前所未見。[3]

直到深夜「巷戰演練」開始時，蔣介石才口頭宣佈，軍校學生今日的真正任務，是參加攻打商團。這一夜，蔣介石督率黃埔軍校學生，「並協同湘軍〔由韶關調回者約三千人〕及張〔民達〕、吳〔鐵城〕、李〔福林〕各部，分向西關，西瓜園、太平門、普濟橋迎擊」。15 日凌晨，與滇、桂軍等各部包圍西關，破柵門而入，巷戰良久。至日晡，西關商團總部乃被攻破。[4]

商團事變，無異於為黃埔學生提供了一個學習戰爭的特殊課堂。

1　《蔣介石年譜初稿》，第 246 頁。
2　孫中山：《致胡漢民等電》（1924 年 10 月 10 日），《孫中山全集》（第十一卷），第 167 頁。
3　蔣超雄：《我在黃埔軍校學習的回憶》，《廣東文史資料》第三十七輯，第 41 頁。
4　《蔣介石年譜初稿》，第 250 頁。

第二節　首次東征

1922 年六一六兵變後，孫中山、陳炯明關係破裂。孫於次年重建大元帥府，陳則駐兵東江。後有人以孫、陳「合之則雙美，離之則兩傷」，試圖撮合二人關係。陳炯明卻表示：不「盲從」孫中山，「不能閉起眼睛瞑索以行」，「惟有沉機待變，再謀赤手以搏龍蛇，以雪此恥，如斯而已」[1]。

1925 年春初，大本營發起討伐陳軍的東征之役。1 月 30 日，以楊希閔為總司令的「東征聯軍」，決定分三路出兵東江：楊希閔部滇軍任中路，劉震寰部桂軍任左路，許崇智部粵軍任右路。黃埔軍校學生被編入右路。《蔣介石年譜初稿》謂，「徇軍校全體學生參戰要求，令加入右翼」。可知是軍校學生主動要求參加東征。出發東江者，有軍校教導團兩個團，第二期學生步兵隊、炮兵隊、工兵隊、輜重隊，第三期入伍生第一營，共約 3000 人。加入東征右路軍的，還有大本營鐵甲車隊。

本次東征中，黃埔軍校經歷的戰事，主要如下。

一、淡水之戰

2 月 1 日，黃埔軍校開始東征。蔣介石、加倫、周恩來等隨軍出發，迅速佔領了東莞城和石龍。隨即以鐵甲車隊為先導，沿廣九鐵路南進，於 2 月 7 日佔領常平，10 日佔領平湖，11 日佔領深圳，控制了鐵路全線。

教導團宿營深圳龍崗時，營黨代表蔡光舉給他的同學寫信說：

劍飛二哥：

軍行十二日，不見一敵人，時時謂要接火，天天安然睡覺，現已抵距淡水四十里之龍崗矣。你好否？入伍生程度如何？聽說聽教否？我正望你勤攻書典，印證事實，以備將來用之不窮。吾危矣！常欲用功，而一刻未能用功，將墮落儕輩之後也！哥其何以勉我哉？行矣！……又站

1　《陳炯明答吳敬恆書》（1924 年 5 月 13 日），轉見《孫文與陳炯明史事編年》，第 815 頁。

隊矣，夜夢……醒時一條氈子遮遮半身，不覺冷清清也！手肅，祇頌黨勞！不盡。

制弟光舉

認曲畏友：

邂逅共硯十月有餘，責善規箴，面斥無忌，不可謂不相知矣。賦征以來連兩星周，他無所苦，惟以不見敵人，發彈無的為恨！入伍生後起之秀，定有人傑，望物色之！春風泛桃李花，確切可愛，恨未與君同賞也。匆肅，即問精進?

制弟蔡光舉

十四年二月十三日[1]

蔡光舉，貴州遵義人，黃埔一期生，時任校軍第一團第三營黨代表。蔡陣前惦記同學，想到還要「用功」學習，以未能與朋友「同賞」桃李花為憾事。當然他更渴望參戰，以「發彈無的為恨」。

14 日，黃埔軍校教導團與粵軍各部先後進至淡水城下。此時，陳軍一部據城而守，另一部從惠州移兵來援。為此，黃埔軍校教導團、粵軍第二師和第七旅，發起淡水攻城之戰。粵軍第二師（師長張民達、參謀長葉劍英）被佈置於淡水城西北面；粵軍第七旅（旅長許濟）被佈置於城之東北面；黃埔教導團被佈置於城之東南面。是晚，黃埔軍校頒佈命令：「本校長黨代表不忍我將士兵卒久暴荒野，爰特挑選奮勇隊，誓於最短期攻破淡水。仰爾等將士務體此心，抱定為黨為國犧牲之決心，奮勇邁進，可進不可退，則蕞爾淡水，不足平焉。」[2] 校軍組織攻城「奮勇隊」，即敢死隊，其任務是冒死衝鋒搶城。

李奇中回憶：教導團兩個團共挑選奮勇隊隊員 105 名。其中包括營黨代表蔡光舉，連黨代表冷欣、劉疇西、彭幹臣、張際春、游步仁、李奇中、張

1　《蔡光舉同志遺書二通》，《青年軍人》第二期，1925 年。

2　《挑選奮勇隊攻克淡水城令》（1925 年 2 月 14 日），陳以沛、鄒志紅、趙麗屏合編：《黃埔軍校史料（續篇）》，廣東人民出版社，1994 年，第 15 頁。

隱韜、李漢藩、鄭洞國（另說還有李安定、趙枏）。[1] 15 日拂曉，攻城開始。官兵奮勇異常，第一團於 7 時半即逼至小南門及東門城腳。守軍發射猛烈，攻城隊多被流彈擊中。第一營第三連的旗手，首先登上城頭，揮舞旗幟。各官兵乘勢推進，或緣炮孔鑽進城內，或搭成人梯，攀緣直上。不到兩小時，淡水城即被攻破。[2]

淡水之戰中，奮勇隊官長、營黨代表蔡光舉負重傷，日後不治而逝。第一營排長葉彧龍、刁步雲、江世麟陣亡。是為黃埔校軍的初次參戰。蔣先雲在所撰《由前敵歸來》中說：這是我們革命軍第一次對敵，第一次為實行主義而奮鬥，「革命軍自有革命軍的特色！」[3]

淡水既克，東征軍繞過惠州東進。從 2 月 24 日起，黃埔校軍從平山向白雲市、稔山、梅隴前進。在當地農民配合下，於 27 日佔領海豐（陳炯明家乡）。彭湃領導的海豐農民協會於是恢復。黃埔學生李勞工，被任命為軍校後方辦事處主任，吳振民任政治部特派員。3 月 16 日，海豐農民自衞軍和農軍訓練所成立，李勞工、吳振民分別任大隊長和教官，黃埔學生盧德銘、宛旦平、陳烈、詹賡陶等，任農民自衞軍教練。

二、棉湖之戰

3 月 7 日，東征軍佔領汕頭。因滇、桂軍消極觀戰，逡巡於增城至博羅之間，陳軍總指揮林虎得以糾集所部，從紫金、五華包抄而來，企圖一舉打敗孤軍入汕的東征軍。棉湖之戰，由此開始。

棉湖之戰為東征關鍵性的一戰。為打敗林軍，蔣介石令粵軍第一旅、警衞旅（剛從後方開到）佔領河田，以拊林軍之背；校軍第一團（團長何應欽）、第二團（團長錢大鈞）和粵軍第七旅（旅長許濟）從揭陽、普寧回師，迎擊林軍。

3 月 13 日晨，校軍第一團在棉湖與林軍八九千人激戰。由於地圖不確，

1　李奇中：《統一廣東革命根據地的戰爭》，中國人民政治協商會議全國委員會文史資料研究委員會編：《文史資料選輯》第二輯，中華書局，1960 年，第 27 頁。

2　王俊：《教導團第一團淡水之戰》，廣東黃埔陸軍軍官學校特別區黨部革命軍社編輯發行：《革命軍》第六、七期合刊，1925 年 5 月 30 日。

3　蔣先雲：《由前敵歸來》，《中國軍人》第二號，1925 年 3 月 2 日。

通訊不靈，左（錢團）、右（許旅）兩翼未能如期加入戰鬥。第一團單獨迎戰林軍，自朝至暮，苦戰竟日。戰鬥最激烈處上午在曾塘村：第一團第一營被林軍包圍，傷亡數十人，被繳槍數十支。第二營逐連、逐排加入戰鬥，但因人數太少而未能扭轉戰局。後出動團部官兵，也無法退敵。第三營欲從側翼策應，但因敵佔地廣闊，反為林軍所包圍，並與第一、二營失去聯絡。林軍幾次衝到團指揮所附近，幾乎將指揮所打垮。

當時，林軍一股衝到了離指揮所僅 200 米處。炮兵連長陳誠以山炮直接射擊林軍，連發三炮，打退了林軍最具威脅的一次進攻。陳誠「三炮」，後傳為美談。

戰局至危時，教導團學兵連及時加入戰鬥。據《革命軍第一次東征實戰記》記述：學兵連「時而衝鋒陷陣，時而白刃相接，時而繞敵側擊，斬殺無算，屢摧強敵，頗能得到戰鬥勝利……使敵不能逞其包圍之伎倆，第二營無左（後）顧之憂，左翼有磐石之固。應戰三小時之久，卒能支持，達到與敵對峙之局勢，而使敵人不得越雷池一步者，未始非該連官兵之勇敢與曹連長指揮之巧妙也」。[1] 學兵連連長曹石泉為一期區隊長，黨代表曹淵、副連長唐同德均為一期生。學兵連對穩定棉湖戰局，發揮了重要作用。

其時，黨代表廖仲愷到東江慰勞革命軍，此日親到棉湖火線，激勵官兵作戰。

當日下午，戰事中心轉到和順村。林軍總預備隊又包圍了第一團第一營和第三營，第一團傷亡慘重。第三營黨代表章琰、副營長楊厚卿、八連連長胡仕勛、九連連長余海濱陣亡，七連連長郭俊受重傷。全營 9 名排長 7 死 1 傷，385 名士兵僅剩下 111 名。[2] 第一團頑強堅守陣地，至下午 2 時，第七旅從右翼，第二團從左翼先後趕到。各部共同出擊，終於將林軍打敗。林軍乃向五華、興寧退去。

通觀棉湖一戰，可知正面拒敵起了主要作用。只因第一團在正面擋住

1　劉秉粹編：《革命軍第一次東征實戰記》，（台灣）文海出版社，1981 年，第 264 頁。

2　王俊：《棉湖大捷五十年之回憶》，中共惠州市委統戰部、中共惠州市委黨史辦公室編：《東征史料選編》，廣東人民出版社，1992 年，第 908 頁。

林軍巨大攻勢，之後側出援兵（第二團、第七旅），擊敵不豫，才最終扭轉不利，以少勝多。參與此戰的黃埔戰術教官顧祝同，後來將棉湖之戰比作隋末「霍邑之戰」：李淵父子與隋將宋老生戰於霍邑，宋傾全力擊李淵，淵軍稍卻，建成墮馬。而李世民率兵自右後方攻宋，隋軍大敗。顧祝同又將此戰比作1815年的「滑鐵盧之戰」：法、英兩軍激戰於滑鐵盧，英軍正面遭受重大壓力，難於支持之際，普魯士軍從右側背出擊，法軍大敗，拿破崙被俘。

棉湖之戰發生於孫中山逝世後第二日。假如這一天黃埔校軍教導團被打敗了，世上可能再沒有「黃埔」二字。《蔣介石年譜初稿》謂：

> 棉湖一役，以教導第一團千餘之眾禦萬餘精悍之敵，其危實甚，萬一慘敗，不惟總理手創之黨軍盡殲，廣州革命策源地亦不可保。此戰適當總理逝世之翌日，蓋在天之靈有以默相其成也。[1]

黃埔教官、學生對這一仗的記憶，可謂銘心刻骨。親歷棉湖一戰的何應欽在此後的數十年間，每到3月13日，經常要搞點紀念活動。何應欽說：本黨之絕續，在此一戰；國民革命軍之始基，於焉奠立。

棉湖之戰後，廖仲愷作《我們的光彩要照耀大地》的講演，說：「我們軍隊，現在現出光彩來了！」[2]

親歷棉湖之戰的蘇聯顧問加倫說：「昨天棉湖一戰的成績，不獨在中國所少見，即在世界上亦少有的。」[3]

三、五華、興寧之戰

棉湖之戰後，黃埔校軍和粵軍第一師第一旅（陳銘樞）、警衛旅（歐陽駒）奔襲五華和興寧。鑒於林虎「收縮五華，固守興寧」的戰略，校軍決定迂迴襲擊，間道襲擊五華。3月17日下午，教導第一團強行軍120餘里，於

1 《蔣介石年譜初稿》，第322頁。
2 廖仲愷：《對教導團全體官兵演說》（1925年3月16日），《廖仲愷集》（增訂本），第241頁。
3 《加倫將軍對教導團全體官兵演說》（1925年3月16日），《黃埔軍校史料（1924—1927）》，第162頁。

翌日晚直薄五華城下。當時，林軍主力已開往興寧，五華守將王得慶未作積極防備。是夜，蔣介石「即令何團長率隊潛伏郭外，取包圍之勢。城中有一偽（敵）連長出巡哨，獲之，用以為嚮導，混充運彈隊，賺開南門，一擁而入。敵驚潰，紛紛奪東北門出，向興寧及贛邊奔竄，禽〔擒〕逆湘軍王得慶部、林逆行營官長數名，奪械彈輜重無算」。這一不正攻興寧而先從間道襲取華城的打法，蔣自認為是一着妙棋，自我評價甚高，親筆在他的年譜中加了一句「生平戰略得意之一也」。又說「公竊自詡為神」。[1]

有趣的是，黃埔校軍在這一仗中所付出的，僅僅是傷了彭幹臣（一期生、連黨代表）的一個小指頭。彭幹臣笑道：「革命誠艱巨，吾指何足惜？留得頭顱在，可為黨效力。」[2]

3 月 19 日，教導第二團和粵軍第一旅轉攻興寧城。敵據城固守，拚死決戰。粵軍第一旅於 3 月 20 日上午首先打退了神崗山之敵，接着與敵激戰於南濟橋，運用正面吸引、側面包抄的戰術，將城外之敵驅入城內。下午，東征軍各部冒雨拔城。教導第二團在新豐街佔據樓房，瞰制城內，猛攻西門。當南門之敵被迫轉向西門時，第三營第九連乘隙攻入南門。林虎軍棄城而逃。東征軍俘敵千餘，繳槍兩千。興寧城遂克。

五華、興寧酣戰之際，粵軍第二師（師長張民達）出潮安、豐順。興寧既克，第二師由韓江北上，佔領大埔、梅縣、蕉嶺。黃埔校軍則向平遠追擊。林軍向閩邊、贛省退去。東征之役，至此結束。

第三節　回師廣州

滇、桂軍 1923 年初進入廣東，多行不義，粵人深受其禍害。孫中山曾制定嚴厲的「軍律」，欲對亂法之軍予以制裁，但收效不大。東征未捷，孫中山於 1925 年 3 月 12 日病逝於北京。這時，本來拒絕與孫合作的滇系唐繼堯，

1　《蔣介石年譜初稿》，第 325 頁。

2　魏文伯、劉鼎：《革命先烈彭幹臣》，《人民日報》1985 年 1 月 30 日。

卻於18日通電就任所謂「副元帥」職，聲言將率兵十萬，入主粵政。楊希閔表示「擁唐入粵」；劉震寰則親赴雲南，促唐出兵。楊、劉從韶關等地召回部隊，佈置於廣州及近郊，聲言「以武力貫徹主張」。作為東征後方的廣州，隨即陷入恐慌之中。

東江戰事結束後，廖仲愷於4月27日到達汕頭市，與許崇智、朱培德、蔣介石及加倫等「密定大計」，決定東征軍回師廣州，討伐楊、劉。5月13日，廖再到汕頭召集會議，剛從北京南下的汪精衞，也經香港來汕頭，參加籌劃整個策略。21日，東征軍各部從潮州、梅縣等地啟程，班師返穗，經海豐、平山、淡水，於6月6日到達廣九鐵路樟木頭一帶。

在廣州，為便於指導和統一行動，於事前組成了討伐滇、桂軍的「三方委員會」，參與者為廖仲愷、譚平山與陳延年、加倫。[1] 中共廣東區委還特別成立了統籌討伐行動的「革命委員會」，由羅亦農負責。[2] 5月17日，國民黨黃埔軍校特別區黨部邀各軍校、部隊、廣東大學之黨部或黨團，共商對付時局辦法。黃埔軍校特別區黨部常委周逸羣（二期）任主席，譚平山、廖仲愷、戴季陶到會講話。會議認為，目前是國民黨的生死關頭，全體黨員應加強團結，共同對敵。會議並推舉吳明（二期）負責起草《各特別區黨部及黨團重要宣言》。[3] 當日下午，中國青年軍人聯合會召開第一次全體職員聯席會議，在穗各軍校、各兵艦、大元帥府衞士隊和鐵甲車隊代表出席，以王一飛（二期）為主席，出席者有汪精衞、鮑羅廷、張太雷、傅大慶、陳東（陳延年）等。汪、鮑就時局問題發表了講話；李漢藩（一期）、胡承焯（三期）提出了應對事變的建議。會議通過「本會所有會員無論在何時何地均一致行動攻守同盟」的決議。[4] 當日上、下午兩次會議之後，滇軍幹部學校及桂軍軍官學校的

---

1 卡爾圖諾娃《加倫在中國（1924 — 1927）》記：「為便於開展工作、統一行動和進行指導，恢復了在討伐陳炯明之前即已成立的譚平山（中共中央委員）、陳（中共廣東區委書記）以及總顧問和廖仲愷組成的『三方委員會』。」（第185頁）按：文中的「陳」指中共廣東區委書記陳延年，「總顧問」應為加倫，「三方委員會」可能是指國民黨、共產黨、蘇聯顧問三方。

2 《團廣州地委宣傳部報告（第十六號）》（1925年6月19日）：「CP曾組織革命委員會，特別辦理此事」。《廣東青年運動歷史資料》（一），第454頁。

3 《廣州市特別區黨部及黨團聯歡會記》，《革命軍》第六、七期合刊，1925年。

4 《中國青年軍人聯合會第一次全體職員聯席會紀錄》，《中國軍人》第六號，1925年8月17日。

部分教官和學生，脫離了楊、劉陣營。

6 月 4 日，滇軍佔領省長公署、粵軍總部、財政部和公安局。5 日，楊希閔發表「通電」謂：「今蔣中正、廖仲愷、譚平山等利用俄人，互相勾結，代彼宣傳，以少數黨人專制國家，直視革命為彼輩包辦事業」，「希閔等斷不容彼輩播共產流毒於社會，我軍因此喋血疆場，亦所不恤」。[1] 大本營乃於當日令免楊、劉本兼各職，改由朱培德任滇軍總司令。

在廖仲愷及中共廣東區委的策劃、領導下，粵漢、廣九、廣三鐵路於 7 日早上同時宣佈罷工。所有火車頭能開走的一律開走，不能開走的全部拆除，鐵路運輸遂告中斷。楊希閔以 10 萬元重賞到香港僱人開車，但無一人應徵。[2] 滇、桂軍因之受到極為沉重的打擊。

6 月 9 日，由潮、梅回師的東征軍抵達廣州近郊，遂部署總攻省城。是時，西江粵軍兼程馳至，北江譚延闓、朱培德、程潛各率部南下。11 日拂曉，各部會同進攻省城，北線部隊一一突破滇、桂軍設置於龍眼洞、瘦狗嶺、白雲山等處防線；南線部隊強渡珠江，進攻廣州市區。黃埔軍校的東征部隊及留校教官、學生、入伍生，分頭參與作戰。具體的部署為：「留校學生一部，協同海軍，由魚珠向石牌車站威脅敵之側背，並施炮擊。校部暨黨軍第一旅及第三團之一部，向龍眼洞；入伍生隊三營，由赤江（崗）塔、獵德渡河向東山應援。」[3] 獵德渡河時，黃埔軍校 6 名教官、學生陣亡，他們是：王聲聰、李志、雷學詩、陳劍飛、吳俊傑、朱方盛。

魚珠、沙河一帶，本來是黃埔軍校練兵、野營之地。在教官指導下，學生們對這些地方的山體、河流及各標誌物作過測量，製有圖表，對地形、地物及相互之間的距離了如指掌。因此，炮兵發炮的命中率很高，學生打起仗來，勢如破竹。在激戰中，滇軍師長趙成樑被擊斃，桂軍師長陳天泰（陳天太）被俘。楊希閔、劉震寰化裝經沙面登上外輪，潛往香港。

1　中國社會科學院近代史研究所中華民國史組編：《中華民國史資料叢稿：大事記》（第十一輯），中華書局，1978 年，第 97 頁。

2　羅大明：《大革命時期廣東工運情況的回憶》，中共廣州市委黨史資料徵集研究委員會辦公室編：《廣州大革命時期回憶錄選編》，廣東人民出版社，1986 年，第 227 頁。

3　《蔣介石年譜初稿》，第 374 頁。

繼回師之役後，省港大罷工於6月19日爆發。23日，黨軍第一師師長何應欽率兩個營及軍校入伍生，參加省港各界的集會和示威遊行。遊行隊伍當日遭沙面租界英、法軍警掃射，被打死52人，重傷170餘人，是為「沙基慘案」。黨軍第一團第三營營長曹石泉身受重傷，不治而逝。入伍生部第七連少尉排長文起代和三期入伍生郭光彩、徐仁江、劉著祿、王海洲等23人，在「沙基慘案」中中彈身亡。

第四節　第二次東征

驅逐楊、劉之後，國民政府、國民革命軍次第成立。在東征軍撤離潮、梅後，被逐出東江的陳炯明軍，根據許崇智（代表省方）與陳炯明方面的協議，重據東江。全省仍被割據，廣州政局依舊動盪不安。國民黨及國民政府因之決定再舉東征和南征，以掃除東江陳軍及南路鄧本殷軍，統一廣東全省。

經過統編的國民革命軍第一軍、第四軍和第六軍（尚未編成，仍用「攻鄂軍」名義），組成為東征軍第一、第二、第三縱隊，何應欽、李濟深、程潛分任縱隊長。蔣介石任東征軍總指揮，周恩來任東征軍總政治部主任。是時，黨代表制已由黃埔軍校推向各軍：在第一軍，周恩來任政治部主任（後任第一軍副黨代表）和第一師黨代表，繆斌任第二師黨代表，魯易任第三師黨代表，賀衷寒、金佛莊、包惠僧、徐堅、嚴鳳儀、蔣先雲、張際春、王逸常、傅維鈺、胡公冕等，任各團黨代表；在第四軍，羅漢任政治部主任；第六軍組成後，林伯渠任黨代表和政治部主任。東征軍總政治部組織有237人的政治宣傳隊，並動員3000多名省港罷工工人從事運輸、救護及後勤工作。蘇聯顧問羅加覺夫、切列潘諾夫等隨軍東征。

1925年10月1日，第二次東征正式開始。

一、惠州攻城之役

蔣介石10月6日從廣州出發，11日於惠州城外飛鵝嶺，部署強攻惠城，決定第一縱隊為攻城軍，由第二師第四團擔任主攻，重點攻擊北門。蔣並令何應欽組織攻城先鋒隊，第二師第四團選 200 名，第三師每團各選 150 名，隊員每名犒賞 30 元，最先登城者得頭等獎 100 元。[1]13 日上午，攻城軍以炮火轟擊城門、堞樓等。黃埔一期畢業生、航空學校黨代表兼教務主任劉雲，駕駛飛機，向惠城投放炸彈和宣傳品。這可能是國民革命軍飛行員駕機投入作戰的第一次。下午，攻城先鋒隊挾梯爬城。守軍憑藉惠城三面環水、城高而堅之有利地勢，頑強抵抗，城上工事未被摧毀。東征攻城軍衝鋒多次未能成功，蒙受極大的傷亡。

時將入暮，何應欽對第四團團長劉堯宸說：「若不於此時登城，則無登城之機會矣！」嚴令劉率所部迅速前進，限於本日內破城。[2] 劉堯宸於是躬挾竹梯衝鋒，但受攔阻於釘滿鐵釘的橫木。城上機槍掃射，彈如雨下。劉中彈而亡，四團官兵傷亡過半。至夜，守軍將裝有汽油、棉花的罐子點着拋出，城下一片大火。攻城隊始終無法逼近牆根，只好收兵。

攻城受挫，東征軍一度決定罷兵另謀。[3] 而擔任主攻的第四團表示「仍願加入」攻城，蔣很高興，說「該團不因傷亡多而隳士氣，真不愧為革命軍矣」。[4] 總指揮部遂部署繼續攻城，決定仍由第四團主攻北門，而調第八團協助；由第七團及第一補充團攻西門。

14 日下午，東征軍野炮、山炮猛轟北門。攻城先鋒隊乘機將竹梯移至城牆，10 人一隊，手持紅旗，冒險攀登城牆。署名「鐵血餘生」所撰《惠州戰役日記》記述 14 日強攻城池的情形說：

> 午後二時，再用快炮，向北門及其左右之側防機關，每間五分鐘發放一炮，掩護第二次之衝鋒隊前進，越一小時，敵之城基炮台及城樓，着彈無數，城北炮台大半被毀，陳軍已無所依據，漸形難支；我衝鋒隊

1　《蔣介石年譜初稿》，第 438 頁。

2　宋希濂：《大革命時期統一廣東的鬥爭》，中國人民政治協商會議全國委員會文史資料研究委員會編：《文史資料選輯》第七十七輯，文史資料出版社，1981 年，第 108 頁。

3　政治宣傳隊第三支隊：《本部政治工作報告》第二號（1925 年 10 月 15 日）。文中謂：10 月 14 日下午，第三縱隊隊長程潛「由飛鵝嶺總指揮部返歐村，調各部赴飛鵝嶺接防。因第一軍恐惠城急切難下，擬改變計劃，進攻海陸豐，而以第三縱隊任攻城之責」。

4　《蔣介石年譜初稿》，第 440 頁。

遂搬運竹梯，蜂擁而前；此時陳軍仍死力抵拒；衝鋒隊復迫暫停。東征軍以其側防機關極其隱約，炮兵不容易將其毀壞，乃調山炮一連至距北門城樓約五百米達外之房屋內，佔領陣地，專射擊敵之側防機關，後竟命中；將其側防完全毀壞；此時衝鋒隊復勇往向前，已近城脚，同時飛鵝嶺西南一帶步槍機關槍，均對準快放；至四時，北門一帶敵陣地過半毀壞，衝鋒隊及第四團機關槍隊，十人一隊，手持紅旗，冒險登城，並手擲榴彈，盡毀城上掩護物，楊坤如知大勢已去，不能再行抵抗，乃紛紛棄械，由水東門面縣城方面潰散而去，四時二十分，青天白日旗已飄搖於北門城上矣。[1]

可見在惠州攻城作戰中，炮兵發揮了極重要作用。上次東征時在棉湖連發三炮退敵的陳誠，此時已升為炮兵第二營少校營長。調山炮攻打北門者，應是陳誠。經過激烈搏鬥，東征軍終於攻破惠城。率先登上城頭的，是第四團第一營第三連的連長陳明仁（一期）。接着，第七團和第一補充團，也攻破了西門。

黃埔軍校惠州城下陣亡者，除團長劉堯宸、副營長譚鹿鳴（一期），還有耿澤生、徐廷魁、張忠熙、但德芳、彭繼儒、金鳴章、劉銘、陳作雲、葉振南、王嵩、周德保等。營黨代表蔣先雲，營長杜從戎、冷欣，以及詹忠言、曾擴情等受傷。軍校於城克後在惠州召開大會，陳明仁從連長升為第三營營長。劉堯宸被追贈為陸軍中將。

二、海豐阻擊戰

10 月 17 日，何應欽、周恩來率第一師從惠州出發追敵，於 20 日到達赤石。22 日，以一部進攻宋公嶺、羊蹄嶺，以主力進攻東都嶺，一舉打敗陳軍，乘勝佔領梅隴。是日下午，在海豐農民自衞軍策應下，第一師進入海豐城。23 日，何、周留下第三團駐守海豐，率領第一、二團向公平墟攻擊前

1　鐵血餘生：《惠州戰役日記》，《中國軍人》第八期，1925 年 11 月 20 日。

進，即於當日下午 4 時佔領公平墟。

然而，當何應欽、周恩來率主力離開海豐後，陳軍謝文炳部卻於 24 日凌晨，回戈偷襲海豐城。留駐海豐城，以錢大鈞為團長、包惠僧為黨代表的第三團，實際上只有五個連的兵力（因一部已開赴汕尾）。凌晨 3 時許，陳軍來勢兇猛，第三團奮力抗禦，但由於力量懸殊，寡不敵眾，逐漸不支。第三團第二營營長唐同德負重傷，當晚不治而逝。團長錢大鈞見形勢不利，主張向後撤退。團黨代表包惠僧指出：後退沒有出路，只能死裏求生！於是集中兵力，攻下城東的公路橋，將橋東、橋西之敵截成兩段，先打敗橋西之敵。橋東之敵狼狽遁逃。第三團追至赤岸河邊，俘敵 200 餘人，繳槍 300 餘支，並於 10 月 26 日乘勝佔領了陸豐。[1] 蔣介石在《第三期同學錄序》中說：「海豐之役，以三百之眾，而戰四千之暴逆。唐子同德、張子志超等死焉！」唐同德是黃埔一期生，張志超是二期生。

三、華陽、河婆之戰

惠州之戰後，蔣介石隨第三師（譚曙卿）東進，經三多祝、田心墟、禾多布，於 10 月 26 日到達紫金龍窩墟。27 日，第三師在五華縣華陽附近，與陳軍林虎部 10000 多人遭遇。《蔣介石年譜初稿》寫道：「初公聞逆敵築壘塘湖，疑為後衞掩護退卻，料其部隊必竄向興寧，故未注重其抵抗線。第三師之敗，蓋由於此。」可見第三師對敵情判斷有誤。雙方交戰不久，第三師全線崩毀。蔣說:「是役每為敵乘，不能實施整個方案。」[2] 當第三師倉皇敗潰時，蔣介石令總指揮部護衞陳賡向譚曙卿傳達堅決抵抗、不准退卻的命令，但譚無法挽回敗局。蔣眼見大勢已去，對陳賡說，「我唯有自殺以成仁」。陳賡予以勸阻，指揮警衞連阻擋敵軍，並親自背負蔣迅速轉移，脫離險境。[3] 當夜，陳賡攜蔣函，與何應欽、周恩來所率第一師取得了聯絡。

這一晚，蔣自羊高出發，在當地「土人」的引導下，經流坑、秋溪，轉

1　《在揭陽電告戰情》（1925 年 11 月 3 日），上海《申報》1925 年 11 月 10 日，轉引自《周恩來在潮汕》，第 59 頁。

2　《蔣介石年譜初稿》，第 447、452 頁。

3　宋希濂：《大革命時期統一廣東的鬥爭》，《文史資料選輯》第七十七輯，第 111 頁。

移至巖前。蔣感慨說：「凡至憂患之時，見輿情嚮向，聊堪自慰；廿七之夕，如無土人前導，其有幸耶？」[1]

何應欽師佔領公平墟後，25 日進至河田，26 日佔領了河婆。而林虎軍 27 日華陽得手後，趁勢南下，會合陳軍洪兆麟部，轉攻何應欽師。29 日上午，第一師第二團與敵激戰於河婆，敵敗退羅經壩。次日，何應欽留第一團於河婆，第二、三團向羅經壩追擊。行至橫江，與敵激戰，敵不支而退。

當何應欽、周恩來率師追敵於羅經壩時，第二縱隊（李濟深）趕至。兩個縱隊前後夾擊，敵敗走安流、雙頭。蔣介石又策動第三師前往助戰。敵軍在雙頭一帶被四面包圍，大部被殲。是役俘敵 4000 餘人，繳槍 4000 餘支。

30 日，留在河婆的第一師第一團，也打敗了敵軍的進攻。

以上，10 月 27 日至 30 日發生於華陽、河婆、橫江、羅經壩、安流、雙頭各地之戰，前後歷時 4 天，不但扭轉譚曙卿第三師華陽敗勢，最終反而以靈活、大包圍的戰法，打敗了林虎、洪兆麟的主力。蔣對這一戰役的評價是「出奇致勝，轉危為安」[2]。

蔣介石在《第三期同學錄序》中說：

> 河婆之役，以一團之眾，而敵三師之強寇。橫江之戰，林逆主力悉數來犯，謀以三面包圍我軍者，反為我所各個擊破。惜乎，陳子厚、王步忠、侯吉文、范濤諸子，皆亡於是役。華陽一戰，以三千初集之卒，而攻一萬五千背城借一困守死鬥之頑敵，殉難死者，自周團長保生，黨代表姚世昌、周玉冠、車鳴驤諸子以下一百二十五員名，卒能轉敗為勝，扶危為安。嗚呼，可謂榮而哀矣。[3]

四、佔領潮汕

何應欽、周恩來率第一師取勝河婆之後，於 11 月 1 日向鯉湖進發，2 日

---

1 《蔣介石年譜初稿》，第 452 頁。

2 《蔣介石年譜初稿》，第 447 頁。

3 《蔣介石年譜初稿》，第 467 頁。

進佔普寧，3 日進駐揭陽。4 日，何應欽率部進攻潮州。下午，周恩來率東征軍總政治部，先行進駐汕頭。

此次東征中，政治工作在戰區普遍開展，途中散發宣傳品 200 多萬份；政治宣傳隊第一支隊沿途召開聯歡大會 61 次，對民眾演講 878 次，對友軍演講 61 次。[1] 黃埔二期生、東征軍政治部科員麻植致信其父母說：「征途中我軍甚愛護人民，秋毫無犯，所以人民對我軍感情甚好。」麻植致信其兄說：「此次我軍東征，所過地方秋毫無犯，人民均壺漿以迎。」[2] 蔣介石也肯定軍隊政治工作的成績：

> 此次行師，各軍中有黨代表政治人員，則官兵咸有顧忌。演講使明主義，乃能勇敢摧敵，經行一地，開軍民聯歡會，宣言標語，播揚革命宗旨，故民眾原（願）與合作。有連夜礱穀、宰豕、拔蔬相餉，沿途設坐備茶以供，此得力於宣傳及嚴肅軍紀，不拉伕與購物公道之效果也。[3]

政治工作在軍隊和戰區的普遍展開，不僅提升了部隊本身的政治素質與戰鬥力，而且切實與戰爭的動員結合進行，贏得了民眾的同情與支持，並使革命思想得以迅速、廣泛傳播。軍事行動之後，更有民氣的張揚與民眾運動的勃興。故周恩來率總政治部進入汕頭市時，全城震動，市民歡迎場面盛大。「抵步時，碼頭歡迎者數萬人，沿途各巷路為之塞。此盛大之歡迎，實我政府及我軍將士為主義奮鬥之所致。」[4]

11 月 5 日，何應欽率師進入潮安。6 日，蔣介石率東征軍總指揮部由揭陽乘艦，於午後 1 時到達汕頭市。

11 月中旬，何應欽、譚曙卿、程潛三路入閩，分別在永定、平和等地同陳炯明軍殘部作戰。陳軍除小部進入江西外，大部潰滅。

1　張其雄：《東征時期政治工作概略》，《軍事政治月刊》第二期，1926 年 2 月。

2　麻植家書（1925 年 11 月），複印件，存中共廣東省委黨史研究室。

3　《蔣介石年譜初稿》，第 459-460 頁。

4　周恩來：《克復汕頭後的捷報》，《中華民國國民政府公報》第十四號，轉引自《周恩來在潮汕》，第 61 頁。

第五節 黃埔勢力之崛起

平定商團、兩次東征、討伐楊劉及南征諸役，是當時南方革命營壘組織的幾次重大軍事行動。孫中山南下護法以來，曾三次設政於廣州，但四受掣肘，被形容為「無可靠之兵，無可管之政」，「號令不出帥府一步」。通過上述行動，革命陣營掃除了各種敵對、骫法之軍，從而擺脫了長期受困的局面。

史料顯示，在上述軍事行動中，黃埔軍校官生的表現並非完全正面。在軍紀、戰場表現、內部團結和協調軍事政治關係等方面，尚有不足之處。雖然如此，但是革命戰爭確實讓黃埔軍校經受了淬煉。兩次東征，確為黃埔軍校做大做強之時。

通過參加上述軍事行動，黃埔軍校辦校、建軍的成效，在戰爭實踐中得以展現。黃埔勢力，迅速崛起。

一、軍校實力壯大

黃埔軍校初創時，缺槍少械，實力與影響都不大。一名滇軍軍長曾經對蔣介石說：「你在黃埔辦什麼鳥學校，你那幾根『吹火筒』，我只派一個營就完全可以繳你的械。」首次東征時，黃埔軍校最初僅被安排為預備隊，說明未被看好。陳軍中有人說：咄！何物學生軍，不過是小孩子胡鬧把戲而已。經過第一次東征，以一期畢業生為骨幹編成的兩個教導團，擴編為一個軍（第二師未滿編）；再經過第二次東征，不僅迅速補足了第一軍未滿編的部分，而且於 11 月下旬通過繳械、改編，將粵軍的另一部（張和、余鷹揚等，剛參加過第二次東征）編為獨立第二師，馮軼裴任師長，分別以薛岳、涂思宗、周址為該師第一、二、三團團長。與此同時，黃埔軍校還重新組建校屬部隊，很快編成軍校教導團的三個團，並於 1926 年 1 月 4 日將教導團的三個團，編為黃埔軍校教導師，王柏齡任師長，包惠僧任黨代表，劉峙任副師長兼參謀長。該師第一團團長王文翰；第二團團長葉劍英，團黨代表李默庵（一期生）；第三團團長李杲。[1]

1 《教導師組織之內容》，《廣州民國日報》1926 年 1 月 25 日。

教導師的第一團，最初駐虎門，第二團駐廣州北較場（後移駐東莞），第三團駐廣州西村。

由於前面各章說過的原因，在歷次實戰中，黃埔軍校造就的各種軍事勢力（「校軍」「黨軍」「國民革命軍第一軍」等）所釋放的軍事能量，讓各界刮目相看，視為奇觀。報端評論：

> 軍隊因為受了主義的訓練，明確了解他們的戰爭是為他們自己及他們的家族親戚，而且知道他們全軍隊都是屬於一個主義之下的同志，所以真有如管子所云：「死喪相恤，禍福相憂，居處相樂，行作相和，哭泣相哀，是故夜戰其聲相聞，足以無亂；晝戰其目相見，足以相識，歡欣足以相死；是故以守則固，以戰則勝。」[1]

黃埔軍校此時的軍事實力，已足於震懾一方。

至 1926 年初，黃埔軍校已經畢業三期學生。第一期第六隊於 1925 年 5 月 20 日在東征途中的梅縣頒發畢業證書；第二期於 9 月 6 日舉行畢業式；第三期於 1926 年 1 月 17 日舉行畢業典禮，畢業生 1200 多名，隨即分派至各隊、各部處見習。蔣介石說：「第三期同學的責任很大，因為這期學生不畢業，軍隊、學校的官長就無法補充，亦就無法整頓。」[2] 可見黃埔發展迅速，各處需人孔急。東征軍收復潮汕後，黃埔軍校於 1925 年 11 月 12 日恢復創設於第一次東征時之潮州分校，以新組編部隊之下級幹部為學員，同時在潮、梅各屬招考新生，學員和學生總共 800 餘人。潮州分校的建立，為黃埔軍校創設分校的開始。

二、蔣的地位、影響提升

第一次東征時，大本營指定的東征聯軍總司令，是滇軍總司令楊希閔；東征右路軍的總指揮，由粵軍總司令許崇智兼。據云，蔣介石與張民達（許

1　惲代英為張秋人《廣州的青年革命軍》一文寫的按語，《中國青年》第七十四期，1925 年 4 月 11 日。
2　《蔣介石年譜初稿》，第 515 頁。

部第二師師長）都想當右路總指揮，各不相讓，許是在這一難題無法解決的情況下，臨時決定自任總指揮。[1] 蔣在行軍途中（1925 年 2 月 10 日）作詩謂：「親率三千子弟兵，鴟鴞未靖此東征。」可知初時他所能指揮的，只是本校教導團「三千」多人。蔣此時談不上位高權重，不服、不聽於蔣者，大有人在。蔣的地位和影響，是在東征中逐步得到提高的。

第一次東征淡水初戰後，蔣馳電北京，告捷於重病中的孫中山。汪精衞回電：「逐句稟告總理，不勝歡慰。」這為蔣加了具有關鍵意義的一分。教導團推進至普寧、揭陽時，粵軍第一師第一旅（陳銘樞）、警衛旅（歐陽駒）等部從後方開至，參加東征。這些部隊，歸蔣節制和指揮。蔣的年譜此時出現對新到陳銘樞、歐陽駒部發號施令的「令」字（「令其襲擊敵背」）。這樣，蔣遂能在棉湖戰場上統一調動何應欽、錢大鈞兩個團及陳銘樞、歐陽駒、許濟的部隊，共同打敗林虎之軍。艱難贏得棉湖之戰後，廖仲愷說：「我們軍隊，現在現出光彩來了！」加倫說，這一成績「不獨在中國所少見，即在世界上亦少有的」。蔣對他們的高度讚揚全盤收下，說：加倫將軍、廖黨代表說「如此奮勇的軍隊媲美歐戰，在世界上是很少的，我們教導第一團能得如此的褒獎，本校長亦與有榮幸」[2]。因棉湖之捷，蔣收穫了許多聲譽。

之後，蔣被任命為「黨軍司令官」，率師回戈廣州。8 月 12 日，國民政府軍事委員會致函蔣謂：「貴委員（指蔣——引者）忠勇成性，學識超羣，昔年總理蒙塵，曾以一身當困難，邇來馳驅殺賊，尤能百戰建奇功，政府倚若長城，黨軍奉為泰斗。」[3]「廖案」發生後，蔣任「特委」成員，躋身於國民黨的最高決策機關。至第二次東征時，蔣為「總指揮」。東征軍進入汕頭，蔣的告捷電報傳至廣州時，國民政府主席汪精衞和譚延闓、伍朝樞、鄧澤如、古應芬、宋子文等 6 人聯名發出賀電，文曰：

---

1 莫雄：《第一次東征親歷記》，中國人民政治協商會議廣東省委員會文史資料研究委員會編：《廣東文史資料》第十二輯，廣東人民出版社，1964 年，第 15 頁。

2 《蔣介石年譜初稿》，第 323 頁。

3 《蔣介石年譜初稿》，第 404-405 頁。

> 接誦捷報，欣慰奚如。我兄以十月六日自廣州啟節，至十一月六日而稅駕汕頭，屈指行師恰盈一月，羣賊就殲，東江大定，破惠州之天險，覆逆敵之穴巢，及在羅經壩出奇制勝，使羣賊斂手受擒，無能漏網，尤為此次戰役中最有特色之事。我兄建此偉功，承總理未竟之志，成廣東統一之局，樹國民革命之聲威，凡屬同志，莫不欽感。東征功成，省中大計諸待商榷，凱旋有日，尚祈示知，是所禱企。[1]

三、軍校政治工作發揮了重大的作用

兩次東征時，軍校的政治工作進入戰時狀態。與校內政治教育和軍隊平時政治工作相比，戰時政治工作不同之處，是隨軍而動，深入戰區進行，緊密圍繞戰事的進展而展開。要面向戰區民眾，協調友軍，面對敵軍，並須擔負地方建黨（國民黨）、建政（建立地方政權）之職責。戰時政治工作是與革命戰爭的動員、組織相結合，以戰事為重心，以贏得和鞏固戰爭的勝利為目的之工作，是軍隊政治工作在戰爭期間的實施和運用。黃埔軍校戰時政治工作的實踐，走出了軍校辦學和軍隊建設的極具歷史意義的一步。

1925 年 11 月 21 日，國民政府任命周恩來為東江各屬行政委員。[2] 職責為管轄惠、潮、梅三屬 25 縣地方行政。周就職後，公佈《東江各屬行政委員公署組織大綱》，任命行政公署職員、汕頭市市長和各縣縣長。1926 年 2 月 22 日至 3 月 3 日，周在汕頭主持召開「東江各屬行政會議」，召集各縣縣長、教育局局長、農工商學婦女團體代表共 124 人，討論交通、建設、商務、生產、治安、警政、農工、教育等事項，收到提案及計劃書 297 件、報告書及調查表 254 件，通過議案 93 項。這次會議，被稱為「人民實行參與革命政治之第一步」及「政府與人民合作之先聲」。[3] 實際上，這是黃埔軍校政治工作的繼續或伸延。

1　《蔣介石年譜初稿》，第 457 頁。

2　中共中央文獻研究室編：《周恩來年譜（一八九八—一九四九）》，中央文獻出版社、人民出版社，1989 年，第 83 頁。

3　《東江各屬行政會議紀略》（1926 年 3 月），《東征史料選編》，第 742-749 頁。

四、黃埔精神的弘揚

兩次東征中，經過戰火的洗禮，黃埔軍校哺育並弘揚了黃埔軍校的一種「特殊」精神——黃埔精神。

黃埔軍校政治教官安體誠撰有《什麼是黃埔精神？》一文，曰：

> 一個團體，一種組織，只要他能繼續存在而成為一種勢力，必定具有也必定形成一種特殊精神；能使它的正當精神得到充分的發揚與光大。這種團體必定能完成其使命而創造出無限之價值的。……它（黃埔軍校）在中國已形成一種勢力，已成為中國革命工作上很有關係的一個組織了。這其中有它的特殊精神存在，已是本校和留意本校的人人都能感到而且都承認的了。它的精神，有以名之，名之曰「黃埔精神」！[1]

聯繫當年的實際情況，黃埔精神之主要特徵，具體來說是三點：一是愛國、愛民的精神；二是精誠團結的精神；三是勇敢無畏（勇於犧牲）的精神。軍人對於國家、社會負有特別的責任擔當，黃埔精神實際上是黃埔軍人對履行這種責任擔當的付出及其行為的準則。

黃埔精神是與黃埔軍人的核心價值觀即革命人生觀聯繫在一起的。革命不僅基於對歷史、社會、政治層面的理解，也基於對道德、人格、精神的追求。在革命者的心目中，革命不免有暴力、流血與犧牲，同時亦蘊涵着社會人文關懷，寄寓着對被侵掠、被奴役、被壓迫者的同情和關愛。因此，對於有志於革命的黃埔軍人來說，提高革命覺悟，增強革命意識，是他們人生歷練的必修課；將革命作為信仰，自覺磨煉革命意志，並體現於日常行動之中，是為人格健全的標誌；為革命而犧牲，則是道德之極致、人格之至善、精神境界的至高無上。黃埔精神的形成，是黃埔軍人革命人生觀經過校園煦育（政治思想教育）與戰場歷練之後的一次提升，質言之，亦是軍人血性與尚武精神的提升。

1　體誠：《什麼是黃埔精神？》，《黃埔日刊》1926 年 9 月 23 日。

安體誠指出，黃埔精神並不是自然而然形成的，而是「受歷史與環境的支配」，同時是「各分子之人為的努力」的結果。換句話說，是黃埔教官、學生在建校、建軍過程中，特別是在參與平定商團、東征討陳、南征討鄧、討伐楊劉的實戰中，共同培育並弘揚起來的。淡水之戰，黃埔精神初露鋒芒；棉湖大捷，黃埔精神大放異彩；惠州攻城之役，是黃埔精神的進一步弘揚。這說明政治思想教育與戰場歷練，使黃埔軍人的靈魂與血性得以提升。黃埔精神的形成，確為黃埔全校官生「人為的努力」的結果。

黃埔精神一經形成，即成為全校教官、學生共有的精神家園，這是對軍人的日常行為，特別是對他們的戰場表現能夠起到支配、激勵和規範作用的精神因素所在。堅守和發揚黃埔精神，可轉化為物質力量，釋放出軍事能量。黃埔精神這一概念，被普遍認同，廣泛接受，不脛而走。

黃埔精神的形成，讓黃埔軍校更具活力，這是黃埔軍校的一筆無形資產。

第十章　孫中山、廖仲愷之死對國民黨和黃埔軍校的影響

第一節　孫中山逝世與國民黨的分化

國共兩黨的「黨內合作」，時稱「跨黨」。跨黨的發明權，屬於共產國際使者馬林。馬林促使共產國際作出相關的決定，促使中共高層幹部加入國民黨，也促使中共三大作出全體加入國民黨的決定。馬林 1923 年秋離開中國，繼他而來的蘇聯政府代表鮑羅廷，是實現「跨黨」的推手。鮑參與起草國民黨一大宣言，促成國民黨一大的召開，將「跨黨」從馬林的構想，變成現實。

「跨黨」雖出於馬林、鮑羅廷的推動，卻是孫中山的決策。孫歡迎共產黨人與他合作，但在合作形式上，明確給出一個選擇：只贊成「黨內合作」，「容納共產分子」，而不贊成黨外聯合。孫一錘定音，為處理國共關係，定下了調子。

中共領導人陳獨秀，一開始不同意黨內合作。後基於現實狀況和孫中山的態度，服從共產國際的決定。在黨內合作問題上，中共變反對為接受，思想轉彎，態度轉變，調整、更新了政策策略。

很顯然，共產國際（蘇聯）、孫中山、中共之間，對於同國民黨實行「黨內合作」的問題，雖然各有各的考量，出發點、側重點各有不同，但三者之間均已取得一致意見，即都同意共產黨員加入國民黨。這個問題，對中共來說，有無奈、被動的一面，要麼不與國民黨合作，要合作，只能這樣，別無第三種選擇。

「黨內合作」的問題，在國民黨內，遭到部分人強烈抵制和反對。國民黨一大前，「跨黨」的步子尚未邁開，阻力即已產生。在國民黨一大，反對派在會內會外，活動頻繁。繼戴季陶而任黃埔軍校政治部主任的邵元沖，在他的日記中，將加入國民黨的中共黨員譚平山（國民黨中央常委、組織部部長）稱為「鼠黨譚平山」，對中共大事污名化。「指控」「檢舉」共產黨之風，在各地蔓延。兩黨關係，十分緊張。

1924 年 6 月 18 日，即黃埔軍校開學盛典後的第二天，國民黨中央監察委員張繼、鄧澤如、謝持，聯名提出《彈劾共產黨案》，聲稱維護「黨統」，反對「黨中有黨」，主張國共兩黨「分作兩起」「分道揚鑣」。[1] 目的是要改變國民黨一大的路線和有關的決策。此為「六一八彈劾案」。為此，國民黨中央於 1924 年 8 月 15 日至 23 日在廣州召開一屆二次全體會議，通過決議，頒發「有關容納共產分子之訓令」，決定堅持黨內合作。

總的看來，孫中山生前對反對國民黨改組，反對國共合作，在兩黨之間挑動事端之分子，多採取「訓斥」的態度。孫在 8 月會議上說：李大釗加入本黨，係張繼介紹；當時張繼明知李大釗為共產黨員，反以介紹，及今日何以反對？張繼遂引咎辭去監察委員之職。然而，問題並沒有得到解決，引發矛盾的因素並未消除。

1925 年 3 月 12 日，當黃埔軍校教導團征戰東江時，中國國民黨總理、黃埔軍校總理孫中山，病逝於北京。

這無疑是一宗大事，是一宗對國民黨、對國共關係、對黃埔軍校都有至深影響的大事。因孫撒手人世，國民黨內圍繞着是否堅持改組、堅持國共合作等問題，出現了大分化與重新組合。歷史的列車，由此開進事故多發的路段與時段。

黃埔軍校政治部首任主任、國民黨理論家戴季陶，原來是擁護、支持孫中山的黨內合作決策的。戴曾明確反對「六一八彈劾案」，因而被彈劾案的提案人張繼罵為「共產黨的走狗」，戴反罵張是「北洋軍閥的走卒」，雙方爭執

1　張繼、謝持、鄧澤如：《彈劾共產黨案》（1924 年 6 月 18 日），中共中央黨校中共黨史教研室編：《中國國民黨史文獻選編》，1987 年，第 32 頁。

激烈。戴並因此憤然辭職，離開廣州。

據《邵元沖日記》：

> （1924 年 6 月 18 日）十時頃季陶來，談國民黨與共產黨之異同，謂其中條件，多無所區別，故不宜有界限存於其間。其說甚辯，談到十二時半始去。
>
> （6 月 19 日）七時半至中央執行委員會，討論政府對農民之宣言，又討論及共產黨黨員之在本黨內有黨團之活動等舉動，由監察委員會委員鄧澤如、張繼、謝持等提出彈劾案。討論良久，各方間有爭論，建議待下次再加討論，十二時後始散。抵寓已一時頃，知季陶於今日下午猝行，赴港歸滬，殊為詫駭，棄置一切職務及學校課程而不顧，其神經病之深，極為可慮。此事實難解決，為之惘惘不已。[1]

黃埔軍校史料記載：「第一任的政治部主任便是戴季陶先生。他接事不久，因為和張繼、謝持為爭持共產黨員加入中國國民黨事起衝突，憤然離了黃埔軍校到上海去了。」[2]

然而，孫中山死後不久，戴季陶很快就變身、換臉，從「黨內合作」的支持者，變成堅決的反對者。戴陸續發表《三民主義之哲學的基礎》《國民革命與中國國民黨》等文，基本觀點是國民黨要發揮其固有的獨佔性、排他性、統一性和支配性，以「純潔」三民主義、「淨化」國民黨。究其用心，是對加入國民黨的共產黨員要予以清除。台灣學者李雲漢認為：《國民革命與中國國民黨》一書是「三民主義者對共產主義者的警告，也是忠實的國民黨員為維護國民黨之獨立與生存起而反共的宣言。此書一出，從上海到廣州，反共的視線開始集中，反共的勢力開始形成，各地孫文主義學會的成立及反共運動

1　王仰清、許映湖標註：《邵元沖日記》，上海人民出版社，1990 年，第 20-21 頁。邵元沖時任國民黨中央候補執行委員、黃埔軍校政治教官，稍後接戴季陶任軍校政治部主任。

2　《一年來政治部之概況》，《黃埔潮》第二十四期，1925 年，轉引自《黃埔軍校史料（1924—1927）》，第 178 頁。

的醞釀，莫不深受戴氏反共理論的影響」[1]。顯然，「戴季陶主義」為國民黨內各種否定、反對「黨內合作」的人物，提供了「理論」的武裝。

孫中山逝世後，國民黨內反對改組、反對國共合作的勢力更為膨脹，活動更為頻繁。因種種原因與人事聯繫，黃埔軍校亦被波及，並成為這一勢力在廣州活動的據點。1925 年夏，黃埔軍校部分教官、學生發起成立「中山主義研究社」，與左翼軍人團體「中國青年軍人聯合會」(「青軍會」) 相抗衡，專事挑撥離間的活動，對青軍會成員見面必爭，相遇必打，甚至拔槍相向。中山主義研究社後改稱「孫文主義學會」，是一個能量甚大的右翼軍人團體，其組織、活動與影響所及，越出了黃埔軍校範圍（黃埔兩「會」之爭詳見第十一章）。同孫文主義學會相類似的，還有廣東大學的「士的黨」，其名稱來自他們的名言——「高舉『士的』(stick，手杖)，從廣東大學打遍廣州，打遍全國」。因孫中山謝世，這一類團體肆無忌憚，將反共、分裂的「暗潮」亮在光天化日之下，將以往的「檢舉」「彈劾」，升級為公開的打鬥。

伴隨着「戴季陶主義」的出現，並由於「廖案」發生後廣州政局的劇烈動盪（詳見下文），國民黨內一批「元老」及上層人物，組成了一個公開向堅持改組方向、堅持國共合作的廣州國民黨中央說「不」，實質是向加入國民黨的共產黨人說「不」的政治反對派——西山會議派。最初列名於西山會議的人員中，有 10 名國民黨第一屆中央執行委員、2 名候補中央執行委員、3 名中央監察委員。在國民黨第一屆中央執行委員會的委員、候補委員中，這時仍然留在廣州革命營壘之中的，為數已經不多。[2] 西山會議派越過廣州國民黨中央，在北京開會，決定排俄、分共，停止廣州國民黨中央黨部職權，另行組織「中央執行委員會」，另設「中央黨部」於上海。隨之，他們在上海召開所謂「國民黨第二次全國代表大會」(1926 年 3 月)。兩個「中央黨部」、兩個「全國代表大會」嶄然對立。西山會議派將國民黨內在改組、國共合作等問題上的分歧，將孫中山逝世後國民黨最高權力繼承問題上的紛爭，演變成

1　李雲漢：《從容共到清黨》，(台灣) 及人書局，1987 年，第 408 頁。

2　據汪精衛《關於中央執行委員人數之重要談話》(《廣州民國日報》1925 年 12 月 9 日)，反對西山會議派的中央執行委員包括：汪精衛、譚延闓、譚平山、林祖涵、李大釗、于樹德、于右任、恩克巴圖、王法勤、丁惟汾、胡漢民等。

為公開的組織分裂，試圖以此為突破口，根本改變國民黨的政治方向。

第二節　廖仲愷被戕

1925 年 8 月 20 日，國民黨中央執行委員會委員、中央政治委員會委員、黃埔軍校黨代表廖仲愷，被刺殺於國民黨中央黨部大門的台階前面。

從當時的政治狀況分析，廖之被謀殺，其暗中策劃、指使者，應是反對國共合作、破壞省港罷工及反對汪派掌權這幾種勢力所為。事發時，廖的衞兵將兇手陳順擊傷，現場拾獲陳順使用的大號曲尺手槍，並從他的身上搜出襟章、槍照及一紙數字名單。陳順送醫院後處於半昏迷狀態（24 日死亡），斷續說出梁博、黃福芝、蘇漢雄、朱卓文等人名。據此，廣州市公安局當日傳梅光培（粵軍南路司令）到局訊問，並拘捕為陳順填發槍照的郭敏卿（南路司令部參謀）和梁博（廣州市公安局偵緝）。

案發當日，國民黨中央執行委員會、國民政府軍事委員會舉行聯席會議，在鮑羅廷參與、支持下，成立由汪精衞、許崇智、蔣介石組成的「廖案特別委員會」，「授以政治、軍事、警察全權」，[1] 以應付非常之局勢。

8 月 23 日，粵軍第三軍軍長李福林向廖案特別委員會檢舉胡毅生（胡漢民堂弟）、朱卓文、魏邦平、林直勉等，稱 8 月初在文華堂親眼看見、親耳聽見他們「口口聲聲說非殺廖仲愷不可」。李福林並舉報「大塘會議」有關內情：當年 7 月間，粵軍李福林、魏邦平（總部高等顧問）、梁鴻楷（建國粵軍第一軍軍長）、梁士鋒（旅長）、張國楨（第五師師長）、楊錦龍（旅長）等，在廣州河南大塘（李福林家乡）策劃「反共傾覆政府」，「擬首先推翻許崇智、蔣介石，重組政府」。[2] 廖案特別委員會遂下令拘捕胡毅生、朱卓文、林直勉、魏邦平。蔣介石並派兵逮捕了張國楨和楊錦龍。

1　《蔣介石年譜初稿》，第 408 頁。

2　林祥：《梁鴻楷等大塘會議傾覆政府事泄被扣案》，廣東省政協學習和文史資料委員會編：《廣東文史資料存稿選編》（第二卷），廣東人民出版社，2005 年，第 574 頁。林祥當時任許崇智衞士連長，稍後為憲兵營長。

在鮑羅廷的主使之下，許崇智於 8 月 25 日以開會為名，誘捕了梁鴻楷、梁士鋒、招桂章（總部艦務處長）等。接着，蔣介石出動兵力，分別解散梁鴻楷、楊錦龍、梁士鋒在廣州及西江的部隊。同日，蔣又派兵包圍胡漢民的住宅，搜捕胡毅生，並將胡漢民移於黃埔軍校內，等於軟禁。

9 月 19 日，蔣介石派兵包圍許崇智住宅，並派陳銘樞「護送」許崇智登輪赴滬。第二天，又派兵前往東莞的虎門、莞城、石龍一帶，分別包圍粵軍鄭潤琦（第三師師長）、莫雄（第三旅旅長）所率的部隊，解散部隊，追繳槍械。[1] 鮑、汪、蔣並於 9 月間宣佈「胡漢民出洋」，還將林森、鄒魯等一批政治異己人物「請」出了廣東。

胡漢民、汪精衞、許崇智、蔣介石，同是國民黨內高層幹部。「廖案」偵查期間，汪、蔣掌控了查案的主動權，而胡因其堂弟「涉案」、許因「姑息不肖軍隊」，致使胡、許及其所部，一變而成了被偵查、被處置的對象。上述「廖案」偵緝的過程，是追捕疑兇、逮捕張梁、打擊鄭莫、整肅許部粵軍交叉進行，排胡與逐許雙管齊下的過程。廣州政壇，瞬息萬變，玄機莫測，令人眼花繚亂。

在此期間，汪精衞、蔣介石指派羅翼羣（潮梅軍軍長）等組織「軍事法庭」，對梁鴻楷、張國楨、梁士鋒、楊錦龍等人進行審判。蔣授意羅翼羣，令梁鴻楷等交錢「報效政府」，然後宣佈「從寬」處理。結果，梁鴻楷在「報效」了一筆金錢後獲得了釋放。[2] 張國楨、梁士鋒、楊錦龍則被槍殺。[3] 為審判林直勉，當局還成立了以朱培德為審判長的「特別法庭」。林直勉不承認參加殺廖，後被囚禁於虎門炮台。[4]

為審判「廖案」嫌犯，國民政府特令設「廖案特別法庭」：檢察委員會以朱培德、李福林、岳森、吳鐵城、甘乃光、陳樹人、陳公博、周恩來、陳孚木為委員，朱培德任主席委員；審判委員會以李章達、楊匏安、譚桂萼、林

1　《政局變動之原原本本》，《廣州民國日報》1925 年 9 月 24 日。

2　羅翼羣：《記孫中山南下護法後十年間粵局之演變（1917 — 1926）》，《從辛亥革命到國民革命——孫中山文史資料精編》，第 24 頁。

3　《謀叛人犯之判決》，《廣州民國日報》1925 年 10 月 12 日。

4　林祥：《梁鴻楷等大塘會議傾覆政府事泄被扣案》，《廣東文史資料存稿選編》（第二卷），第 580 頁。

祖涵、王懋功、沈應時、盧興原為委員，盧興原為主席委員。1926 年 1 月 14 日，陳公博代表檢察委員會在國民黨二大報告「廖案」檢察經過，宣佈「人犯」名單。其中「主要的」是朱卓文、蘇漢雄、吳培、馮燦、陳細、梁博、郭敏卿、黃基；而有「間接關係」的是梅光培、林直勉。[1] 隨後，檢察委員會提出「廖案之公判請求書」，請法庭審判梁博、郭敏卿、梅光培、林星。[2] 特別法庭從 1 月 25 日起，在盧興原主持下開庭審理此案，至 2 月 12 日共進行 7 次審訊，傳梁、郭、梅、林到庭，並聽取了 10 多名證人的證詞。[3]

6 月 2 日，陳公博代表檢察委員會宣讀「論告」書，分別列出梁博、郭敏卿、梅光培、林星的涉案情節及應處之罪。「論告」書並指出，已潛逃的朱卓文和黃福芝，均為「廖案主謀正兇」。[4]

7 月 13 日，審判委員會主席盧興原宣判：梅光培、郭敏卿送總司令部軍法審理；梁博處死刑；林星處有期徒刑三年。判決主文如下：

> 一、梅光培決定主文：梅光培組織軍隊，放棄責任，致令參謀長郭敏卿，任用兇匪陳順為軍事委員，因而殺人之所為，應移送總司令部酌予處分。
>
> 二、郭敏卿決定主文：郭敏卿擅委兇匪陳順為軍事委員，因而組織暗殺團體，刺死廖前部長仲愷，含有政治作用之所為，應移送總司令部軍法處審理。
>
> 三、梁博判決主文：梁博共同殺人之所為，處死刑，褫奪公權全部二十年。
>
> 四、林星判決主文：林星幫助殺人之所為，減處三等有期徒刑三年，未決期內羈押日數，准以二日抵徒刑一日，褫奪其入軍籍之資格五年。[5]

---

1 陳公博：《報告廖案檢察經過》（1926 年 1 月 14 日），中國第二歷史檔案館編：《中華民國史檔案資料彙編》（第四輯），江蘇古籍出版社，1986 年，第 280-284 頁。

2 《廖案之公判請求書》，《廣州民國日報》1926 年 3 月 5 日。

3 廖案第一至第七次審訊詳情，分見《廣州民國日報》1926 年 3 月 2 日至 16 日。

4 《廖案昨日論告詳情》，《廣州民國日報》1926 年 6 月 3 日。

5 中華民國史事紀要編輯委員會編：《中華民國史事紀要（初稿）》（1926 年 1 月至 7 月），（台灣）中華民國史料研究中心，1975 年，第 546 頁。

8 月初，梁博被槍決。[1] 郭敏卿被中央政治會議「議決」死刑。[2] 總司令部軍法處通過「軍法會審」，決定將梅光培釋放。[3]

8 月 23 日，國民黨中央政治會議第 10 次會議議決，「懸賞三萬元，緝拿朱卓文」。朱卓文，又名式武，香山人，曾任大元帥府航空局局長、香山縣縣長、廣東審計局局長。潛逃一年後，朱發表《致海內外同志書》，稱廖仲愷「乃竟喪心病狂，獻媚共黨。始而鬻身，繼而賣黨，終且賣國。攘竊黨部最高權位，製造階級戰鬥，凡我同志，誰不欲得而甘心」。[4] 說明其有害廖之意。多年之後（1936 年），朱與《中山日報》編輯談話，說出一段內情：

> 維時余等一般老同志，在廣州南堤有一俱樂部，名曰「南堤小憩」，余僦居其間。大家對此赤焰甚為切齒，酒酣耳熱之際，罵座不已。後來諸人為抽薪止沸計，決議銑其渠魁。習知俄顧問鮑羅廷、加倫與汪精衛、廖仲愷等，每日必集東山百子路鮑公館會議，乃密遣死士伺機以炸彈機槍擊之，務使羣兇同歸於盡。下手前一日，余誡赴義諸死士，當熟勘地形，以利進退。詎此輩血氣之儔，於東山茶寮中，竟將此謀泄聞於衞戍部某偵緝員，某急上聞。時吳鐵城任衞戍司令（按：吳係公安局長，非衞戍司令）聞訊大驚，即以電話向余詰詢，嚴責顧全大局，切勿使伊為難，反覆以公私情誼相勸止。余以事既如此，知不可為，遂亦作罷。……一星期後，某日余方午睡，陳瑞同志匆匆自外歸來，言殺廖事，神色自若。余知事非尋常，必有大患。即探囊出港紙二百元與之，促其離穗。世人所謂朱某殺廖，如是而已。[5]

朱卓文後來化名朱元鼎，出任中山縣土地、建設局長。1935 年 5 月因組

1　《廖案特別法庭呈報結束》（《廣州民國日報》1926 年 8 月 4 日）中有「並將梁博提出槍決」一語。8 月 11 日又有「梁博已於日前正法」的信息。

2　《中央政治會議議決案：郭敏卿死刑》，《廣州民國日報》1926 年 8 月 25 日。

3　《梅光培啟事》，《廣州民國日報》1926 年 9 月 18 日。

4　中華民國史事紀要編輯委員會編：《中華民國史事紀要（初稿）》（1925 年 7 月至 12 月），（台灣）中華民國史料研究中心，1975 年，第 246 頁。

5　《中華民國史事紀要（初稿）》（1925 年 7 月至 12 月），第 246-247 頁。

織「大同救國軍」而在中山被捕，被陳濟棠下令槍決。

涉嫌「廖案」的胡毅生，脫逃後發表《告內外同志書》，申明自己與「廖案」無關。陳公博在國民黨二大所作報告稱胡毅生是「無聊政客」，魏邦平是「失意軍人」，並未將胡、魏列入「廖案人犯」名單。[1]

總上，「廖案」發生後，國民政府先後組織軍事法庭、特別法庭、廖案特別法庭、軍法會審，對涉案者作了審判。然而全案顯而未偵破，內幕尚未揭開，主要責任人也未繩之以法。

第三節　「廖案」後的汪蔣秉政

「廖案」發生後，廣州政壇進入汪蔣秉政階段。在鮑羅廷介入之下，汪蔣二人利用恐怖事件突發後波譎雲詭的形勢，以鐵的手腕，共同演出一場政治與軍事的博弈。廣州政局因之動盪，亂象百出，大小「地震」頻頻發生。

一、「請」胡漢民出局

孫中山逝世後，國民黨內有可能接孫之班的，一是胡漢民，一是汪精衛。二人資歷、地位相當。胡於孫北上後任代理大元帥（「代帥」），留守廣州；汪隨孫中山北上。孫中山死後，胡的「代帥」地位受到了挑戰。1925 年 4 月底和 5 月中旬，廖仲愷、許崇智、蔣介石、朱培德、加倫避開胡漢民，在東征前線的汕頭，召開過兩次秘密會議。這兩次會議除密籌討伐楊、劉外，實際上是籌劃改變政府體制，調整國民黨權力架構，決定誰為最高領導人的會議。5 月 8 日，從北京返至香港的汪精衛，特意繞道往潮州，同蔣介石「傾談」。10 日，汪、蔣二人又在汕頭再次「長談」。據《蔣介石年譜初稿》：汪在談話中告訴蔣，「總理病瞀中，猶以微息呼介石，綿惙不已」。蔣聽說後「咽

1　胡毅生抗戰時任國民政府委員，1957 年病逝於台灣。魏邦平 1935 年 9 月逝世，翌年廣東省政府將魏的故鄉命名為「邦平鄉」。

嗚良久」，並「感其（汪——引者）親愛也」。[1] 也就是說，兩人拉近了距離。此為汪、蔣結盟的開始。13 日，汪在汕頭參加廖、許、朱、蔣等的第二次秘密會議。在胡、汪的第一輪權力角逐中，蔣明顯站在擁汪的一邊。7 月初廣州國民政府成立時，汪擔任國民政府主席，成為廣州政壇的一號人物。蔣顯然在其中起了推動作用。

然而，從胡的「代帥」制變成汪的「主席」制，卻難於在短時間內成為定局。這是因為，汪派這次排胡出局，算不上是符合程序的操作，明顯遭到了胡派的抵制。而胡的政治影響，更非易於消除。汪實在也不是「最高」的合格人選，他力有未逮，需要扶持，需要支撐，因此，他必須加大拉蔣的力度。「廖案」發生當天（8 月 20 日）成立的汪、許、蔣三人「特別委員會」，將此時仍然是中央政治委員會主席的胡漢民排除在外，而將並非國民黨中央執行委員和國民政府委員的蔣介石拉了進來，這就是向蔣、也是向各界釋出的政治風向。汪存心藉「廖案」進一步排去胡漢民，急於與蔣加緊結盟，讓他的筆桿子與蔣的槍桿子聯姻，這一心態與意願，昭然於世人之耳目。

總之，胡漢民此前因帥府改組而失去「代帥」地位，現又因「涉案」而再次遭到排斥。當汪、蔣派兵包圍胡漢民住宅時，胡毅生逃走，胡漢民被蔣「轉移」至黃埔，等於被軟禁。胡漢民說：這是「以莫須有三字置我於死地」。[2] 9 月 15 日，汪在國民黨中央黨部第 108 次會議上說：「胡毅生此次謀殺廖仲愷同志舉動，漢民同志事前毫不知道，何能代為負責？」但同時又宣佈「請」胡出洋，實際上是讓他離開廣東。

當胡去國之日，有記者問汪：「君與漢民同患難共死生二十餘年，近日得毋稍有芥蒂？」汪答云：「君曾讀《孟子》否？『桃應問曰：舜為天子，皋陶為士，瞽瞍殺人，則如之何？孟子曰：執之而已矣。』瞽瞍且然，何況於象？吾輩書呆，即未聞近世革命黨人律身行己之義，何至不讀《孟子》。若因此而有所芥蒂於心，死何面目見總理乎？」[3]《孟子》的這段話，汪在黃埔軍校黨代

1　《蔣介石年譜初稿》，第 352 頁。
2　木庵：《再紀廖案興獄之經過》，《申報》1925 年 9 月 9 日。
3　《汪精衛先生之重要談話》，《廣州民國日報》1925 年 9 月 26 日。

表就職演講（10 月 2 日）中，再次引用過。[1] 汪是藉題發揮，強調不可投鼠忌器，以私害公，表明「請」胡離境，沒商量之餘地。汪排擠胡漢民後，國民黨的權力架構，才從胡的「代帥」制，轉為汪、蔣合作的體制。

二、驅逐許崇智，整肅粵軍

許崇智是國民黨中央候補監察委員、國民政府常務委員、軍事委員會委員、廣東省務會議主席、中央政治委員會委員，為軍界資深人物，並且是「廖案特別委員會」成員。然而「廖案」後不過幾天，許就遇上了麻煩，從辦案者變成被查辦者，屢屢遭受打擊。這雖然與李福林的「檢舉」有關，但更為主要的因素在於蔣的身上，是蔣在鮑、汪的導演、支持之下對許的頻頻出手。

許、蔣二人本來是老搭檔，許是粵軍總司令，蔣為參謀長。但讀蔣的史料可知，蔣對許早有滿腹的怨恨，並懷取代之心。上述李福林的「檢舉」，授蔣予可乘之機。隨之，蔣「未曾商准許總司令」而逮捕了許部師長張國楨。[2]「未曾商准」四個字，說明汪、許、蔣三人「特委」剛成立就被撕裂了。這個「特委」並不是一個同心協力的共同體。

在接下來逼使許崇智對梁鴻楷等人採取行動的過程中，鮑羅廷的「顧問」作用，發揮到了極致。鮑羅廷的報告說：初時許曾明確表示「拒絕執行」，即不同意抓捕梁鴻楷。無論鮑使出什麼「計謀和策略」，許都不為所動，「都拿他沒辦法」。最後，鮑放言要嚴處甚至要逮捕胡漢民，進一步向許示威和加壓，這才突破了許的防線。[3] 迫不得已，許以開會為名，拘捕了梁鴻楷、梁士鋒等。接着，蔣出動兵力，分別解散了梁在廣州及西江的部隊。

9 月 19 日，汪、蔣對許崇智實施了第二輪的打擊。蔣出動軍隊，宣佈廣州全市戒嚴，並包圍了許的住宅。蔣隨之給許送去一封信，勸許「暫離粵

1　汪精衞：《在陸軍軍官學校就黨代表職演講辭》（1925 年 1 月 2 日），《汪精衞文選》，第 206 頁。

2　《政局變動之原原本本》（《廣州民國日報》1925 年 9 月 2 日）謂：「廿五夕復由蔣介石派軍拘捕張國楨，惟當拘捕之前，則未曾商准許總司令。」

3　關於鮑羅廷逼使許崇智拘捕梁鴻楷的情況，見《鮑羅廷在聯共（布）中央政治局使團會議上的報告》（1926 年 2 月 15 日和 17 日），中共中央黨史研究室第一研究部編：《共產國際、聯共（布）與中國革命檔案資料叢書》3，北京圖書館出版社，1998 年，第 112 頁。

境」，字句嚴如斧鉞，逼許立即去職。[1] 許遂打電話向汪精衛求助，汪即給許回了一封信。據《廣州民國日報》報道：

> 又當黨軍在省議會一帶戒嚴，許曾以電話致汪精衛先生，詢以何故如此？汪即回函，大意謂：余雖一書生，但敢信非威力所能屈。余決不因在衛戍司令武力之下，但妄贊同蔣氏此項措施，實為認定此事非如此解決不可。又謂：余敢信介石對公事雖毫不假借不講感情，但決非全不講感情之人。為先生計，為大局計，亦莫善於暫行赴滬，一任介石將一切難題，及感情上不能解決之難題解決後，即請先生回等語。[2]

可見，汪、蔣二人是沆瀣一氣，軟硬兼施，逼許就範。

汪精衛並對媒體發表談話，明確支持蔣介石，態度決然地說「余當同負責任！」並說：「余於軍事，無尺寸之勞，然黨內或黨外，若因此事有不諒於介石者，余願分其謗也。」[3] 在鮑、汪、蔣的輪番作業之下，許只好卸職，登輪赴滬。第二天，蔣又派兵到東莞各地，包圍了許之粵軍鄭潤琦、莫雄所部，追繳鄭、莫二部之槍械。

當以上各項動作完成後，汪、蔣在報上發佈的消息，稱許之去職是因「所部迭次謀叛，上無以對黨對政府，下無以自解，異常憤慨。且患有腦病，因是劇發，故有赴滬養疴之意」。似乎許不是被蔣的槍桿子趕走，而是他心有羞愧，健康欠佳，自動開差似的。

當許崇智跌落於不可自拔的泥沼時，廣東的另一名軍人李福林，卻是時來運轉，順水順風。李福林本是土匪出身，李的「福軍」殘民以逞，一以貫之，粵人婦孺皆知。周恩來當時所撰的文章說：（在廣州的軍隊）「以滇軍為最驕橫」，李福林軍「次之」。[4] 然而，上述李福林在關鍵時刻的表現，卻讓鮑羅廷對他另眼相看，讓鮑在權衡處置許崇智、李福林時，作出了直截了當的

1　《蔣介石年譜初稿》，第 425-428 頁。

2　《政局變動之原原本本》，《廣州民國日報》1925 年 9 月 24 日。

3　《汪精衛先生之重要談話》，《廣州民國日報》1925 年 9 月 26 日。

4　伍豪（周恩來）：《最近二月廣州政象之概觀》，《嚮導》第九十二期，1924 年 11 月 19 日。

選擇：去許留李。鮑說：「我的觀點是可以儘快除掉許崇智而不是李福林。」鮑甚至說：儘管李福林「曾經當過土匪」，「儘管他洗劫過老百姓，但老百姓對他懷有好感」。這當然只是為黜許揚李而編造出來的天方夜譚。在俄人的內部講話（對布勃諾夫使團報告）中，鮑羅廷不加掩飾、直截了當：「需要玩弄權術，需要隨機應變，需要利用一個反對另一個。」[1] 是故，在查辦「廖案」的過程中，在國民政府發起的「整軍」「統一軍政」運動中，本來是國民黨中央、國民政府領導集團成員的許崇智，連遭厄運，本人被「除掉」，部屬一個個被整肅，甚至被槍斃。而土匪出身的李福林，卻絲毫未被觸動，李的福軍一變而成為國民革命軍第五軍，李亦由福軍軍長變成第五軍軍長。不久之後，李福林還補充為國民黨中央政治委員會委員。當有人對罷黜許崇智提出質疑時，鮑的回答是六個字：「先鎮壓，後改革。」[2] 鮑羅廷強勢左右着事態的走向。

三、驅逐川軍，囚禁熊克武

川軍將領熊克武參加過廣州黃花崗起義，為國民黨第一屆中央執行委員。1925 年秋，熊率川軍（約 3 萬人）入粵，駐紮於粵北之連縣、陽山數縣。安頓甫定，熊應汪精衞、蔣介石電邀，率少數隨員於 9 月 25 日到達廣州，設川軍總司令部駐穗辦事處。10 月 3 日，蔣介石以宴客為名，誘熊克武至寓所，將熊及其軍長余際唐、師長喻培棣等拘捕。

《蔣介石年譜初稿》有如下記述：

> 克武窮蹙，率部來粵就食。政府以其為本黨同志，讓防濟款，撫輯甚至。及朱培德由張識萬〔陳逆代表〕處得其通逆狀，轉相告語，俱各駭然。（10 月 3 日）上午，公乃誘熊、余至寓，一併拘留。[3]

---

1 《鮑羅廷在聯共（布）中央政治局使團會議上的報告》（1926 年 2 月 15 日和 17 日），《共產國際、聯共（布）與中國革命檔案資料叢書》3，第 109、135 頁。

2 《鮑羅廷在聯共（布）中央政治局使團會議上的報告》（1926 年 2 月 15 日和 17 日），《共產國際、聯共（布）與中國革命檔案資料叢書》3，第 116 頁。

3 《蔣介石年譜初稿》，第 434 頁。

朱培德（國民革命軍第三軍軍長）在張識萬處搜出的陳炯明致熊克武信，寫於 1925 年 9 月 20 日，其中有「希密派妥員赴港，面達機宜，同策進展」等語，熊於是被指為「通逆」，立馬從座上之客，變成階下之囚。[1] 國民黨中央第 11 次常會決定停止熊的中央執委之職，並開除其黨籍。汪、蔣還派兵擊破川軍於連縣和陽山，入粵川軍遂被逐出粵境。

「熊案」因搜獲陳炯明致熊的信函而引發，而熊本人的態度如何，卻沒有其本人的說明。熊部流亡入粵，餓軍就食，腳跟還沒站穩，怎麼就會「謀危」政府呢？包惠僧的回憶文章說：熊部「流亡入粵，有槍無彈，疲憊不堪，餓軍就食，沒有戰鬥力量，也沒有政治目的，熊克武、湯子模把部隊停留在北江，赤手空拳到廣州，到處拜客，不疑有變，就糊裏糊塗地被捕了」。[2] 包惠僧當時任黃埔軍校教導團黨代表。在包看來，「熊案」另有隱情。

曾任黃埔軍校政治部主任、時在上海的邵元沖，在報上看到熊克武被捕的消息後，於 10 月 6 日在他的日記中寫道：

> 今日報載介石又拘熊錦帆（克武），謂為得陳炯明致熊函，願與之合作云云。此說若信，實不足為熊罪，因尚未得熊本人覆陳之函，即無從定其是否同意，或則竟為陳炯明傾陷離間之計，乃主事者步調錯亂至是，惜哉！惜哉！[3]

據有關史料：川軍入粵業經國民政府同意，汪、蔣要求川軍參加第二次東征，熊亦已經答應，並準備出動 7 個團，到東江協同作戰。熊氏來穗，還是出於汪、蔣之邀請。然而，轉眼之間，汪、蔣不由分說抓人動武，逮捕了一位國民黨第一屆中央執行委員（孫中山的老朋友），驅趕了一支數萬人的、跋涉千里到南方投奔革命的軍隊。汪、蔣對自己的所作所為，自我評價甚高。汪說：「當日之處置，豈惟不可少，且不能緩。倘稍瞻顧徘徊，則今日

1　《廣州民國日報》1925 年 10 月 5 日。
2　包惠僧：《包惠僧回憶錄》，人民出版社，1983 年，第 186-187 頁。
3　《邵元沖日記》，第 201 頁。

廣東，已為敵人根據地。弟犧牲為主義具夙心，不惟不求諒於世人，有時且不求諒於知己也。」[1] 蔣說：「一彈未發，而平此大難，人以我手段辣，而不知行事貴在速決。」[2] 熊克武被捕後，拒不承認汪、蔣加給他的罪名，兩年後被釋放。

「熊案」屬於「廖案」後緊張氛圍中觸發的事件，未免受人以杯弓蛇影、草木皆兵、防衛過當之譏議。從實際後果而言，又可將此歸類為汪、蔣繼驅逐胡漢民、許崇智後又一起博弈或角逐。飽嘗牢獄之災的熊克武，脫離拘禁後投向了反蔣陣營。蔣無異於給自己新添了一位鐵桿反對派。

鮑羅廷 1926 年 2 月 15 日和 17 日在北京對聯共（布）中央政治局使團（布勃諾夫使團）的報告中說，「我們只希望在中國建立一個誠實的政府」。[3] 然而，「廖案」後開始的在鮑介入下的汪、蔣聯手秉政，實際上是以政治、軍事博弈為宗旨，其中的許多運作，出於「需要玩弄權術」指導思想的指引，顯然經不起「誠實」二字的考問。一個個被「請」出、被踢出局者，多半是數十年來同一戰壕的戰友，有許多人還是國民黨第一屆中央執行委員會的成員。這樣，離去者日多，離心力日強，同盟者日感不安，分裂活動越演越烈。在國民黨的歷史上，這是黨內分化激烈、社會被嚴重撕裂的一個時段。從管治的實效看，汪、蔣之聯手運作，得分實在不多。對 1924 年改組方向的偏離，這個黨的政治質變與組織分裂，在這一時段，其實已經打開缺口。

第四節　孫、廖之死對黃埔軍校的影響

孫中山、廖仲愷之死，讓歷史走進了一個極為敏感的、躁動不安的時段，不僅將中國國民黨置於有多種走向、多種發展可能性的岔路口上，也讓

1　汪精衛：《覆北京朱芾煌電》，中國科學院歷史研究所第三所南京史料整理處選輯：《中國現代政治史資料彙編》（第一輯）。

2　《蔣介石年譜初稿》，第 434 頁。

3　《鮑羅廷在聯共（布）中央政治局使團會議上的報告》（1926 年 2 月 15 日和 17 日），《共產國際、聯共（布）與中國革命檔案資料叢書》3，第 120-121 頁。

孫中山手創的黃埔軍校，同樣面臨着何去何從的問題。

孫中山是國民黨改組的掌舵人，國民黨方針、政策的決策者。不僅「黨內合作」出於孫的「乾綱獨斷」，黃埔軍校辦學的方針、方向及許多重大問題，也出於他的運籌策劃。孫中山的三民主義，是國民黨的靈魂。然而，在孫中山生前，對孫作出的決策，已經有不少人起而抵制和反對；對孫的「主義」，也摻雜有各種各樣不同的解釋。前面說過，因孫中山逝世，國民黨迅速分化，特別是其中唯權是獵、唯利是爭的人物，在反共分裂的道路上，滑得很遠。值得注意的是，孫中山逝世不久，原來反對孫中山，轉而大舉孫的旗幟，樹孫為偶像，以孫的「忠實信徒」「正統繼承人」自居者，不乏其人。黃埔軍校首任政治部主任戴季陶，就是搶抓孫文主義解釋權的第一人。包括西山會議派在內，都爭着扮演「擁孫」的角色。其中一些人的用意，顯然是以孫反孫，打着孫中山的旗號，反對孫中山的革命思想與決策主張，也就是反對國民黨改組，反對國共合作，抹黑共產黨，對共產黨污名化。這樣，在後孫中山時代，國民黨往何處去，成為疑問。在沒有孫中山的日子裏，孫手創的黃埔軍校能否秉承他辦校的初衷，堅持國共合作，堅持走思想建校、政治建軍的道路，也成為疑問。

從廖仲愷來說，廖擁護國民黨改組，是集愛國情懷、治理才幹與剛毅意志於一身的傑出人物。對於黃埔軍校，廖仲愷之死，其損失亦是難於彌補的。

廖仲愷是黃埔軍校黨代表，被稱為軍校「慈母」。黃埔軍校之籌辦、招生、經費籌措、幹部配備、教學訓練直至「校軍」「黨軍」的組建，無一不是廖苦心孤詣、慘淡經營、親力親為，無一不浸透着廖的汗水與心血。軍校官佐學生《祭廖黨代表文》謂：廖仲愷「追隨吾黨孫總理二十餘年，久為吾黨之中堅人物。此次本黨改組，先生之策劃獨多……諗知吾黨革命之所以屢次失敗，皆由於黨員並無武力，而假借於他人，故奔走不遑，寢食俱廢，以贊助總理創辦斯校，成立黨軍」。第一師師長何應欽、黨代表周恩來撰文，稱廖是「我黨軍之慈母」，「黨軍艱難締造以有今日，廖黨代表生育長養、維護將扶之力，實居大半」。[1]

1　《革命軍》第八期，1925 年 8 月 31 日。

更為重要的是，廖仲愷身為國民黨駐黃埔軍校之黨代表，代表黨掌握着軍校、軍隊的政治方向，是黨的尊嚴、意志在軍校、軍隊中的體現。孫中山為黃埔軍校配備幹部，選擇廖仲愷任黨代表，蔣介石任校長，即所謂「廖蔣配」，是基於對廖、蔣二人的考察權衡的考慮。廖仲愷與蔣介石當然是思想、個性各不相同的兩類人，而廖的資歷、地位、能力、人脈以及他在各方面的凝聚力、影響力，均有超出蔣的因素。從實際效果看，「廖蔣配」是黃埔軍校得以在艱難中籌創、發展的一個重要的原因。

廖仲愷被戕，突然離世，黃埔軍校的「廖蔣配」即被打破。廖仲愷對蔣的影響、制衡因素不再存在。天平失衡，大廈傾仄，處在這一歷史關頭，黃埔軍校何去何從？特別是孫中山制定的黨代表制度，即由黨掌握軍隊的制度，能否堅持？又讓誰來擔任黨代表，代表黨來掌握軍校和軍隊？這自然成為萬眾矚目的問題。

因孫中山、廖仲愷之死，中國國民黨和黃埔軍校的充滿變數的「新時代」，邁出了「新」的一步。未來，前途莫測。

第十一章　黃埔兩「會」之爭

第一節　左、右兩翼的分化

國民黨改組與黃埔軍校的籌創，幾乎是同步進行的。黃埔軍校創辦後，國共兩黨的許多活躍人物從四面八方匯集於長洲島上，近距離接觸，同室而居，同窗共硯，在同一個操場上訓練，一同參加各種政治活動和社會活動，並在同一條戰壕中並肩作戰。長洲島算得上是國共兩黨幹部接觸的「密集地帶」，是兩黨關係的「前沿地帶」。從教官、職員到學生，對思想、理論和政治問題的反應都十分敏銳。校內有「精誠團結」的一面，也有尖銳、激烈的衝突和鬥爭。

大體說來，埔校初創時，校園相對平靜，氣氛較為寬鬆。正如第一期學生韓濬（入校後加入中共）的回憶所說：「黃埔軍校第一期學生中基本上沒有黨派之爭。第二期開始萌芽，第三期比較激化。」[1] 第一次東征時，在淡水城下，中共黨員蔣先雲奉校長之命去救護負重傷的營黨代表蔡光舉，蔡說：「先雲！趕快為我醫治，逆賊正待我們痛殺！」[2] 此即黃埔同學團結作戰的現場實景之一。及後，隨着國共關係的複雜化，特別是孫中山逝世之後，國民黨內排斥共產黨、分裂兩黨合作的活動不斷發生，事態不斷升級，影響到黃埔軍校，教官、職員、學生的分化遂越來越明顯，逐步分化為左、右兩翼，從意識形態、政治觀點的分歧，演變成兩大政治派別的嶄然對壘。

1　韓濬：《兩年黃埔軍校生活見聞》，《廣東文史資料》第三十七輯，第 95 頁。

2　蔣先雲：《從前敵歸來》，《中國軍人》第二號，1925 年 3 月 2 日。

在黃埔第一期，共產黨員為數不少，軍校初創時，同學之間相處較為正常。中共黨員之初露鋒芒，引人注目，可能是從軍校國民黨第一屆黨部組建之時開始的。1924 年 6 月間，軍校開學典禮之後，軍校特別區黨部籌備成立，黨代表廖仲愷專門到軍校講述黨部組織法和選舉辦法。對於這件事，有的共產黨員並不熱心，如來自河北、曾在北方的煤礦和鐵路參加過工人運動的張隱韜，就認為他們到黃埔軍校來的目的是學習，而不是來參加什麼活動。因為有從事社會活動的經歷，張隱韜被推舉出來參與某項相關的事務，但他本人卻表示不樂於參加，因此被人指為「消極」。雖然如此，但本期的共產黨員之中，卻有不少人介入了這樣的活動。7 月 3 日，經過選舉，選出了陳復、李之龍、金佛莊、嚴鳳儀、蔣介石為軍校特別區黨部第一屆執行委員，蔣介石兼任監察委員。選舉結果宣佈後，蔣介石說：「當選的各位都是確實能辦事的，結果算是很好，本校長也非常欣慰。」[1] 7 月 6 日召開全校國民黨黨員大會，宣佈校特別區黨部成立。被蔣介石稱為「選得很好」的幾個人中，李之龍、金佛莊、嚴鳳儀三位是共產黨員。中共黨員在國民黨軍校特別區黨部執行委員中佔據了多數，這可能是這一羣體在黃埔軍校嶄露頭角、讓人刮目相看的開始。

被選為黨部執委的李之龍，原是武漢早期共產黨組織的成員，1924 年初已是中共漢口地委的成員，但是他與國民黨人也有些因緣。據李之龍自述，他的叔父李國良 1922 年被湖北督軍蕭耀南殺害，李之龍本人「二七慘案幸得脫險，潛赴上海，求見汪精衞先生。蒙介紹來粵，見廖仲愷先生、胡展堂先生，即在廣東支部宣誓再行加入國民黨」[2]。李之龍以這樣的家庭背景到國民黨內工作，當然是較為順當的。他的當選，也可能是中共內部安排、運作的結果。然而，李之龍當時對這樁事，起碼是不夠清醒的，當選之後竟拿出新任「委員」的架勢，訓斥他的同學張隱韜、趙枏等。據張隱韜日記，1924 年 7 月 18 日，李訓斥張、趙說：「只在你說你是民黨（國民黨）員，我就有管你們的權力！」對此，張感到「極憤恨」，說李之龍是「乳毛未乾，一步登天」，拿

1 《蔣介石年譜初稿》，第 211 頁。

2 《李之龍脫離共產黨聲明》，《廣州民國日報》1926 年 5 月 1 日。

出「狗委員的架子」嚇人。[1] 黨內同志（張隱韜、趙枏均為中共黨員）對李的作態觀感尚如此，其他人又會怎麼看？這是可想而知的。

黃埔軍校創辦之初，還發生過一件轟動性的事件——「宣俠父事件」。這件事也與國民黨黨部的選舉有關。宣俠父曾留學日本，回國後加入共產黨，入讀黃埔軍校時已 25 歲。國民黨軍校特別區黨部成立後，8 月初各隊選舉黨小組長。宣俠父被他所在的第二隊選為黨小組長。蔣介石很重視這種黨小組長的作用，於 8 月 2 日晚專門對學生作過一次講話，說「既有組長，一定要組長負責，和官長一齊辦事，才能辦得好」。但蔣又要求黨小組長每周必須向校長報告工作。宣俠父於是給蔣戴上了一頂「黨、校不分，亂用威權」的帽子，毫不客氣地向蔣發動了一次挑戰。

據《張隱韜烈士日記》，1924 年 8 月 22 日，「同志宣俠父，今日開除。其原因為黨中之組織上他為小組組長。但學校的校長令組織對學校也負每星期報告之責。他以為校長是黨校不分，亂用威權，集第二區分部組長開了個會，議決均不須報告，並在黨部政治部提出質問與彈劾。校長知此大怒，遂告各組長如不進行報告者，即從嚴處罰」。張隱韜接着寫道：「我也勸他，何必生這樣的氣，我們只有我們的目的」[2]。宣俠父遂被關進了禁閉室。蔣責令他寫悔過書，宣不寫，卒被開除出校。宣俠父獨立不移，卻付出了被推出埔校大門的代價。

至第二期時，學生中的共產黨員，不乏社會閱歷較為豐富、文化程度頗高、組織能力較強的分子。如吳明是中共早期組織的成員，曾留法勤工儉學；周逸羣曾留學日本；胡秉鐸是北京朝陽大學畢業生；羅振聲曾留法勤工儉學，與周恩來一同回國；而李勞工是廣東省總農會執行委員（1923 年），農運領袖彭湃的重要助手。入校未久，在本期中共黨員學生籌劃下，「火星社」成立了。這是一個政治觀點極為鮮明的左翼軍人團體。

據黃雍《黃埔學生的政治組織及其演變》，「火星社」大約成立於 1924 年底，是「由一部分共產黨同學和一些同情黨的同學效法列寧在 1900 年創辦

1　見《張隱韜烈士日記》1924 年 7 月 18 日部分。
2　見《張隱韜烈士日記》1924 年 8 月 22 日部分。

《火星報》的意義」而組織起來的，意在以此「作為共產黨的外圍組織，來推行黨的政策，擴大黨的影響，並為吸收黨員作些準備工作」。黃雍認為這「是黃埔左派學生中最初出現的進步政治組織」，並且「是當時黃埔軍校內唯一的革命組織」。[1] 黃雍，湖南平江人，1922 年入讀陸軍講武學校，黃埔一期生，當時是中共黨員，畢業後被派往東莞、寶安援助農民運動，擔任過省港罷工工人糾察隊教練和廣州農民運動講習所軍事教官。國共合作破裂後任中共東江、瓊崖特派員。黃雍是中共在黃埔軍校的活動情況的重要知情者，他所寫的火星社的組成情況，言人所未言，值得重視。

按黃雍所述，火星社的成員主要是學生，在第二期有 60 多人，第三期有 30 多人，包括周逸羣、李勞工、王柏蒼、吳明、蕭人鵠、吳振民、陳恭、陳作為、謝宣渠等。入學黃埔之前，這些人活躍於全國各地，經風沐雨，見多識廣，經驗老到。這些人一經聚合、組織起來，其能量當然不可小覷。

火星社在黃埔軍校的活動中最有影響的一次，亦與黨部選舉相關。1925 年 1 月第一次東征開始前，國民黨黃埔軍校特別區黨部第一屆執委任期已滿，即將換屆。籌備選舉之時，火星社做了串連策劃，「運用自己的組織力量展開了競選運動，結果按照自己預定的計劃獲得完全勝利」。選舉的結果，不免讓全校為之震驚。

關於此次換屆選舉的情況，《蔣介石年譜初稿》有如下敍述：1925 年 1 月 14 日，「軍校特別區黨部開全體黨員大會，選舉第三屆（應是第二屆——引者）執行委員。公（指蔣介石——引者）及吳明、陳作為、羅振聲、周逸羣五人當選為執行委員，並議決軍需部財政監督委員會組織法」。[2] 而據黃雍所述：在本次選舉中，「蔣介石僅得 60 票，沒有當選，後來由黨代表廖仲愷推薦，才得當了監察委員」。假如黃雍所言屬實，那麼年譜中蔣「當選」的話，則是有點可疑的。當天除吳明、陳作為、羅振聲、周逸羣當選為執行委

1　黃雍：《黃埔學生的政治組織及其演變》，中國人民政治協商會議全國委員會文史資料研究委員會編：《文史資料選輯》第十一輯，中華書局，1961 年，第 3 頁。以下引述黃雍關於火星社的史料，均出自此文。

2　《蔣介石年譜初稿》，第 295 頁。

員外，王柏蒼、成恭（陳恭）、黃錦輝當選為候補執行委員。[1] 以上吳明、陳作為、羅振聲、周逸羣、王柏蒼、陳恭、黃錦輝，均為中共黨員。

黃埔軍校特別區黨部第二屆執行委員會組成後，於 1925 年 2 月 1 日創刊《青年軍人》（第六期後改名為《革命軍》）。廖仲愷任「青年軍人社」社長；蔣介石任編輯部長；吳明任編輯股長，吳玠、劉光烈任股員；陳作為任經理部長；陳恭任事務股長，胡秉鐸、王德清任股員；羅漢任發行股長，盧德銘、麻植任股員。以上吳玠、劉光烈、胡秉鐸、羅漢、盧德銘、麻植數人，均是共產黨員。[2]

當國民黨改組時，孫中山曾說國民黨「組織未備」；廖仲愷也說國民黨「無精密組織」，「目下除少數幹部，並無黨員」。[3] 另有許多人直言國民黨組織鬆散，機構不健全，散沙一團，黨不成黨。1923 年秋，鮑羅廷到穗，孫中山鑒於「鮑君辦黨極有經驗」，乃在廣州鋪開了一場有共產黨員積極、踴躍參加的國民黨改組的「試驗」。結果，不僅在短時間內吸收了大量的黨員，並且自下而上地組建起黨的「區分部」「區黨部」，初步形成了一套國民黨的組織系統。這讓孫中山感到欣喜，也讓他對共產黨人的組織能力有所認知。可能正是這樣，讓人也產生了國民黨人搞「組織」並不在行，反而是共產黨員擅長於此的感覺。國民黨一大所產生的中央機構，由共產黨員譚平山任中央組織部部長，楊匏安任組織部秘書，應當不是偶然的。久而久之，也可能讓人（包括讓共產黨員自己）產生了共產黨善於搞「組織」，有「組織」的專長與優勢，甚至應當掌握國民黨「組織」的感覺。問題就出在這一點上。這應當是讓那些持門戶之見的「純粹」的國民黨人感到最不爽也最不安的心結所在。因為中共黨員兼具雙重黨籍，某些「純粹」黨員並不認同「雙重」黨籍黨員的國民黨身份，也不認同「雙重」黨籍黨員為國民黨所做的一切，包括發展黨員、整頓組織、健全機構、擴大影響等等。「純粹」黨員總是覺得「雙重」黨籍黨

1　《本校第一至第四屆特別黨部委員名錄》，《黃埔軍校史料（1924 — 1927）》，第 520 頁。

2　吳玠在埔校經張其雄介紹加入中共；胡秉鐸曾任《貴州青年》編輯，1924 年入黨；劉光烈在埔校入黨，後為黃麻起義領導人之一；羅漢曾赴法勤工儉學，經吳明介紹入黨；盧德銘 1924 年在埔校入黨，後加入葉挺獨立團；麻植在埔校入黨。

3　廖仲愷：《在中央幹部會議第十次會議上的報告》（1923 年 12 月 9 日），《廖仲愷集》（增訂本），第 139 頁。

員在這些方面做得越是努力，越有成績，就越是想「佔據」國民黨或「篡奪」國民黨，而不管共產黨人的真實想法是不是這樣。

上述黃埔軍校的兩次黨部選舉，當選者多為中共黨員（「雙重」黨籍黨員），而且由此衍生出了諸多授人以柄的風波，涉及了至為敏感的「組織」問題。當選者或者以為這是「勝利」，殊不知這卻是自我設套，最終套着了自己。[1]

「組織」，是具有排他性能的一種機制。共產黨人加入國民黨，致力於建立、健全國民黨的「組織」，而國民黨的「組織」一旦建立、健全起來，共產黨員反而置諸被「組織」排斥的地位。事情的發展，就是這樣。

第二節　中國青年軍人聯合會

中國青年軍人聯合會（簡稱「青軍會」）發軔於 1924 年秋商團事變時，籌備會產生於 1925 年 1 月 25 日，而成立大會召開於是年 2 月 1 日。有關青軍會籌備會成立，蔣介石的年譜寫道：「青年軍人社成立，為鮑羅廷等發起，軍人跨共產黨者咸入之。」[2] 蔣的意思是青軍會是鮑羅廷和中共一手策劃的。雖然後來的事態已表明青軍會確為以中共黨員為骨幹的黃埔左翼軍人團體，但是當這個團體籌備、成立時，並非就是鮑羅廷或中共黨員背着國民黨、未得到國民黨領導人許可而另搞一套；而這個組織的成員，也並非只有那些「跨黨」的黃埔軍人。

中國青年軍人聯合會從「青年軍人代表會」演變而來。據周逸羣《總理逝世後之中國青年軍人運動》謂：

> 黃埔軍校創立未久，商團扣械案發生，革命政府確實能夠指揮的軍

1　黃埔軍校特別區黨部第三屆選舉時，中共再沒有組織這一類的「競選」。1925 年 9 月黃埔軍校第二期畢業，火星社隨之解散。

2　按：黃埔史料上之「青年軍人社」，即上文所說國民黨黃埔軍校特別區黨部主辦的刊物《青年軍人》的編輯出版機構，蔣是該社的「編輯部長」，故不存在所謂鮑羅廷發起的問題。蔣「年譜」所說的「青年軍人社」，顯然就是指中國青年軍人聯合會。

隊，僅僅就是軍校幾百學生（當時新舊學生不上千人），若是單靠這幾百學生，一方面要守黃埔數千軍械，一方面又要解散商團，這不是比做夢還要可笑嗎？所以蔣校長與廖黨代表很能體貼總理的意旨，命黃埔學生與各軍發生關係，組織一個青年軍人代表會，以當聯合辦事的機關，當時加入的有黃埔軍校，滇軍幹部學校，粵軍講武堂，軍政部講武堂，警衛軍講武堂，桂軍軍校，大元帥府衛士隊，飛機掩護隊，航空學校，鐵甲車隊及永豐（現改稱中山）、舞鳳、飛鷹、福安四艦。這個組織是以團體為單位，即每個團體派出代表二人成立青年軍人代表會，設會址於中央黨部，每周開代表會一次，由各代表輪流主席。[1]

這個「青年軍人代表會」就是中國青年軍人聯合會的前身。青軍會發表的《本會組織緣起》明確指出：由於「代表會」這種形式有缺點，於是決定將「代表會」改為「聯合會」。[2]

由此可知，青軍會是黃埔軍人按照廖仲愷、蔣介石的意願成立起來的。當青軍會成立時，廖仲愷、胡漢民、鄒魯等國民黨領導人參加了成立大會，分別在大會上發表了支持的演說。廖仲愷說，中國青年軍人聯合會的成立大會是「中國革命史上之一重要記載」。汪精衛後來出席過青軍會的會議，亦是該組織的支持者。廖仲愷、蔣介石、譚延闓、陳嘉佑及國民黨中央黨部，均為青軍會捐過款。據青軍會第 10 次會議紀錄，常務委員王一飛報告經費收支情況：「蔣介石每月捐二百元，譚組（祖）庵一百元，陳嘉祐（嘉佑）五十元。中央黨部後改為一百五十元。」[3] 而青軍會的成員，也不只是一些「跨黨」的軍人，起初被推選出來負責組織青軍會籌備會的蔣先雲、曾擴情、賀衷寒、何畏能[4]四人當中，曾擴情、賀衷寒並非中共黨員。賀衷寒入讀黃埔軍校之前，曾經加入過中國社會主義青年團，其本人在軍校的「詳細調查表」上寫道：

1　周逸羣：《總理逝世後之中國青年軍人運動》，《中國軍人》第九期，1926 年 3 月。

2　《本會組織緣起》，《中國軍人》創刊號，1925 年 2 月 20 日。

3　《中國青年軍人聯合會第十次大會紀錄》（1925 年 6 月 3 日），《中國軍人》第六號，1925 年 8 月 17 日。

4　何畏能為大元帥府鐵甲車隊隊員，後來擔任過中共廣東省委交通主任、陳村市委書記。

「民十代表武漢社會主義青年團列席遠東民族及少年共產黨兩會議。」[1] 有關的史料顯示，賀衷寒當年因「不服從中國代表團團長張國燾的領導，回國後被開除團籍」。雖然賀衷寒在青軍會成立不久之後即已退出，並充當了孫文主義學會的中堅分子，但當青軍會成立時，他是與蔣先雲等人站在一起的。在《中國軍人》創刊號上，賀發表了《青年軍人與軍閥》的文章，署名「衷寒」。

中國青年軍人聯合會成立時，各單位的出席代表如下：

陸軍軍官學校：李之龍、蔣先雲、賀衷寒、曾擴情

北較場陸軍軍官分校：吳明、蕭人鵠、王一飛、李勞工

滇軍幹部學校：高煊、林紹伯、盧洪基、張建侯

粵軍講武堂：廖俊一、吳超璟、歐震

桂軍軍官學校：溫鎮球、袁炎烈

鐵甲車隊：何畏能、李迪珩

福安軍艦：牛蔭桐、劉聯陞

飛鷹軍艦：楊錦棠、吳鴻鈞

舞鳳軍艦（特別組）：陳光裕

軍用飛機學校（特別組）：劉雲

中國青年軍人聯合會中央執行委員會委員如下：

常務委員：蔣先雲

秘書：賀衷寒

編輯委員：王一飛

宣傳委員：高煊

組織委員：廖俊一

1　陸軍軍官學校編：《陸軍軍官學校學生詳細調查表》（民國十三年七月），（台灣）文海出版社，1990年，第46頁。

候補中央執行委員：袁燚（炎）烈、歐震、何畏能、楊錦棠[1]

以上出席成立大會的代表及由大會產生的中央執行委員、候補執行委員，有的也不是共產黨員。總之，青軍會在成立之初，聯絡了多所軍校及多個軍事單位，聯繫了眾多的軍人，是力圖按照在國民黨的旗幟下革命青年軍人大聯合的形象來塑造自己的。

中國青年軍人聯合會發展迅速，成員遍佈於廣州各軍校、各軍艦，而且派人到北方各軍隊、各軍艦徵求會員，建立通信關係，並計劃成立「東北組織部」「西北組織部」「中原組織部」「長江組織部」和「西南組織部」。成立兩個月後，會員據謂發展到 2000 多人。

中國青年軍人聯合會創辦了兩個期刊。一為《中國軍人》，創刊於 1925 年 2 月 20 日，前後共出版 9 期。創刊號「編輯啟事」謂，「本刊以團結革命軍人，擁護革命政府，宣傳革命精神為主旨」。以蔣先雲、王一飛為主筆，主要撰稿者有蔣先雲、蕭人鵠、吳明、唐澍、周逸羣、李漢藩、陳恭、胡秉鐸、李俠公、包惠僧、曾幹廷、饒榮春等等。二為《中國青年軍人聯合會周刊》，由胡允恭（曾就讀於上海大學）任主筆，主要撰稿人有李漢藩、蔣先雲、胡秉鐸、周逸羣、嚴鳳儀、熊受暄等，共出版 28 期。青軍會出版之《中國軍人》《中國青年軍人聯合會周刊》，特別區黨部出版之《青年軍人》（《革命軍》），以及稍後出現的《黃埔潮》《武力與民眾》《黃埔日刊》等，均為左翼色彩明顯的出版物。黃埔軍校可謂報刊林立，這表明黃埔教官、學生不僅能武，而且能文。會抓筆桿子是黃埔左翼軍人的優勢。

與中國青年軍人聯合會相關的，還有文藝演出團體血花劇社。黃埔學生李之龍、教官魯易等，本為活躍分子。李、魯二人在進入黃埔軍校前，曾在 1924 年的廣州新年遊藝晚會上登台演出，他們合作獻給觀眾的是北腔雙簧，演出效果不錯，「觀者頗為感動」。此事被記載在中國社會主義青年團廣東區委的歷史文件上。[2] 李之龍、魯易是黃埔軍校的活躍人物，他們在廣州的首次

1　《中國軍人》創刊號，1925 年 2 月 20 日。

2　《團粵區委報告（第十二號）》（1924 年 2 月 17 日），《廣東青年運動歷史資料》（一），第 201 頁。

「亮相」，是在新年晚會的表演舞台之上，在廣州革命文化史上，這可能是值得注意的一件事。一期生將畢業時，為歡迎蘇聯水兵，軍校舞台又推出了一台節目。1925年的元旦，黃埔軍校師生連續編排、上演了《還我自由》《黃花崗》《鴉片戰爭前後》等話劇。寓教於樂，不僅富有教育意義，而且給全校官生、給教導團官兵們帶來許多樂趣。1925年1月18日，血花劇社正式成立，直屬於黃埔軍校政治部。「血花」者，「革命之血，主義之花」之謂也。

血花劇社最初的台柱子，就是李之龍這些人。李等不僅能寫本子、能導演，而且能登台演出。[1] 廣州「新學生」劇社成員，曾與曾國鈞、區夏民（兩人在1927年廣州起義時遇難）同台演出的吳鐵若，觀看過李的表演。吳鐵若回憶草本寫道：新學生劇社在中山大學禮堂演出，有血花劇社參加，「李之龍也來演出。他演的是雙簧《搽粉》，是一出笑劇。我們演的是獨幕劇」[2]。除李之龍外，血花劇社的活躍人物還有余灑度（二期生、中共黃埔二期支部組織幹事）。蔣介石很看好血花劇社，視為他親自領導的團體。余灑度因此見重於蔣，後來成立「黃埔同學會」時，被蔣特指為宣傳科長。

應當指出，血花劇社雖有許多中共黨員參加並充當骨幹，但不能認為這個劇社就是被「中共分子利用」、以「滲透」為目的的團體。劇社有各方面人物的支持和共同參與，有大量的觀眾與廣泛的影響，稱之為李之龍「把持」的中共外圍組織，實際上也是一種偏見。

血花劇社將自己定位為「藝術革命化的宣傳團體」，賦自身予宣傳革命、提高社會藝術的使命。他們認為：藝術與人生的關係，就是藝術批評人生、領導人生、創造人生；獻身於藝術的人和獻身於社會革命的人，同樣都是革命的；革命的藝術是新的藝術，是站在十字街頭、奉獻給人民羣眾的藝術。難得的是，經過一段時間的頻繁演出之後，他們有了愈來愈明確的藝術追求，要求提高藝術水準，增強藝術感染力。他們說：血花劇社是隨着新的藝

1　據李之驥、李之鷗：《李之龍烈士傳略》，中共廣東省委黨史研究委員會辦公室、廣東省檔案館編：《中山艦事件》，1981年，第30頁。李之龍自編話劇劇本，對楚劇的改革也用過很大功夫。所編劇本《此恨何時滅》（鴉片戰爭故事）、《國魂兮歸來》（義和團故事）、《革命軍來了》（東江戰役故事）三種被保存了下來。

2　吳鐵若回憶草本（未刊稿），1964年7月。

術的使命而產生的，也要使革命的藝術，開一個新紀元。[1] 血花劇社的演出安排得滿滿的，有時在校本部大禮堂，有時在露天廣場。在軍校的演出，觀看者不僅有本校官、生、士兵，還有大批的市民。

中國青年軍人聯合會為跨校、跨軍和跨軍種的公開團體，從成立宗旨及初期活動來看，其初時的「黨派」色彩並不十分明朗，如果掌握得好，是有可能發展為「革命旗幟下的軍人之公有組織」的。然而，為什麼青軍會後來會成為黃埔左、右兩翼分野的焦點呢？這是由於在後來的發展進程中，有越來越多的中共黨員加入青軍會，並成為青軍會的骨幹分子和基本成員，而青軍會的許多成員又陸續被吸收到共產黨中，使中共黨員在青軍會中所佔的比重越來越大。在該會的刊物《中國軍人》《中國青年軍人聯合會周刊》寫文章的，又多數是中共黨員；而並非「跨黨」分子的賀衷寒、曾擴情等人，不久又退出了青軍會，另起爐灶，別樹一幟，成立了孫文主義學會，與青軍會對着幹。就這樣，隨着黃埔軍人左、右兩翼的分野越來越大，中國青年軍人聯合會也從大聯合性質的組織，變成了色彩越來越紅的組織。

第三節　孫文主義學會

如前所述，當中國青年軍人聯合會籌備成立時，參與者有蔣先雲、賀衷寒、曾擴情、何畏能等，組成之後，由蔣先雲任常務執行委員，賀衷寒任秘書。及後，賀衷寒等脫離了青軍會，成立孫文主義學會（簡稱「孫會」）。從此，黃埔長洲島上出現了青軍會、孫會兩大組織的雙峰峙立。兩「會」的糾紛愈演愈烈，從筆舌之爭，發展到拔槍相見，在國民革命營壘中，種下了深深的危機。

按照孫會的發起人之一冷欣（一期）的說法，因青軍會的活動日益發展等原因，從 1924 年底開始，黃埔軍校即有人開始醞釀成立與之抗衡的組織。初擬取名「中山主義研究社」，並擬與甘乃光發起的孫文主義研究社聯合，但

1　《血花劇社之近況》，《黃埔日刊》1926 年 12 月 14 日。

未能成功，遂決定單獨組織。第一次東征途中，在部分教官學生中交換過意見，並在梅縣召開了籌備會議，參加者有 30 多人。[1] 此時的名稱是「中山主義學會」。1925 年 6 月 3 日，《廣州民國日報》發表了《中山主義學會宣言》。[2] 至於孫會的正式成立，則在 1925 年 12 月底。

孫會的成立，同當時國共關係的複雜化，是聯繫在一起的。

先是，黃埔軍校開學典禮後兩天，國民黨中央監察委員張繼、鄧澤如、謝持提出《彈劾共產黨案》（「六一八彈劾案」）。國民黨中央執行委員會為此於 1924 年 8 月召開一屆二中全會，審議、討論此案。會議期間，張繼、謝持到黃埔軍校串連，特別是謝持，以四川同鄉的關係，對埔校川籍學生做過「煽動」的工作。[3] 國民黨內反對與共產黨合作的種種勢力，無疑是黃埔右翼的後盾。他們的活動，對埔校右翼的形成，起了催發的作用。至「戴季陶主義」出台後，戴更成為右翼軍人的精神領袖。到了西山會議派在上海、北京等地醞釀、組合時，埔校右翼軍人更在國民黨上層及各地、各界的反共勢力中，多方尋求同情、支持、配合的力量。

孫文主義學會的名稱，最初可能不是在黃埔軍校，而是在黃埔之外首先使用的。據馬超俊述：

> （孫中山逝世後）我與孫哲生（孫科）研究辦法，認為防止共產黨思想，首應着重於青年思想，乃決定聯絡各大學學生，創立孫文主義學會。當時參加者有北京大學學生李大超、鍾汝中、傅汝霖、陳兆彬、曾焦熙、袁世斌、姜紹謨、王崑崙，東南大學學生鄧光如、劉愷鐘、楊克天、任西萍、高岳生、宋述樵，上海商科大學學生王漱芳等，均一時之高才。此時黃埔軍官學校學生冷欣、賀衷寒、潘佑強、杜心如、楊行之

1　中華民國史事紀要編輯委員會編：《中華民國史事紀要（初稿）》（1925 年 1 月至 6 月），（台灣）中華民國史料研究中心，1975 年，第 470 頁。按：梅縣會議召開於 1925 年 4 月 24 日，《蔣介石年譜初稿》以是日為孫文主義學會成立的日子。當孫會籌備時，冷欣為軍校教導團第一團第四連黨代表。

2　《中山主義學會宣言》，《廣州民國日報》1925 年 6 月 3 日。

3　曾擴情：《謝持來校煽動反共》，《黃埔軍校史料（1924 — 1927）》，第 340 頁；黃雍：《黃埔學生內部鬥爭的起因與發展》，《黃埔軍校史料（1924 — 1927）》，第 341-343 頁。另，張隱韜日記也有張繼向黃埔學生宣傳反共的記述。

（應是楊引之——引者），與同濟大學蕭淑宇等皆來滬響應。大家推舉我與劉蘆隱、郎醉心、何世楨、黃季陸為籌備委員，孫哲生為會長，負責對外一切名義；我為總幹事，主持一切計劃策動。在學理方面，闡揚三民主義之真諦，辟斥無產階級之理論。戴季陶所主編《孫文主義之哲學之基礎》即為該會最初之刊物。[1]

從馬超俊所述，可知孫文主義學會並非發軔於廣州，但其醞釀與籌備，與黃埔軍校的中山主義學會幾乎同步而行。黃埔右翼軍人「皆來滬響應」，這應是中山主義學會的名稱後來之所以棄而不用，而改稱孫文主義學會的由來。

從青軍會中退出而充當孫會中堅的賀衷寒，是一位很有些來歷的人物。賀衷寒，湖南岳陽人，畢業於武漢旅鄂湖南中學，肄業於上海外國語學校。曾到蘇俄出席遠東會議，回國後先後在湖北、湖南辦「人民通訊社」「平民通訊社」，還兼任過《大漢報》的特約記者。出席中共一大、建黨前後在武漢活動、了解賀衷寒的來歷的軍校政治部代理主任包惠僧，在他的回憶錄中說：賀在參加遠東會議時因故被開除團籍，從蘇俄回國後，「他在武漢、長沙辦過通訊社，因為他沒有能力沒有信譽，走到流落的邊緣，才去投考黃埔軍校」，「賀衷寒到黃埔軍校以後，到處鑽門路，他先希望鑽到共產黨或是青年團裏，碰了壁之後，他就儘量地裝出是一個反共的志士，經常奔走於胡漢民、汪精衛、蔣介石、廖仲愷之門。他常叫囂說『青年國民黨員組織起來』」。[2]

包惠僧所說賀衷寒在黃埔軍校「碰了壁」，具體的情節，是指賀衷寒曾經「冒充青年團員」，而被李之龍揭破。[3]

這件事稱得上源遠根深，值得挖一挖「老底」，從頭說起。賀衷寒初入黃埔軍校時，對自己曾經加入過社會主義青年團的經歷並不隱諱。他在陸軍

1　《馬超俊、傅秉常口述自傳》，第60-62頁。

2　《包惠僧回憶錄》，第153頁。

3　《包惠僧回憶錄》，第153頁。

軍官學校學生詳細調查表中填寫道：「民十代表武漢社會主義青年團列席遠東民族及少年共產黨兩會議。」[1]而通觀入讀黃埔軍校之前加入共產黨、青年團的那批黃埔一期生，均未曾在軍校的調查表中說明自己的共產黨員、青年團員身份，「調查表」也沒有提出這樣的要求。例如共產黨員趙子俊，同樣來自武漢，同樣參加過遠東會議，但就沒有在調查表中填寫這樣的經歷。賀衷寒說自己曾代表武漢社會主義青年團出席過遠東會議，但卻不說明他已經被除名，這起碼表明他對參加過社會主義青年團、出席過遠東會議的經歷，是很在乎的，或者說是唯恐他人不知的。

1926年2月，鮑羅廷在北京向聯共（布）中央政治局使團（布勃諾夫使團）作報告時講到：孫文主義學會的「最主要的領導人同我一起從廣州來到這裏，現住在北京等護照，要去俄國留學。原來這個同志曾八次提交加入共產黨的申請，八次遭拒絕。當我想知道為什麼不接收他入黨時，老實說，我並沒有從共產黨那裏得到令人滿意的答覆。這是個錯誤。如果讓他加入共產黨，他會對這個學會產生另一種影響。然而他卻被拒之門外」。[2]鮑羅廷這裏所說到的「八次」提出加入共產黨申請的人，不是別人，應是賀衷寒。當時（1926年初）賀衷寒在廣州遇到了「麻煩」，要赴蘇聯留學。鮑的這段話更加說明：包惠僧所說的賀衷寒到黃埔軍校後「希望鑽到共產黨或是青年團裏」，並非無中生有、面壁虛構。那麼，賀衷寒「冒充」過青年團員，也不是不可能的。

賀衷寒過去的確參加過武漢社會主義青年團，他赴俄出席遠東會議，持的是董必武簽字的介紹信。[3]而李之龍也參加過武漢社會主義青年團。1922年5月中國社會主義青年團第一次全國代表大會在廣州召開時，武漢社會主義

---

1 《陸軍軍官學校學生詳細調查表》（民國十三年七月），第46頁。

2 《鮑羅廷在聯共（布）中央政治局使團會議上的報告》（1926年2月15日和17日），《共產國際、聯共（布）與中國革命檔案資料叢書》3，第140頁。

3 中共「一大」會址紀念館、上海革命歷史博物館籌備處編：《上海革命史資料與研究》（第7輯），上海古籍出版社，2007年，第824頁。

青年團派出的代表，最初就是李之龍。[1] 故賀、李二人，同出於武漢董必武之門下，早已互相認識，互相知根知底。賀之根底被李之龍「揭破」，實在不足為奇。

黃埔軍校的共產黨組織拒絕賀衷寒入黨對不對？如果像鮑羅廷所說當時滿足了他的入黨要求，他是不是就會在黃埔「產生另一種影響」呢？這是很難假設的。問題是，賀在共產黨裏找不到出路，他就要另外走出一條路來。偌大一座長洲島，像賀衷寒這樣的人，應當不是個別的。

至於孫文主義學會的發起人，蔣介石指為陳誠；[2] 王柏齡則指為賀衷寒、潘佑強，王柏齡並且隱然表明王柏齡自己就是這個組織的幕後指導者。[3] 孫會最早的成員以黃埔軍校一、二期學生為主，也有一些教官，並有黃埔軍校以外的軍人或非軍人參加。主要有陳誠、王柏齡、劉峙、林振雄、繆斌、徐桴、周惠元、賀衷寒、潘佑強、惠東昇、王惠生、顧祝同、倪弼、桂永清、鄧文儀、蕭贊育、孫元良、謝廷獻、謝純庵、楊引之、陳紹平、史宏熹、楊耀唐、謝振邦、葛武棨、劉儀珍、冷欣、伍翔、曾擴情、豐悌、胡靖安、胡宗南、王文翰、張叔同、陳肇英等。孫會出版有刊物《國民革命》《青白花》，還成立了一個與血花劇社相對立的青白劇社。

孫文主義學會對外宣稱以「研究」孫文學說為宗旨，以「學術團體」的面貌出現。或許由於這一點，廖仲愷對孫會的成立，表示過支持。據謂李之龍等曾向廖進言，請廖不要支持孫會，而廖未納其言。[4] 蔣介石當然更是孫會的支持者。前文說過，廖、蔣、汪對青軍會早已給予過支持。因此，後來當青軍會、孫會糾紛迭起時，兩者都強調他們是得到了汪、蔣、廖的支持。孫會尚未組成時，周恩來同賀衷寒談過話，勸賀停止組織，不

1　1922 年 4 月 9 日中國社會主義青年團武漢地方大會致團臨時中央報告說：「五五廣州大會（指 1922 年 5 月 5 日在廣州召開的青年團第一次全國代表大會）共推李之龍出席。」趙樸：《中國社會主義青年團第一次全國代表大會及其前後的若干問題》，共青團中央青運史研究室編：《中國社會主義青年團創建問題論文集》，1984 年，第 34 頁。

2　《蘇俄在中國——中國與俄共三十年經歷紀要》（第 37 頁）記：「於是陳誠等乃發起孫文主義學會，以對抗青年軍人聯合會。」

3　王柏齡：《孫文主義學會的成立》，《黃埔軍校史料（1924 — 1927）》，第 338 頁。

4　《包惠僧回憶錄》，第 153 頁。《黃埔軍校之成立及其初期發展》，第 280 頁。

要另立山頭，以免遺禍於將來。賀充耳不聞。[1] 就這樣，孫會終於組成，並一步步做大。

第四節　風波迭起，「調」而不和

黃埔軍校兩翼的紛爭，1925 年起日趨表面化。孫中山逝世後，潛在矛盾浮現，「暗潮」翻成大浪。1925 年 4 月，青軍會出版的《中國軍人》第四號刊登署名「俠公」的《從唯物史觀所見之中山先生死的問題》。「俠公」即李俠公（亦作「李公俠」），軍校特別官佐，由魯易、周逸羣介紹加入中共。

孫中山逝世，舉國哀傷，這是個非常敏感的時刻。李俠公的「唯物」之論和另一篇講社會主義的文章，惹出一場風波，即李俠公所謂「孫文主義學會分子大肆咆哮」。[2]

1925 年 4 月 24 日，經過一番策劃與串連，黃埔軍校教導團第一團黨代表繆斌、第四連黨代表冷欣等人，在東征途中的梅縣，召開中山主義學會籌備會議，由繆斌主持開會。台灣出版的資料描述說：當時有青軍會的成員簽名參加，卻被「故意」通知遲二小時到會，但是他們仍然及時趕到。

> 由李之龍先進入會場，拿起開會用之材料直喊「繆斌」而不稱主席，指責孫文主義學會違反聯俄容共政策，要大家負責可能產生不良後果。有人指責他不守秩序，李之龍便說：「你不要我說話，我就走！」正好周恩來走進來，會場有人控訴李之龍不守會議規則，以下犯上，請周恩來以黨紀處罰他，周答道：「請大家不要動感情！」表示一定處理，卻讓李之龍溜走，為了避免刺激，周恩來乃將李之龍從前方調回廣州。[3]

1　《黃埔軍校之成立及其初期發展》，第 280 頁。

2　李公俠：《在黃埔軍校所看到的兩派鬥爭》，《廣東文史資料》第三十七輯，第 23 頁。

3　《黃埔軍校之成立及其初期發展》，第 300-301 頁。

以上所引，是關於「梅縣事件」較為詳細的一則記述。這場糾紛，肇端於會議召集者「故意」通知青軍會人員遲到，而李之龍的表現亦未免簡單粗暴。青軍會後來宣佈自動解散時（1926 年 4 月），在公開發表的《上蔣校長書》中，對「梅縣事件」有所涉及，明確說：「況梅縣之事責，在李之龍之粗浮。」

1925 年 5 月 1 日，廣州市舉行五一勞動節紀念活動。留守黃埔軍校的政治部職員李漢藩、陳作為，要求軍校列隊參加全市的遊行，遭管理處代理處長林振雄反對，雙方遂發生激烈的爭吵。對這一件事，蔣介石在東征途中寫了封信，對李漢藩、陳作為作了嚴厲的指責。據《蔣介石年譜初稿》：5 月 11 日，蔣「致李漢藩、陳作為二生函〔政治部職員〕，痛斥其侮辱林處長之非〔稿佚〕。因廣州市舉行五一勞動節巡行，代理管理處長林振雄，不令軍校勤務工人參加，李、陳目為反革命也」。[1] 讀包惠僧的回憶錄，則知事情並不那麼簡單，除了李、陳「侮林」之外，還有另外一個情節。包惠僧說：雙方「由相罵到相打，最後林振雄發了牛脾氣，拿出手槍向李漢藩開了一槍，雖然沒有打中，也鬧出亂子來了」。李、陳等將林捆綁起來，將他關進禁閉室。口舌之爭，導致拔槍相見，無疑是一宗嚴重的事件。

林振雄開槍事件，並非只是包惠僧的一家之言，在國民黨中央的會議記錄中可以查到討論、處分林的有關記錄。據《國民黨第九十四次會議紀》：到會者胡漢民、鄒魯、汪精衛、廖仲愷、鄧澤如、林森、譚平山、何香凝、林祖涵、甘乃光、陳公博等，主席胡漢民，書記陳公博。中央監察委員會提出，黃埔軍校「管理處長林振雄犯罪，應略寬宥，由黨部予以定期停止黨權處分，關於刑事部分，予以定期懲役，並將本兼各職撤革，歸案辦理」。會議決議：「林振雄應予以停止黨權六個月，撤革本兼各職。」[2] 可見，「林振雄事件」已提上國民黨中央常務會議，定性為「犯罪」，寫進了會議記錄。雖然受到「寬宥」，但也被撤銷了本兼各職，林振雄為他的行為付出了代價。

1　《蔣介石年譜初稿》，第 353 頁。

2　《國民黨第九十四次會議紀》，《廣州民國日報》1925 年 7 月 23 日。此外，李漢藩被國民黨中央派為特派員，到駐韶關的湘軍中從事政治訓練，後參加南征。陳作為調任湘軍第六團黨代表，當年 10 月在作戰中被敵俘虜，救出後因傷勢過重逝世。

黃埔軍校黨代表廖仲愷，對東征期間發生的「林振雄事件」——軍校後院起火事件，極為震驚，極其重視。廖特意提出請中共廣東區委書記陳延年到黃埔軍校任政治部主任（此時周恩來在東征前方），以加強對黃埔軍校校內的政治工作。據包惠僧說，陳延年則向廖轉薦包惠僧以自代。[1] 雖然包惠僧的名字並未顯現於黃埔軍校教職員名錄，但包確實在黃埔軍校擔任過這一職務。此即包惠僧移任黃埔軍校政治部主任（稱後方主任）之由來。

槍擊事件，看來還不止一宗。李俠公的文章提到：當「西南革命同志會」（由周逸羣等人發起）在廣州大佛寺召開成立大會時，孫會偵知這個組織與青軍會關係密切，乃由王惠生（一期三隊，貴州貴定人）等闖進會場，亂喊口號。在一片喧鬧聲中，王惠生向大會主持者周逸羣和李俠公開槍（未擊中），旋被制服。[2] 胡允恭的回憶錄提到：在一次爭吵中，也發生了孫會分子向胡沉着（胡承焯，三期生）開槍（未擊中）的事件。[3] 1925 年夏秋，戴季陶陸續發表《國民革命與中國國民黨》等文，「戴季陶主義」至是形成。青軍會起而批駁，校內的氣氛十分緊張。這時，黃埔軍校貼出了一幅漫畫，畫的是戴季陶將孫中山背進孔廟，讓孫中山接受世人拜祭，分食供桌上的冷豬頭。漫畫對戴季陶的形象批判，被孫會認為是攻擊、醜化孫中山，羣情鼎沸。

在第二次東征時，李俠公擔任國民革命軍第一軍第一師政治部主任。東征途次，李向中共廣東區委軍委寫報告，分析「全師官兵的思想動態」。信函丟失（有一種說法是被人偷出），落到了孫會手中，遂被炒作為共產黨員搞「破壞」，全文被影印了出來，大量散發，並寄給上海的報紙刊登。這一場糾紛，一直鬧到了蔣介石面前。《蔣介石年譜初稿》寫道：1925 年 12 月 3 日，「下午，有學生十餘人，同第一師政治部主任李公俠，爭來訴狀。公俠報告：『共產勢張，四圍都非同志。』意在激成本黨黨員互相仇恨，慫公監視。公以〈政治人員帶兵官不能干涉，惟云當嚴辦了事〉近日非共產與共產之訌，愈演愈烈，公謂此足使本校本軍內部分裂，黨禍急矣，〈可奈何！〉」[4]

---

1 《包惠僧回憶錄》，第 156-157 頁。

2 李公俠：《在黃埔軍校所看到的兩派鬥爭》，《廣東文史資料》第三十七輯，第 24 頁。

3 胡允恭：《關於黃埔軍校和中山艦事件》，《金陵叢談》，第 35 頁。

4 《蔣介石年譜初稿》，第 465 頁。

李俠公到底在信中寫了些什麼？在桂崇基《中國國民黨與中國共產黨》一書中，可以讀到原文：

君佛（偉）：

我已隨一師到達石灘三日，尚未填具報告者，以四圍都非同志，而又同居一室（師長、參謀長等）。政治部雖自成一處，亦以雜有外人，遂使我無有機會填具報告，祇好暫作信函寫上，乞原諒。軍官方面，如何師長對政治工作，頗能認識其必要與價值，故我們工作，向無妨礙，可以暗中暢行，藉機會宣傳我們主義。

俠公

十月四日午後二時[1]

以上引文，「君佛（偉）」者，軍委也。文中可視為「問題」者，主要是「四圍都非同志」，意思是說周圍的人都不是同志。孫會據此認為，李俠公只認共產黨員為同志，而不認國民黨員為同志。

李俠公信函丟失事件，讓雙方關係再度緊張。鮑羅廷在稍後（1926 年 2 月）向布勃諾夫使團作報告時，講到了這件事：「有位共產黨人給軍隊寫信，對共產黨人稱同志，而對國民黨人不稱同志，結果這封信就被用來說明，共產黨人只認為自己的人是同志，而不認為國民黨人是同志。」這件事讓鮑羅廷頗為糾結與困惑，感到難以拿捏。他說：「如果共產黨人繼續處於這種狀態，即對他們所做的每件小事，所犯的每個錯誤，都進行挑剔，那麼這就會使他們的工作變得非常困難。」[2] 為此，鮑羅廷甚至提出，要將共產黨員全部從軍隊中撤出來。他還歸納出「共產黨人應徹底離開軍隊」的三條理由。因為這一點，鮑羅廷與蘇聯駐華南軍事顧問團團長古比雪夫（季山嘉）、副團長拉

1　轉引自桂崇基：《中國國民黨與中國共產黨》，（台灣）中華書局，1978 年，第 40 頁。

2　《鮑羅廷在聯共（布）中央政治局使團會議上的報告》（1926 年 2 月 15 日和 17 日），《共產國際、聯共（布）與中國革命檔案資料叢書》3，第 138-139 頁。

茲貢（奧爾金），「發生了原則性的意見分歧」。[1]

鮑羅廷從軍隊中全部撤出共產黨員的主張，並沒有付諸實施，而丟失信函的主角、第一師政治部主任李俠公，則從此離開了黃埔軍校和第一軍。李俠公向蔣介石提出辭呈，隨即公開以共產黨員的身份任事於中共廣東區委軍委。1927 年 2 月，李俠公赴蘇聯學習，回國後於 1930 年 10 月在上海被捕。出獄之後，與中共脫離關係。抗戰時期出任文化工作委員會副主任（主任郭沫若）。中華人民共和國成立後任政務院參事、西南軍政委員會委員、貴州省政治法律委員會副主任、貴州省民政廳廳長、民革貴州省委主任委員、政協貴州省委副主席等，還當選為第二、三、四屆全國人大代表。1994 年 2 月 7 日病逝於貴陽。

李俠公事件之後，1925 年 12 月 8 日，蔣介石在潮州召集政治部職員與各級黨代表會議，「討論本黨團結辦法」。[2] 共產黨員、《中國青年軍人聯合會周刊》編輯胡允恭，以記者身份參加了會議。胡的回憶錄專門寫了潮州會議，認為研究黃埔軍校的歷史，不可忽略潮州會議及其影響。

據胡允恭記述：蔣事前未透露會議內容，而孫會骨幹卻有備而來。蔣剛講完開場白，倪弼（一期區隊長）搶先發言，引述戴季陶「共信不立，互信不生」等語，說明一個人只能有一種信仰，進而推論兩黨「不容易精誠團結」，主張將共產黨變成「在野黨」，實際主張排共。賀衷寒等接着發言：「今天的天下是我們國民黨打下來的，軍隊也是我們國民黨創立的。說共產黨是客人吧真有點不象，要說他們是主人則更不象。我們國共畢竟是兩個政黨，遲早總是要分開，遲分不如早分，因為早分早主動。」[3] 劉子清在台灣發表的文章，也指出賀衷寒發言的中心內容，是「不如提早各走各的路」。[4] 參會的中共黨員，除周恩來外，有蔣先雲、許繼慎、曹淵等等。蔣先雲說：大敵當前，現在還不是討論分離的時候。「目前兩黨雖有些矛盾和磨擦，但是不是可以消

1　《古比雪夫給葉戈羅夫的信》（1926 年 1 月 13 日）、《古比雪夫和拉茲貢給中共中央執行委員會的信》（1926 年 1 月 13 日），《共產國際、聯共（布）與中國革命檔案資料叢書》3，第 16、18 頁。

2　《蔣介石年譜初稿》，第 470 頁。

3　胡允恭：《關於黃埔軍校和中山艦事件》，《金陵叢談》，第 30 頁。

4　轉引自《黃埔軍校之成立及其初期發展》，第 281 頁。

解呢？」[1] 許繼慎、曹淵等以事實說明共產黨員忠誠於國民革命，甚至有的人已獻身於東征之役。這些對共產黨人的攻擊沒有事實根據。

在這次會議上，蔣介石提出兩項解決辦法：一是「校內准共產黨員活動，〈凡有一切動作〉均應公開」；二是「總理准共產黨員跨國民黨，而未准國民黨員跨共產黨，然亦未明言其不准，本校黨員如有願加入於共產黨者，須向特別黨部聲明並請准」。[2] 蔣還要求周恩來交出在軍校、軍隊中的共產黨員名單。兩項辦法及要中共交名單，均針對共產黨。蔣這樣做，顯然出於對共產黨和左翼勢力發展的恐懼，欲對共產黨人的活動施加實質性的限制和控制。蔣的「調」和，其傾向不言而喻。調和，實際「調」而不和。

胡允恭於是寫道：「潮州會議實際上是『中山艦事件』的先導。『履霜堅冰至』。當時大多數共產黨員都判斷這次會議以後還會有其他惡果。」[3]

1　胡允恭：《關於黃埔軍校和中山艦事件》，《金陵叢談》，第 31 頁。

2　《蔣介石年譜初稿》，第 470-471 頁。

3　胡允恭：《關於黃埔軍校和中山艦事件》，《金陵叢談》，第 32 頁。

第三部分

黃埔軍校的改組

第十二章　陸軍軍官學校改組為中央軍事政治學校

第一節　國民黨二大與軍校改組

1926 年 1 月，中國國民黨第二次全國代表大會在廣州召開。此時，反擊西山會議派的聲浪甚高，東征、南征節節勝利，兩廣行將實現統一，南方革命形勢持續高漲。國民黨二大面臨的問題，其實是在黨內矛盾日益尖銳，分裂活動越發嚴重的情況下，通過召開代表大會，解決孫中山、廖仲愷逝世後國民黨最高權力的更替問題，對黨的方向、道路作出抉擇。

出席大會的代表共 278 人，其中共產黨員和國民黨左派代表 168 人，佔半數以上。[1] 以汪精衛、譚延闓、鄧澤如、丁惟汾、譚平山、經亨頤（後宋慶齡）、恩克巴圖為主席團成員，吳玉章為秘書長。1 月 4 日，林祖涵作關於大會籌備工作的報告，譚平山作關於代表資格審查情況報告，吳玉章作大會秘書處組織經過報告，汪精衛作《接受總理遺囑經過》報告。6 日汪精衛作《政治報告》，蔣介石作《軍事報告》；7 日譚平山作《黨務總報告》；8 日毛澤東作《宣傳報告》。

大會期間，共產黨員于樹德作「關於北方政治狀況總報告」，劉爾崧作

1　參加這次大會的中共黨員主要是：譚平山、于樹德、林祖涵、毛澤東、韓麟符、張國燾、于方舟、鄧穎超、惲代英、侯紹裘、楊闇公、向忠發、劉伯垂、董必武、楊章甫、包惠僧、謝晉、葉挺、楊匏安、吳玉章、李富春、宣中華、蘇兆征、劉爾崧、鄧恩銘、高語罕、蔣先雲、朱克靖、夏曦、繆伯英、易禮容、唐際盛、邵力子等。

「工人運動報告」，鄧穎超（代何香凝）作「婦女運動報告」。董必武、吳玉章、劉伯垂、夏曦、宣中華、韓麟符、侯紹裘分別作關於湖北、四川、漢口、湖南、浙江、內蒙古、江蘇的黨務報告；高語罕、許甦魂分別作關於旅歐、緬甸的黨務報告；楊匏安作關於「廖案」偵緝情況報告。此外，包惠僧、侯紹裘、董必武、鄧穎超、吳玉章、張國燾、黃平、許甦魂、黃學增、楊匏安參加「黨務報告」審查委員會；黃平、劉爾崧、劉伯垂、蔣先雲、廖劃平、張國燾、高語罕參加「工人運動報告」審查委員會；黃學增、易禮容、丁君羊參加「農民運動報告」審查委員會；鄧穎超參加「婦女運動報告」審查委員會；邵力子、毛澤東、朱季恂參加「宣傳報告」審查委員會；侯紹裘、夏曦參加「青年運動報告」審查委員會；楊章甫參加「商民運動報告」審查委員會。大會通過《中國國民黨第二次全國代表大會宣言》，重申反帝、反封建的國民革命綱領。「宣言」的起草者，為汪精衛、邵力子、高語罕。

大會通過《彈劾西山會議決議案》，分別處分了西山會議派的肇事者，並對戴季陶「未得中央執行委員會許可，即以個人名義發佈《國民革命與中國國民黨》一書，以致發生不良影響，惹起黨內糾紛」的行為，提出嚴重警告。針對一些國民黨人因共產黨員「跨黨」而產生的疑慮，張國燾、高語罕、毛澤東、惲代英等發言重申中共同國民黨實行「黨內合作」的本意，坦然說明共產黨從國民黨中吸收黨員的真實情況。[1] 毛澤東在回應共產黨組織為何不公開的原因時說：「如果怕聲明自己是共產主義者，也決不是真正共產黨員了，但是共產黨在中國還算是一個秘密組織，與俄國共產黨執政可以公開活動，情形不同。在中國共產黨一日未能取得法律地位，是不能不秘密的。」[2] 國民黨二大召開之前（1925 年 12 月 25 日），蔣介石在東江發表《忠告海內外各黨部同志書》，[3] 批駁西山會議派，公開表明他與汪、與廣州國民黨中央和國民政府站在同一立場上。大會選舉汪精衛、胡漢民、蔣介石等 36 人為國民黨中央

1　國共合作以來，有的人對共產黨從國民黨中吸收黨員的問題不斷提出質疑。事實上，共產黨引導許多工人、農民和學生加入國民黨，這些人至少佔國民黨員總數的 30%，而在共產黨員中只有 3%的黨員來自國民黨。

2　《中國國民黨第二次全國代表大會會議記錄》第 24 號（1 月 18 日），中國第二歷史檔案館編：《中國國民黨第一、二次全國代表大會會議史料》（上），江蘇古籍出版社，1986 年，第 384 頁。

3　《蔣介石年譜初稿》，第 484-486 頁。

執行委員，其中譚平山、林祖涵、李大釗、于樹德、吳玉章、楊匏安、惲代英、朱季恂為共產黨員；在 24 名候補中央執行委員中，毛澤東、許甦魂、夏曦、韓麟符、董必武、鄧穎超、詹大悲為共產黨員；12 名中央監察委員中，高語罕為共產黨員；8 名候補中央監察委員中，江浩、鄧懋修、謝晉為共產黨員。1 月 22 日，國民黨召開二屆一中全會，推舉汪精衞、蔣介石、譚平山、林祖涵、胡漢民、陳公博、甘乃光、譚延闓、楊匏安為中央常務委員。

總的看來，經過這次大會，國民黨自 1925 年春孫中山逝世以來因最高領導人缺位而出現的波動，初步告一段落。汪精衞的國民政府主席、國民政府軍事委員會主席的地位得以暫時穩定。國民黨中央常委宣稱採取「集體負責制」，不設主席，汪實際掌握國民黨的最高權力。

然而，應當指出，國民黨二大不但是在複雜的形勢下，而且是在各種政治原因的左右之下召開的。大會召開前，中共中央和共產國際代表已「準備向新右派（戴季陶）作出讓步」。受命到廣州指導中共黨團的張國燾，貫徹退讓方針，否定了中共廣東區委此前制定的在大會選舉中「少選中派，多選左派，使左派佔絕對的優勢」[1] 的計劃。這樣，雖然中共黨員和左派在大會代表中佔多數，雖然南方革命形勢持續高漲，但從國民革命的立場看，大會並未完全實現挫敗右派、消除隱患、鞏固革命統一戰線的目的。更有甚者，因權力分配、人事關係等因素的頡頏，汪精衞、蔣介石這二位手握重權者之間，開始產生疑忌（詳見下文），汪蔣關係出現裂痕。國民黨、國民政府面臨的危機，依然存在。

國民黨二大期間，汪精衞以國民政府軍事委員會主席、國民革命軍總黨代表、黃埔軍校黨代表的身份作出的一項重大舉措，是對黃埔軍校實行改組，將陸軍軍官學校改名為國民革命軍中央軍事政治學校（第一次東征時，蔣介石為突顯軍校的黨派屬性，發佈佈告時已使用「中國國民黨陸軍軍官學校」的名稱）。

廖仲愷死後，汪精衞於 1925 年 10 月初出任黃埔軍校黨代表，同時任國民革命軍總黨代表。就任這一職務兩個月後，汪即開始醞釀改組軍校。國民

1　周恩來：《關於一九二四至二六年黨對國民黨的關係》，《周恩來選集》（上卷），第 119 頁。

黨二大期間，汪正式提出了相關的提議。據《蔣介石年譜初稿》（1926 年 1 月 12 日）：「汪主席提議：『國民革命軍事、政治教育，有統一之必要，宜合併軍校暨各軍所立學校，改組為中央軍事政治學校，分軍官班、軍官預備班、入伍生班，仍以埔校為校舍。』」國民政府軍事委員會遂於 1926 年 1 月 12 日通過議決：陸軍軍官學校改組為中央軍事政治學校。[1]

1 月 19 日，國民政府軍事委員會任命蔣介石為中央軍事政治學校校長。28 日，蔣出席並主持中央軍事政治學校籌備會議。2 月 1 日，軍事委員會任命蔣介石、鄧演達、嚴重、邵力子、熊雄、陳公博、馮寶森為軍校改組籌備委員，並發佈《國民革命軍中央軍事政治學校組織大綱》（簡稱《組織大綱》），計劃如下：

一、以現在最好的軍事學校之一做基礎，組織這統一的中央軍事政治學校。

二、整理及合併其他一切的軍事學校。

三、利用以前各軍事學校裏最好的將校和教授——軍事的和政治的——充當這統一的學校職教員。

四、利用以前各軍事學校的一切設備，以完成這學校的設備。

五、以批准發給各軍官學校的款項總數為基礎，立一切實的預算。

《組織大綱》同時規定：「各軍軍官學校均不准再招新生」，「各校所到的新生，概由中央軍事政治學校處理之」，對於「現在各校兩月以上的學生，仍許其在各該校肄業，完成其課程，畢業後送各該校所屬的軍，充作排長」。[2]

3 月 1 日，中央軍事政治學校舉行成立典禮，蔣介石任校長，汪精衞任黨代表。4 月中旬後增設副校長，由第四軍軍長李濟深兼之。以蔣、汪、李三人組織校本部，內設總務、人事、軍法三科及秘書處；下設教授部、訓練部、政治部、經理部、入伍生部、高級班、管理處、軍械處、軍醫處、編輯處、

1　《蔣介石年譜初稿》，第 515 頁。
2　《國民革命軍中央軍事政治學校組織大綱》，引自《黃埔軍校史料（1924 — 1927）》，第 135-138 頁。

兵器研究處。蔣介石、汪精衞及各部處主任於是日就職。

3月8日，中央軍事政治學校舉行開學典禮。是日並為第四期開課之日。中央軍事政治學校乃正式成立，直隸於國民政府軍事委員會。這樣，黃埔軍校遂由國民黨「黨立」之軍校，改為國民政府所辦的軍校。

黃埔軍校的改組，主要出自汪的提議。汪給出的理由，是要打破各軍自設軍校的狀況，以期實現軍校的統一。汪在3月1日的典禮上說，廣州除黃埔軍校之外，還有湘軍講武堂，有第二、第三、第四、第五、第六軍（攻鄂軍）各軍自設的軍官學校。「政府為打破地方主義，為集中人材起見，不能不統一軍事學校」，汪並說：統一軍校的問題，去年（1925年）12月就決定了。「當時本校的名稱擬叫做統一軍事政治學校。後來因為國民黨向來用中央二字的名義，才改為國民革命軍中央軍事政治學校。」[1] 至此，黃埔軍校在廣州辦學的歷史，進入了一個新的階段。

第二節　第四期教官與學生

黃埔軍校在廣州辦學，第一階段為陸軍軍官學校階段，第二階段為中央軍事政治學校階段。第二階段軍校辦學仍處上升之勢，招生規模擴大，教學訓練地點增設。軍校之各部、處，依然人來人往，忙忙碌碌。

一、教職員

黃埔軍校改組的《組織大綱》提出：「選拔最有經驗的將校和教授，集中於這學校，以期軍官們得到最好而且一致的軍事政治知識。」又提出：「利用以前各軍事學校裏最好的將校和教授——軍事的和政治的——充當這統一的學校職教員。」因辦學規模擴大，組織機構逐步健全，因而引進的專門人才較多，教職員隊伍不斷充實，主要有下述部分：

1　汪精衞：《黃埔軍官學校成立典禮訓話》（1926年3月1日），《汪精衞文選》，第191頁。

（一）各部、處主管

主要是方鼎英、鄧演達、何應欽、邵力子、嚴重、李鐸、吳思豫、孔慶睿（編譯處處長）、姚琮（校長辦公廳主任）、戴任（軍械處處長）等。以上，方鼎英先後畢業於保定軍校及日本多所軍校，1925 年 8 月任軍校入伍生部長，次年 4 月後任教育長兼入伍生部長、兵器研究處處長，後為代校長。鄧演達於陸軍軍官學校建校初任教練部副主任、學生總隊長，1925 年在德國、蘇聯學習，1926 年初在國民黨二大當選為候補中央執行委員，1 月 8 日任軍校教育長，主持軍校工作，旋任軍校改組籌備委員。何應欽為第一期軍事總教官，1926 年 1 月 20 日繼蔣介石任第一軍軍長，4 月兼中央軍事政治學校教育長。邵力子為上海早期共產黨組織成員，上海《民國日報》主筆，1925 年秋任黃埔軍校政治部主任、校長辦公廳秘書長，軍校改組後仍為政治部主任。嚴重畢業於保定軍校，為陸軍軍官學校第一、二、三期總隊長，術科主任，1926 年 5 月任中央軍事政治學校教授部主任。李鐸先後畢業於北洋陸軍講武堂、日本陸軍士官學校，1926 年 6 月任中央軍事政治學校教授部主任。吳思豫先後畢業於浙江武備學堂、日本振武學校、日本陸軍士官學校，1926 年夏到廣州，任中央軍事政治學校訓練部主任。

（二）蘇聯教官

政治顧問鮑羅廷、軍事總顧問加倫、步兵顧問兼顧問長白禮別列夫、顧問長切列潘諾夫、政治顧問喀拉覺夫（羅加覺夫）、炮兵顧問嘉里列、工兵顧問互林等等。其中鮑羅廷 1926 年 2 月曾離粵北上，4 月底返回廣州。加倫 1925 年 7 月離粵（1926 年 5 月返穗），由季山嘉（古比雪夫）任軍事總顧問。此外，奧爾堅（奧爾金、拉茲貢）為季山嘉的政治助手，曾參與制定黃埔軍校的大綱和條例。

（三）各級教官和隊長

有張治中、帥崇興、范藎、楊樹松（楊澍松）、張與仁、蕭友松、侯連瀛、趙鍔、黃香蕃、朱棠、朱芾、敖正邦、楊寧、林慶培等。其中張治中畢業於保定軍校，為埔校三期入伍生總隊副總隊長、代理總隊長，軍校改組後任步兵第一團團長。蕭友松為步兵第一團團長，張與仁為步兵第二團團長，楊樹松為工科大隊長。帥崇興畢業於雲南講武堂、日本陸軍士官學校，為埔校學科主任教官。趙鍔為兵器主任教官，黃香蕃為地形主任教官，侯連瀛為射擊主任教官，楊榆椿為機關槍主任教官，朱芾為經理科主任教官，朱棠、敖正邦為戰術教官。林慶培畢業於廣東大學，任音樂教官，為《黃埔軍校校歌》譜曲者。范藎為步科營長、校特別黨部代表，楊寧為技術助教。此外，孫樹成、韓濬、肖乾、張慎階、陳賡、顧濬、關麟徵等黃埔軍校第一期畢業生，分別在步兵團各連任連長。

（四）政治教官

第四期政治部在冊教職員，主要有熊雄、甘乃光、于樹德、惲代英、陳啟修、陳其瑗、安體誠、廖劃平、張榮福、湯澄波、李合林、張秋人、羅霞天、潘懷素、王懋廷、楊道腴、梁鼎銘等。其中熊雄曾赴法、德勤工儉學，留學蘇聯東方大學、紅軍軍事學校，1925 年秋來粵，任東征軍總政治部秘書長和第一軍政治部秘書，次年 1 月起任埔校政治部副主任，軍校改組時為改組籌備委員，主持政治部工作。甘乃光、于樹德、惲代英為國民黨中央執行委員，甘乃光任埔校政治講師，于樹德任埔校政治教官，惲代英任埔校政治主任教官。陳啟修曾為北京大學教授，1925 年到廣州，任埔校政治講師。安體誠曾為北京大學教授，任埔校政治教官和《黃埔日刊》主編。張秋人曾為上海大學英文教員，1926 年 3 月到廣州任《政治周報》編輯、埔校政治教官。王懋廷畢業於北京大學，曾參加北大馬克思主義學說研究會，任法文組翻譯，1925 年秋到廣州，任埔校政治教官。梁鼎銘畢業於南洋測繪學校，任埔校《革命畫報》主編。此外，胡公冕任政治科大隊長，陳奇涵任隊長，蔣作舟、曹伯球、劉軼超等任區隊長。以上熊雄、于樹德、惲代英、陳啟修、安體誠、廖劃平、李合林、張秋人、王懋廷、胡公冕、陳奇涵、蔣作舟、曹伯球、劉軼超等為共產黨員。

據「中央軍事政治學校第四期教職員通訊錄」，第四期各部、處教職員總共 890 多人，可見包容之廣，教學隊伍陣容之強大。

二、學生

黃埔軍校改組時，正值第三期畢業、第四期入學之時。第三期畢業典禮於 1926 年 1 月 17 日舉行。第四期的招生工作，則從 1925 年 7 月開始，由埔校派員至開封、漢口兩地，並委託北京、上海各地，辦理入伍生的招考事宜。

當年 11 月 1 日，中共中央局發出「通告第六十二號」，將黃埔軍校招考入伍生的信息通告全黨，指示各地共產黨、共青團組織迅速派人報考。文曰：

> 廣州黃埔軍校正擬招收三千名入伍生，望各地速速多選工作不甚重要之同學，少校同學及民校左派同學，自備川資和旅費，前往廣州投考，以免該校為反動派所據。此事關係甚大，各地萬勿忽視。投考者須一律攜帶民校介紹證書，本校及少校同學均須由各地委直接另給介紹書於本校廣東區委（粵華路，省署東，楊家祠，楊匏庵轉）。程度須在高小以上，在名額未滿以前本校及少校同學，均可望不至落選。[1]

以上引文中的「本校」，指共產黨，「少校」指共青團，「民校」指國民黨；「楊匏庵」即楊匏安，中共黨員，時任國民黨中央組織部秘書。此前，各地共產黨組織雖曾為黃埔軍校選派過考生，但中共中央局為此而專門發出通告，乃前所未有。儘管「通告」將選派範圍限制在共產黨內「工作不甚重要」的人員，但對各地發動黨員、團員和進步青年投考黃埔軍校，則起了推動作用。

至 1925 年底，各地來粵應試者，共達 7 批之多。此為黃埔軍校擴大招生的開始。1926 年 3 月初，入伍生教育結束，舉行升學考試。合格而升為正式學生者，佔全部入伍生的三分之二。升學者及合併其他軍校考取的學生，編為步兵軍官團、步兵軍官預備團，還有炮兵科、工兵科、經理科、政治科四科。其中步兵科 1700 餘人，炮兵科 140 餘人，工兵科 148 人，政治科 444 人，經理科 216 人，總共 2650 餘人。[2] 第四期學生人數，比第三期（1233 人）增加了一倍多。

同前三期學生一樣，黃埔軍校第四期的學生，來源地區很廣，政治、文

1　《中國共產黨通告第六十二號》，《黃埔軍校史料（1924 — 1927）》，第 70 頁。

2　第四期學生人數有不同記載，此處可能為入學初人數。據第四期畢業生紀念冊所載畢業人數：步兵科 1704（參加畢業考試 1651），炮兵科 141（參加畢業考試 130），工兵科 143（參加畢業考試 130），經理科 216（參加畢業考試 192），政治科 144（參加畢業考試 144），合計 2247。

化素質較高，各方面的條件比較好。

生源：據《中央軍事政治學校第四期學生畢業紀念冊》，本期畢業生共 2826 人，其中湖南 934 人，廣東 260 人，四川 201 人，湖北 167 人，浙江 150 人，陝西 149 人，江西 141 人，河南 140 人，山西 107 人。還有數量不等的來自江蘇、雲南、山東、直隸、廣西、安徽、貴州、福建、奉天、熱河、甘肅、蒙古、吉林、察哈爾、台灣的學生，另有韓國學生 23 人。[1]

年齡：20 歲以下者 727 人，20 至 25 歲者 1840 人，25 至 30 歲者 213 人。

家庭狀況：農民 1344 人，工人 233 人，商民 195 人，學界 233 人，「無產」457 人，「小產」1703 人，「中產」358 人。

學歷：受過專門學校（農、工、商各類職業學校）教育者 462 人，有大學學歷者 172 人，受過中學教育的 2046 人，小學教育的 76 人。[2]

由上可知，第四期學生多來自湖南、廣東等革命運動較為活躍的地區，受過革命風潮的影響；社會下、中層出身的學生佔大多數，有接受愛國、革命思想的基礎；入讀軍校前受教育程度比較高，中學生、專科生和大學生比較多。伍中豪、蘇士傑、鍾友千、張靈甫（均北京大學）、彭士量（湖南私立明德大學）、謝晉元（廣東大學預科）等有大學學歷。從日後的發展看，第四期畢業生中的革命、抗日志士多，成才率頗高，這與本期學生基礎較好是有關係的。

因中共中央局對招生工作的重視，故本期學生之中，中共黨員、共青團員和進步青年甚多。據「黃埔同學會」組織科 1929 年的一份報告：黃埔四期「共黨嫌疑者」639 人，共產黨員 150 人。粗略統計，目前在本期同學錄中有姓名可查的共產黨員（包括進校前後及埔校畢業後入黨者），主要有葉鏞、李德芳、張舫、鄭寶鐘、劉志丹、藍廣孚、閻普潤、楊新民、王展程、繆芸人、李鳴珂、伍中豪、李謙、劉玉衡、林彪、王全善、馬存漢、高山子、王

1　伯休編：《中央軍事政治學校第四期學生畢業紀念冊》，中央軍事政治學校，1926 年。據崔鳳春《廣州起義與韓國獨立運動》，黃埔四期韓國學生有 30 多人。又，第四期應有越南學生，如洪水（朱諤臣），四期同學錄記其籍貫為廣東台山縣平崗墟，而實際為越南人。

2　以上學生人數據《中央軍事政治學校第四期學生畢業紀念冊》，可能統計時間不同及界定範圍不一致等，這些數據互有差別，難以一一查證。

世英、饒繪峰、詹寶華、郭化若（郭俊英）、陳毅安、范樹德、吳奚如（吳善珍）、李文林、貝介夫、周恩壽、蕭韶、王侃予、霍步青、蕭以佐、袭古懷、霍鋸鏞、鍾友千、劉道盛、夏尺冰、蘇士傑、鍾赤心、陸更夫、張有餘、張光梅、袭樹藩、袭樹凱、霍栗如、曾鍾聖（曾中生）、席樹聲、紀秀川、魯平階、穆世濟、李逸民（葉書）、葉德生、楊若濤、鄧烈權、趙一帆、于以振、李運昌、胡陳傑、王襄、袁國平（袁裕）、于鯤、廖朴、林鐸、葉守誠、康明惠、黃讓三、周議三、洪水（朱諤臣）、何焜、姚成武、李聯珍等，共 170 多人。此外，在本期同學錄中缺名的朱愷、季步高、趙尚志、段德昌、唐天際、李天柱、倪志亮、金孚光、蕭克、曹廣化、李鳴岐、郭子明、劉琦松、張東皖、李明銓、方之中、曾希聖、舒玉章、石仲偉、王備、靖任秋、劉錫九、劉滿溪、李實行、黃剛、萬仁、郭啟予等，有資料指出他們曾入讀中央軍事政治學校四期，均為共產黨員，這部分人有 30 多人，另約 50 人的情況有待考證。[1]

教育長方鼎英指出：第四期學生的不足之處，是「程度參差不齊」，因為本期學生是各省考試及由各軍校招考合併而來的，各地、各校掌握的尺度不同，學生入校以前未經「嚴格之選驗」，亦未經過完全的入伍生教育。[2]

第三節　「政治科」之創設

一、政治科的組織與職責

黃埔軍校前三期，未有政治科之設。從第四期開始，基於培養軍隊政治幹部的需要，乃在步兵、炮兵、工兵、經理各科之外，增設政治科，計劃招生 500 人（約佔本期學生總數五分之一），等於在軍校之內，設置了一個二級學院——政治學院。此舉改變黃埔軍校單純軍事學校的性質，實為軍校改組

1　詳見曾慶榴：《共產黨人與黃埔軍校》，廣州出版社，2013 年，第 286 頁。

2　方鼎英：《一年來的中央軍事政治學校》，《黃埔潮周刊》第二十四、二十五期合刊，1927 年 1 月 7 日。

之重大舉措。政治部代主任熊雄說：黃埔軍校改組後，已經由「單純的軍事學校」，變成「政治軍事並重」的學校。[1]

政治科由中央軍事政治學校政治部主辦。埔校政治部，1924 年 11 月起由周恩來任主任；第一次東征時，包惠僧代理軍校後方政治部主任。1925 年秋「校」「軍」分立，由汪精衞、邵力子分任軍校政治部正、副主任。因汪精衞任各軍總黨代表和埔校黨代表，不能兼顧政治部的工作，乃由邵力子、魯易分任埔校政治部正、副主任，1925 年秋從蘇聯回國的聶榮臻，任政治部秘書。第二次東征時，政治部副主任魯易調任第一軍第三師黨代表，遂由熊雄任政治部副主任（從 1926 年 1 月起），實際主持政治部的工作。熊雄過去有長期從事軍隊工作的經歷和經驗，又有留學法國、德國和蘇聯的經歷，軍事、政治兼通。熊在黃埔軍校，歷經了第三、第四、第五、第六（入伍生）各期，歷時一年四個月，為實際主持黃埔軍校政治教育時間最長的共產黨人。

軍校政治部根據本校組織條例，制定本部「服務細則」，明確規定政治部主任、副主任，政治主任教官，政治教官的權責。其中政治主任教官的權責為「受主任及副主任之指揮，督同各教官負有實施政治教育全部之權」[2]。軍校政治主任教官初為高語罕（國民黨二大宣言起草人之一、國民黨二屆中央監察委員，1926 年 1 月到校）。中山艦事件後，高語罕離開廣州，政治主任教官一職由惲代英擔任（1926 年 5 月起）。惲代英此前在武漢、瀘州、成都、宣城、上海等地任教，他的不少學生，先後進了黃埔軍校。1925 年 4 月，惲在《中國青年》發文，讚揚黃埔軍校「為中國革命前途開一新紀元」[3]，並發表許多鼓勵青年投考黃埔、從事軍事運動的書信。未到黃埔，他的影響已及於黃埔。惲為共產黨內著名的政論家、宣傳家，能言善文，在國民黨二大當選為中央執行委員。政治主任教官是一班政治教官的「班長」，是政治課教學活動的具體策劃者和執行者，又是軍校政治講壇的主講者。惲代英任軍校政治

1 熊雄：《我對於本校「三一」紀念的希望》，《黃埔日刊》1927 年 3 月 1 日。

2 《政治部服務細則》，《黃埔軍校史料（1924 — 1927）》，第 185 頁。

3 《中國青年》第 74 期，1925 年 4 月 11 日。轉引自中國人民大學中國革命史教研室編：《第一次國內革命戰爭時期的統一戰線》，高等教育出版社，1957 年，第 101 頁。

主任教官，可謂一榫一卯，適得其人。他後來有黃埔軍校「革命靈魂」之稱，乃是實至名歸。

黃埔軍校改組後，組織機構擴大，教職員增加。政治部下設總務（分設財務、事務兩股）、宣傳（分設編纂、發行、指導三股）、黨務（分設組織、調查統計兩股）三科，設編譯委員會、政治指導委員會（1926 年 8 月），還有俱樂部、圖書館、書報流通所等。出版《黃埔日刊》，將其作為政治部主要的言論機關。政治部第四期在冊的教職員共有 80 多名，比第三期（30 名）增加 50 多名。除上文已經提及者外，在政治部工作的，尚有楊其綱、酈鄘、饒來傑、李求實、蕭楚女、毛澤覃（毛覃）、宛希先、姚成武、尹伯休、胡燦、白明善、陳述善、王尚德、歐陽繼修（陽翰笙）、雷經天、李世璋等。以上，饒來傑曾赴法、俄留學，1925 年秋到中共廣東區委工作，中山艦事件後奉廣東區委之命，到黃埔軍校負責黨的組織（黨團）工作，公開身份為圖書室管理員。毛澤覃於 1925 年秋隨毛澤東到廣州，任黃埔軍校政治部科員。陽翰笙曾任中共上海大學支部書記，於 1926 年 3 月到廣州，任軍校政治部秘書、入伍生部政治部秘書和政治教官。熊雄說：黃埔軍校政治部的工作人員，「皆來自國內外各著名大學」。[1] 上述人員，多為共產黨員。聶榮臻、熊雄、惲代英、蕭楚女等大批共產黨員到政治科工作，體現了中共廣東區委對軍校政治科的增設，不但起了策劃、推動作用，而且派出了幹部，起了擔綱、組織的作用。

黃埔軍校《政治部服務細則》規定：政治部「專司本校一切政治工作」。除主管宣傳、黨務工作，指導本校國民黨特別區黨部之外，最主要的一項，是主辦本校的政治科，主持政治科的教學與訓練。1926 年 5 月，本校步兵軍官團和步兵軍官預備團改稱步兵第一團和步兵第二團，炮兵、工兵、經理、政治各科的學生，分別編為各科大隊。政治科大隊由胡公冕任大隊長，下設三隊，分別由陳奇涵、劉先臨、詹覺民任隊長。政治科的學生，許多是共產黨員。例如後來著名的工農紅軍將領曾中生（無產階級軍事家）、八路軍將領李運昌、新四軍將領袁國平等，都是第四期政治科的學生。

---

1 《熊雄主任接待世界旅行家福賴奇女士來校參觀》，《黃埔日刊》1927 年 3 月 17 日。

二、政治科的影響

因政治科之設，政治教育在軍校教育中的地位得到提高，具體表現為政治教學的目的、方針更為明確，學科建設得到加強，講授、訓練課目逐漸充實完善，教學、訓練逐步規範。

（一）政治教育的目的

中央軍事政治學校所擬《政治教育大綱草案》，對軍校政治教育的目的作出 10 項規定，主要內容為：（1）使學生明確自身的責任，明了武力必須與民眾相結合，將來要致力於軍隊的改造，擔負將各種軍隊提高到國民革命軍的水平標準的責任。（2）了解軍隊政治工作的重要性，了解本黨的學說與主張，樹立為主義而作戰的精神。（3）了解孫中山的三民主義、國民黨全國代表大會宣言和中央執行委員會決議案的精神，以正確的態度對待工農運動。（4）了解中國國民革命的性質、任務，認識中國革命與世界革命的關係。（5）學習各種與革命運動相關的社會科學知識，克服錯誤觀念、意識的影響，樹立正確的人生觀。（6）了解國內外的政治、經濟狀況。（7）了解革命運動發生的原因、革命勝利的基礎和條件。（8）明確革命紀律的極端重要性。（9）了解必須有軍事知識，而且身體強健，才能在軍隊中為革命工作。（10）明確政治工作應注意的事項，認清軍隊政治工作的重要性和困難。

以上 10 項，重點在於明確軍隊政治工作的方向與目標；明確軍校政治教育的目的，就是培養合格的軍隊政治幹部。這與黃埔軍校思想建校、政治建軍的初衷是一致的。

（二）課程設置

「政治教育大綱」所列政治課程：（1）中國國民黨史；（2）三民主義；（3）帝國主義侵略中國史；（4）中國近代史；（5）帝國主義；（6）社會進化史；（7）社會學科概論；（8）社會問題；（9）社會主義；（10）政治學；（11）經濟學；（12）經濟思想史；（13）各國憲法比較；（14）軍隊政治工作；（15）黨的組織問題；（16）中國經濟政治狀況；（17）世界政治經濟狀況；（18）政治經濟地理。[1]

1　《政治教育各科內容提要》，《黃埔軍校史料（1924 — 1927）》，第 192-198 頁。

政治訓練班[1]於「訓練綱要」課程：（1）帝國主義的解剖；（2）中國民族革命問題；（3）社會發展史；（4）帝國主義侵略史；（5）中國近代民族革命史；（6）各國政黨史略；（7）三民主義。

每周為官長舉行兩次特別講演，主要講題：《國民政府之組織及其工作》《國民革命運動之過去與現在》《中國革命戰爭略史》《廣州工人運動之實況》《法律與革命》《肅清吏治問題》《最近世界經濟狀況》《廣東的農民運動之經過》等，請各界名流或本校政治教官主講。

對士兵訓練工伕教育課程：（1）三民主義淺說；（2）本黨政策；（3）國民革命概論；（4）帝國主義淺說；（5）不平等條約；（6）中國政治經濟狀況；（7）農民運動；（8）工人運動；（9）失業問題。

由上可知，黃埔軍校的政治理論及思想教育的課程設置，兼顧了學科的系統性、現實針對性和不同對象的層次性。在當時來說，這是站位頗高、針對性實用性較強的一套政治教育課程。

（三）教學方針

政治科開辦後，黃埔軍校逐步明確地提出了兩個「打成一片」的教學方針：（1）軍事與政治打成一片；（2）理論與實際打成一片。熊雄說：「本校改組後，教育方針的總原則，就是軍事與政治打成一片。」[2]又說：「在思想上必須貫通理論與實際」，「必須理論與實際打成一片」；[3]「政治工作的原則，是理論與實際打成一片」[4]。軍事與政治打成一片，是軍校教育方針的「總原則」，以此統籌全校各科軍事、政治的教學內容。步兵、炮兵、工兵、經理各科，以十分之七的時間學習軍事，十分之三的時間學習政治；政治科則反是，十分之七時間學習政治，十分之三時間學習軍事。這樣的安排，是讓學生兼學軍事與政治，以期使步兵、炮兵、工兵、經理各科學生懂政治，使政治科學生懂軍事，從而成為文武雙全、全面發展的革命軍人。方鼎英說：「軍事教

1　政治訓練班：1926 年初由第三期留下的學生編成，又稱「政治補習班」。任務為「加緊教育，預備校中下級幹部，對外工作」。

2　熊雄：《一年來本校之政治工作》，《黃埔日刊》1927 年 1 月 1 日。

3　熊雄：《告第五期諸同學》，《黃埔日刊》1926 年 11 月 17 日。

4　《熊副主任對於赴武昌政治科學生最後之訓話》，《黃埔日刊》1926 年 12 月 3 日。

育，固須處處毋忘政治教育，而政治教育，尤須處處顧慮軍事教育，本校方能名副其實。」[1] 理論與實際打成一片，主要對政治理論學習和思想教育而言，尤其是對政治科的教學活動而言的。列寧說：「沒有革命的理論，就不會有革命的運動。」[2] 講授革命理論，既要講清基本原理，又要聯繫中國革命的實際，這體現了埔校政治教育在不斷總結經驗中得到新的發展。理論與實際打成一片，是「理論聯繫實際」最早而又形象的一種說法。

報刊是黃埔軍校政治教育的重要陣地。軍校改組後，報刊工作進一步加強，主要體現為《黃埔日刊》的創辦。此為埔校政治部的重要言論機關，是一份發行量很大的鉛印小報，其影響遠遠越出了黃埔軍校。此外，還有入伍生政治部主辦的《先聲旬刊》（後改名《民眾的武力》），黃埔同學會主辦的《黃埔潮周刊》，等等。

黃埔軍校之設政治科，加強並提升了軍校的政治教育。前文說過，共產黨人在黃埔軍校從事的政治工作，包括軍校政治教育、軍隊政治工作和戰時政治工作三個層次。政治教育是思想建校、政治建軍的基礎，是開展軍隊政治工作和戰時政治工作的前提。總觀黃埔軍校的教育，政治教育是強項，這是共產黨人對黃埔軍校的貢獻，也是黃埔軍校能在短時間內辦得虎虎生威的內在原因。

第四節　軍事教學與訓練

黃埔軍校第四期辦學時，全校畢業及未畢業學生共數千人，比第一期規模擴大了 7 倍多。校方遂在長洲島的舊營盤、水雷局、曾家祠、蝴蝶崗等處大興土木，新建房舍 200 餘間；同時，在廣州市內之北較場、燕塘，東莞虎門及深圳等地，分設教學、訓練區。

黃埔軍校第三期始招收入伍生，但未設入伍生部。從第四期開始，鑒於入伍生人數較多，來自全國各地，且有韓國、越南的學生，為加強相關的工作，乃設

1　方鼎英：《一年來的中央軍事政治學校》，《黃埔潮周刊》第二十四、二十五期合刊，1927 年 1 月 7 日。
2　《怎麼辦》，《列寧選集》（第一卷），人民出版社，1995 年，第 343 頁。

入伍生部，專司入伍生的教育與訓練，先後成立了三個團，由方鼎英任部長。

黃埔軍校制定《入伍生軍事教育要則》，指出入伍生教育的目的，是增強學生的素質，謀教育程度之整齊統一，規範入校條件、資格。入伍生教育在軍事上授以士兵及下級幹部的基本訓練，政治上實施黨的基本知識及一般政治常識的教育，並授以普通學科知識，以補習中學階段教育之不足。入伍生教育時間，初定 6 個月，分三個階段進行。然而第四期入伍生分批入學時，正值第二次東征，黃埔軍校任務繁重。故入伍生入校伊始，即分別派赴各地，執行駐守惠州、衞戍廣州、警戒江門等項任務。勤務特多，未有安寧授課機會，僅在第二次東征基本結束之後，才在官山墟（番禺屬地）附近設營訓練。方鼎英因之指出：第四期「未經完全的入伍生訓練」。

第四期入伍生升學後，接着招收第五期入伍生。第四期入伍生未升學者佔三分之一，陸續考試錄取者佔三分之二。從 1926 年 2 月起，第五期入伍生開始分階段訓練。

第四期學生的軍事學教育，內容大略如下：

軍事學課目：（1）戰術學：用兵之要，戰鬥種別，兵種性能，隊形運動戰鬥，陣中勤務，一般戰鬥原則及要塞戰術。（2）軍制學：中國軍制沿革，國民革命軍建制，國內各軍隊編制之異同。（3）兵器學：兵器之構造、性能、效力、用法及保存。（4）築城學：對地形構造、交通設備的判斷，工兵作業原則，野戰工事與永久工事，陣地防禦，攻防作業，要塞素質。（5）交通學：與軍事有重要關係的交通情況，交通設施破壞的方法。（6）地形學：地形見解，地形的軍事價值，地圖利用，測圖實施。（7）經理學：平時經理，戰時經理，統計學，軍事統計方法與效用。（8）衞生學：軍隊體力養成，平時、戰時保健，軍隊衞生概要。（9）馬學：軍馬概要，軍馬處置與保育。

訓練課目：陣中勤務、典範令、服務提要、技術和馬術。

演習課目：測圖演習、戰術實施、野營演習。[1]

第四期學生修學時間共有 8 個多月（1926 年 3 至 10 月），軍事教學與訓練大致經歷了三個階段。

1　《第四期學生軍事學教育》，《黃埔軍校史料（1924 — 1927）》，第 149-153 頁。

第一階段:3 月至 5 月。步兵軍官團（後改稱第一步兵團）及炮兵、工兵、經理、政治各科於 3 月 1 日開辦，步兵軍官預備團（後改稱第二步兵團）亦同時入校（有 3 個月預備期）。本期辦學之初，僅設訓練部，未設教授部。方鼎英說：「教授訓練之事，僅設訓練部司之，戰術各教程，多未採用僅在講堂或野外口受（授），不無缺點。」教授部主任李鐸也說：「爾時僅設一訓練部，凡教授及訓育之事皆屬之，且戰術不用教程，僅在講堂或野外口授，各學生多未能徹底了解，故復採用教程，以致各學生進展略為遲滯，而教授與訓練兩事，未能截然劃分，亦其一原因也。」[1] 可見雖有計劃，但初時因客觀條件所限，教學、訓練未能按計劃實施，講授帶有隨意性。

第二階段：5 月至 9 月。從 5 月開始，校方因事實之要求與多數人之意見，乃將訓練部劃分為教授、訓練兩部：凡關於教授事宜，概屬於教授部；關於訓練事宜，概屬於訓練部，使之各司其責，並按照教學計劃進行。戰術各課，亦一律使用教程。教學活動，漸入正軌。

然而，北伐戰爭即將開始。7 月間因組織北伐軍總司令部，大批教職員從軍校抽走，致使教學崗位出現空缺。遴選補充，大費周章，教學活動大受影響，壓縮或取消課程的情況時有發生。軍事訓練亦有不少困難和障礙，訓練部主任吳思豫說：「綜計授學時期，軍官團政治隊遷駐填防沙河，而率領各隊之官長，蓬轉靡定，興師北伐，遷調更多。各隊槍械，既不一致，又形缺乏。教授困難，炮兵更甚，且馬匹太少，致習炮者不能乘御駄載，材料未充，致習工者不能架橋渡涉，諸凡動作，難以實施，此則關於時勢，關於人事，關於材器，而影響於訓練，不能得美滿之結果，是為訓練方面之困難情形也。」[2]

第三階段：9 月至 10 月。9 月初，兩個步兵團與經理、炮兵、工兵、政治各科同時開赴燕塘、北較場一帶，舉行全體學生的戰術實施及野營演習。野營演習前召開籌備會議，由教授部主任李鐸主持，決定每連設教官二人、裁判官數人，並由政治部派員事先向演習地點民眾散發傳單，以示軍民合作。野營演習從 9 月 15 日開始，學生 8 營分為 8 區：第一區在青龍崗，第二

1　李鐸：《教授部之教育情形》，《黃埔潮周刊》第二十四、二十五期合刊，1927 年 1 月 7 日。
2　吳思豫：《教授部之教育情形》，《黃埔潮周刊》第二十四、二十五期合刊，1927 年 1 月 7 日。

區在三寶墟，第三區在胡椒岡，第四區在黃金塘，第五區在安平市，第六區在黃花崗，第七區在玉屏岡，第八區在佛嶺寺。演習課目為前衛遭遇戰。至 9 月 21 日，野營演習結束，「成績甚佳」。[1]

對這次戰術實施及野營演習，李鐸講評說：「雖因室內授課之時間太少，致不能將各種原則盡施之於應用，然其進步，實與日俱增。且在酷暑之中，奔馳野外，授者受者，兩無倦容。可知教育之道，能引起一種興味，則凡所謂勞苦，所謂困難，皆不足以怠其心志矣。」[2]

第四期學生教育，至 10 月全部結束。

總的來說，黃埔軍校第四期的教學與訓練，是在臨近戰爭（東征、北伐）的環境下進行的，在此期間還受到各種因素（中山艦事件等）的影響，辦學資源未足，困難、障礙甚多，外部、內部均不安寧。然而，當時處於革命高漲時期，教官、學生精神旺盛，「黨義大彰，人材競進」[3]，故能因時就勢，因陋就簡，堅持不懈，在艱難中前行。

1926 年 10 月 4 日，黃埔軍校第四期舉行畢業典禮。當時統計，畢業生 2247 人，其中留校者 407 人，派赴前方者 1151 人，其餘分別派往第一軍、第三軍、第四軍、第五軍、第二十師等。政治科派往北伐軍總司令部及各部隊者，有 220 多人。[4] 此後活躍於中國政治、軍事舞台的著名人物，中共方面的王世英、王侃予、吳奚如、李文林、李天柱、李逸民、李運昌、劉志丹、陳毅安、伍中豪、陸更夫、何焜、林彪、周恩壽、郭化若、曾中生、霍錕鏞、洪水、趙尚志、唐天際、倪志亮、曹廣化、袁國平、段德昌等；國民黨方面的官惠民、羅列、張靈甫、高吉人、高魁元、彭士量、潘朔端、潘裕昆、楊傑、唐生明、謝晉元等，均為中央軍事政治學校第四期的入伍生、畢業生或肄業生。他們之中，有的是各時期人民軍隊傑出的領導者，有的成為著名軍事家或軍事理論家，有的投身抗日戰爭和世界反法西斯戰場，各有不同的貢獻。

1　《第四期學生野外演習決議二則》《第四期學生實彈射擊》，《黃埔軍校史料（1924 — 1927）》，第 158-159 頁。

2　李鐸：《教授部之教育情形》，《黃埔潮周刊》第二十四、二十五期合刊，1927 年 1 月 7 日。

3　李鐸：《教授部之教育情形》，《黃埔潮周刊》第二十四、二十五期合刊，1927 年 1 月 7 日。

4　《中央軍事政治學校第四期學生畢業紀念冊》，1926 年 12 月。

第十三章　軍校政治環境的變化

第一節　蔣介石政治態度之變

1926年春初，國民黨二大召開，黃埔軍校改組，潮流似在高漲，但「興盛」之中，卻有變數。

首先是蔣介石的實力與政治態度，發生着變化。

一、蔣介石初期政治態度

黃埔軍校創建初期至兩次東征期間，校長蔣介石對共產黨、對蘇聯的態度，較為積極而明朗。

（一）對共產黨員

蔣對軍校學生中的共產黨員，對軍校教職員及在教導團、「黨軍」和革命軍各部工作的共產黨員，起初並未區別對待，其中不少人還得到重用，被委以重任。共產黨員、第一期學生蔣先雲、李之龍等，被蔣視為「最得意的學生」。[1] 1925年9月，經過蔣的「呈請」，中央執行委員會任命周恩來為第一軍政治部主任（東征軍總指揮部總政治部主任）、第一師黨代表，授少將軍銜；被任為師黨代表的共產黨員，還有魯易；先後任團黨代表的共產黨員有金佛莊、包惠僧、徐堅、嚴鳳儀、蔣先雲、張際春、王逸常、傅維鈺、許繼慎（代理第七團黨代表）、郭俊等；任海軍局政治部主任的李之龍，是第一期學生中

1　蔣介石曾說：「李之龍到底是我的好學生，懂得校長的心意。」引自李奇中：《黃埔精神永存》，《廣東文史資料》第三十七輯，第60頁。

提升最快的一位。蘇聯顧問加倫說：

> 蔣介石與軍校中的中共幹部關係也不錯，同政治部主任周恩來（中共的負責幹部）的關係甚至可謂親密無間。他不僅在政治問題上，而且在行政事務問題上都經常求助於政治部主任，兩人之間的關係非同一般。他對共產黨人不僅持寬容態度，而且很看重他們的精明能幹。他對共產黨出身的軍官態度也很好，逐步委以重任，特別是在東征以後。他不阻撓中共通過軍校中的國民黨部、俱樂部和政治部開展廣泛的政治工作。[1]

1925 年秋，廣州市面出現「反共產」的聲音，蔣為此發表演說：

> 我們要曉得，「反共產」這句口號，是帝國主義用來中傷我們的。如果我們也跟着唱「反共產」的口號，這不是中了帝國主義的毒計麼？……總理容納共產黨加入本黨，是要團結革命分子，如果我們反對這個主張，就是要拆散革命團體，豈不是革命黨罪人？[2]

1925 年 11 月，周恩來任東江各屬行政委員，1926 年 2 月任第一軍副黨代表。李之龍亦繼海軍局長斯米諾夫離職之後（1926 年初）任海軍局代理局長。

（二）對聯俄

孫中山逝世後，蔣介石說：「總理死了，還有鮑顧問領導我們，總理的精神不死！」[3]1925 年 12 月 11 日，蔣在汕頭東征軍總指揮部設宴招待蘇聯顧問及有關人員，公開在演說中批駁「中國革命黨受俄國人的指揮」的論調，其中說：「因為現在中國問題，幾乎就是世界問題，若不具世界眼光，閉了門來

1　加倫：《廣東戰事隨筆》，[俄羅斯] 阿納斯塔西婭・卡爾圖諾娃編，張麗譯：《來到東方：加倫與中國革命史料新編》，廣東人民出版社，2017 年，第 118 頁。

2　李勇、張仲田編：《蔣介石年譜》，中共黨史出版社，1995 年，第 97 頁。

3　《包惠僧回憶錄》，第 171 頁。

革命，不聯合世界革命黨，不以世界上以平等待我之民族共同奮鬥，那麼，革命成功的路徑，恰同南轅北轍，決無成功的希望。」又說：「我可老實說，只要他革命先進國的蘇俄，誠心誠意來幫助我們民族的獨立和平等，來指導我們中國的革命，我們世界革命的中國革命黨員，只要為求我們民族獨立和平等之故，亦並不是什麼恥辱。」[1]

（三）對黨代表制度

黃埔軍校創建後，基於赴蘇聯考察的認識，蔣十分重視在軍校、軍隊中創設黨代表制度，明確說這是「救濟中國軍隊的唯一制度」，「本校長對此制度志在必行，常以為寧可無軍隊，不可無黨代表」。[2] 還說：「軍隊裏設黨代表的這個制度，在中國是由我一個人提出來的。」蔣此後經常講的一句話，是「黨存與存，黨亡與亡」，將「黨」的位置擺得很高，將「黨」認作是軍隊的靈魂。

1925 年 12 月 5 日，蔣介石為黃埔軍校「第三期同學錄」撰序。文中寫了如下幾段話，頗引人注目：

> 此一線未絕之命脈所遺者何？是乃總理一線相傳之國民黨內共產與非共產二者凝集而成之血統也。吾人至今，悔不問明當時先烈之死者為共產乎，抑為非共產而三民乎。中正茲預言以答後吾死者之問曰：吾敢率國民黨內共產與非共產諸同志，集合於國民黨青天白日之旗下，以實行吾總理革命主義而死也。吾願死於青天白日之旗下，吾為國民革命而死，吾為三民主義而死，亦即為共產主義而死也。

> 直接以實行我總理之三民主義，即間接以實行國際之共產主義也。三民主義之成功，與共產主義之發展，實相為用而不相悖也。

> 吾輩死者，但知中國革命與國際革命，不能分而為二，則三民主義

1 《蔣介石年譜初稿》，第 472-473 頁。
2 《蔣介石年譜初稿》，第 274-275 頁。

與共產主義，豈有紛爭之必要，而徒使吾輩死者痛哭於九泉乎？吾願未亡諸同志，由定靜安慮以臻於格致誠正，而求得革命之真理。

中正為三民主義之信徒，然而對於共產主義者之同志，敢自信為誠實之一人，尤望諸同志開誠相見，本我校訓，不負我總理之所期，則幸矣。[1]

蔣介石所撰第三期同學錄序，與稍後（12月25日）蔣撰寫的《忠告海內外各黨部同志書》一樣，是針對西山會議派和孫文主義學會而來的。在反對派另樹一幟、公開搞分裂的嚴重關頭，蔣公開表明他與廣州國民黨中央和國民政府站在同一條戰壕上，客觀上宣示了他要堅持國民黨改組的方向，維護三大政策。序文中的這幾段話，後來已經作了刪改，但原文俱在。蔣此時的基本政治立場、政治態度，照見無遺，也掩蓋不了。

總而言之，在陸軍軍官學校這一時段，蔣主要是以「左派」的面目出現的。蘇聯顧問曾經說：蔣介石是一位「忠實可靠」的將軍，是「國民黨優秀將領」。[2] 後來的事態已經表明，這種情況不會長久。在一定的形勢、政治氣候和利害驅動下，總有一天，蔣會褪去其「左」的色彩，站到相反的位置上去。

二、蔣介石政治轉向的原因

蔣的政治轉向的原因，約有如下幾點：

（一）蔣的本性、本質

蔣一貫以來給人的印象，是性格陰沉、猜忌心重，以個人為重心，唯我獨「革」，自喻為政治正確的化身。在意識形態方面，蔣並無固定的、一以貫之的主張；在人事方面，他只推崇已經死去的陳其美（陳英士）一人，包括孫中山、廖仲愷在內，都不是蔣真心敬重的人物。讀蔣的史料（「日記」等），

1　《蔣介石年譜初稿》，第468、470頁。

2　加倫：《廣東戰事隨筆》，《來到東方：加倫與中國革命史料新編》，第66、117頁。

可以讀出其中之味。蔣自稱是王陽明的信徒，是一位力行者，而實際上卻是一名以個人為重心、剛愎自用的實用主義者。這注定蔣在政治上不可能一條道路走到底。

蔣一向以個人為重心，然而開始時他並未進入權力的中心，羽翼未豐，力有未逮，政治上不及胡（漢民）、汪（精衞），軍事上不及許（崇智）、譚（延闓）、程（潛）、朱（培德）。這就是在一段時間之內，在若干政治問題上，蔣表現得較為現實的原因所在。對蘇聯顧問，蔣無非是看中他們背後的援助而已；對共產黨員、左翼軍人和工農運動，蔣的基本方略，是加於利用，以擴充一己實力；至於孫文主義學會，在那個團體之中，盡是些蔣的追隨者，蔣實際上是袒護他們的，對他們一時的「漫罵」與「壓制」，是望着高爐發楞——恨鐵不成鋼。這無一不是出於以我為重心的實用主義的考量。一旦情況發生了非其所願的變化，一旦共產黨和工農運動超出了他所能利用和限制的範圍，一旦他的實力得到了擴張，他必然會在政治上調整策略。

（二）國民黨的複雜性

前文說過，孫中山創辦黃埔軍校，目的是要締造一支聽命於國民黨、服從國民黨指揮的軍隊。這裏的前提條件，是必須改組、振興國民黨，在國民黨內部建立起真正能制約、管理軍隊的一套制度，並造就出大批能承擔這一使命的幹部來。國民黨過去沒有管治軍隊的成功路徑，有的只是「文官遠軍」的傳統。黨內的文人集團（胡漢民、汪精衞、廖仲愷、戴季陶等）對軍事甚為隔膜，沒有在軍人集團中樹立真正的權威，未起過領導的作用。當 1924 年國民黨改組時，文人集團在黨的中央執行委員會中，居於核心地位。軍人集團中的蔣介石，沒有進入中央執行委員會，甚至未當上候補中央執行委員。中國過去有「文官治軍」的模式，或謂「文主武從」。天津《大公報》發表《文武主從論》的社評，就認為孫中山是想恢復「文主武從」的傳統。[1] 其實，孫中山是受了蘇聯以黨治軍經驗的啟迪，他之所以提高文人集團在黨內的地位，用意在於提升「黨權」，最終的目的，是實行「黨權」對「軍權」的制約，期以將軍隊納入聽命於黨的軌道。

1　《文武主從論》，天津《大公報》1927 年 6 月 20 日。

然而在國民黨內，「黨權」制約「軍權」的機制，並未真正構建起來。這與國民黨改組不徹底是關聯着的。加倫說：

> 1924 年 1 月 20 日召開的國民黨第一次全國代表大會雖然使國民黨發生了深刻變化，但該黨仍然沒有成為一個完全統一的政黨，還是一個黨員成分複雜的混合體。其中既有極右派的買辦資產階級和貴族地主分子（紳士）的代表，又有中派的中小資產階級的代表。其次，還有代表廣大工農羣眾利益的左派即共產黨人。此外，尚有一批早年追隨孫中山的人，他們雖然在國民黨一大後沒有再加入國民黨，但仍然以國民黨自居，形成所謂「國民黨黨外元老派」。[1]

與軍隊的迅速發展擴張相比較，國民黨自身的改組、改造十分滯後，革新的力度不大，每前進一步，步履維艱，礙難重重。這是此後黨、軍關係陷入複雜化的內在原因。

孫中山、廖仲愷逝世後，在國民黨內，「黨權」更加弱化，政治更為疲軟，黨對軍隊的監督、引領作用更加無從發揮，「軍權」盛於「黨權」之勢已經形成。「黨權」矮化，或曰「黨權」離位，表明黨在軍隊中的政治掌控作用的弱化，黨對軍隊監督功能的缺失。這顯然為蔣的「軍權」擴張，提供了機會。

（三）蔣已擁有相當的實力

蔣之實力，主要做強於兩次東征之時。此外，國民政府之「統一軍政」，也為蔣的軍事擴張提供了可乘之機。國民政府對軍隊的整頓，本有積極的意義，因為軍制的混亂及軍人之亂法亂政，是當時社會的惡疾。整治軍隊，將軍隊納入可控的軌道，是國民政府成立後的當務之急。在國民黨中央、國民政府的統籌之下，許崇智、譚延闓、朱培德、程潛集體通電解除各軍「總司令」之職，統歸軍權於國民政府；[2] 隨之，組編統一的國民革命軍。整軍，

1　加倫：《廣東戰事隨筆》，《來到東方：加倫與中國革命史料新編》，第 255 頁。

2　《許譚朱程解除總司令職之通電》，《廣州民國日報》1925 年 8 月 6 日。

本來可望有序進行。然而，那次整軍並不得法，基本上沿用以軍制軍、以軍統軍的老套路，而未能將軍隊納入法治的軌道，未真正建立由國民黨、國民政府掌控軍隊的機制，也沒形成可以制約軍隊的外在勢力。「廖案」後，汪精衞、蔣介石趁機造勢，驅胡逐許，整肅粵軍，搞垮川軍，其結果是利見於蔣，讓蔣的部隊獨家做強、做大。「黨軍」遂逐步異化，反過來成為掣肘國民黨、國民政府的勢力。

1925 年 12 月 30 日，蔣介石從汕頭回到廣州，次日抵達黃埔軍校。由東征前線歸來的蔣介石，隨着軍事實力的擴張，已經從一校之長，變身為手握重兵、呼風喚雨、說一不二的鐵腕軍人。聯繫當時的種種態勢分析，蔣之由汕返穗，可以看作是他的政治轉向的拐點。

第二節　黃埔兩「會」態勢之變

1925 年底，黃埔軍校及第一軍中兩「會」（中國青年軍人聯合會與孫文主義學會）之紛爭，越來越激烈，左、右兩翼軍人勢均力敵，雙方都沒有罷兵休戰之意。

本年夏秋，東征軍回師廣州後，中國青年軍人聯合會於 6 月 30 日召開會員代表大會。原執行委員王一飛[1]、周逸羣、吳明因事辭職，「梅縣事件」的露面人物李之龍，當選為常務執行委員；謝崇堅為財務委員，黃錦輝為編輯委員，楊子傑為組織委員，曹汝謙為宣傳委員；以劉聯陞、馮漢民、劉雲、李漢藩、陳殲仇為候補執行委員。[2] 及後，正當兩「會」衝突不斷升級時，黃埔軍校第四期入伍生（升學後編入政治大隊第二隊）夏尺冰，於 12 月公開向青軍會提出了入會申請。夏的申請書被刊登了出來，文曰（摘要）：

1　王一飛 1925 年 9 月被派為「北上外交代表團」的革命軍人代表，任代表團內的中共黨團書記。1927 年被派赴蘇聯。

2　《中國青年軍人聯合會第十次大會紀錄》（1925 年 6 月 30 日），《中國軍人》第六號，1925 年 8 月 17 日。

……頻年來，國民革命聲勢澎湃，工農覺悟，加以諸同志努力，國民革命成功，就在目前了！……這都是青年軍人的責任！尺冰觀於中國的政治情形，例如奉浙戰爭，表面上是軍閥的衝突，實際上是帝國主義者在中國互相間的衝突。在帝國主義軍閥重壓之下的中國青年，此時沒有多讀書的必要了！應大家來幹革命工作。尺冰毅然從軍，願意犧牲個人一切權利，來做革命工作。但在這青天白日旗幟之下的國民黨，居然有派別之分。我青年軍人，就要有一種特別能力，鑒別派別之是非，徹底革命。貴會足以指導青年軍人歸於正軌，不致轉入旋渦。我邀集多數同志願意加入貴會，指導我們做一個真正革命軍人，以遂所志。……

夏尺冰上於黃埔[1]

夏尺冰此信，日期署「12 月 6 日」，此為蔣介石召集「潮州會議」前兩天。夏於此時公開申請加入青軍會，可謂態度明朗，旗幟鮮明，表態於至關鍵的時刻。這也是青軍會一種迎刃而上的姿態。夏尺冰，湖南寧鄉人，據《湖南古今人物辭典》，夏尺冰於 1925 年加入中國共產黨。[2]

在此前後，西山會議派正加緊與各方聯絡，國民黨內在對蘇、對共問題上的分歧，已演變為組織分裂。黃埔右翼軍人積極與之呼應。據黃埔軍校第二任政治部主任、與西山會議派關係密切的人物邵元沖的日記：

（1925 年）10 月 29 日，「午前八時頃，潘佑強（劍一、湘人、黃埔第一期第三隊）來訪，言新自粵歸，軍校同學盼余歸粵甚殷。又言校中教職員及學生千餘人，組織孫文主義學會，團結純粹黨員，並攜來該學會一公函，請余任指導員，辭甚懇摯，余允於數星期後啟行」。

10 月 31 日，「覆孫文主義學會長函」。晚東南大學、金陵大學學生來，「談組織南京孫文主義學會及南京市黨部事」。

1　夏尺冰：《申請加入青軍會的信》，《中國青年軍人聯合會周刊》第 14 期（1925 年 12 月 6 日），引自《黃埔軍校史料（續篇）》，第 292-293 頁。

2　夏尺冰後歷任中共湖南寧鄉縣委書記、湘東南特委書記，1931 年 4 月被捕，6 月被殺害於長沙。何叔衡説「尺冰不是庸庸碌碌地老死在病牀上，而是為革命犧牲在馬路上」。謝覺哉日記（1945 年 1 月 9 日）寫道：「尺冰同志是一位很前進的青年，犧牲的前幾月到上海，與我談湘贛邊的土地革命，很有興趣與把握。尺冰同志死時很勇敢。」

12月13日，「晚桂崇基來，談廣州孫文主義學會同人盼余歸極殷」。

12月18日，「晚改孫文主義學會學生某君之擁護第四次全體會議文字，惟詞義多支離處，為大略改正一二」。[1]

可見，廣州孫文主義學會與西山會議派、上海孫文主義學會聯繫緊密。另一方面，黃埔右翼軍人又看准國民黨第二次全國代表大會將在廣州舉行的時機，準備大幹一場。12月27日，孫會召開有200人參加的「預備會議」。據共青團廣州地委當時向團中央提交的一份「政治報告」：（孫會）決定於12月29日正式舉行孫文主義學會成立大會，並擬出四項決議案：（1）凡國民黨員不准加入其他政黨；（2）跨黨黨員應無被選舉權；（3）凡國民黨員不能宣傳其他主義及政黨；（4）以學會的名義，將以上三項議案提交國民黨二大，要求大會接受。[2] 此外，他們企圖將孫文主義學會發展成為全國性的、與國民黨平起平坐的組織，還準備組織一次大規模的武裝示威。汪精衞遂將有關信息，電告在汕頭的蔣介石。12月28日夜8時後，蔣「漏夜嚴電阻止」[3]。但孫文主義學會成立大會仍然如期於12月29日舉行。

然而，當國民黨二大召開之際，反對西山會議派是廣州國民黨中央的既定方針，也是汪、蔣二人的政治共識，是他們共同的政治動作。蔣不能容忍孫會與西山會議派公開站在一條戰線上，這可能是孫會諸人意料不到的。在汕頭時，蔣說：「王柏齡糊塗至此，可惡殊甚。」從汕頭返抵廣州後（1926年1月1日），蔣「為孫文主義學會事，痛誡惠東昇等」。[4] 接着，由汪精衞、蔣介石、何香凝等人及蘇聯顧問出面，輪番地向孫會骨幹做工作。

上引共青團廣州地委向團中央提交的「政治報告」寫道：「老汪表示態度極好，他在報紙上所作的言論和在各種會場上，均能站在我們這方面來說話。」何香凝在孫會的成立大會上說：「如果你們有『反共產』，便是分裂本黨之革命勢力。」這份「政治報告」還寫到蔣介石「痛斥」孫文主義學會的情形：

---

1 《邵元沖日記》，第205、206、219、221頁。

2 《團廣州地委十二月份政治報告》（1926年1月5日），《廣東革命歷史文件匯集》甲4，1982年，第28-29頁。

3 《蔣介石年譜初稿》，第490頁。原文為：「得汪主席電稱：『孫文主義學會將於明日為示威行動，並發宣佈西山會議傳單。公漏夜嚴電阻止。』」

4 《蔣介石年譜初稿》，第502頁。

> 特別是老蔣罵得孫文主義學會非常痛快。當老蔣由汕回來時，即召集他們部下——連長以上的長官開會，在會場中亂罵孫文主義學會一頓。他演說中有一句話值得我們注意的，便是說：「如果『反共產』，便不能反帝國主義，不能做中山主義的信徒」。此時一般孫文主義學會的人，便一聲不敢說。
>
> 他們經蔣、汪、何的痛罵後，便垂頭喪氣，不動聲色。並且有一位孫文主義學會中的重要人物說：「老蔣已不幫助我們，我們沒法了」。聞這個人（姓名不明）已痛恨老蔣不幫助，自行離開廣州。[1]

國民革命軍第一軍第二師師長、廣州衛戍司令王懋功，當時並未參與孫文主義學會的活動。王懋功是蔣介石這時「大罵」「痛責」孫文主義學會骨幹的知情人之一。王懋功稍後（1926 年 3 月 7 日）在致張靜江的信中寫道：

> 及賀衷寒等到省開該會成立大會，謀以孫文主義學會作全國之運動，將學會與黨並立，其種種不軌行為，如聯合西山會議，聯絡各處反革命派之孫文主義學會，鼓動第□師全體武裝加入巡遊，反對第二次代表大會共產分子當選，為彰明較著之反共產行為。⋯⋯及校長回省，汪先生及鮑羅廷同志等將該會經過情形盡情吐露，共謀挽救之法。功（王懋功）因其問題重大，從未敢妄置一辭。校長之大罵該會賣黨並賣本軍，不應與鄒魯等勾結，及痛責王茂如、惠東昇、賀衷寒等不應操縱學會，藉圖個人名利，乃事勢使然。[2]

此時，在廣州，社會輿論多不利於孫文主義學會。孫會諸骨幹被置於風口浪尖，成為眾矢之的，聲名狼藉。1926 年 1 月 11 日，也就是國民黨二大會議期間，孫會繆斌（第三師黨代表）、賀衷寒（第一團黨代表）在《廣州民國

1　《團廣州地委十二月份政治報告》（1926 年 1 月 5 日），《廣東革命歷史文件匯集》甲 4，第 31 頁。

2　《王懋功關於未從孫文主義學會勾結西山會議派反共遭恨和表示忠於蔣中正致張靜江函》（1926 年 3 月 7 日），《中華民國史檔案資料彙編》（第四輯），第 358-359 頁。文中「回省」「到省」的省，指省城廣州。

日報》登出他們致汪精衞、奧爾堅的三封信。這是關於黃埔軍校兩「會」衝突的重要史料，謹錄如下。[1]

繆斌致汪精衛

汪黨代表鈞鑒：

吾黨不幸，自鄒魯等在北京非法召集中央執行委員會後，黨中分裂現象，日益顯明。最可恨者，即同志中有假借孫文主義學會之美名，而實不知孫文主義之真義，以致舉動荒謬，跡近叛黨反革命。如上海孫文主義學會曾警告的鈞座一電，即是反革命之明證也。若輩輒謂孫文主義與共產主義同為始終反對帝國主義最激烈澈底之主義，在現在反帝國主義時期，兩主義實同在一軌行動，安有根本不同之理？若輩不明於此，遂致歧視共產派分子，必欲分離之而後已，此實可痛心矣！共產與非共產之糾紛，自本黨改組後，即已發生。黨中同志為此解說，不知幾千萬言，即鈞座對此問題之解說，可集合而成一巨冊。然而言者諄諄，而聽者藐藐。此何故？吾人誠不能否認吾人之解說雖多，怎當不如帝國主義者與反革命派宣傳之利害，遂使同志中其離間計之毒。前日校長曾謂為同志不誠所致，一針見血之言。蓋吾黨同志確有未盡真誠，始終反對帝國主義，實行本黨黨綱者，否則打倒帝國主義之工作，固須以無產階級作基礎，才能將帝國主義根本打倒，故吾容納無產階級之政黨，實天經地義也。今一般同志必欲將共產分子排去，此不特分散國民革命之力量，帝國主義亦永無打倒之日，中國之獨立自主，亦永無希望。何也？蓋凡革命黨一分裂，必將互相敵視，而放棄當前之大敵，以致兩敗俱傷。現吾黨分裂現象，益形顯明，斌認為均一般不誠意之同志之妄動。吾黨現在惟有孫文主義真意義昭告同志，一方嚴行整頓紀律，一般甘心為帝國主義離間，作分裂國民黨之運動者，唯有以嚴厲之黨紀繩之而已。總而言之，吾國民黨，一必須反對帝國主義；二始終不與任何帝國主義者妥協；三始終與共產黨合作，以完成國民革命與世界革命；四

1　《關於黨內問題之重要函》，《廣州民國日報》1926 年 1 月 11 日。

積極扶助農工團體之發展，使成為本黨之基礎；五嚴密整頓黨紀。

以上五點，斌認為吾黨應以決定大計，謹以呈鈞座，幸鑒察為禱。專此。

謹請鈞安。

第三師黨代表繆斌謹呈

賀衷寒致汪精衛

汪黨代表鈞鑒：

自從孫文主義學會成立大會開會後，生察和各方該（誤）會日益滋多，痛苦之深不堪言狀。日昨承奧爾堅同志相邀晤談，益覺黨內糾紛愈甚，愈足使帝國主義露其獰惡之面貌，得於一旁狂笑。故甚願黨代表本其堅決之精神，共定解決之辦法。生自校長返省後，即決志赴俄考察一切，對於黨事，論經驗，經（論）地位，均不應有所主張。惟自學會發起後，外間即起種種無意識之誤會，致使黨同志互相恐惶，言念及此，不僅愧死。日前本欲趨前一謁，罄所欲言，因痛苦過甚，無以自奮。特將所意錄呈如下，乞察核：一、黃埔同志所發起組織之孫文主義學會，是革命的孫文主義同志之結合，是欲以孫文主義為革命基礎之結合。二、孫文主義學會同志的意見，曾再三代达，並無違反總理政策之主張。三、中國國民黨容許各派社會主義者加入，共同為革命奮鬥，學會同志已於成立宣言上明白表明態度。四、學會因有組織，即致同志中自外於其紀律之事實，不能完全倖免，實前次誤會之至大原因，務望黨代表有以解釋之。

團結奮鬥，是革命最重要之工作，好共產黨員在今日之中國國民黨必為孫文主義信徒，蓋其工作，不能更在打倒軍閥與打倒帝國主義工作之外也。我自聽了校長本月二日之演說以後，益相信其語之沉痛。今日之中國，只有反帝國主義與軍閥之革命黨，尚有其他糾紛之必要，就是帝國主義與軍閥一日不消滅，什麼主義都是空談、無補於實際的東西。且日前黨代表曾謂，今後黨中須定一最嚴厲之紀律，以為制裁黨員之準繩。此實切近實際之辦法。欲免今後黨中之糾紛，當於斯是賴矣。生相信一切革命之組織，必成功於其森嚴之紀律，今日之中國國民黨說紀律愈糾紛，尚祈留意是幸。生決意赴俄，考察其革命後民眾的勢力，與其於民眾勢力而建設之蘇維埃政府之成立經過。業得校長的允許，望黨代表亦有教之。專肅順祝精神。

生賀衷寒於東山

賀衷寒致奧爾堅[1]

奧爾堅同志：

昨日下午承囑大慶同志相邀晤談，俾得抒欲言，又獲教益，謝甚，感甚。今將本個人感謝的誠意，將自己昨日尚未談盡的幾句話寫在下邊，乞諒察。

我是一個黨員，又是在軍隊裏工作的一個黨代表，對黨內的糾紛和軍隊內近來發生的許多誤會，都是應該負相當責任的。這種糾紛和誤會的起因，雖然很多，但大都是疏忽紀律所致。欲解決這種糾紛和誤會，就是要大家認清楚領導國民革命的中國國民黨和他的黨員，現時只有向帝國主義和軍閥猛烈進攻，反帝國主義和軍閥到底，那裏有閒功夫來鬧出許多不相干糾紛和意識的誤會。本來中國國民黨自改組後，黨內就生出共產與非共產之爭，不過近來鬧得厲害就是。拿一切互相爭鬧的事實來證明，我想兩派都不能不承認有相當之過失。在爭鬧的最要的地方，就是主義與組織。其實孫文主義與馬克斯主義的理論和原則，把他分析起來，固然有多少差異，但是把他互證起來解釋，卻是一貫的精神。所以好的孫文主義信徒，應該本孫先生創造主義的精神，去詳悉研究馬克斯主義。而好的馬克斯主義信徒，亦應丟開客氣去切實做孫文主義的工作。我相信好的共產黨員加入國民黨後，必定可以做一個好國民黨員；我更是相信好的馬克斯主義信徒，在中國現時必定只有做孫文主義的工作，糾紛何自來？誤會何自來？一個革命的黨，必定是立於羣眾利益面前的，就是黨要以羣眾利益為利益。共產黨員如為羣眾利益加入國民黨，亦即中國國民黨的利益，中國國民黨與之合作實為切要之工作。所以總理孫先生

1　奧爾堅，又作奧爾金，蘇聯駐華南軍事顧問團負責政治工作的副團長，「中山艦事件」後被布勃諾夫使團解除職務。

不顧一切非難，定茲大計，實無用我們更於今日有所致疑。

總之黨之一切糾紛和誤會，實為革命前途之不幸，亦中國民眾所要求獨立自由平等之不幸。吾於此境地，不禁高呼革命派團結起來，打倒一切帝國主義，打倒一切軍閥，打倒一切反革命派，打倒一切搗亂分子。我越寫越痛苦，越想越難過。甚望即日再行赴俄，觀光上國，以解諸同志之疑，且用以自解。餘再承敍，不盡，順祝精神。

賀衷寒於東山漁廬

從當時的政治狀況分析，以上三封信，是在經過上述汪、何、蔣及蘇聯顧問的一番「大罵」、「痛責」、批評、規勸之後，繆斌、賀衷寒作自我批評、承認錯誤、表明態度之作。繆斌、賀衷寒在信中表示：要與西山會議派、與上海孫文主義學會劃清界線；承認「故吾容納無產階級之政黨，實天經地義也」，「中國國民黨容許各派社會主義者加入，共同為革命奮鬥」，要「始終與共產黨合作」。賀衷寒還表示：他對黨內糾紛和軍隊中的許多誤會「應該負相當責任」，「痛苦之深不堪言狀」，「越寫越痛苦，越想越難過」，並表示願意「赴俄觀光」。所謂「赴俄觀光」者，實際上是將賀衷寒從廣州挪開，讓他與孫會隔離，這是當時的一種組織措施。這就是前文說到的賀隨鮑羅廷離粵，在北京等待赴俄簽證之緣由。

由上可知，1926 年元旦，孫會因強行召開成立大會和示威遊行，遭到了汪、蔣的「痛斥」。他們一時陷於被動，似乎輸了一着。

然而，黃埔軍校兩「會」的矛盾紛爭，並沒有就此結束。孫會在國民黨二大前後遇到的麻煩，經過汪、蔣的一番「調處」，很快就過去了。1926 年 2 月 28 日，孫文主義學會在廣州召開會員大會，「討論改組及重要事宜」。汪精衞參加了會議，擔任大會主席，並謂受蔣之「託」發表講話。其中說道：在孫會成立大會上散發西山會議宣言，是「反動派假冒」孫文主義學會而為。汪的這番講話，主動為孫會漂白。[1] 會議選舉冷欣、楊引之、陳誠、繆斌、葛

1　《孫文主義學會會員大會中汪主席兆銘之演講詞》（1926 年 2 月 28 日），《廣州民國日報》1926 年 3 月 3 日。

武檕、潘佑強、謝瀛洲、倪弼、邵錫生為執行委員，杜心樹、魏延鶴、曹潤羣、賀衷寒、楊耀唐為候補執行委員，汪精衛、蔣介石為「評議委員」。就這樣，不久之前被汪、蔣「大罵」「痛責」過的孫文主義學會，變被動為主動，成為得到汪、蔣支持的組織。

兩會「調」而不和，更加尖銳、激烈的鬥爭，乃在後頭。

第三節　汪、蔣關係之變

前文提到，1925 年 5 月 8 日，從上海南下的汪精衛，專程往潮州見了蔣介石。是日蔣的日記寫道：（二人面談時）「回憶往事，傷心悲痛，淚涔涔不能止，商議黨事與其調人行止，（汪）欲余一言而決。同志對余如此親愛，愧感交集」。蔣 10 日的日記又寫道：「上午季新（汪）兄來談，以彼此心心相應，乃結為誼交。」汪、蔣之政治結盟，由蔣親書之「結為誼交」一語，照見無遺。東征軍回師廣州，大元帥府改組為國民政府，汪任國民政府主席，成為廣州政壇的一號人物，蔣顯然站在力挺汪之行列。「廖案」後，汪、蔣攜手合作，密切配合，脈脈相契。一直到反擊西山會議派時，他們二人仍然是在同一條戰壕中作戰的戰友。

對汪、蔣之間的關係，蔣的日記中還有如下記述：

（1925 年 6 月 14 日）早起記事，璧君（汪夫人）同志來訪，予之回其寓，朝餐敍事。

（6 月 21 日）璧君、季新諸同志勸我不住辦事處，以陳景華與鄧仲元，皆住於此，先後被刺。故力強余速遷也。愛我者，其亦因愛而迷信也。感甚。

（6 月 27 日）季新夫婦陪司徒醫生來疹余病，親比家庭過之，感激莫名。

（8 月 6 日）下午回埔，以仲愷不負責，故憤而辭本兼各職。

（8 月 8 日）璧君來訪，勸不能辭，余允之。

（10 月 1 日）晚往碧（璧）君姊招宴，久不食味，以此為甘滋也。

（1926 年 1 月 26 日）與璧君姊由安期寺登白雲峰。

《李宗仁回憶錄》說：「中山逝世後，汪、蔣曾親如手足，全力排除中央其他領袖，如胡漢民、許崇智等。」從以上蔣親筆書寫的字句中，可知在一段時間之內，汪、蔣不但在政治上抱成一團，私人感情也很好。蔣稱汪為兄，稱汪夫人為姊。

汪、蔣關係稍後發生變化，並非無緣無故。

廖仲愷死後，黃埔軍校之「廖蔣配」已被打破。這時，汪精衞是國民政府主席；胡漢民被「請」出局後，又由汪「代理」國民黨中央政治委員會主席。這時能頂替廖仲愷，以國民黨的形象出現，繼任軍校、軍隊黨代表的，只有汪精衞了。1925 年 9 月 14 日，國民黨中央執行委員會決定汪為「黨軍」總黨代表、黃埔軍校黨代表；10 月 2 日，汪正式就任黨代表。「廖蔣配」遂一變而成為「汪蔣配」，這是個未免讓人猜度多端的組合。

在國民黨內，汪精衞夠資歷，但在為人、處事諸方面，卻有欠缺。尤其是缺乏原則的堅定性，易於隨風搖擺。汪主要是因為被俄人看好而勉強上台，而不是一個得到普遍認同和接受的人物。汪熱衷於搞政治，但不會玩政治，上台伊始接二連三搞「地震」，藉故造勢，將胡漢民、許崇智及一幫政治異己勢力全部排出廣東，一心將國民黨搞成清一色。從實際效果看，這並不是一種明智的作為。令人更有聯想的是，汪本身缺乏內在的蓋得住蔣的資源、能力與氣度，在與蔣聯手掌政時，汪只是一味想得到蔣的支持，急於讓蔣的槍桿子來支撐、配合他的筆桿子。因而，在拉蔣過程中，過分地取悅甚至取媚於蔣，在很多地方、很多場合，自覺不自覺地充當了蔣的吹鼓手，為蔣抬轎子、吹喇叭。這無異於在蔣的面前自我示弱和自我矮化。有人因之擔心，汪頂替了廖仲愷的崗位，可能起不到廖的作用。汪擔任軍隊、軍校黨代表，可能會導致軍校、軍隊中黨的地位、作用的弱化。

1925 年 10 月 2 日，汪精衞在黨代表就職典禮上發表演講，一張口就稱自己「不敢擔任」，接着講了個「哲學家的驢子」的故事：一頭驢子拉着沉重的板車，一路上人們不斷往車上增加什物，最後驢子倒了，車子也翻了。汪借題發揮，借講故事而埋怨自己負載過重。但從這番話也可以聽出，他把「黨代表」比作是往他的馱車上添加的「什物」，看作是一種過分的、讓他不堪承受的負重。作為一篇就職演說，這樣子破題，實在於理不直、於氣不壯，自我矮化。通篇演講，未涉及如何治校、如何治軍。這就讓人感到他底氣不足，倦於職守，對黨代表的職責漫不經心。在全軍將士、全校官生乃至社會人士面前，暴露了他的弱點與欠缺。

然而，汪並不是一位不作為者。為了擠進軍校和軍隊，為了在這一他未曾開墾過的領地中開拓出屬於他自己的園地，汪沒少動心思，並搞了不少動作。汪任軍校、軍隊黨代表的決定（9 月 14 日）剛作出，《廣州民國日報》所發表的文章（23 日）就大造其勢，說軍隊設黨代表，「無論什麼軍的號令都操之黨代表的手裏，而不操之於軍官的手裏」。[1] 未見其人，先傳其聲，出場之鑼鼓，敲得不落凡俗。汪自己也大講「黨治」，強調「黨」高於政府，高於軍隊，高於軍校：「國民政府是國民黨的政治部，軍事委員會是國民黨的軍事部，所以無論什麼軍隊或軍校，總是國民黨的，都要本着黨的政策去做，無所謂特別的黨校，也就無所謂特別的黨軍。」[2]

1926 年 1 月，《國民革命軍黨代表條例》正式頒佈，主要內容是（摘錄）：

黨代表在軍隊中，為中國國民黨之代表，關於軍隊中之政治情形及行為，黨代表對黨員負完全責任。關於黨的指導，及高級軍事機關之訓令，相助其實行，輔助該部隊長官鞏固並提高革命的軍紀。

黨代表為軍隊中黨部之指導人，並施行各種政治文化工作……並指導其所轄各級黨代表及政治部。黨代表有會同指揮官審查軍隊行政之權。

黨代表不干涉指揮官之行政命令，但須副署之。黨代表於認為指揮官之命令有危害國民革命時，應即報告上級黨代表。但於發現指揮官分明變亂或叛黨時，黨代表得以自己的意見，自動的設法使其命令不得執行，同時應該報告上級黨代表、政治訓練部及軍事委員會主席。

黨代表與指揮官共同聽閱，如下級軍官之報告呈文，並決議問題，

1　曙風：《舊軍新化的問題》，《廣州民國日報》1925 年 9 月 23 日。
2　汪精衛：《黃埔軍官學校成立典禮訓話》（1926 年 3 月 1 日），《汪精衛文選》，第 190 頁。

與指揮官共同署名。一切命令及發出之公文，凡未經黨代表之共同署名者，概不發生效力。

黨代表與指揮官意見不同時，必須簽署命令，並同時報告於上級黨代表，如指揮官有違法行動時，黨代表當依第一章第十條辦理。[1]

這個「條例」，置黨代表於很高的地位，賦予很大的權力。這是汪就任黨代表後不久發佈的，應看作是汪的作為。在孫中山、廖仲愷逝世，胡漢民「出局」之後，這時講突出「黨」，其實就是要突出汪。汪欲借「黨」而自我升值，其用心不言而喻。對此，蔣不會熟視無睹。

1926 年 1 月國民黨二大時，汪精衞通過國民政府軍事委員會，決定黃埔軍校之改名和改組。這是汪任軍事委員會主席、軍隊和軍校黨代表之後做出的一個不小的動作。《蔣介石年譜初稿》稱，這個決定係出於「汪主席提議」。汪自己也說明：這件事去年 12 月就「決定」了（蔣這時還在汕頭）。可見，這是在蔣不知情、未參與的情況下作出的一項決定，是汪的一個自選動作。汪說：「無論什麼軍隊或軍校，總是國民黨的，都要本着黨的政策去做，無所謂特別的黨校，也就無所謂特別的黨軍。」這裏的「特別」二字，很容易讓人聽出是暗指黃埔軍校和第一軍「特別」，隱約釋放出此後他將會一碗水端平，讓國民黨領導下的各軍校、各軍隊，享受同等的待遇。這些話，是說給非黃埔系統的譚延闓、朱培德、程潛、李濟深這些人聽的，是汪要插手軍隊、軍校事務的表示。在埔校校名上加上「政治」兩個字，亦應當出於汪的斟酌，為的是讓這所學校打上屬於汪的標籤。綜觀汪在軍校改名、改組中的所作所為，可知汪並不甘於將黨代表這一職務，做成僅供擺設的花瓶。而要有所作為，不僅要在黃埔軍校打下他的烙印，而且要在國民革命軍中施展他個人的影響，讓譚、朱、程、李等有所體察。

以上諸端，是汪、蔣關係發生逆轉的隱因。汪可能未曾意識到，正是由於他當了黨代表，舉起了以黨治軍的大旗幟，並在黨代表這個位置上搞了點動作，他已踩了蔣的雷區。蔣常說他是黨代表制的引進者，然而窺其內心，

1　《國民革命軍黨代表條例》，《軍事政治月刊》第一期，1926 年 1 月 10 日。

蔣並不甘心將別人擺在自己的頭頂上，讓他來監督、制衡自己，包括黨代表在內。蘇聯顧問加倫說：廖仲愷任黨代表時，「如果有人有不經過作為校長的他（蔣）而直接去找黨代表廖仲愷，他可是絕對不允許的。在這種情況下，他自認不比校黨代表矮一頭，並指出，他在黨內的地位並不比廖仲愷低」[1]。「廖蔣配」並不意味蔣真正認可「黨權」的地位，不表明蔣認為廖可以以黨代表的身份監督和制約他。廖、蔣二人共事時之所以未鬧出大的風波，只是廖擁有蔣所不具備的資源與優勢，並且善於調處而已。即將變成鐵腕軍人的蔣，他的信念是：第一，軍校、軍隊是他個人的領地，不容他人涉足；第二，黃埔正統，校長至上，不與其他軍校等同。這是蔣的兩條碰不得的底線。文人出身、赤手空拳的汪，不明就裏，以為憑着黨代表一紙文書，就可以擠進軍校和軍隊，可以干預軍校、軍隊的事務，可以突破蔣的以上兩條底線。這是缺少自知之明，自己往牆壁上撞。問題已很清楚，「汪蔣配」只是跛足之配。

對於汪來說，國民黨二大的召開，帶給他身心舒展的日子。此前幾個月的時間內，胡派政治勢力和許派軍事勢力因「廖案」而受到打擊，胡、許相繼離粵，但與汪政見相左者，卻在北京召集西山會議，結果有將近半數的中央執委站到反汪、反對廣州國民黨中央一邊。汪排斥異己的結果，是製造了一個更為難纏的政治反對派。汪派掌權的合法性，受到了質疑。現在，二大總算召開了，有代表大會的支撐，危機可以認為是化解了。到了這個時候，汪可能認為他應當鬆手松腳，出面理順「黨」「軍」關係，在軍校、軍隊中發揮他的作用。黃埔軍校之改名、改組，是在二大期間決定的。二大閉會後，汪又決定將黃埔軍校教導師改為第二十師，並決定讓這個師脫離軍校，歸於軍事委員會指揮（詳見下文）。這兩件事，可以看作是汪基於上述想法而選擇的兩個帶突破性的動作。然而如上所述，汪踩到了蔣的雷區，必然會招致蔣更多的疑忌和怨恨。稍後的事態表明，汪進不了黃埔軍校，進不了國民革命軍。汪、蔣合作，即將走到盡頭。

1　加倫：《廣東戰事隨筆》，《來到東方：加倫與中國革命史料新編》，第 118 頁。

第十四章　中山艦事件

第一節　二二六：蔣介石的試劍之舉

1926 年春初，汪精衛與蔣介石心境各異。國民黨二大剛開完，汪的熱度未退，蔣則心事重重。蔣的史料顯示，新年伊始，他的心情就不好，與汪總有隔閡、格格不入。汪、蔣這一對曾經的政治合作夥伴，緣盡恩斷在即，裂痕隨處可見。

正是這個時候，廣州的蘇聯顧問團人事發生了變動。1925 年 7 月，軍事總顧問、與蔣一同出征東江的加倫，離開了廣州。加倫走後，由季山嘉（古比雪夫）任軍事總顧問，奧爾堅（拉茲貢）任季山嘉的政治助手。「李俠公事件」（見第十一章）後，因鮑羅廷有「從軍隊中召回共產黨員」的主張，季山嘉、奧爾堅於 1926 年 1 月聯名致函中共中央，對此表示反對。[1] 季山嘉並致信蘇聯駐華使館武官葉戈羅夫，信中說：「近一個時期，我與鮑羅廷同志在關於中國共產黨人在軍隊中的作用問題上發生了原則性的意見分歧。」二人發生過「爭吵」。季山嘉說：

> 我認為，鮑羅廷工作僵化，其危害越來越大。我不否認，而相反卻強調鮑羅廷對我們過去在中國所取得的成就作出的巨大功績，我認為，

1　《古比雪夫和拉茲貢給中共中央執行委員會的信》（1926 年 1 月 13 日），《共產國際、聯共（布）與中國革命檔案資料叢書》3，第 18 頁。按：鮑羅廷 1926 年 2 月在北京對布勃諾夫使團的報告，對此有所辯解，稱「我反對從軍隊中清除共產黨人，我主張共產黨人留在軍隊內，以便能在軍隊中建立左派」。見同書第 139 頁。

> 他做了他所能做的事情，更多的他做不了。必須向廣州派遣一名新的強有力的工作人員，並且必須是優秀黨員。…… 我認為，他在現實工作中盡了自己的一切努力，但在以後他會跟不上事態和形勢的發展。[1]

季山嘉明確要求挪走鮑羅廷。鮑遂於 1926 年 2 月初離開廣州，前往北京，向布勃諾夫使團報告工作。看樣子，是再回不來了。鮑一走，季山嘉成為廣州蘇聯顧問團的主持者（史料稱季「履行着」蔣的顧問的作用）。

季山嘉敢於並且能夠搬走地位比他高的鮑羅廷，說明他是一位很有個性的人物。切列潘諾夫對季山嘉有四個字的評語，曰「直來直去」。鮑羅廷剛離開廣州，季山嘉、蔣介石之間的摩擦即已產生。蔣 2 月 7 日日記說：季山嘉「針砭規戒之言甚多，而其疑惑戒懼之心，亦昭昭明矣」，「欺淩侮辱，誠令人格喪失，無地自容矣！」[2] 從這一日起，蔣的日記不斷出現疑懼季山嘉之語，如謂季「疑忌我，侮弄我」，「假眠不成，抑鬱已極」，「懷疑漸深，積怨叢生」，「昨夜又見人厭我，余心滋沸」，如此等等。蔣並派邵力子到北京去，要鮑羅廷返回廣州。

當蔣介石、季山嘉不斷產生摩擦時，汪精衞曾致函蔣介石，轉述季山嘉的話：「我等俄國同志，若非十二分信服蔣校長，則我等斷不致不遠萬里而來，既來之後，除了幫助蔣校長，再無別種希望。」又說：「至於其他一切商榷，我等既意存幫助，則當知無不言，言無不盡，此正由十二分信服，故如此直言不隱。若蔣校長以為照此即是傾信不專，則無異禁我等不可直言矣。」汪還告訴蔣介石：季山嘉「說話時，一種光明誠懇之態度，令銘十分感動」[3]。然而，汪精衞的調解，並未起到滅火的作用。

季山嘉主持蘇聯顧問團，令蔣特別擔心的，不僅是他感到季山嘉此人難以共事；更在於他認為汪、季二人，越走越近，將於他不利。令蔣心生疑懼

---

1 《古比雪夫給葉戈羅夫的信》（摘錄）（1926 年 1 月 13 日），《共產國際、聯共（布）與中國革命檔案資料叢書》3，第 15-16 頁。

2 引自《蔣中正先生年譜長編》，第 441 頁。

3 汪精衞：《致蔣介石書》（1926 年 2 月 8 日），引自楊天石：《蔣氏秘檔與蔣介石真相》，社會科學文獻出版社，2002 年，第 109-110 頁。

的主要是兩件事：一是蔣自汕頭回穗後，原有從海上「運兵天津」、援助北方國民軍之議。汪本來贊成，但聽了季山嘉的話後，打消了這一提議。二是季曾建議蔣北上練兵，汪表示贊同。蔣因之懷疑季、汪合謀，誘他離粵。蔣後來（4 月 9 日）給汪寫信說：「蓋弟（蔣）在粵一日，而季山嘉個人之計劃，總難實現，故其不得不設法使弟離粵，以失去軍中之重心，減少吾黨之勢力。乃兄不察，竟順其意贊成之，惟恐不遑。」[1] 總之，蔣感到汪與季抱得很緊，不但唯季氏之言是聽，而且要聯手將他踢出廣東。

蘇聯顧問切列潘諾夫所著《中國國民革命軍的北伐——一個駐華軍事顧問的札記》一書，載有蘇聯顧問為蔣介石寫的「鑒定」。其中一份說：蔣「是一位優秀的組織者」，「他在政治上是個左派，並正往左發展。他容易受到左派人士的影響，為他們所吸引」。[2] 這一份鑒定成文於蔣任國民革命軍「總監」、「中央軍校校長」之時，蔣、季摩擦不斷，也正發生在這個時候。鑒定中雖也寫了蔣的缺點，但看不出蘇聯顧問團有擠走蔣的意思。至於汪精衞，他這時是絕對看好蔣，對蔣寄以厚望的。汪有擠進軍校、軍隊之意，但依賴蔣、拉攏蔣的意願如舊，自我矮化如故。如果說汪此時要排斥蔣，把蔣一腳踢開，這不符合事理。蔣疑心汪、季合謀，誘其離粵，是蔣自居重心（蔣致汪函有「軍中之重心」一語）的心理作怪，是八公山上，草木皆兵，防範過度。

然而，不甘於將黨代表當作花瓶擺的汪精衞，對軍校、軍隊卻有所動作。國民黨二大閉會後不幾天，汪作出了關於黃埔軍校教導師更改名稱與隸屬關係的決定。這是令蔣介石最難於接受的一件事。此事後果極其嚴重，使蔣與汪、季的關係走到了破裂的邊緣。

關於黃埔軍校教導師，要從 1925 年秋季的「校」「軍」分立說起。

1925 年 7 月廣州國民政府成立後，為統一軍政，政府決定在黃埔軍校實行「校」「軍」分立，將原來直屬於黃埔軍校的教導團，從黃埔軍校中分離出來，另外組編國民革命軍，隸屬於國民政府軍事委員會。涉及軍隊的問題，

1　《蔣介石致汪精衞函》（1926 年 4 月 9 日），引自蔣永敬：《國民黨興衰史》（增訂本），（台灣）商務印書館，2009 年，第 191 頁。

2　《中國國民革命軍的北伐——一個駐華軍事顧問的札記》，第 371 頁。

蔣歷來是敏感的。例如，成立「黨軍」，本來是孫中山生前的決定，但當年 5 月廖仲愷提議將黃埔軍校教導團改編為「黨軍」時，蔣即有被觸逆鱗的反應。蔣的日記（5 月 10 日）寫道：「仲愷改教導團為『黨軍』，余認其有意防範撤我兵權，但我望其自不叛黨而不配防範介石也。」這是寫得很直白的一段文字，表明黃埔軍校之「廖蔣配」尚有未為人知的一面。這也是蔣視軍隊為其禁臠、容不得他人染指的一段自白。因此，對「校」「軍」分立，蔣顯然是有所保留的。原來的教導團分離出去了，從當年 10 月起，蔣即着手組建新的黃埔軍校教導團。至是年底，先後組建了三個團。1926 年 1 月 4 日，蔣又將教導團的三個團，正式組編、升級為黃埔軍校教導師，由王柏齡任師長，包惠僧任黨代表，劉峙任副師長兼參謀長；王文翰、葉劍英、李杲分任第一、二、三團團長。1 月 27 日、28 日、30 日，蔣風塵僕僕，不辭勞苦，先後到廣州的西村、北較場和東莞的虎門，分別檢閱了這三個團。可見，所謂黃埔軍校教導師，是「校」「軍」分立的決定實行之後，蔣逆向而行、一手經營、精心打造的部隊。

就在蔣分別檢閱教導師三個團後幾天，2 月 6 日，汪精衞通過軍事委員會作出決定：將黃埔軍校教導師改名為國民革命軍第一軍第二十師，直屬於國民政府軍事委員會，歸廣州衞戍司令指揮節制。[1] 這一決定的要害，不在於改變名稱，而在於讓教導師與黃埔軍校脫鈎，其用意顯然是要制衡蔣的軍權。這是繼決定黃埔軍校改名、改組之後，汪進一步干預軍校、軍隊的一個非同一般的動作。這稱得上晴空霹靂，猛然劈到蔣的頭上。此舉當大出蔣的意外，令他做夢都未想到。

與此同時，汪還在有關事務中採取了措施。據蔣致汪函：「軍事委員會議決，本校經費為三十萬元，第二師經常費為十二萬元。翌日乃擅減本校為二十七萬元，而加第二師經費至十五萬。」[2] 在經費問題上，黃埔軍校被削減，而第二師（師長王懋功）卻有所補充。可見為了在軍校、軍隊中施加他的影響，汪動用了經濟手段。

1　《蔣介石年譜初稿》，第 536 頁。
2　《蔣介石致汪精衞函》（1926 年 4 月 9 日），引自《國民黨興衰史》（增訂本），第 191 頁。

以上事端，應與季山嘉的指導思想有關聯。蘇顧問切列潘諾夫說：

> 接替加倫擔任南方政府總顧問的季山嘉（古比雪夫）就比較直來直去。他錯誤地認為，南方軍隊中的轉折時期已經過去，現在該是轉向嚴格集中，並使軍隊具有明確任務、劃一組織和統一紀律，服從於中央軍事機構的時候了。[1]

這段話表明，在軍事問題上，季山嘉主張加強領導，嚴格管控，集權於「中央軍事機構」。所謂「中央軍事機構」，是以汪為主席的國民政府軍事委員會。這段話是中山艦事件後按蘇聯統一的調子寫的，切列潘諾夫說季山嘉「錯誤」，是指他的主張不顧軍方的感受，操之過急。而將教導師與黃埔軍校脫鈎，歸屬於「軍委」的決定，卻有調整黨權、政權、軍權配置的用意。在這個問題上，季山嘉顯然充當着導演、推手的角色。

對於汪精衞、季山嘉干預軍校和軍隊、改變教導師隸屬關係的舉動，蔣介石的反應是「急思跳出環境」「辭一切軍職」，迅即於 2 月 9 日提出辭去各項軍職。《蔣介石年譜初稿》顯示，在一段時間內，他「夜不能安眠」，「悶坐愁城」，「憂患抑鬱」，「孤孽顛危」，「心坎憧擾（憂）」。[2]

教導師改名、改變隸屬關係後的第 20 天，蔣出手反擊。打擊的對象，鎖定為王懋功。

王懋功，字東臣，保定軍校第二期畢業，黃埔軍校第三期入伍生總隊長，國民革命軍組建時任第一軍第二師師長。王懋功本來與蔣關係密切，一向得到蔣的重用。廣州衞戍司令部成立時，蔣為司令。1925 年秋因出發東征，從 10 月 12 日起，蔣將廣州衞戍司令這一職務，交王懋功代行。可見蔣、王之間，關係非同於一般。汪精衞在決定教導師改名、改變隸屬關係時，明確指定這個師此後歸廣州衞戍司令，即歸王懋功「指揮節制」，並在經費上，向王的部隊傾斜。這讓蔣十分糾結，對王懋功起了疑心，進而對王產

1　《中國國民革命軍的北伐——一個駐華軍事顧問的札記》，第 306-307 頁。
2　《蔣介石年譜初稿》，第 539-541 頁。

生了一連串的聯想與猜度。

蔣後來（4 月 9 日）在致汪函中說：「委任李（宗仁）、黃（紹竑）為第八、第九軍長，而季山嘉特留第七軍長一缺以待來者。此缺非其預備王懋功叛弟後即以此為報酬乎？」4 月 21 日蔣在「訓話」中說：「現在廣東統統有六軍，廣西有兩軍，廣東是第一、二、三、四、五、六各軍，照次序排下去，廣西自然是第七、八軍了，但是第七軍的名稱偏偏擱起來，留在後面不發表，暗示我的部下先要他離叛了我，推倒了我，然後拿第二師和第二十師編成第七軍，即以第七軍軍長報酬我部下反叛的代價。」[1] 這樣，蔣認定汪精衞、季山嘉以第七軍軍長為誘餌，誘王叛蔣；並斷定王已經變了心，倒向了汪、季一邊。

在這裏，蔣用做算術的方法，「算」出王懋功已經靠不住。而王作為當事人，對此卻另有說法。王出局後被押送上海，於 3 月 7 日致函張靜江，謂：「此事因何發生，始終未奉介公明示，不敢懸斷。」就是說，他不知因何獲罪。王此函對自己在廣州的政治表現，作了一番自我剖白，當中無一字涉及所謂第七軍。[2] 蔣懷疑汪、季以第七軍軍長誘王，在王致張靜江函中，找不到相應的說明。

事情到了這個地步，王懋功如何自我剖白已經不重要。蔣介石說：「此人（王）狡悍惡劣，惟利是視。昔日以其少有才氣，期其感化，今則愈趨愈下，其用心險惡，不可復問，外人不察，思利用以倒我，不思將來為害黨國與革命至於胡底，故決心革除之。」[3] 2 月 26 日，蔣對王懋功實施拘捕，撤銷王之師長職，次日派副官陳師曾押送赴滬。蔣說：「凡事皆有要着，要着一破，則一切糾紛不解自決。一月以來，心坎憧擾（憂）時自提防，至此略定〈然亦險矣哉！〉」[4] 蔣介石 2 月 26 日拘捕王懋功，是蔣一個多月以來抑鬱心理的發作，是以軍事的手段敲山震虎，宣示對汪精衞、季山嘉介入軍隊的不滿。質言之，是對「黨權」制約「軍權」的不滿。棍子打在王懋功的身上，而鋒芒

1　《蔣介石年譜初稿》，第 572 頁。

2　《王懋功關於未從孫文主義學會勾結西山會議派反共遭恨和表示忠於蔣中正致張靜江函》（1926 年 3 月 7 日），《中華民國史檔案資料彙編》（第四輯），第 358-359 頁。

3　引自《蔣中正先生年譜長編》，第 443 頁。

4　《蔣介石年譜初稿》，第 540 頁。

所指，則為汪、季。周恩來後來說：蔣拘捕王懋功，是「向汪精衞做了第一次示威」。[1] 這一事件，是中山艦事件的預演。

第二節　三二〇：重拳打在影子上

王懋功被逐，汪沒有特別的反應。幾天之後（3 月 1 日），中央軍事政治學校正式成立，汪、蔣一同出席典禮，好像什麼事都未發生過。汪嗅覺不靈，或曰欲反制而無力。蔣之內心，則更為警惕，說「疑我、謗我、忌我、誣我、排我、害我者，漸次顯明」。[2] 事實上，蔣已形成了被迫害的幻覺，日益把汪、季和中共作為假想敵。

這時，黃埔軍校兩「會」的對峙，進一步尖銳激烈。中國青年軍人聯合會常務委員李之龍，此時任國民政府海軍局政治部主任。李在任上查獲虎門要塞司令陳肇英走私，據實報告。「結果，軍事委員會將陳肇英撤差查辦。」[3] 1926 年 3 月 10 日，海軍學校副校長歐陽格以恐嚇手段，逼海軍局參謀廳廳長兼中山艦艦長歐陽琳離職。歐陽格此舉，實為覬覦中山艦艦長之職。《廣州民國日報》於 12 日登出歐陽琳離職消息，文中說「政府以李之龍暫攝局務」，並謂「前日李之龍到該艦解釋黨代表條例時，並將該艦中水兵等十餘人平日有舞弊嫌疑者扣留，聽候查辦云」。[4] 隨後，國民政府任命李之龍暫代海軍局局長、參謀廳廳長、中山艦艦長；而李之龍則轉薦中山艦副艦長章臣桐，代理中山艦艦長。歐陽格欲對中山艦艦長取而代之，終未如願以償。

李之龍還說：陳肇英曾領過西山會議派所發的「運動」費 1.5 萬元，歐陽格領 5000 元。陳肇英、歐陽格為孫文主義學會骨幹。在這裏，黃埔軍校孫文主義學會與中國青年軍人聯合會的紛爭，一時表現為爭奪海軍和中山艦控制權之爭。

1　《關於一九二四至二六年黨對國民黨的關係》，《周恩來選集》（上卷），第 120 頁。
2　《蔣介石年譜初稿》，第 544 頁。
3　李之龍：《三二〇反革命政變真相》，《中山艦事件》，第 11 頁。
4　《歐陽琳突離海軍局長職》，《廣州民國日報》1926 年 3 月 12 日。

3月18日，因商船「定安」輪遭土匪搶劫，船局請黃埔軍校派船保護。時校內無船可派，埔校管理科交通股股員黎時雍，致電交通股駐省（廣州市）辦事處，請派船隻以應急。股員王學臣接電話後，報告交通股股長、駐省辦事處主任歐陽鍾。歐陽鍾乃於本日夜間到李之龍家，轉請海軍局派船。時李之龍外出，當夜回家閱信後，決定派「中山」「寶壁」兩艦前往。據海軍局值日官記錄：19日上午6時，寶壁艦出口；7時，中山艦（章臣桐率）出口。抵達黃埔後，章臣桐向教育長鄧演達請示任務，鄧答云「不知」。下午，因為已到廣州的布勃諾夫使團參觀的需要，經李之龍打電話請示蔣介石後，中山艦於6時從黃埔開回廣州市區。[1] 之後所謂的中山艦「異動」，其經過的情形，大致如此。

蔣對中山艦往返於黃埔，十分警覺。蔣說，他並沒有下過調艦的命令，並稱19日他連續接到「有人」（指汪）問「去不去黃埔」的三個電話，因而甚覺「稀奇」。這時，又有人向蔣報告「季山嘉（搞）陰謀」。[2] 蔣遂認定季山嘉已佈置「設法陷害」的陷阱。蔣對此最初的反應，是要離開廣州，暫避汕頭。19日下午，蔣乘車前往天字碼頭，準備登船而去，5時於途中改變了主意，折回東山寓所，與部屬「竟夕密議」，決定發動事變。半途而折這一舉動，陳立夫（蔣的秘書）稱是出於他的「勸說」；而陳肇英則謂是蔣「採納」了他的建議所致。[3]

據《蔣介石年譜初稿》：（3月19日）「乃決心犧牲個人，不顧一切，誓報黨國。竟夕與各幹部密議，至四時，詣經理處，下定變各令。」[4]

20日凌晨，蔣坐鎮廣東造幣廠（廣州衞戍司令部，今中共廣東省委黨校所在地），下令全城戒嚴。第二十師師長王柏齡派陳肇英、歐陽格率兵佔領海軍艦隊和中山艦，並到文德路文德樓拘捕李之龍。稍前，還誘捕了中山艦代理艦長章臣桐。第二師師長劉峙率部包圍省港罷工委員會所在地——東園，

1　「海軍局值日官記錄」（1926年3月19日），李之龍：《三二〇反革命政變真相》附件二，《中山艦事件》，第25頁。
2　蔣介石4月21日的「訓話」有「有人説季山嘉陰謀」一語。按：「有人」者，是指歐陽格、陳肇英等。
3　陳立夫：《成敗之鑒》，第51-52頁。陳肇英：《八十自述》，第67頁。
4　《蔣介石年譜初稿》，第547頁。

收繳了罷工糾察隊的槍支，還包圍了東山蘇聯顧問的住宅，收繳了其衞隊的武器。廣州市公安局局長吳鐵城以「保護」為名，派兵包圍國民政府主席汪精衞的住宅。第二師黨代表繆斌則以列隊訓話為名，當場拘捕團黨代表胡公冕等 40 多名共產黨員。蔣並發出了抓捕張治中、鄧演達、嚴重、高語罕四人的命令（中途收回），周恩來也被軟禁了一天。[1]

以上，史稱「中山艦事件」。事變的經過表明：一是出動了軍隊，全城戒嚴，實施搜捕、繳械，其性質屬於兵變；二是大量逮捕共產黨員，關涉到國共兩黨的關係；三是關涉到國民政府與蘇聯的關係；四是武力逼汪，是軍方威迫政府首腦的行為。總而言之，這是一宗以軍干政、牽涉面很廣、事態嚴重、震驚中外的事變。

在中山艦事件中，蔣據以發難的「理由」，主要有兩點：一曰警惕於中山艦「異動」；二曰疑懼於李之龍「劫持」。這兩點，實出於誤判與幻覺。

一是所謂中山艦「異動」。中山艦往返於黃埔，蔣未下過調艦之令，他據此認為李之龍是「矯令」而為。前面說過，李之龍派艦，是根據黎時雍、王學臣、歐陽鍾三人的傳達而決定的。黎時雍的話是：「速派巡艦一隻，運衞兵十六名前往保護（定安輪）」。王學臣以為黎的話出於教育長鄧演達之諭，在電話中要歐陽鍾與海軍局交涉，「派巡洋艦一二艘」。而歐陽鍾則將黎、王的話傳達為：「奉蔣校長命令，有緊急之事，派戰鬥艦兩艘開赴黃埔，聽候蔣校長調遣。」歐陽鍾所辦調艦公函寫道：「頃接黎股員電話云：奉教育長諭，轉奉校長命，着即通知海軍局迅速派兵艦兩艘開赴黃埔，聽候差遣。等因奉此，相應通知貴局迅速派兵艦兩艘為要。」[2] 可見，在傳達派艦任務的過程中，傳言幾經變樣，有人摻了私貨。所謂「奉教育長諭，轉奉校長命」一語，是歐陽鍾摻加進去的。

歐陽鍾是孫文主義學會的成員，與歐陽格為叔姪關係。歐陽鍾摻假而傳，當非無意。章臣桐說：歐陽格「打電話」給歐陽鍾，讓他交涉派船。[3] 李

1　《關於一九二四至二六年黨對國民黨的關係》，《周恩來選集》（上卷），第 120 頁。
2　《蔣氏密檔與蔣介石真相》，第 114-116 頁。
3　《章臣桐自述》（未刊稿），1962 年，存中共廣東省委黨史研究室。

之龍說：王柏齡、陳肇英、歐陽格等「造作假的命令來要船」。[1] 故歐陽鍾之摻假，是孫會有意謀劃的行為。王柏齡坦言：「中山艦云者，煙幕也，非真歷史也。而收其功之總樞，我敢說，是孫文主義學會。」[2] 蔣對此有失明察，將孫會的有意摻假，誤判為李之龍「矯令」而行，中了孫會的圈套。

二是所謂「劫持」。事發時，蔣並未說明其受「陷害」的具體情由，市面所傳，只是共產黨要「暴動」、要「攻打黃埔」等等。事隔一個月，4 月 21 日，蔣才在他的「訓話」中，亮出了底細：「有人說季山嘉陰謀，預定是日待我由省城乘船回黃埔途中，想要劫我到中山艦上，強逼我去海參威（崴）。」[3] 按照蔣的說法，中山艦之「異動」，是一宗由季山嘉、汪精衞暗中策劃，由李之龍執行的「劫持」陰謀，目的是要把蔣綁架到中山艦上，強行送往海參崴；他發動事變，是先發制人，防患於未然。

當時，汪精衞正生病，從 3 月 16 日起，「眩暈不支」，19 日下午 2 時曾「猝然暈倒」於國民政府常委會辦事室內。[4] 如欲舉事，此非其時。何況布勃諾夫使團此間正在廣州（3 月 10 日抵達），如季山嘉有「劫持」之謀，必先請示於使團，而蘇聯顧問團的資料，無此記述。[5] 當中山艦往返於黃埔（即所謂「異動」）時，李之龍也不在艦上，19 日晚被捕於睡牀，並無「劫持」之跡象。再說，中山艦隻是一艘普通的炮艦，噸位不大，裝煤不足，航速不高，不宜於遠航。所有這些，均不支撐「劫持」之說。

李之龍被捕後，蔣介石派員嚴加訊問。負責審訊的軍法處長馬文車說：「開庭提審二次，李之龍連稱冤枉，對所謂『通同共產黨劫持蔣介石之事』，堅不承認。」蔣遂加派第二軍軍法處長戴貞纘參與會審，庭訊多次，仍無所得。[6] 蓋李之龍根據歐陽鍾傳達的指令派艦，手續清楚，經過透明。蔣派人倒

---

1 李之龍：《三二〇反革命政變真相》，《中山艦事件》，第 16 頁。
2 王柏齡：《三月二十日事件》，《黃埔軍校史料（1924—1927）》，第 373 頁。
3 《蔣介石年譜初稿》，第 576 頁。
4 《中華民國史事紀要（初稿）》（1926 年 1 月至 7 月），第 251 頁。
5 中山艦事件後，布勃諾夫在廣州對顧問團作過長篇講話，並致函鮑羅廷。使團成員索維洛約夫，顧問奧爾堅、羅加喬夫等，就中山艦事件經過遞交了報告。所有這些材料，均未提到所謂「劫持」的問題。
6 馬文車：《中山艦事件的內幕》，中國人民政治協商會議全國委員會文史資料研究委員會編：《文史資料選輯》第四十五輯，文史資料出版社，1964 年，第 6 頁。

海翻江，查抄全城，卻找不出李搞「劫持」的證據。至此，「劫持」之子虛烏有已經水落石出、水淨沙明。

蔣4月21日的「訓話」已經點明：「有人說季山嘉陰謀」。也就是說，當中山艦移動時，「有人」向蔣告了密，提供了「情報」，進了讒言。馬文車《中山艦事件的內幕》一文說：19日夜，馬文車在蔣處聽歐陽格說，共產黨陰謀「劫去蔣校長，送往海參崴轉送莫斯科」。[1] 可知「劫持」之言，出自歐陽格這些人。周恩來1927年4月6日在《嚮導》的《來函》欄寫道：中山艦事變，「其主謀者原為王柏齡、歐陽格、陳肇英、惠東昇四人」。

所謂「劫持」，是中山艦事件之癥結所在。史實說明，「劫持」的故事出於想像。蔣神經過敏，為假象和讒言所迷惑，將幻覺當作真實，杯弓蛇影，作法自驚。他悍然出手，四面出擊，然而，重拳卻打在影子上，結果讓自己一時置身於不利之中。

第三節　聯共（布）中央政治局使團的退讓

蔣介石製造中山艦事件，對蘇聯駐廣州顧問團施加了壓力。據奧爾堅1926年4月25日在莫斯科提交的關於中山艦事件的書面報告，3月20日蔣派出軍隊包圍了顧問團在廣州東山的駐地：

> 上午10時，第五團的一個連包圍了東山（顧問團總部和俄國顧問在廣州的駐地），把我們的警衛繳了械，不許我們同志中的任何人進城。連長出示了營長授權他們採取這次行動的命令。問及營長時，營長說他是奉蔣介石將軍之命行事。但他並沒有蔣介石的手令。該連在東山守到下午4時，然後把槍還給了我們警衛撤走。[2]

1　馬文車：《中山艦事件的內幕》，《文史資料選輯》第四十五輯，第4頁。
2　《拉茲貢關於廣州1926年3月20日事件的書面報告》（1926年4月25日），《共產國際、聯共（布）與中國革命檔案資料叢書》3，第222頁。

中山艦事件後返回蘇聯的羅加喬夫，於 4 月 28 日提交了一篇關於中山艦事件的書面報告。文中說：3 月 20 日前夕，蔣收到李之龍署名的一封信，信中要蔣在三天之內「把廣東企業收歸國有」，並威脅蔣「不這樣做就逮捕他」。奧爾堅上述報告也提到這封李之龍署名的信（「三天內」在奧爾堅文中是「三個月內」）。奧爾堅判斷：這封信「顯然是偽造的」。羅加喬夫的報告謂：「右派（孫文主義學會）向蔣介石解釋說，派出『中山艦』和寫這封信明顯說明，俄國共產黨人和中國共產黨人要把蔣介石驅逐出廣東。」羅加喬夫接着寫道：

> 3 月 20 日上午，根據蔣介石的命令，（軍隊）逮捕了海軍政委李之龍、第二師所有政委（第二師是廣州衞戍部隊）；包圍了省港罷工委員會、東山（俄國人佔據的廣州駐地），不許俄國人離開東山；解除了（由我們組建的）原裝甲部隊的武裝。[1]

羅加喬夫將 3 月 20 日的事態，表述為「俄國人遭軟禁」。在此期間，聯共（布）中央政治局派出的一個檢查團，正在廣州。該團以聯共（布）中央書記兼紅軍總政治部主任布勃諾夫（伊萬諾夫斯基）為團長，故稱布勃諾夫使團，成員有庫比雅克、列普賽和加拉罕（未到穗）。布勃諾夫使團於 3 月 10 日到達廣州，15 日在蔣的陪同之下，參觀了黃埔軍校。3 月 20 日下午，當蔣派出包圍顧問團駐地的軍隊撤走後，為弄清情況，布勃諾夫指派顧問團的副團長奧爾堅往見蔣介石。奧爾堅說：「我發現蔣非常沮喪，他說他要請求國民黨中央執行委員會給他處分，他心情很沉重，因為這裏發生的挑釁事件他本人負有一定的責任。他要下令進行嚴格的調查，等等。」兩小時後，在奧爾堅的陪同下，布勃諾夫親自來見蔣介石，「蔣又把先前說的話重複一遍」。[2] 當時他們約定，「3 月 21 日上午蔣介石到他（布勃諾夫）這裏來進行更認真深

1　《羅加喬夫關於廣州 1926 年 3 月 20 日事件的書面報告》（1926 年 4 月 28 日），《共產國際、聯共（布）與中國革命檔案資料叢書》3，第 232-233 頁。按：李之龍當時的職務為海軍政治部主任、海軍局代理局長。羅文中「第二師所有政委」，應是指黨代表；「裝甲部隊」應是鐵甲車隊。

2　《拉茲貢關於廣州 1926 年 3 月 20 日事件的書面報告》（1926 年 4 月 25 日），《共產國際、聯共（布）與中國革命檔案資料叢書》3，第 223 頁。

入的交談，但次日上午蔣介石未來，捎來話說，他來不了」。[1]

中山艦事件發生時，汪精衛正臥病在牀。汪在會見來訪的譚延闓（第二軍軍長）、朱培德（第三軍軍長）和陳公博時說：「我是國府主席，又是軍事委員會主席，介石這樣舉動，事前一點也不通知我，這不是造反嗎？」又說：「我在黨有我的地位和歷史，並不是蔣介石能反對掉的！」[2] 21日傍晚，蔣往見汪精衛，汪極為惱怒。蔣的日記謂：「觀其怒氣沖天，感情沖沖，不可一世，甚矣。」

3月22日，蔣介石對埔校官佐學生發表講話，談道：「這件事是否是不利於我們黃埔，或不利於政府本黨，現在還沒有調查的確……尚未審問明白。」[3] 此為事發後蔣的首次公開講話，支吾其詞，說明這時他已知出錯了拳頭，攤上了大事。是日，中國國民黨中央政治委員會臨時特別會議在汪精衛的寓所召開。汪在講話中態度強硬地說：「軍事當局非奉黨的政治領袖命令不得擅自行動。」[4] 汪雖然患病在身，但他要組織反擊，佈置第二軍、第三軍和第四軍聯合反蔣。譚延闓甚至已安排了專車，要到粵北去調兵。[5]

這一期間，何香凝對蔣的行為提出質問，蔣「竟像小孩子般伏在寫字枱上哭了」。陽翰笙（埔校政治教官）的回憶錄寫道：蔣「形容憔悴，面色枯黃」。鄧演達也說蔣「神色沮喪」，甚至擔心他可能自殺。鑒於處境不利，3月23日，蔣具函軍事委員會，稱「專擅之罪，誠不敢辭」，表示「應自請從嚴處分，以示懲戒」。[6]

以上說明，中山艦事件發生後的兩三天內，蔣陷身於不利。先發制人的結果，是將自己放在火爐之上炙烤。這時如抓住蔣的軟肋，對他實施反擊，並非不可行。然而，事態隨後卻發生了有利於蔣的轉變——聯共（布）中央政治局使團決定採取退讓的方針。

---

1 《索洛維約夫給加拉罕的信》（1926年3月24日），《共產國際、聯共（布）與中國革命檔案資料叢書》3，第177頁。

2 陳公博：《苦笑錄》，東方出版社，2004年，第32-33頁。

3 《蔣介石年譜初稿》，第549頁。

4 《中華民國史事紀要（初稿）》（1926年1月至7月），第25頁。

5 方鼎英：《我在軍校的經歷》，《第一次國共合作時期的黃埔軍校》，第78頁。

6 《蔣介石年譜初稿》，第550頁。

3 月 24 日，使團團長布勃諾夫對廣州顧問團全體成員作了 6 小時報告，詳細闡述了中山艦事件的發生、影響及使團所決定的對策。布勃諾夫認為，中山艦事件是基於國民革命陣營中的「三大矛盾」、蘇聯顧問所犯的「五大錯誤」而發生的。國民革命陣營中的「三大矛盾」指：（1）集中統一的國家政權同尚未根除的中國軍閥統治陋習之間的矛盾；（2）在國民革命中一起戰鬥的基本力量之間，也就是城市小資產階級和工人階級之間的矛盾；（3）國民黨左派和右派的矛盾。蘇聯顧問所犯的「五大錯誤」是：（1）沒有預見到在國民政府內可能發生衝突，而這種衝突會在國民革命軍中有反映；（2）過高估計了國民政府的鞏固和團結程度；（3）不善於事先揭示和消除軍事工作中的過火行為；（4）軍隊集中管理（設司令部、後勤部和政治部）搞得太快，不能不引起軍官上層的反對；（5）在將領們周圍有過多的監督他們的工作和對其工作施加影響的機關。布勃諾夫還說，蘇聯顧問在軍事工作中的「過火」行為，是給中國軍事將領套上了「五條鎖鏈」，即司令部、後勤部、政治部、政委和顧問。布勃諾夫的結論是：

> 三月行動（中山艦事件）無非是一次針對俄國顧問和中國政委的小規模准暴動。它起因於我所指出的那些矛盾，毫無疑問由於我們在軍事工作中所犯的一些大錯誤而複雜化和尖銳化了。[1]

布勃諾夫以上對中山艦事件起因的分析，基本點是從蘇聯顧問和中共黨員方面找原因，把責任攬到蘇聯顧問與中共黨員身上，而不提蔣介石的問題，客觀上洗刷了蔣的責任。布勃諾夫斷言中山艦事件的矛頭是「針對俄國顧問和中國政委（黨代表）」的，更是對蔣發動中山艦事件真正目的的誤判。這篇報告，讓蔣介石脫身於不利，誤導了事變的未來走向。

基於以上的分析，布勃諾夫提出的應對策略，是對蔣介石實行退讓。主要的措施，是召回季山嘉、羅加喬夫，撤銷他們的職務。布勃諾夫說：

1　《布勃諾夫在廣州蘇聯顧問團全體人員大會上的報告》（1926 年 3 月 24 日），《共產國際、聯共（布）與中國革命檔案資料叢書》3，第 168-169 頁。

> 他們（季山嘉和羅加喬夫）之所以被撤職，是因為在21日夜間我們接到報告說，20日行動可能繼續進行，所以我們開了個會，得出以下結論：廣州市內力量對比對國民政府不利，省內力量對比對國民政府有利，需要贏得時間，而要贏得時間就要作出讓步。因為情況很清楚，整個行動是針對俄國顧問和中國共產黨人的，所以應該順勢而下，於是我們下決心撤掉季山嘉和羅加喬夫同志的職務。由於作出這種讓步，我們取得了某種均勢。這種均勢能持續和穩定多久，它臨時或長期到何種程度，現在還不好說。但至少是贏得了時間，取得了均勢，也許這種均勢不太穩定。[1]

聯共（布）中央政治局使團是高級別的、「享有廣泛權力」的檢查團。布勃諾夫一錘定音，為中山艦事件的評估和處理相關問題，定下了基調。稍後，布勃諾夫在給鮑羅廷的信（3月27日）中，回莫斯科後在其所作的「總體結論和具體建議」（5月17日）中，一再重複以上的觀點。

聯共（布）中央政治局使團決定對蔣退讓，對事態的變動產生重大影響。

第一，錯失反蔣時機。如上所述，3月20日後蔣陷身於不利，「他的行為受到徹底譴責」，「無法找到擺脫業已形成的局面的出路」。[2] 不但汪精衛和譚、朱、李諸軍長主張反蔣，中共廣東區委也主張反蔣。布勃諾夫摸不准蔣的軟肋，抓不住反蔣的有利時機，只聽信「20日行動可能繼續」的傳言，憑着「廣州市內力量對比對國民政府不利」的判斷，決定對蔣實行退讓，讓廣州各方聯合反蔣的計劃胎死腹中。

第二，對蔣讓步，意味着要變動汪、蔣關係。布勃諾夫使團離開後留在廣州的索洛維約夫說：「我們對蔣介石作出讓步，使汪精衛感到自己受了委屈，我們召回他所竭力要保留的季山嘉，使他感到自己受了侮辱，所以他未經我們同意，違背我們的願望隱匿起來。」汪於布勃諾夫講話後的第二日（25日）即告隱匿，是對蘇聯失望的結果。雖然索洛維約夫已意識到應當「無論

1　《布勃諾夫在廣州蘇聯顧問團全體人員大會上的報告》（1926年3月24日），《共產國際、聯共（布）與中國革命檔案資料叢書》3，第171頁。

2　《羅加喬夫關於廣州1926年3月20日事件的書面報告》（1926年4月28日），《共產國際、聯共（布）與中國革命檔案資料叢書》3，第233頁。

如何要設法把他從避難所請出來」，[1] 但不久後的事態卻表明，蔣因時就勢，極力堵塞汪的出路，汪是再也出不來了。

第三，布勃諾夫對蘇聯顧問和中共黨員在軍事、政治工作中「過火行為」的嚴厲指責，對顧問團和共產黨人此後的工作產生了負面影響。身為顧問團副團長的奧爾堅，是中山艦事件的重要知情者，他返蘇後所提交的報告，並不贊同「過火」之說。奧爾堅謂：其一，「總的來說顧問團的工作方針是正確的」；其二，「對這次行動（中山艦事件）不必從俄顧問領導層的錯誤或沒有分寸的角度去看」；其三，「集中統一軍隊的管理和供應，組建政治機關，這是國民革命軍真正能夠完成它所面臨的任務的必要前提」。[2] 這最後的一段話，是針對布勃諾夫所謂「五條鎖鏈」而言的。布勃諾夫有的話是片面的，講得並不恰當。布勃諾夫基於他的主觀認識，提出此後要限制政委（黨代表）的監督權和署名權；稍後蘇聯顧問更提出「準備取消軍隊中獨立的共產黨支部」和「決不允許突出共產黨人」。[3] 這就誤導了蘇聯顧問團及廣東共產黨組織的工作方向，限制和束縛了蘇聯顧問和中共黨員在軍事、政治工作中的作用。故中共廣東區委書記陳延年說：「在 3 月 20 日到 5 月 15 日期間，共產黨人成了為國民黨效勞的走狗。這是最困難的時期。」[4]

聯共（布）中央政治局使團的退讓，目的是要拉住蔣介石。他們的判斷，是「蔣介石能夠留在國民政府之內，也應該留在國民政府之內，蔣介石能夠同我們共事，也會同我們共事」。對陷身泥淖的蔣介石來說，這是讓他脫身的遁道。索洛維約夫說：

> 今天出乎預料的是，當斯捷潘諾夫同志作為老顧問第一次正式拜會蔣介石時，蔣得知使團要走而鮑羅廷何時返回還不清楚，就想同伊萬諾

1 《索洛維約夫給加拉罕的信》（1926 年 3 月 24 日），《共產國際、聯共（布）與中國革命檔案資料叢書》3，第 178 頁。

2 《拉茲貢關於廣州 1926 年 3 月 20 日事件的書面報告》（1926 年 4 月 2 日），《共產國際、聯共（布）與中國革命檔案資料叢書》3，第 223-224 頁。

3 《穆辛關於中共在廣州的任務的提綱》（1926 年 4 月 24 日），《共產國際、聯共（布）與中國革命檔案資料叢書》3，第 217 頁。

4 《共產國際執行委員會遠東局委員會與中共廣東地區委員會工作人員會議紀錄》（1926 年 8 月 12 日），《共產國際、聯共（布）與中國革命檔案資料叢書》3，第 377 頁。

> 夫斯基（布勃諾夫）談談並到他這裏來。蔣介石同斯捷潘諾夫一起從黃埔來到伊萬諾夫斯基住所，在兩個多小時的時間裏，蔣介石表面上很誠懇，想為自己辯解並對 3 月 20 日事件作出解釋。[1]

蔣這一天的日記，記下了他同布勃諾夫的談話，耐人尋味的一句話是，「彼此皆以為知言」。這是說，蔣遇到了他的「知音」。

3 月 24 日夜，布勃諾夫在作完他的長篇報告之後，帶着被撤職的季山嘉、羅加喬夫及使團成員，離開了廣州。

第四節　蔣介石的將錯就錯

蔣介石製造中山艦事件，是先出動軍隊，戒嚴、綁人，然後才尋找證據。3 月 20 日撲了一空，蔣介石已察覺不妙，故當天下午奧爾堅去見蔣時，見到了他「非常沮喪」的神情。22 日，蔣說「現在還沒有調查的確」；23 日，蔣具文「自請從嚴處分」。凡此，是蔣陷身危局、一時找不到出路的反映。只是 24 日布勃諾夫使團明確決定退讓，蔣才抓到了讓他脫身的一根稻草。

布勃諾夫使團離穗後，汪精衛藏匿起來。蔣跟着於 26 日避往虎門，開始了為時一周的思索與密議，定謀決策，以左右事態的變動。隨之，蔣於 4 月 2 日，以「聯合右派，不利於黨也」之名，「扣留艦隊司令歐陽格」。[2] 這個「艦隊司令」，是 3 月 20 日蔣封給歐陽格的。中山艦代理艦長章臣桐事後寫回憶錄，提到蔣任用歐陽格隨又撤裁歐陽格一事：（3 月 20 日）「上午八時左右，蔣處送來一張委任狀：『茲任命歐陽格為海軍艦隊司令，此令。』」蔣從虎門回來後，「歐陽格即乘快艇飛駛省城，到財政局向孫科領取海軍司令辦公費用。據說因無預算而未能領取。旋即在下午五時左右乘快艇回黃埔。經過中

1　《索洛維約夫給加拉罕的信》（1926 年 3 月 24 日），《共產國際、聯共（布）與中國革命檔案資料叢書》3，第 177 頁。

2　《蔣介石年譜初稿》，第 553 頁。

山艦旁時，並未上艦，即徑往軍校蔣介石處，蔣即時把他扣押了」。[1] 蔣並對王柏齡、陳肇英、徐桴等，一一有所處置。扣留歐陽格這幾個動作，實際上是蔣對假傳命令、進說讒言、製造亂局而讓他陷身於被動的攪局者的懲處。

跟着，軍事委員會下令撤銷第二師第五團第三營營長李樹森之職。4 月 7 日，《廣州民國日報》登出《二師營長李樹森撤差原因》一文，內稱：

> 前三月二十日政府因處置中山艦事，特將代理海軍局長李之龍扣留。同時廣州市民因未明此事真象，致引起種種猜疑，後經國民政府出示佈告，一般市民遂了然此事之因果，人心為之大定，種種猜疑，遂亦消滅。但當時所以能引起市民之猜疑，實因第一軍第二師第五團三營營長李樹森之措置無方，行動乖謬所致。現聞該師代理師長劉峙，已呈請軍事委員會將該營長撤差，以為行事不慎者警戒云。[2]

按《廣州民國日報》這篇報道的說法，中山艦事件之發生，是李樹森「措置無方，行動乖謬所致」。李樹森為黃埔軍校第一期畢業生，讓他為中山艦事件背鍋，顯然是出於推卸責任、轉移視線、擺平社會輿論的考慮。

4 月 14 日，蔣介石釋放了 3 月 20 日凌晨被捕的李之龍。

至此，所謂中山艦「異動」，所謂李之龍受季山嘉、汪精衛的指使而「劫持」蔣的問題，已經得到了澄清。李之龍之獲釋，表明在中山艦事件中，犯錯者是蔣介石，而不是別人。

事情至此，本應收束。然而，因布勃諾夫使團的退讓而得以喘息的蔣介石，並不就此收手。蔣不但不承認他在中山艦事件中犯了錯，反而以正確自居。他此時的方針，是揣着明白裝糊塗，將錯就錯，將出錯了的拳頭，再錯打下去。也就是說，要在 3 月 20 日撕裂的口子上，繼續進行對汪、對俄、對共產黨人的博弈與較量。

對於汪精衛，蔣應對的方略，是逼汪去職。一意將汪的問題，從黨內問

---

1 《章臣桐自述》。

2 《二師營長李樹森撤差原因》，《廣州民國日報》1926 年 4 月 7 日。

題升級為「敵我」問題，處心積慮堵塞汪的出路，實行逼汪離粵，奪汪之權（詳見第十五章）。

對於蘇聯，蔣提出「對人不對俄」。既撤換了季山嘉等，又表示「應與蘇俄同志繼續合作，並增進親愛關係」，以期將蘇聯顧問及俄援掌控在自己的手裏。

對於共產黨人，蔣採取的措施，是公開予以排斥和打擊，誘逼雙重黨籍的共產黨員退出共產黨。

3 月 28 日，中共中央領導人陳獨秀發表《中國革命勢力統一政策與廣州事變》一文，針對外界關於「此次事變是由於共產黨陰謀推倒蔣介石，改建工農政府」的傳言，嚴正予以澄清，表明共產黨的態度是「希望全中國革命勢力都要統一」，並稱「蔣介石是中國民族革命運動中的一個柱石」，共產黨沒有推倒蔣的意圖。[1] 3 月 30 日，中共廣東區委發表《給國民黨中央、國民政府、國民革命軍及廣東人民的一封公開的信》，表明共產黨人始終維護聯合戰線，竭力幫助國民政府鞏固與發展，決不因為敵人的造謠而放棄革命工作。[2] 儘管中共中央、廣東區委公開闢謠，並採取了忍讓的態度，但蔣並不停止他已經出手的排共、限共和打擊共產黨人的行動。

4 月 3 日，蔣提出「整軍、肅黨」，規定不准共產黨員對三民主義「有批評與懷疑之態度及行動」，「如有運動本黨黨員加入共產黨者，一經檢舉，則處於嚴律」，「凡跨黨黨員，不宜任黨代表之職」，「我軍既以三民主義為主義，惟有以信仰三民主義者為幹部，而共產主義及無政府主義分子，應暫時退出」，「共產黨在國民黨內一切秘密團體及秘密行動完全取消」，「共產黨員在中央執行委員會內之人數，不得過三分之一」，「中央黨部組織、宣傳二部長，其入黨年限，須在五年以上」。[3] 這是「整理黨務案」的先聲。

在這期間，國民黨中央監察委員會候補監察委員、黃埔軍校政治主任教官高語罕在廣東各界反段祺瑞示威大會上，發表了講演。蔣介石以高在講演中把他比作段祺瑞、鼓動「倒蔣」為辭，將高逐出黃埔軍校，並逐離廣東。

1　《人民周刊》第 8 期，1926 年 4 月 6 日。陳獨秀此文註明寫作於 3 月 28 日。

2　廣東省檔案館、中共廣東省委黨史研究委員會辦公室編：《廣東區黨、團研究史料（1921 — 1926）》，廣東人民出版社，1983 年，第 239-241 頁。

3　《蔣介石年譜初稿》，第 554-558 頁。

所謂高在演講中把蔣比喻為段祺瑞，不過是蔣出於猜測，自動對號入座而已。當時高語罕是中共黨員，蔣驅逐高語罕，實際上是蓄意打壓黃埔軍校的政治工作，排斥在埔校工作的共產黨員。

隨即，蔣在埔校、軍隊中提出停止「跨黨」，聲言要製造一個「純粹」的國民黨。具體的做法，是規定每人只能保留一種黨籍，要麼是國民黨，要麼是共產黨，不許再有雙重黨籍。這一舉措，實際上是對「戴季陶主義」的運用，目的是在埔校、軍隊中終止孫中山決策的「黨內合作」，誘逼雙重黨籍的共產黨員退出共產黨。這是對國民黨 1924 年改組路線的嚴重挑戰。

為實現上述目的，蔣介石做足功夫，在埔校、軍隊中多次講話，反反覆覆，處心積慮，運足機謀，引誘、逼使雙重黨籍的共產黨員退出共產黨。其關鍵詞，一是必須退黨，二是必須「自動」退黨。蔣說：「自動」的意思，就是「自動發動起來，自動來脫離」，而不是「仍舊以團體為轉移，等到一個團體脫離了，大家才脫離，團體不脫離的，就不脫離」。當時，蔣明確說「共產黨是代表工農大多數的羣眾的」，不否認共產黨是一個革命的政黨。他要共產黨員「自動」退出「代表工農大多數」的共產黨，等於公開誘人出賣良心、人格與黨德。他在對教官、學生的講話中說：

> 本來一個黨員要脫離黨籍，這是有很大關係的。既然入了黨，就要始終忠於黨，黨存與存，黨亡與亡。暫時脫黨，本來沒有這個道理的；校長要學生退出黨籍，那更沒有道理了。因為我可以叫學生退出中國共產黨黨籍，學生也可以叫校長脫離中國國民黨籍，難道校長就能脫離了嗎？所以我這主張實在是與理論不合的。[1]

雖然蔣對誘使共產黨員退黨的行為無法給出合理的解釋，但他決意要將對共產黨員的打壓與誘逼，貫徹到底。

在蔣的「純粹」之論誘逼下，5 月 18 日，李之龍刊登了退出共產黨的「啟

1　《蔣介石要國民黨內的共產黨人退出共產黨》，《黃埔軍校史料（1924 — 1927）》，第 378 頁。

事」。[1] 當時表示退出共產黨的共有 39 人；同時，卻有 250 多位已暴露的共產黨員退出了國民黨。被蔣稱為是他的「最得意的學生」的蔣先雲，是第一個聲明退出國民黨的共產黨員。[2] 這不是蔣要達到的目的。《蔣介石年譜初稿》寫道：4 月 10 日，自共產黨員退出，「公心甚痛苦」，因歎：「團體分裂，操戈同室，損失莫大，兩年來心血，盡於此矣！」[3]

4 月上旬，周恩來辭第一軍副黨代表兼政治部主任職。5 月間，軍事委員會政治訓練部舉辦「特別政治訓練班」（高級政治訓練班），學員多為退出第一軍的共產黨員和政治工作人員，以周恩來為班主任。報道稱：「以第一軍全部、第二師及第二十師各級黨代表（除已分配工作外）組成之⋯⋯全部職員及長官，概由該黨代表中選任之。」[4] 5 月 27 日，蔣到該班講話，其中說：

> 這裏 CP 同志很多，要知道這次 CP 是並沒有損失的，而是國民黨的損失，是革命的損失，更是黃埔軍校的損失。CP 黨員非但沒有損失，而且有很大的益處，CP 非但沒有退步，而且是有進步的。更要知道你們只有一個人的損失，而我校長卻有幾百倍的損失，我的痛苦，於此可知了（原稿為：實在要比你們多幾倍）。[5]

蔣誘逼雙重黨籍的共產黨員退出共產黨，結果適得其反，有大批共產黨員退出了國民黨。

讀蔣介石日記及相關史料，可知 3 月 20 日之前，蔣對共產黨員的基本態度是「為我所用」，除了要求中共方面交出名單外，還未有更進一步的動作。而上述事端說明，3 月 20 日之後，這種情況改變了。蔣由此開始，邁開了公開排斥、打擊共產黨員的步子。

1　《李之龍啟事》，《廣州民國日報》1926 年 5 月 18 日。按：李之龍後來參加北伐，在武漢時撰有關於中山艦事件真相的文章。1928 年 2 月 6 日在廣州被國民黨逮捕，8 日被槍殺。據 1928 年 2 月 9 日「時事傳聞錄」：「上星期一，一個名叫周文雍的共產黨高級官員，同他的妻子一起被槍殺；另一個『赤色』領袖，前中山艦長李之龍，昨日被逮捕處死。」廣東省檔案館藏《九龍海關全宗》第 1549 卷，第 29 頁（原文為英文）。

2　《關於一九二四至二六年黨對國民黨的關係》，《周恩來選集》（上卷），第 121 頁。

3　《蔣介石年譜初稿》，第 562 頁。

4　《軍事政治訓練部籌辦高級政治訓練班新計劃》，《廣州民國日報》1926 年 4 月 15 日。

5　《蔣介石年譜初稿》，第 592-593 頁。

第十五章　蔣介石逼汪去職

第一節　虎門之謀：對汪上綱定性

蔣介石發動中山艦事件，按其「年譜」所述，是恨共產黨「陷害」，矛頭似是對着共產黨的，但實際上，蔣的主要打擊鋒芒，對準的是汪精衛。蔣從1926年初起就對汪懷有諸多疑懼，中山艦事件是蔣、汪矛盾的白熾化與公開化。蔣、汪關係，從暗中較量變成了公開對抗。蔣雖軍權在握，然而議論滔滔，質疑指責之聲，紛至沓來。蔣先發制人，結果是騎上虎背，行近懸崖，處境不利。

事件發生後，臥病在牀的汪精衛，於20日上午在會見來訪的譚延闓、朱培德和陳公博時說：「我是國府主席，又是軍事委員會主席，介石這樣舉動，事前一點也不通知我，這不是造反嗎？」又說：「我在黨有我的地位和歷史，並不是蔣介石能反對掉的！」[1] 21日傍晚蔣探視汪時，汪極為惱怒，「怒氣沖天，感情沖沖，不可一世」。[2] 汪這時的反應，顯然非同於王懋功被逐之時，不再是默然承受。當時，宋子文、李濟深、鄧演達、譚延闓等，曾到蘇聯顧問團駐地，商議「嚴厲反蔣之法」。汪佈置第二、第三、第四軍聯合反蔣。譚延闓並已備好專車，準備到粵北調兵。[3] 周恩來說：「這時譚延闓、程潛、李濟深都對蔣介石不滿」，「各軍都想同蔣介石幹一下」。[4] 第二、第三兩軍已準備

1　《苦笑錄》，第 33 頁。

2　《蔣中正先生年譜長編》，第 447-448 頁。

3　方鼎英：《我在軍校的經歷》，《第一次國共合作時期的黃埔軍校》，第 78 頁。

4　《關於一九二四至二六年黨對國民黨的關係》，《周恩來選集》（上卷），第 120 頁。

從西江、北江向廣州移動。[1]

這時，中共廣東區委負責人陳延年、周恩來與擔任國民黨中央代理宣傳部長的毛澤東等，主張反擊蔣介石。毛澤東提出動員在廣州的國民黨中央執行委員、中央監察委員秘密集中肇慶，依靠駐肇慶的第四軍獨立團（葉挺獨立團），聯合各種力量，召開大會，發表通電討蔣。[2] 蔣深知其處境之危，說：「政治勢力惡劣至於此極，尚何信義之可言乎！」「孤苦伶丁，誰與為助，殊堪痛心。」「今日方知孤臣孽子操心之危，處境之苦，若非親歷其境者，決非想像所能及其萬一也。」[3]

然而，在穗聯共（布）中央政治局使團否定了聯合反蔣的計劃。21 日夜間，布勃諾夫接到報告說「20 日行動可能繼續進行」，使團認為廣州形勢不利，決定對蔣退讓，措施是撤銷季山嘉、羅加喬夫的職務。這樣，譚延闓、李濟深等跟着轉向，對蔣的所作所為，從反對變成了「均表贊成」。汪精衞陷於孤立，遂於 21 日致函國民黨中央執行委員會，請假養痾。文曰：

> 兆銘自三月初旬以來，屢患眩暈，初尚勉力支持，及至十九日下午二時，在國民政府常務委員會辦事室內，猝然暈倒，迭延軍醫監李奉藻、衞生局長司徒朝、德醫戴美林診治，均稱心臟收縮失常所致，非靜養不可。當此多事之日，兆銘以一身兼數職，本當力疾辦事，無如甫一起坐，則眩暈不支，迫不得已，只得請假療治。所有中央執行委員會委員、政治委員會委員、國民政府委員會委員、軍事委員會委員、總黨代表諸職，均請暫派員署理，是所至禱。
>
> 此上中央執行委員會
>
> 汪兆銘謹啟[4]

3 月 22 日，國民黨中央政治委員會臨時會議在汪的病牀前召開。汪精

1 梅原：《朱培德對政治工作的「歡迎歡送」》，《文史資料選輯》第四十五輯，第 47 頁。
2 茅盾：《中山艦事件前後》，引自《中山艦事件》，第 114-115 頁。
3 《蔣介石年譜初稿》，第 548 頁。
4 《中華民國史事紀要（初稿）》（1926 年 1 月至 7 月），第 251 頁。

衞、譚延闓、蔣介石、伍朝樞、朱培德、宋子文、陳公博、甘乃光、林祖涵出席，蘇聯顧問薩洛威亞夫（索洛維約夫）以及李濟深、張春木（太雷）、卜世畸（士畸）列席。[1]「會中，汪認為軍事當局非奉黨的政治領袖的命令，不得擅自行動，對蔣中正事先未徵求其意見所採取措施感到不滿。」然而，蘇聯顧問的妥協業已明朗。經過討論，會議決定：第一，工作上意見不同的蘇聯同志暫行離去；第二，汪精衞因患病應予暫時休假；第三，李之龍受特種嫌疑，應即查辦。[2]

3 月 23 日，蔣介石具文呈軍事委員會，內稱：18 日「酉正」（下午 6 時）中山艦駛抵黃埔，露械升火，亘一晝夜，停泊校前。19 日晚「深夜開回省城，無故升火達旦」。為防其變亂政局，不得不施行迅速之處置。「惟此次事起倉卒，處置非常，事前未及報告，專擅之罪，誠不敢辭」，「應自請從嚴處分」。[3] 文中對中山艦往返黃埔時間（18 日下午 6 時至 19 日深夜）的表述，對照海軍局值日官的有關記錄，存在出入。「露械升火」並非事實，而所謂自請處分，乃出於尚未擺脱困境的考慮。24 日，布勃諾夫作長篇報告，明確對蔣退讓。之後，布勃諾夫帶着被撤職的季山嘉、羅加喬夫以及奧爾堅等，離開廣州。

3 月 25 日，對蘇聯顧問團感到失望的汪精衞，致函國民黨中央監察委員張靜江，文謂：

> 靜江先生道鑒：
>
> 先生來而弟去，不得一見，至深悵然。二三月來，弟屢患眩暈，初以為過勞則然，漫不經意，至本月十七、八、九等日，眩暈至不可支，始延醫診視；至廿二日始察出病源。然弟雖卧病，何必屏人不見？此情不為他人言之，不能不為先生言之也。
>
> 弟本期與介石共事，至最後之一息；然以二十日之事觀之，介石雖

---

1 1926 年 3 月 23 日《廣州民國日報》刊《昨日政治會議情形》一文中，有「周恩來是日亦到會，報告東江行政會議經過」的報道。

2 《中華民國史事紀要（初稿）》（1926 年 1 月至 7 月），第 255 頁。

3 《蔣介石年譜初稿》，第 550 頁。

未至疑弟而已厭弟矣；疑不可共事，厭亦不可共事也。然弟不與介石共事，又將與何人共事乎？此弟所不為者也；故即使病癒，亦惟致力於學問，以所獲心得供國人及同志參考，不復欲與聞政治軍事矣。此信抵左右之日，即弟已離去廣州；乞先生轉告介石努力革命，勿以弟為念。

此上。敬請大安。

弟兆銘

十五年三月廿五日[1]

汪致張靜江函與汪 21 日的請假信，相隔僅 4 天，調子已大不一樣。請假信是真病告假，而汪致張函，則是在對蘇失望之際，向蔣攤牌，表明不再與之共事。馬敍倫《石屋續瀋》一書，收錄了汪這封信，認為此函「關係廿年來大局至深」，並謂汪「能忍而不能忍」。言下之意，是汪不應當走出這一步，頗為之惋惜。而汪的這一舉動，卻讓蔣極為不安，讓他感到汪仍具殺傷力。《蔣介石年譜初稿》謂：「閱其致張人傑書，謂為疑渠厭渠，是以不再負政治責任。〈公曰：『人不可有虧心事，彼之隱私，不燭然可見耶。』〉」[2]

3 月 26 日上午，蔣致書汪，也提出了「請假」；並致函譚延闓、李濟深、宋子文（財政部長），告假「休養」。蔣致譚電謂：「只有與之（汪）共進退，以表耿耿之心。故決離省休養，閉戶思過，以圖後報。」[3] 蔣介石還說：「政治生活全係權謀，至於道義，則不可復問矣。〈精衛如此作態，則其見陷之計顯著，可不寒心。〉」[4] 當天下午，蔣離開廣州，乘中山艦到了虎門。

3 月 27 日凌晨 3 時，宋子文追至蔣所入住的虎門沙角炮台，「述諸同志意，勸勿離此」。[5] 宋子文的這一舉動，打消了蔣「離此」的念頭，《蔣介石年譜初稿》寫了三個字：「公允之」。這是關乎汪、蔣關係，也是關乎事態未來走向的關鍵一步。

1　汪精衛：《與張靜江書》（1926 年 3 月 25 日），引自馬敍倫：《馬敍倫自述》，中國大百科全書出版社，2012 年，第 316 頁。

2　《蔣介石年譜初稿》，第 551 頁。

3　引自《蔣中正先生年譜長編》，第 449 頁。

4　《蔣介石年譜初稿》，第 551 頁。

5　《蔣介石年譜初稿》，第 551 頁。

在虎門，出現於蔣身邊的，是陳立夫、張靜江、陳肇英這一批人。陳立夫時任蔣的機要科長，事過境遷之後，發表《北伐前余曾協助蔣公作了一次歷史性的重要決定》一文，當中說：3 月 19 日，當蔣坐車往碼頭，準備乘船出走時，就是他在汽車上勸蔣留下來：「有兵在手為什麼不干？」蔣於是半途返回，繼而策劃出兵。張靜江是蔣的得力幕後推手。事發之後，張說蔣「臨機應變」，「極稱為天才」。陳肇英在他的《八十自述》中稱，蔣 3 月 19 日也採納了他的「反擊」的建議。以上三人，陳立夫是蔣虎門之行的隨行者，張靜江拖着病腿而來，陳肇英是虎門要塞司令，他們是為蔣出謀劃策的政治謀士。虎門之旅，是蔣為擺脫中山艦事件後於他不利的影響，思考出路之旅；是謀劃全局，左右事態變動之旅。

蔣介石 3 月 28 日的日記寫道：

> 政局不能從速決定，甚恐夜長夢多也。某兄始以利用王懋功離叛不成，繼以利用教育長陷害又不成，毀壞余之名節，離間各軍感情，鼓動空氣，謂余欲殺某黨，欲叛政府，嗚呼！抹殺余之事業，余所不計，而其抹殺總理人格，消滅總理系統，叛黨賣國，一至於此，可痛乎？[1]

日記中的這段文字，是蔣的內心隱衷的直白，是虎門之謀的要點。文中的「某兄」，指的是汪精衛。這是蔣對汪的政治總清算，不但列舉了汪的多條罪名，而且將汪的問題定性為「叛黨賣國」。罪名之重，上綱定性之嚴，達到了頂點。這說明蔣已不再將汪的問題看作是國民黨的內部問題，而是把他推向敵對方面，將汪的問題升級為敵我問題；不再認汪為國民政府主席、軍事委員會主席，而是將他當成必須打翻在地的敵人。這不是蔣抓到了汪的什麼新「罪證」，而是單方面地拔高汪的問題。值得注意的是，這段文字在《蔣介石年譜初稿》中有所改動，「叛黨賣國」四字在「年譜」中改為「仇黨賣黨」；而《民國十五年以前之蔣介石先生》一書，則全部刪去了這段文字。這或可視為蔣後來對汪的定性有所修正。但 3 月 28 日日記所寫，卻是他當時真實思

1　《蔣中正先生年譜長編》，第 449 頁。

想的表達。此為虎門之謀的要害所在。

至此，蔣介石對汪精衞的政治態度，已經完成了從擁汪、聯汪，到疑汪、忌汪，再到反汪、倒汪的轉變。國民黨二大之後，蔣對汪有諸多疑忌，然而直到 3 月 20 日之前，他還只是埋怨汪「受讒已深，無法自解」（3 月 14 日）而已，尚未講到汪的問題是敵我問題。如果說，中山艦事件本身是一個動態的過程，事發之初蔣並沒有具體、明確的目標，沒有通盤的計劃，還只是行一步看一步、見招拆招的話，那麼，經過在虎門幾天的思索和謀劃，蔣已謀定了他的方略。3 月 28 日的日記對汪的政治清算和上綱定性，意味着在蔣的意識深處，已經不再模糊與朦朧，已經收攏了目標，決心要拉汪下台，取而代之。這一天，可以視為中山艦事件之演變成逼汪去職、奪汪之權的事件之轉折點。

第二節　四一六會議：排汪出局

4 月 1 日，蔣從虎門返至廣州。次日，黃埔軍校教育長鄧演達對蔣介石說：「三月二十日鎮壓中山艦及繳俄顧問衞隊械事，疑近於反革命行動。」蔣「正色厲聲」，以「革命黨應事事以革命行動出之」作答；並說：「如他人為之，則為反革命，而以總理與余為之，則無論何人，應認為革命應取之態度。」[1] 蔣還明確說他要「改正黨代表制」，理由是：手創者有「廢除之權」。由此可見，從虎門回來之後，蔣的言語與氣勢，已經完全沒有 10 天之前那十分「沮喪」、「自請處分」的味道。

這時，汪精衞仍在廣州，隨時可以銷假復職，這是蔣不願意看到的。為此，蔣十分注意窺測汪的動向，極力堵塞汪復出。

蔣介石還在虎門時，《廣州民國日報》於 3 月 29 日登出了《汪主席最近之病狀》一文，謂汪「胃甚強，能安睡，精神亦佳，大約十天之內，便可痊癒」。這顯然是製造汪要銷假復職的輿論。4 月 7 日，《廣州民國日報》又登

1　《蔣介石年譜初稿》，第 553 頁。

出了一篇同一題目的文章，引汪精衛秘書曾仲鳴語：「其病有向癒之希望」，「病勢日就輕減」，「斯為可慰耳」，「醫生仍禁見客」。[1] 也就在這一天，張靜江往見蔣介石，告訴蔣說：「傾接精衛函，似有欲出意。」這是汪放出的準備復職的風聲。

蔣對此極為警覺。在 4 月 7 日的日記裏，蔣寫道：（汪）「似有急急出來之意，乃知其尚欲為某派所利用，不惜黨國之敗壞也。」為此，蔣即於 4 月 8 日與張靜江、譚延闓、朱培德、宋子文聚談。《蔣介石年譜初稿》表述為「會商大局，及請汪復出事」。[2] 從事態的變動看，「請汪復出」四字是要打個問號的。

4 月 9 日，蔣介石致函汪精衛，將其心中對汪的忌恨，全盤託出。主要內容有三點：一是指責汪離間青軍會與孫會的關係。蓋前時汪對兩「會」幹部訓話中，有「土耳其革命成功乃殺共產黨；中國革命未成，又欲殺共產黨乎」一語，蔣說「此語是引起共產黨與各軍官之惡感，無異使本軍本校自相殘殺也」。二是指責汪在蘇聯顧問欲排蔣離粵時，「竟順其（季山嘉）意贊成之，惟恐不遑」，「恐觸其（季）怒，反催弟速行」。三是指責汪、季擅減軍校經費，扣壓第一軍軍餉，以第七軍軍長的位置，誘王懋功叛離。而當蔣提出辭職後，汪既不批准，又留中不發。[3] 蔣的這一封信，是對昨日汪表示「欲出」的快速回應，措辭嚴厲。故昨日蔣等人所謂「請汪復出」，實應解讀為「阻汪復出」。

這一段時間，蔣接連在各種不同場合反覆說：「我要講也不能講」，「因為這種內容太離奇太複雜了，萬萬所想不到的事情，都在這革命史上表現出來」，「我因為這全部經過的事情，決不能統統講出來，且不忍講的」，「還有很多說不出的痛苦，還是不能任意的說明」，「今天還有我不忍說的話，我只有我個人知道」。這些話，均是針對汪而說的，是不點名的討汪之言論。

4 月 15 日，張靜江、譚延闓、朱培德到黃埔軍校蔣的住處談話，談話的

1　《廣州民國日報》1926 年 4 月 7 日。
2　《蔣介石年譜初稿》，第 559 頁。
3　《蔣介石致汪精衛函》（1926 年 4 月 9 日），引自《國民黨興衰史》（增訂本），第 190-192 頁。

內容是「改選主席問題」。《蔣介石年譜初稿》寫道：「公贊成之。」[1] 他們私下密議了一宗關乎汪的前途、命運的重大事端。16 日下午，蔣由黃埔軍校返至廣州市內，與張靜江、朱培德、譚延闓、李濟深「審議改選主席事」。經過一番策劃之後，於即日下午 4 時，赴國民政府召開所謂聯席會議。

16 日的聯席會議，性質非同一般。17 日《廣州民國日報》以《昨日國民政府開軍事政治兩委員會聯席會議》為題，對會議的情況作了簡要的報道，文謂：

> 查是日與會者，有蔣中正、譚延闓、朱培德、李濟深、伍朝樞、宋子文、古應芬、甘乃光等軍政重要人，內容異常嚴重，直至七時半始散會。聞是日議決要案：（一）在汪主席病假期內，公推蔣中正為軍事委員會主席，譚延闓為政治委員會主席。（二）對於此次北方政變，發表對內對外宣言。……[2]

關於這個會議的名稱，《廣州民國日報》的報道稱為「軍事政治兩委員會聯席會議」；而《蔣介石年譜初稿》稱之為「中央黨部國民政府聯席會議」；[3] 台灣出版的《中華民國史事紀要（初稿）》一書，則寫作「中國國民黨中央執行委員會與國民政府舉行聯席會議」。[4] 如上所述，這是 15 日張靜江與蔣、譚、朱三位軍事將領事先（開會之前增加了李濟深）策劃於密室，實際上是由軍事將領掌控的會議。參會者的 8 人之中，蔣、譚、朱、李是手握軍權者。而在廣州的國民政府委員、國民黨中央執行委員汪精衞、林祖涵、陳公博、楊匏安、彭澤民、何香凝，這一期間經常出席國民黨中央黨部常務會議的候補中央執行委員毛澤東、許甦魂、鄧演達、鄧穎超、陳其瑗等，均未參加會議。故召開這個「聯席」會議，並非符合程序的操作。這是汪精衞仍然在廣州、「病勢日就輕減」並有「欲出」表示的情況下繞過汪而決定「改選主

1　《蔣介石年譜初稿》，第 569 頁。

2　《昨日國民政府開軍事政治兩委員會聯席會議》，《廣州民國日報》1926 年 4 月 17 日。

3　《蔣介石年譜初稿》，第 569 頁。

4　《中華民國史事紀要（初稿）》（1926 年 1 月至 7 月），第 341 頁。

席」的會議，是向汪奪權、排汪出局的會議。《廣州民國日報》報道說「內容異常嚴重」，此非言過其實。

汪精衞對這件事的反應，是迅速的、明確的。4月18日，即「改選主席」會議消息見報第二日，汪以「軍事委員會主席」的身份發表「皓電」。20日，蔣見「軍事委員會主席汪皓電，頗為駭異，〈謂政治癥結與危象，洵難臆測也〉」。[1] 汪18日通電的具體內容現未查悉，而讓蔣「頗為駭異」者，應當是汪這時仍然亮出他的「軍事委員會主席」的頭銜。這表明，汪並不承認16日的「改選」為有效。

為此，4月21日之夜，在送別退出第一軍的黨代表和共產黨員的晚宴上，蔣發表了長篇講話，不點名地對汪作全面的指責和攻擊，將4月9日致汪函中所列出的汪阻礙北伐、逼蔣赴俄、間離兩「會」、誘王（懋功）叛離等，化作口語公之於眾。而最為值得注意的，是這篇講話第一次公開講了所謂「劫持」的問題：「想要劫我到中山艦上，強逼我去海參威（崴）。」前文已說過，此乃子虛烏有。蔣此時將這一明知是讒言的謊話再端出來，欲製造「爆炸性」聽聞，其急於堵絕汪的出路之用心，可謂一目了然。

總而言之，在中山艦事件中，蔣將他對汪精衞的猜忌和怨恨，訴諸武力，發動了一場震驚中外的軍事行動。蔣的鋒芒實際對準了汪精衞。譚延闓當時就對陳公博說：「什麼（反對）共產黨，這是介石反對汪先生罷了！」[2] 1926年秋，當北伐戰爭開始後，廣州等地颳起大規模「迎汪」風潮，要把在中山艦事件中離職遠走的汪精衞「迎」回來。9月間，當「迎汪」呼聲節節高漲時，蔣介石說，去年3月20日事件，並不是國民黨與共產黨之鬥爭，乃是他與汪精衞之鬥爭。[3] 蔣先雲、鄧演達、陳銘樞、陳公博等，都聽蔣講過這番話。[4] 可見，對中山艦事件的逼汪實質，蔣介石早有明晰的自我解讀。

---

1 《蔣介石年譜初稿》，第569-570頁。

2 《苦笑錄》，第42頁。

3 《中央軍政學校各期學生昨日舉行討蔣大會》，《黃埔軍校史料（1924—1927）》，第484頁。

4 《苦笑錄》，第44-45頁。

第三節　鮑羅廷、蔣介石之「君子協定」

蔣介石在與汪精衞、蘇聯顧問及共產黨人博弈的同時，也有若干「抑制」右派的動作。3 月 29 日，西山會議派在上海召開的「國民黨二大」發來電報，對蔣發動中山艦事件予以「嘉獎」。蔣於 4 月 3 日發表通電，對西山會議派此舉予以駁斥，謂「中正誓為總理之信徒，不偏不倚，惟革命是從」。這時，古應芬、伍朝樞、吳鐵城來找蔣，對時局與政策有所「建議」。蔣稱這些人為「右派」，並於 4 月 23 日以「袒護右派」為辭，免吳鐵城廣州市公安局局長職。[1] 吳鐵城《四十年來之中國與我》提到這件事，謂：「鮑羅廷設計陷害吳鐵城、伍朝樞、古應芬等人。」[2] 其實，當蔣稱吳等人為「右派」，並罷吳之職時，鮑羅廷還沒有回到廣州。

經過一個多月或明或暗的較量，蔣基本上擺平了各方勢力，一步步擺脫了種種對他不利的因素。然而，事情並沒有就此了結。蔣在中山艦事件及在隨後的三四月間的所作所為，到底中共中央會如何應對？又能否得到蘇聯的「理解」和「承認」？這仍是他面臨的難題。

當中山艦事件剛發生時，遠在上海的中共中央初時未了解到翔實的情況。上述陳獨秀在《中國革命勢力統一政策與廣州事變》一文所言，是陳在未知詳情的情況下表達的意見。至 4 月中旬，中共中央收到廣東區委有關報告，乃決定變更對蔣的政策，其要點是：第一，團結左派，對抗並孤立蔣介石；第二，加強對國民革命軍第二、第六軍和其他可爭取之軍的工作，以便必要時打擊蔣介石；第三，擴充葉挺獨立團、罷工糾察隊和各地農民武裝，

1　據《申報》1926 年 5 月 2 日刊《吳鐵城解除公安局長情形　伍朝樞因此事提出辭呈》：「（1926 年 4 月 24 日）下午一時，公安局附近，上至第一公園惠愛路，下至維新路惠福路交界地點，均由蔣中正令第二師劉峙部千餘人，荷槍露刀站立，一時交通梗塞，車輛行人暫止通過。至一時二十分鐘，李章達即率第二師第四團二營及司徒非，馳到該局，接收印信。」

2　馬超俊謂：（1926 年）「四月中，政府原擬以突擊檢查辦法，將共產黨一網打盡，詎事機不密，被共產黨偵悉，彼輩並檢得公安局長吳鐵城之密令，載有奉命辦理字樣。鮑羅廷即據以提出嚴重抗議，此役遂不得不作罷論」。見《馬超俊、傅秉常口述自傳》，第 65 頁。吳鐵城等人被罷職，可能與此事有關。

使之成為革命基本隊伍。[1] 這就是後來被陳獨秀概括為「主張以獨立的軍事力量和蔣介石對抗」的計劃。[2] 為此，中共中央特派中央局成員彭述之於 4 月底到達廣州，成立由彭述之、張國燾、譚平山、陳延年、周恩來、張太雷組成的「特別委員會」，負責傳達並準備實施中共中央上述計劃。

這時（4 月底），鮑羅廷從海參崴回到了廣州。

1925 年秋在廣州與汪、蔣共同策劃驅胡、逐許和囚禁熊克武的鮑羅廷，在國民黨二大結束後的 2 月初，離開廣州，於當月中旬在北京向布勃諾夫使團作了關於廣州情況的長篇報告。當中山艦事件發生時，鮑正奔走於張家口、庫倫（今烏蘭巴托）、海參崴的漫長旅途中。中山艦事件後，留在廣州的蘇聯顧問是索洛維約夫、斯切潘諾夫等。基於蔣已經「承擔責任」、「請求處分」、逮捕歐陽格、駁斥「上海二大」這幾點表現，顧問團初步確定「聯蔣」的方針，提出「處處以迎合其（蔣）意與以讓步」，包括：迎合蔣的要求，調回軍隊中的共產黨員；滿足蔣想當總司令的慾望，協助他得到更多、更大的權力與實力等。4 月 8 日，共產國際機關刊物《國際新聞通訊》發表《廣東政府與中國革命運動》，謂蔣「不可能在一夜之間就發動一次政變」，「廣州人民政府看來從沒有今天這樣受到擁護」，實際對蔣作了肯定。陳獨秀上述反蔣計劃，與蘇聯的「聯蔣」方針，大相徑庭，因而不可能付諸實施。

鮑羅廷於 4 月 20 日從海參崴啟程，乘商船返粵。同行者有胡漢民、譚平山、徐謙、顧孟餘等。胡於 1925 年因「廖案」出洋，現當粵事蜩螗、汪處困境之際回歸，應是想有一番作為；而徐、顧則是北京三一八慘案被北方政府通緝的人物。29 日，船抵廣州，蔣登上船樓「親迓之」。[3] 此時，鮑、胡、蔣應是各懷心事，各打各的算盤。

鮑羅廷這時想的，是如何使蘇聯人在廣州穩住腳跟，使他的援華計劃不因中山艦事件而前功盡棄。他說：廣州局面能否恢復舊觀，他實在沒有把握；只有做到哪裏算到哪裏。不過這次莫斯科倒是很尊重他的意見，賦予他更大

1　彭述之：《評張國燾的「我的回憶」——中國第二次革命失敗的前因後果和教訓》，（香港）前衛出版社，1975 年，第 5、6 頁。

2　陳獨秀：《告全黨同志書》（1929 年 12 月 15 日），《中山艦事件》，第 73 頁。

3　《蔣介石年譜初稿》，第 581 頁。

的權力，簡直就要他全權處理一切。[1] 到粵後，鮑即被蔣「邀至要塞部敍談」；翌日又與蔣「討論黨事」;5 月 1 日夜，兩人「縱談時局，約四小時餘」[2]。此後，兩人頻頻接觸，進行一系列會談。從事態的進展看，鮑是按照莫斯科及蘇聯駐廣州顧問團上述「聯蔣」方針，來從事與蔣的交涉的。

後來，蔣對鮑與他的會談，作如是表述：「四月二十九日，鮑羅廷自俄回粵，他與我屢次會商國共合作問題，訂定整理黨務辦法，於五月十五日，提出本黨第二屆中央委員第二次全體會議」，「當鮑羅廷與我會商這個辦法時，對我的態度極為緩和。凡我所提主張，都作合理的解決」。[3] 鮑、蔣這次會談，很快有了結果：第一，對於蔣在三四月間的所作所為，鮑採取了承認的態度。第二，鮑將此時運抵廣州的蘇聯援華軍事物資，悉數交給蔣。這批物資，包括 2 萬多支來福槍、數門野炮、數架飛機等。第三，蔣允予續聘鮑為高等顧問，並同意鮑提出的關於打擊右派的意見。這就是一些史家所稱的鮑、蔣之間的幾點「君子協定」。

5 月 4 日，續聘鮑羅廷為高等顧問的「決定」，以國民政府的名義發表。這意味着蘇聯在廣州的地位沒有改變。5 月 6 日下午，蘇聯援華軍事物資由兵艦運到。這些物資對蔣有吸引力，也能起若干制約作用，是鮑與蔣討價還價的「本錢」。蔡和森的文章說，鮑的箱子內裝着的「草料」，指的就是他掌握着蘇聯援華物資。[4] 聯繫蔣當時的處境來看，蔣把蘇聯這批援華物資拿到手，意義非同小可，這不只是得到了鮑帶來的物質「援助」，擴充了實力而已，更為重要的，是抓到了蘇聯這把「尚方寶劍」。這樣一來，蔣的所作所為，一攬子全成了為蘇聯所理解、所承認的行為。批蔣悠悠之口，遂被堵封，汪精衞的出路，也完全給塞死了。是故，《蔣介石年譜初稿》寫道：（5 月 6 日）「下午，聞運械艦到埔，甚慰」。大局終於「澄清」，蔣着實贏了一局。

前面提到的 4 月 23 日被蔣免職的廣州市公安局局長吳鐵城，還有更可悲的命運等待着他。為換取鮑羅廷對「以蔣代汪」的政治格局的承認，並得到

1　張國燾：《我的回憶》（上冊），北方婦女兒童出版社，2007 年，第 379 頁。
2　《蔣介石年譜初稿》，第 582 頁。
3　《蘇俄在中國——中國與俄共三十年經歷紀要》，第 41-42 頁。
4　蔡和森：《黨的機會主義史》，《蔡和森的十二篇文章》，人民出版社，1980 年，第 85 頁。

鮑這時帶來的一船軍用物資，蔣不但必須續聘鮑，而且要滿足鮑的「打擊右派」的要求。就這樣，吳鐵城注定要再被犧牲一次。《蔣介石年譜初稿》寫道：（5 月 30 日）「上午，令拿辦吳鐵城」。隨後，又變相除去伍朝樞、孫科、傅秉常等。[1] 後來，當國民黨內有的人對此提出質疑時，蔣在 7 月 24 日的《覆張繼書》中，以「鐵城則以廖案發生時，有縱逃兇犯之嫌疑」一詞搪塞。吳鐵城與「廖案」有牽連，但為什麼在「廖案」偵查、審判期間不予查處，而要等到 4 月 23 日才免他的職，又再過一個多月才從「免職」升級為「拿辦」呢？如果這不是蔣為滿足鮑的意願而作的選擇，那就很難解釋矣。

鮑羅廷以上動作，實質上是「棄汪聯蔣」。汪在國民黨、國民政府中的「最高」地位，在某種意義上說，是鮑扶上去的。汪非合格人選，將汪扶上「最高」位置，確實是認識和抉擇的錯誤。但比較起來，鮑此時之「棄汪」比之他之前的「扶汪」，其步調之錯亂，更為離譜，亦更加出格。對蔣以「軍權」反制「黨權」、操控「政權」的支持，是屈從於軍事壓力，是對以軍亂黨、以軍亂政者的支持。故鮑對「棄汪聯蔣」格局的承認，實際上是推波助瀾地將國民黨、國民政府的歷史，推向了以蔣介石的軍事專制為軸心的時代。

與鮑羅廷一同歸來的胡漢民，此時收回他在莫斯科公開的擁俄、擁護第三國際的調子，以親見親聞的「資格」，遊說拒俄與排共。胡到穗翌日（4 月 30 日），即同蔣談了話。蔣對他的觀察是：「其言似多挑撥，心疑不確」。5 月 3 日，胡在國民黨中央政治會議上報告：「我已考察出蘇俄的真相了」；第二日又在國民黨中央黨部第 25 次會議上報告遊俄的情形；7 日，胡還出席第 26 次會議。一般來看，此時的胡有可能成為蔣的政治夥伴，但從蔣的心態分析，則知其不然。

因為蔣之逼汪，目的是取汪而代，而非迎胡主政，也不是要搞蔣、胡合作，讓胡來分嘗他的一杯之羹。胡欲於此時東山再起，實在是打錯算盤，他的拒俄之說提得更不是時候，等於讓蔣自斷俄援，自我孤立，當然大拂蔣之意願。

---

1 《鮑羅廷給加拉罕的信》（摘錄）（1926 年 5 月 30 日），《共產國際、聯共（布）與中國革命檔案資料叢書》3，第 272 頁。

汪精衞 4 月 16 日被蔣的「聯席會議」奪了權，他最後的一點希望，是盼鮑羅廷返粵，向他伸以援手。鮑之「聯蔣」打破了他這一夢想。汪無力反制蔣，又失勢於俄人，其結果只有黯然離開廣州。5 月 9 日，敗出廣州政壇的汪精衞和胡漢民同時離粵。據謂兩人在開往香港的一艘輪船上不期而遇。他們均欲挾蔣以自重，不惜以扳倒對方為手段，將蔣捧上台，但他們卻輸掉自己。這真是一個歷史性、戲劇性的場面。

第四節　整理黨務案

鮑羅廷回粵同蔣的一番交易，讓蔣解決了兩大難題：一是最終實現了逼汪去職的目的。對蔣來說，取汪而代之是一步險棋，所謂排汪出局易，而擺平輿論難。鮑羅廷「聯蔣」的結果，是汪「自動」出局，連帶着胡也離開廣州，蔣排除了兩位在黨內、政府內的地位高出於他的對手。二是擺平了與俄人的關係。既斥去了季山嘉等，又獲得了俄援，達到了排俄而又讓俄為我所用的目的。

時間進入了 1926 年 5 月，如何處理共產黨，成為蔣此時要面對的主要問題。為此，蔣策劃了召開國民黨二屆二中全會。

會議之前，蔣於 5 月 13 日、14 日分別與張靜江、鮑羅廷、譚平山、張國燾等談話，談整理「黨事」及國共「妥協」條件，擬出限制共產黨人的條例。針對鮑「多持異」，蔣的回應是：「對共條件雖苛，然大黨允小黨在黨內活動，無異自取滅亡，能不傷心？惟因總理策略，既在聯合各階級共同奮鬥，故余猶不願違教分裂，忍痛至今也。」[1] 鮑箱子中的「俄援」這時已用完，其「持異」當然不起作用。

5 月 15 日，國民黨二屆二中全會在廣州召開。出席會議共 40 多人，有蔣介石、譚延闓、譚平山、程潛、陳公博、朱培德、何香凝、伍朝樞、李濟深、林祖涵、于樹德、甘乃光、陳友仁、楊匏安、毛澤東、惲代英、朱季

1　《蔣介石年譜初稿》，第 587 頁。

恂、孫科、許甦魂、周啟剛、鄧穎超、陳其瑗、陳樹人、褚民誼、繆斌、吳鐵城、顧孟餘、詹大悲、柳亞子、陳果夫、鄧澤如、李宗仁、江浩、謝晉、李福林等。其中中央執行委員19人，不足三分之二，而以毛澤東、鄧穎超等5名候補中央執行委員遞補，有表決權。以譚延闓、蔣介石、譚平山為主席團成員，蔣介石為主席。

蔣在「開會理由」中說：「自從先總理逝世之後，本黨內部，日益糾紛，一般跨黨黨員，時有軌外行動」，竟至「反客為主」，故須召集此次全會，以求解決問題。接着，蔣與譚延闓、孫科等提出《整理黨事案》四項原則：（1）改善中國國民黨與共產黨的關係。（2）糾正黨內跨黨黨員的軌外行動及言論。（3）保障國民黨黨綱、黨章的統一權威。（4）確定共產黨員加入國民黨之地位與其意義。此案並提出要組織「國民黨與共產黨聯席會議」，議事範圍「為審查跨黨分子違背紀律及兩黨之糾紛問題」，其目的為「總期跨黨黨員不再有違背規約之行為」。

在《整理黨事案》之外，蔣又單獨提出國共「協定事件」八條提案：

> （一）共產黨應訓令其黨員改善對於國民黨之言論態度，尤其對於總理與三民主義，不許加以懷疑或批評。
>
> （二）共產黨應將國民黨內之共產黨黨員全部名冊，交國民黨中央執行委員會主席保管。
>
> （三）中央黨部部長須不跨黨者，方得充任。
>
> （四）凡屬於國民黨籍者，不許在黨的許可以外，有任何以國民黨名義召集黨務會議。
>
> （五）凡屬於國民黨籍者，非得有最高黨部之命令，不得別有組織及行動。
>
> （六）中國共產黨及第三國際，對於國民黨內共產分子所發一切訓令及策略，應先交聯席會議通過。
>
> （七）國民黨員未受准許脫黨以前，不得入其他黨籍，如既脫黨籍而入共產黨者，以後不得再入國民黨。
>
> （八）黨員違反以上各項時，應立即取消其黨籍，並依其所犯之程

度，加以懲罰。[1]

以上四項原則和蔣的八條提案，是以國民黨中央全會名義，嚴厲攻擊、壓迫共產黨，全面限制和排斥共產黨。當蔣提出他的八條提案時，「會場相顧驚愕」。

會議前，中共中央派彭述之、張國燾到廣州，指導這次會議的中共黨團。周恩來後來說：當黨團會議討論以上提案時，「彭述之引經據典地證明不能接受。問他不接受又怎麼辦？他一點辦法也沒有……後來張國燾用了非常不正派的辦法要大家簽字接受」[2]。

上述兩個提案，在文字上略作修訂，分別冠名為《整理黨務第一決議案》及《整理黨務第二決議案》，於 5 月 17 日獲得通過。[3]

5 月 18 日，蔣提出《選舉中央執行委員會主席案》。國民黨中央執行委員會常務委員會是國民黨二大新設的機構，由 9 人組成，而無中央執行委員會主席之設置。國民黨二大秘書長吳玉章當時解釋，這樣做的目的，是使「此後凡百事務，當必以多人負責之故，而進行敏捷」。[4] 蔣提出設置中央執行委員會主席之提案，有改變國民黨中央領導體制的用意，目的是否定集體負責制，奪取國民黨中央的最高領導權。此案被正名為《整理黨務第三決議案》，獲得通過。隨後，「選舉」張靜江為中央執行委員會主席。張靜江本為國民黨中央監察委員會委員，為了使張當選，蔣因人割制，特意在提案中提出可由中央「監委」委員擔任中央「執委」主席。20 日，蔣又提出重新登記黨員的提案，即《整理黨務第四決議案》，旨在更加嚴格監控、限制共產黨人的活動。國民黨二屆二中全會於 5 月 20 日閉幕。

5 月 23 日，中共廣東區委發表《對於中國國民黨第二次中央全體會議宣

1　《蔣介石年譜初稿》，第 587 頁。

2　《關於一九二四至二六年黨對國民黨的關係》，《周恩來選集》（上卷），第 123 頁。

3　經過修改，第一案第二條為「糾正兩黨黨員妨礙兩黨合作之行動及言論」；第二案增加一條：「他黨黨員之加入本黨者，在高級黨部（中央黨部、省黨部、特別市黨部）任執行委員時，其額數不得超過各該黨部執行委員總數三分之二。」

4　吳玉章：《中國國民黨第二次全國代表大會經過概略》，《中國國民黨歷次代表大會及中央全會資料》，第 215 頁。

言》:「完成國民革命，尤須革命勢力的長期團結。為鞏固革命基礎和為革命前途起見，需要一部分革命利益犧牲時，一部分的利益亦當準備犧牲。」[1] 25日，在國民黨中央第28次常會上，毛澤東（缺席）辭宣傳部代部長職，林祖涵辭常務委員會秘書及中央財政委員職，譚平山（缺席）辭常務委員會秘書職務。[2]28日，張靜江主持召開第29次中央常務會議，「照準」以上三人辭職。張靜江隨後提議蔣介石任組織部長，顧孟餘任代理宣傳部長，甘乃光任農民部長。6月4日，中共中央發表致國民黨書，表示《整理黨務案》「原本關及貴黨內部問題，無論如何決定，他黨均無權贊否」。

蔣介石一手操控的國民黨中央全會及《整理黨務案》，改變了孫中山及國民黨一大既定的「黨內合作」方針，以組織的手段，對加入國民黨的共產黨員予以多方的限制和打壓，並最後實現了蔣的逼汪去職、取而代之的目的。國民黨的權力體制，乃從汪、蔣之一度合作，變成了蔣的一派掌權。

縱觀中山艦事件的經過，蔣從鋌而走險開始，到全面得手而告終。這一事件的性質，從黃埔軍校、國民革命軍來說，是校長、軍事首長驅逐黨代表的行為；從國民政府來說，是軍方驅逐政府首腦的行為。汪精衞其人，當然是無足道者，而蔣之擁兵自重，以「軍權」抵制、反制「黨權」的行為，將不會因此而扭曲為直。這一事變深刻影響着黃埔軍校、國民革命軍和國民黨此後的走向。在黃埔軍校的歷史上，這是一個帶關鍵性的轉折點。

1 《對於中國國民黨第二次中央全體會議宣言》（1926年5月2日），《廣東區黨、團研究史料（1921 — 1926）》，第264頁。

2 《第二十八次中央全體會議記錄》，《廣州民國日報》1926年5月26日。按：在這次會議上，林祖涵未提辭農民部長職，譚平山未提辭組織部長職。

第四部分

黃埔軍校與北伐戰爭

第十六章　北伐風雲

第一節　北伐戰爭緣起

1926 年春夏間，與廣東毗鄰的湖南，政局發生了重大變化。

是年春，湘軍師長兼湘南督辦唐生智，驅逐湖南省省長趙恆惕，於 3 月 15 日就任「代理省長」。趙一貫掛着阻南拒北的「自治」招牌，多年來一直是南方舉兵北伐的主要阻礙。早在 1924 年和 1925 年間，唐生智與廣東革命政府便有初步的接觸。驅趙之後，唐多次派人到廣州，大力籲請廣州方面出兵援湘。

4 月下旬，唐處境告急。北方吳佩孚為掌控湖南，任命湘軍師長葉開鑫為湘軍總司令兼湖南省省長，命令鄂軍孫建業等由北而南，協助葉開鑫反攻唐生智。唐軍不得已於 5 月 1 日放棄長沙，退守衡陽，一面拒敵，一面急切等待兩廣派兵入湘。

當時，擺在蔣介石面前的，是因中山艦事件而帶出來的種種難題。為擺平這諸多矛盾，蔣絞盡腦汁，對唐的十萬火急求助無以應對，實際上是束諸高閣。

唐生智得不到廣州方面出兵的消息，遂向廣西李宗仁方面求援。李宗仁乃派其第八旅（鍾祖培）第十五團（尹承綱）由桂入湘。尹團於 5 月 5 日到達零陵，12 日抵達衡陽。為促使國民政府出兵，李宗仁於 10 日到達廣州，會見國民政府要人及各軍將領。這時，蔣潛心於策劃召開國民黨二屆二中全會，炮製「整理黨務案」，對北伐問題，實際上採取能拖即拖的態度，並不以唐軍之急為急。蔣對來穗的李宗仁說：廣州形勢太複雜了，「現在如何能談到北伐呢？」[1] 直至 5 月 29 日，蔣會見李宗仁後，仍表示：「若輩不識內情，徒怪出師延緩，良可慨也。」[2] 在粵各軍將領，多數對北伐並不熱心。李宗仁於是着重於同第四軍軍長李濟深商洽。據李宗仁說：李濟深在國民黨中央政治會議上，自告奮勇，提出由第四軍派兵援湘，得到了許可。由於第四軍各部此時遠駐雷州和瓊崖，因此決定由駐紮廣州附近的第四軍獨立團，就近先行出發援湘。

第四軍獨立團通稱葉挺獨立團，約於 1925 年 11 月組建於廣東肇慶，是一支以中共黨員為骨幹，由中共廣東區委直接掌握的部隊。廣東區委 1924 年秋組建的大元帥大本營鐵甲車隊，全體併入了第四軍獨立團。中山艦事件後，廣東區委又將部分退出黃埔軍校和第一軍的中共黨員，安排到獨立團工作。獨立團全團共有 2100 人，葉挺任團長，初時有楊寧（楊林，黃埔軍校教官，朝鮮籍）、周士第（一期）、董朗（一期）等黃埔軍校教官和畢業生在獨立團擔任職務。

第四軍獨立團先行北伐，並非出於偶然。

1926 年 2 月 21 日至 24 日，中共中央召開北京特別會議，通過《關於現時政局與共產黨的主要職任議決案》，指出「黨在現時政治上的主要職任是從各方面準備廣東政府的北伐」。理由是：

> 廣東政府是中國國民革命唯一的根據地，只有他的勢力之發展，可以推動全國民眾及接近民眾的武力更加爆發革命的火焰，而且廣東政府也只有向外發展的北伐，煽動全國反帝國主義的暴動，才能增強自己的聲威，才能維持自己的存在，否則必為反動勢力所包圍而陷落。[3]

當時，中共力圖將大革命運動從廣東推向全國各地，故而主張北伐。會議決定加強黨的軍事工作，在中央「建立一強有力的軍委」；並要求各相關地

1　中國人民政治協商會議廣西壯族自治區委員會文史資料研究委員會編：《李宗仁回憶錄》（上冊），1980 年，第 305 頁。

2　《蔣介石年譜初稿》，第 594 頁。

3　中共中央黨校黨史教研室資料組編寫：《中國共產黨歷次重要會議集》（上），上海人民出版社，1982 年，第 57 頁。

區、各有關方面預做準備，迎接北伐的到來。

中共中央領導人陳獨秀未參加北京會議，但支持北伐。3月初陳在上海會見聯共（布）中央政治局使團，在尚未知悉北京會議關於北伐的決議的情況下，明確向使團表示「主張支持北伐」；並致電北京，指出「必須解決北伐問題」。陳後來在中共五大的報告說：「共產國際代表去廣州考察那裏的形勢，適逢三月二十日事變。我拍電報給汪精衞和蔣介石說，必須開始北伐。他們同意我的意見。」[1] 後來針對蔣中山艦事件後散佈的「我們提出北伐，竟至根本推翻」的論調，陳獨秀致函蔣，據實說明：「我以為要乘吳佩孚勢力尚未穩固時，加以打擊，否則他將南伐，廣東便沒有積聚勢力的可能，為此，我曾有四電一函給先生及精衞先生，最近還有一函給先生詳陳此計。」[2] 6月28日，蔣在他的公開講話中對此作了回應：「（陳獨秀）曾於三月二十日以前給我一個電報和幾封信，所論的意見大體相同。」[3] 這說明，中共北京二月會議後，陳獨秀是明確主張北伐的。

然而，共產國際此時對北伐的態度是消極的、猶豫的。4月27日，共產國際執行委員會遠東書記處召開會議，維經斯基等參加，建議：「應發出指示不允許廣州政府在目前進行『北伐』。」[4] 5月6日，聯共（布）中央政治局會議決定：「鑒於目前出現的情況，認為可以派遣一支規模不大的遠征軍去保衞通往廣東的要道——湖南省，但不能讓軍隊擴展到該省疆界之外。」[5] 從「不允許」到同意派遣小部隊赴湘，是有限度的轉變。這裏「規模不大的遠征軍」一語，應當是專門為葉挺獨立團量身定做而使用的提法。此為葉挺獨立團出師援湘的因緣。

總之，因緣際遇，葉挺獨立團率先踏上了北伐的征程，這可以認為是共

1　陳獨秀：《在中國共產黨第五次全國代表大會上的報告》，中共中央黨史資料徵集委員會、中共中央黨史研究室編：《中共黨史資料》（第三輯），中共中央黨校出版社，1982年，第38頁。

2　陳獨秀：《給蔣介石的一封信》（1926年6月4日），水如編：《陳獨秀書信集》，新華出版社，1987年，第409頁。

3　《蔣介石在1926年6月28日總理紀念周的講話》，《黃埔潮周刊》第二期，1926年。

4　《共產國際執行委員會遠東書記處會議第3號記錄》（1926年4月27日），《共產國際、聯共（布）與中國革命檔案資料叢書》3，第227頁。

5　《聯共（布）中央政治局會議第23號（特字第17號）記錄》（1926年5月6日），《共產國際、聯共（布）與中國革命檔案資料叢書》3，第241頁。

產黨人對歷史擔當的自覺。在中山艦事件、「整理黨務案」特定背景下（葉挺獨立團從廣州啟行之日，為 5 月 20 日，即國民黨二中全會閉會之時），以中共廣東區委掌握的、共產黨員為骨幹的部隊勇任北伐前驅，率先出發援湘禦吳（佩孚），不能認為此乃無關宏旨之舉動。

據葉挺獨立團參謀長周士第回憶，獨立團 5 月初起從肇慶、江門陸續到廣州集中。中共廣東區委軍委書記周恩來在廣州司後街（今越華路）葉家祠召集獨立團幹部會議，鼓勵獨立團官兵勇當大任。周恩來說：「現在有些軍都不願意派部隊先出去，只要你們打了勝仗，他們就會跟上來。」並以「飲馬長江」「武漢見面」的壯言，總結這次講話。[1] 葉挺獨立團 5 月 20 日離穗，先乘火車至韶關，然後從韶關啟行，徒步翻越五嶺山脈，於 27 日進入湖南郴州。獨立團入湘的時間，比之廣西尹承綱團抵達衡陽（12 日），只是前後腳之差；比廣東第四軍第十師（陳銘樞）、第十二師（張發奎）到達攸縣的時間（7 月 3 日），要早一個多月；比蔣介石（7 月 27 日從廣州啟行，8 月 2 日進入湖南）則要早兩個多月。蔣親率的第一軍第一師（師長王柏齡，轄孫元良、倪弼、薛岳三團）和第二師（師長劉峙，轄陳繼承、蔣鼎文、惠東昇三團），是遲至 7 月底 8 月初才從廣東出發的。第四軍葉挺獨立團，是廣東最早踏上北伐征程的一支部隊。

葉挺獨立團中，有許多人是黃埔軍校的教官或學生。在這支部隊中擔任參謀長、營長、連長及其他職務，並隨同參加北伐的黃埔軍校畢業生（加入時間各有不同）主要有：周士第、董朗、曹淵、許繼慎、張伯黃、張際春、賀聲洋、劉明夏、孫一中、謝宣渠、彭幹臣、仝子春、鄒範、劉基宋（以上第一期）、彭明治（第一期軍士教導隊）；吳兆生、盧德銘、胡煥文、練國樑、張堂坤、郭煥孝、劉光烈、黃征洋、陳魁、張源健、陳頌華（以上第二期）、袁也烈（第二期政治幹事）；張啟圖、蔡晴川、唐幹林、符節、劉之至、陳三俊、陳鵬、祁占寰、毛挺芳（以上第三期）；陸更夫、林彪、張有餘、吳善珍（以上第四期），王備、張適南（青年軍人聯合會幹事）等。其中周士第任參謀長、代理團長，曹淵、許繼慎、孫一中、張伯黃、張際春等任營長，盧德

1　《周士第回憶錄》，第 52 頁。

銘、胡煥文、吳兆生等任連長。

6 月 4 日，國民黨中央執行委員會臨時全體會議通過迅行出師北伐案，任中央軍事政治學校校長蔣介石為國民革命軍總司令。7 月初，國民黨中央臨時全會改選蔣為中央常務委員會主席（北伐期間由張靜江代理），任命蔣為中央「軍人部」部長，通過《出師北伐宣言》，國民政府並公佈《國民革命軍總司令部組織大綱》。隨後，蔣頒發《集中湖南計劃》：以第七軍李宗仁部、第八軍唐生智部、第四軍陳可鈺部集中於衡山、永豐、攸縣一帶，相機進攻長沙；以第二軍譚延闓部、第三軍朱培德部、第六軍程潛部集中於茶陵、安化一線，為防備江西；以第一軍何應欽部集中衡陽，為各方策應。7 月 9 日，北伐誓師典禮在廣州東較場舉行，參加者 5 萬餘人。國民黨中央執行委員、國民政府委員何香凝、林祖涵、吳稚暉、張靜江、甘乃光、鄧穎超、楊匏安、彭澤民、許甦魂、陳公博、譚延闓、孫科、宋子文、鄧澤如、陳友仁、古應芬、陳樹人等出席。李濟深任會場總指揮，吳稚暉代表國民黨中央執行委員會授旗，譚延闓代表國民政府授印。

第二節　北伐軍中的黃埔教官和學生

北伐軍出動時，有 8 個軍，約 10 萬人，蔣介石為總司令，汪精衞（已出國）為總黨代表，李濟深為總參謀長，加倫為軍事總顧問，唐生智為前敵總指揮。初出師時，各軍組成如下：

序列	軍長	黨代表	所轄部隊	兵力總計
第一軍	何應欽	繆斌	第一師（王柏齡）、第二師（劉峙）、第三師（譚曙卿）、第十四師（馮軼裴）、第二十師（錢大鈞）	共 19 團
第二軍	譚延闓	李富春	第四師（張輝瓚）、第五師（譚道源）、第六師（戴岳）、教導師（陳嘉佑）	共 12 團
第三軍	朱培德	朱克靖	第七師（王均）、第八師（朱世貴）、第九師（朱培德兼）	共 8 團 2 營

續表

序列	軍長	黨代表	所轄部隊	兵力總計
第四軍	李濟深[1]	廖乾五	第十師（陳銘樞）、第十一師（陳濟棠）、第十二師（張發奎）、第十三師（徐景唐）、獨立團（葉挺）	共 13 團 2 營
第五軍[2]	李福林	李朗如	第十五師（李羣）、第十六師（練炳章）	共 8 團 1 營
第六軍	程潛	林祖涵	第十七師（鄧彥華）、第十八師（胡謙）、第十九師（楊源濬）	共 9 團 2 營
第七軍	李宗仁	黃日葵	第一旅（夏威）、第二旅（李明瑞）、第三旅、第四旅、第五旅、第六旅、第七旅（胡宗鐸）、第八旅（鍾祖培）、第九旅	共 18 團 2 營
第八軍	唐生智	劉文島	第二師（何鍵）、第三師（李品仙）、第四師（劉興）、第五師（葉琪）、教導師（周爛）、鄂軍第一師（夏斗寅）	共 17 團

北伐將開始時，國民政府軍事委員會政治訓練部改組為國民革命軍總司令部政治部（稱北伐軍總政治部），鄧演達（黃埔軍校教育長）任主任，朱代傑任秘書長，孫炳文（繼惲代英任中央軍事政治學校政治主任教官）任廣州留守處主任，郭沫若任宣傳科長，江董琴任黨務科長，章伯鈞任組織科長，郭冠傑任總務科長，胡公冕（黃埔軍校教官）任宣傳大隊長，潘漢年任《革命軍日報》總編和社長，鐵羅尼為顧問。

1926 年 6 月 21 日至 24 日，北伐政治工作會議在廣州召開。出席者有鄧演達、陳公博、周恩來、林祖涵、李富春、包惠僧、惲代英、朱克靖、熊雄、熊鋭、鮑慧僧、郭沫若、李合林、歐陽繼修、蕭勁光、鄧穎超、鐵羅尼等 40 多人。與會者中許多人來自黃埔軍校。會議討論政治工作原則、相關規章制度及北伐宣傳隊的組織和訓練問題，決定由李富春主持制定宣傳隊組織條例，周恩來主持制定宣傳隊訓練及考選方案。鄧演達總結說：這次會議「是

1　李濟深留廣州，由副軍長陳可鈺率領北伐。

2　第五軍留廣東，未參加北伐。

有歷史的意義的！」[1]

北伐戰爭是將大革命風暴從珠江流域推向長江、黃河流域的革命戰爭。對黃埔軍校來說，北伐戰爭為黃埔教官、學生提供了領兵、參戰、從事戰時政治工作及展示革命抱負的舞台，為在校學生開拓了實際學習戰爭的課堂，並讓黃埔軍校獲得了對外發展的機會。北伐戰爭是黃埔軍校歷史上重要的一章。

北伐開始後，黃埔軍校的許多教官及前三期畢業生被編入北伐軍各部隊。在校的第四期政治科，第五期入伍生炮兵團、工兵營、迫擊炮連，校部無線電通訊隊、交通工程隊、憲兵營等，先後參加北伐。當北伐軍大舉向湖北、江西推進時，黃埔軍校增調第四期畢業學生到長沙，派赴北伐前線各部隊或總司令部工作。第五期的政治科、工兵科、炮兵科的學生也全體北上，將課堂移至前方。

大量黃埔軍校教官、畢業生、在校生或入伍生，現身於北伐軍的各支部隊、各個戰場上。除了上文已提到者（第四軍獨立團等）外，出現於北伐各部隊、各機關中的黃埔軍校教官、學生主要有：

——軍事、政治長官、教職員：何應欽，第一軍軍長，東路總指揮；王柏齡，第一師師長，第一軍副軍長；劉峙，第一軍第二師師長；張治中，總司令部副官處處長，武漢分校教育長；王俊，第一師第一團團長、代師長；繆斌，第一軍副黨代表；葉劍英，第一軍總指揮部參謀長，新編第二師師長；嚴重，總司令部訓練處處長，補充師（第二十一師）師長；陳誠，補充師籌備處處長兼團長；俞飛鵬，總司令部兵站總監；聶榮臻，中共廣東區委軍委特派員，赴前方聯繫獨立團，到武漢後任中共湖北省委軍委書記；胡公冕，總司令部政治宣傳大隊大隊長、總司令部副官處處長，第六十七團團長；李世璋，第六軍政治部秘書，代理政治部主任，第十八師黨代表；廖乾五，第四軍第十二師政治部主任；倪弼，第一軍第一師團長；陳繼承，第一軍第二師團長；蔣鼎文，第一軍第二師團長；金佛莊，總司令部參謀處副處長，警衛團少將團長；郭俊，第一兵站少將兵站監，第二師第六團少將團長；嚴鳳

1 李一氓：《李一氓回憶錄》，人民出版社，2001 年，第 53 頁。

儀，第十二師第五團代理團長；雷經天，第六軍政治部宣傳科長，第十一軍第二十四師第六十四團黨代表；朱雅零，第四軍政治部宣傳科長，武漢軍校政治教官；范藎，第十一師團長；胡允恭，第四軍第三十六團指導員；切列潘諾夫，東路軍總顧問。

——第一期：蔣先雲，北伐軍總司令部秘書，補充團團長；張其雄，第八軍政治部副主任兼秘書長，政治部黨代表，授少將軍銜；傅維鈺，高級訓練班第三隊隊長，第二十五師團長；關麟徵，憲兵團第三營營長，代理憲兵團團長；鄭洞國，北伐東路軍第八團團長；胡宗南，第一師第二團團長；洪劍雄，第四軍政治部宣傳科長，北伐軍戰時宣傳隊總隊長；侯鏡如，第一軍第十三師參謀長，師政治部主任；劉疇西，「黃埔同學會」總務科長，第十一軍第二十四師參謀；李之龍，北伐軍總政治部新劇團主任，武漢中央俱樂部主任；王爾琢，第三軍第三師第二十六團黨代表、北伐東路先遣軍政治部主任；酆悌，東路軍第一軍第一師黨代表兼政治部主任；冷欣，東路第三指揮部政治部主任；孫元良，第一軍第一師團長；惠東昇，第一軍第二師團長；文志文，第一軍第二師第五團團長；袁仲賢，第六軍連黨代表；劉楚傑，第十一軍軍官教導隊連長；唐震，第六軍第二十一師政治部主任；吳展，武漢軍校第六期學生總隊第二隊隊長；黃維，第二十一師營長；黃鰲，第二軍政治部秘書；蔡申熙，第四軍第十二師營長；范漢傑，第四軍第十師團長；李謙，第六軍第十九師營長；李漢藩，第二軍第六師黨代表；陳烈，第六軍第十九師第五十六團團附；李奇中，第九軍第三師少校營附；俞墉，第二十師補充團營長；王敬久，第二十一師營長；張慎階，總司令部第四補充團營長；甘麗初，第一師第三團團長；李仙洲，第二師第四團營長；徐石麟，第十師第二十八團連長、營長；郭德昭，第九軍教導隊長；趙子俊，第一軍第二師第六團連長；霍揆彰，第一師第三團團附。蔡炳炎、杜聿明、李玉堂、宋希濂、蕭乾、榮耀先、陳選普、廖運澤、李其實、戴文、宋文彬、趙柟等也參加了北伐。

——第二期：陳恭，海軍局政治部秘書，總政治部宣傳大隊副大隊長；程俊魁，第二十師政治部秘書，第二軍教導團政治部指導員；胡秉鐸，北伐東路軍總指揮部參謀，上校科長；周逸羣，北伐總政治部宣傳大隊左翼宣傳隊隊長，第九軍第一師政治部主任；余灑度，「黃埔同學會」宣傳科長，率「血花劇社」北上；張炎元，海軍安北艦黨代表，北伐時為第二十七師團附；陳奇涵，被北伐軍總政治部派往江西工作；宛旦平，第十一軍第二十四師第七十二團連長、營長；蔣友諒，武漢軍校政治科；劉光烈，兵站總監部第七分站站長；吳明，第四軍政治部副主任，第十一軍第二十四師政治部秘書；方天，第一軍連長、營長。參加北伐的還有邱清泉、羅歷戎、李士珍、吳繼光、羅振聲、王柏蒼等。

——第三期：焦啟愷，國民革命軍總司令部郴州兵站分部主任，第十五軍政治部幹事；周邦采，第十七軍第二師黨代表兼政治部主任；張獲伯，在第六軍從事政治工作；汪毅夫，第六軍營黨代表；李鳴岐，第三軍部黨代表；吳光浩，第四軍第十二師連長；胡燦，以特派員身份返江西興國；唐克，第九軍政治部黨務科長；熊受暄，第八軍政治部宣傳科長；曹素民，第六軍第十九師營指導員；黃偉斌，第四軍第十二師第五團營指導員；朱雲卿，北江農軍學校；戴安瀾，中央教導第二師連長，第四師營長；王耀武，東路總指揮部憲兵連連長；方先覺，第一軍司令部憲兵第三連連長；劉安祺，東路第五十八團連長；宋瑞珂，第二十一師第六十三團連長；方暾，第一軍第三師連長。參加北伐的還有古宜權、王鄂峰、段子中、石衡鐘、申朝宗、葉古衣、黃鐵民、彭哲夫、章夷白、楊傑、張輔邦、文重孚、鄭峻生（用之）、李天霞、石覺、高致嵩、劉伯龍、糜藕池等。

——第四期：葉鏞，武漢軍校；李明銓，第九軍政治部宣傳科長，第一師第一團政治部主任，師政治部主任；李鳴珂，武漢軍校；袁國平，左翼宣傳隊第四隊長；張書錫，隨第六軍北伐；裘古懷，第四軍政治部；郭化若，武漢軍校炮兵大隊第二隊長；霍錕鏞，第四軍政治部；方之中，第六軍第十九師連指導員；李文林，第三軍軍官教導團；胡陳傑，第六軍第十八師連指導員；蕭以佐，營黨代表；夏尺冰，營黨代表；范樹德，第四軍第七十三團輜重隊副隊長；曾中生，第八軍前敵總指揮部政治部組織科長，在《漢口民國日報》工作；段德昌，第八軍第五師政治部秘書，第一師政治部秘書長，《北伐周刊》主編；張靈甫，第二十一師排長、連長；唐生明，第四集團軍總司令部警衛第二團團長；高魁元，第三師排長、連長，武漢分校區隊長；

彭士量，第十一師排長、連長；謝晉元，第一軍第一師副連長；官惠民，第四軍第十二師連長；胡璉，第一軍第二十二師排長、連長；文強、熊敦，隨朱德到四川萬縣在第二十軍從事政治工作；白鑫，第四軍第十二師排長。參加北伐的還有霍粟如、李德芳、王展程、高山子、馬載、鄒琦、汪毅夫、陳俊、李彌、潘裕昆、魏巍、何崇校、葛先才、高吉人、滕傑、廖運昇等。

北伐軍事行動的目標，首先是進攻湘鄂，消滅吳佩孚；繼而轉兵江西，打擊孫傳芳；然後舉兵北向，討伐張作霖。6 月 1 日，由廣西出發的第七軍第八旅與第八軍聯合，在衡陽金蘭寺與葉開鑫部開戰。同一日，由廣東出發的第四軍獨立團，到達湖南安仁。

這時，依附北洋軍閥的粵軍謝文炳四個團、贛軍唐福山兩個團會攻湘南，企圖抄唐生智軍後路，切斷湘、粵之間的聯繫。唐軍退出陣地，葉挺獨立團於 6 月 3 日投入戰鬥。全團官兵鬥志高昂，同心協力，終將數倍於我之敵打退，於 5 日攻佔攸縣。此役遏止敵軍南向之勢，為北伐掃除了障礙。唐生智致電葉挺，盛讚此戰「足令敵人膽寒……不僅鞏固了湘東，而且穩定了戰局，此皆兄之功也」。

6 月中旬，第四軍第十師、第十二師相繼開拔出發，28 日從韶關開往湘南。7 月上旬，當北伐誓師典禮在廣州舉行時，北伐前敵總指揮唐生智率第八軍，會同已入湘之第七軍、第四軍，分路進攻葉開鑫的「護湘軍」。第八軍、第七軍沿湘江西岸前進；第四軍第十師、第十二師和獨立團沿湘江東岸前進。7 月 8 日，西線部隊越過易俗河，擊破護湘軍漣水陣線，於 9 日佔領湘潭，10 日佔領株洲。在東線，第四軍發起進攻醴陵之役，獨立團一舉突破泗汾橋，打敗贛軍傅應珩，於 9 日率先進入湘東重鎮醴陵，11 日進佔瀏陽。葉開鑫的「護湘軍」放棄長沙，潰退岳州。12 日，第八軍李品仙部首先進佔長沙。

敵軍自醴陵、長沙失守後，大部退守平江、汨羅一線，沿汨羅江北岸構築防禦工事。8 月中旬，北伐軍各部陸續進入湖南，前敵總指揮部遂部署中路汨羅、東路平江的進攻計劃：第八軍沿武（昌）長（沙）鐵路直攻汨羅，第七軍由涪口渡江北上，第四軍（副軍長陳可鈺率領）進攻平江。8 月 19 日，第四軍在平江附近的魯肅山、天岳山、童子嶺、審思嶺大破敵軍，隨後攻下被稱為「固若金湯」的平江城。第七軍、第八軍當日強渡汨羅江，敵軍之汨羅江防線完全被突破。葉挺獨立團經湘、鄂交界之九嶺進入湖北，於 8 月 23 日佔領通城。隨後強行軍 160 多里，於 25 日搶先佔領粵漢鐵路上的中伙鋪車站，截獲敵軍一個團。

8 月 23 日，北伐軍總指揮部召開軍事會議，決定第四軍由崇陽、通山，第七軍由蒲圻，第八軍由嘉魚，會攻汀泗橋。直系吳佩孚這時調兵 2 萬餘人，佈防汀泗橋一帶，準備死守待援。

8 月 26 日，北伐各軍發起汀泗橋之役，第四軍任主攻。由於沒有重炮，攻擊竟日，無所進展。吳軍且組織「奮勇隊」，衝過鐵橋，向北伐軍反撲，咬住第四軍指揮所，猛攻不捨。獨立團第一營（曹淵）赴援，打退吳軍。27 日拂曉，葉挺率部偷襲敵背——古塘角，一舉打亂敵陣，主攻部隊乃突破汀泗橋。[1] 隨後，獨立團乘勝追擊，第二營（許繼慎）最先衝至咸寧城下，搶先攻城。葉挺「參戰報告」謂:「此地甚險要，經過六里長之鐵道，兩旁均為水淹，冒險前進，毫無顧慮，頗得友軍讚許。」[2] 咸寧城卒於 27 日被攻破。

8 月 29 日，北伐軍以第七軍為右翼，第八軍為左翼，第四軍任中路，第一軍第一、二師為總預備隊，發起賀勝橋之役。獨立團許繼慎營突破敵陣，楔入敵叢，但被吳軍反包圍，許中彈受傷。葉挺指揮全團，專攻印斗山。吳佩孚親自督戰，戰況空前激烈。北伐軍終將吳軍打敗，取得兩湖戰場決定性的勝利。

汀、賀既捷，北伐軍直攻武漢。9 月 3 日，第一軍第二師、第四軍、第七軍進攻武昌城。因城牆堅厚，守軍火力兇猛，經一晝夜，未能破城。5 日，北伐軍再次部署攻城：由第七軍攻望山門至通湘門，第四軍攻通湘門至忠孝門，第一軍第二師攻武勝門。葉挺獨立團被指定為第四軍之攻城團，以曹淵第一營為奮勇隊。是日凌晨，曹營越過護城壕，強行登城，受敵猛烈射擊，曹淵陣亡，全營幾為敵覆滅。攻城再次受挫。6 日，第八軍佔領漢陽，7 日佔領漢口。而武昌圍城之役，至 10 月 10 日結束，俘敵一萬多人。

1　葉挺：《獨立團北伐總結報告》，肇慶市葉挺獨立團紀念館編：《葉挺獨立團史料》，廣東人民出版社，1991 年，第 361-362 頁。

2　葉挺：《獨立團北伐總結報告》，《葉挺獨立團史料》，第 361-362 頁。

當北伐軍大舉進攻兩湖時，原為直系而後來自成一派的軍閥孫傳芳調兵江西，企圖由贛攻湘，切斷北伐軍後路。9 月初，北伐軍第二軍（譚延闓）、第三軍（朱培德）和第六軍（程潛）分途入贛，佔領了贛南和贛西。中旬，北伐各軍向贛北之敵發起進攻，爭奪南昌、德安、九江等城。蔣令其第一軍第一師由湘入贛，歸第六軍軍長程潛指揮，而師長王柏齡不聽命令，致使第六軍和第一師大受損失，南昌城得而復失。[1] 為此，蔣於 9 月 20 日「電斥王柏齡抗命後退，不受程軍長指揮」；10 月 3 日，蔣在第一師訓話：「這次失敗，是我們革命軍最不名譽的一件事，也是北伐史上最恥辱的一頁。」[2] 並「痛斥王俊代師長」。蔣並於 9 日致電何應欽：「此次第一師挫敗，實王達天（王俊）指揮無方，茂如（王柏齡）、達天，皆非帶兵之才，應調別事。」[3] 後來，北伐軍再調第七軍、第四軍入贛，協同作戰，終將孫軍主力圍殲於南潯鐵路南段，於 11 月 8 日再克南昌。

當兩湖、江西戰場交戰時，浙江省省長夏超宣告獨立，反戈倒孫；閩督周蔭人內部發生分化，福建防備空虛。北伐軍第一軍（何應欽）因之順利從粵東進入福建，於 12 月間佔領福州，並佔領了浙江的一部分。

許多黃埔軍人在北伐戰爭中獻出了生命。根據《中央陸軍軍官學校史稿》第八篇「黃埔軍校『北伐烈士名錄』」，其中陣亡於 1926 年 7 月至 1927 年 4 月期間者，共 113 名。[4] 1926 年 9 月 9 日，葉挺給中共中央寫北伐參戰報告，提到第四軍獨立團從廣東到湖北「歷次戰役傷亡兵在四百人以上」，僅武昌攻城之役陣亡 191 人，其中官長 18 人、士兵 173 人，有許多出自黃埔軍校。陣亡、犧牲、病故於北伐戰爭中的黃埔軍校教官和各期學生，主要有金佛莊（團長）、郭俊（團長）、蔣先雲（團長）、文志文（團長）、郭樹棫（團長）、趙

1　《中央軍事特派員一飛報告》（1926 年 10 月 23 日）：「一師不聽命令（應歸六軍指揮），王柏齡、繆斌又十分怕死（迄今避匿不見），敵未來已先慌亂退卻，於是六軍一師大受損失（六軍損失一半，一師損〔失〕一團餘）。」引自余濬陽主編：《王一飛傳略．文存》，中共黨史資料出版社，1988 年，第 82 頁。又，《蔣介石年譜初稿》第 711-712 頁：「前日以來戰鬥甚烈，而第一師不守奉新，退至羅坊，王柏齡副軍長及繆斌黨代表，皆逃避未回，殊極憤恨！」

2　《蔣介石年譜初稿》，第 713 頁。

3　《蔣介石年譜初稿》，第 726 頁。

4　《北伐烈士名錄》，《黃埔軍校史料（1924 — 1927）》，第 502 頁。

榮忠（代理團長）、張其雄（第八軍政治部副主任）、曹淵（營長）、練國樑（營長）、張慎階（營長）、帥倫（營長）、熊綬雲（營長、團附）、趙子俊（連長）、趙柟（連長）、洪劍雄（第四軍政治部宣傳科長，北伐途中染疫而亡）、胡煥文（連長）、吳兆生（連長）、楊晉先（連長）、宋雄夫（連附）、陳文山（連長）、鄧白珏（連長）、趙敬統（連長）、黃再新、榮耀先、陳長彩、應威、余錫祺、韓紹文、黃彰英、廖子明、唐幹林、陳魁、鍾烈謨、鍾畦等。

第三節　北伐進程之蔣介石與鄧演達

北伐戰爭中，中央軍事政治學校開赴前方的人物，最主要的，一位是校長蔣介石，另一位是教育長鄧演達。

「整理黨務案」後，蔣介石任國民黨中央組織部部長（6 月 1 日）和國民革命軍總司令（6 月 4 日），實際上已掌控了黨和軍隊。緊接着，蔣重新制定《國民革命軍總司令部組織大綱》，改「軍事委員會政治訓練部」為「國民革命軍總司令部政治部」，將總政治部置於總司令部之下，受蔣的指揮。及後，國民黨規定軍隊的政治部主任須由軍人擔任。隨之，蔣於 7 月間通過國民黨中央執委常委，決定在中央黨部內增設「軍人部」，以蔣為部長，規定軍人部部長有任免所轄各軍及軍事機關黨代表之權。蔣上述舉措的用意，不但是要完全支配政治部主任，操控軍隊政治工作，而且要掌握各級黨代表、政治部主任的人事任免權，一言以蔽之，是要實現蔣對軍隊的全面控制，構築其掌控軍隊的立體框架。

1926 年 7 月 9 日，國民革命軍總司令部成立。國民政府頒佈的《國民革命軍總司令部組織大綱》，規定凡國民政府下之陸、海、空各軍，均歸總司令統轄；國民革命軍總司令對國民政府與中國國民黨，在軍事上完全負責，並兼任軍事委員會主席；出征動員令下後，即為戰爭狀態，凡國民政府所屬軍、民、財政各部機關，均須受總司令指揮。這一「大綱」，是按蔣的意圖設定的，表明總司令部等於戰時國民政府，等於最高領導機構，總司令等於戰時全國最高統帥。隨着北伐戰爭的推進，蔣的軍事實力超速上升。蔣的國民革命軍總司令部，實際上有取代國民政府的趨勢。

這時，出任北伐軍總政治部主任的，是軍人出身的鄧演達。鄧曾任陸軍軍官學校代理教練部主任、學生總隊長，中央軍事政治學校成立時，任教育長，是一位傑出的革命軍人。鄧氣宇軒昂，精力旺盛，言行一致。不但學生們敬重鄧，教官中的嚴重、陳誠等，對鄧亦很尊重。在相當長的一段時間內，蔣介石與鄧演達關係正常。中山艦事件後，蔣一度將鄧調往潮州，北伐後又任命鄧為總政治部主任。這可能是看中了鄧的能力與影響，並出於利用鄧來取代、抵消共產黨人在軍隊政治工作中的作用，從而掌控北伐政治工作的考慮。

然而，在政治觀念上，鄧演達與蔣介石卻是兩股道上跑的車，走的不是一條路。在政治問題上，鄧的許多見解和主張，與共產黨人十分接近。北伐開始後，蔣、鄧之間分歧日益擴大，使得蔣利用鄧掌控北伐政治工作的如意算盤全然落空。

中山艦事件後，大批中共黨員退出了國民黨、黃埔軍校和第一軍。1926 年 5 月，周恩來出任政治訓練部舉辦的特別政治訓練班班主任，學員多為退出黃埔軍校和第一軍的中共黨員。訓練班結業後，周恩來將部分學員派往中共廣東區委掌握的葉挺獨立團，部分派至北伐軍各部。與此同時，為在北伐各軍中開展和加強政治工作，中共廣東區委同國民黨左派合作，以中山大學國民黨特別黨部名義舉辦軍隊政治幹部訓練班，學員 100 多人。周負責訓練班工作，並為訓練班授課。

北伐前夕，國民黨中央執行委員會決定舉辦「中央政治講習班」，實際主持者為林伯渠、毛澤東、李富春等。辦政治講習班的用意，在於培養政治幹部，為北伐軍進軍湖南做準備。此外，政治訓練部還開辦戰時政治訓練班，包惠僧（黃埔軍校後方政治部主任、教導師黨代表）任班主任。

鄧演達任總政治部主任後，許多中共黨員受到重用。鄧主持北伐軍戰時工作會議時，與會者多數是共產黨員，周恩來、李富春、熊雄、惲代英、孫炳文等出席了這次會議，周還被推舉為「宣傳員訓練及補充委員會主席」和「總政治部編制委員主席」。六七月間，周恩來應邀同鄧商討總政治部工作方針與人事配備，向鄧推薦幹部，中山大學教授郭沫若被任命為總政治部宣傳科長，朱代傑（共產黨員）任秘書長。北伐軍佔領武漢後，總政治部的三位科長，有兩位是中共黨員。中共黨員孫炳文是鄧的留德同學，二人交誼很深。孫炳文於北伐時從德國回到北京，鄧演達即與熊雄聯名，電邀孫炳文赴廣州，任總政治部秘書長（後為總政治部廣州留守處主任，中央軍事政治學校政治主任教官）。北伐軍佔領武漢後，國民黨中央決定創辦中央軍事政治學校武漢分校，鄧被委任為武漢分校代理校長。著名共產黨人惲代英奉命由粵赴漢，同鄧朝夕共事，共同經營武漢軍校。與中共保持密切的關係，大量任用共產黨員，是鄧與蔣介石逐漸分離，由合作者轉變為政治對手的重要原因。

在黨權與軍權關係問題上，鄧演達主張軍權應受制於黨權，這與蔣的軍權至上的觀念直接形成衝突。中山艦事件時，蔣在回答鄧演達的質問時說他（蔣）要「改正黨代表制」，理由是他是黨代表制度的引進者，而「以可由余手創者，即有由余廢除之權」，表露出他要「廢除」黨代表制度的意圖。[1] 4 月 8 日，蔣在對埔校官生的講演中說他的軍隊是由國民黨員組成的，並不是如同舊俄時代的軍隊那樣不可信任，因此，無須再設「黨代表」予以監督和約束（大意）。[2] 北伐途中，蔣強調他必須擁有「特權」，其原話是：

> 我總司令是在最前方指揮陷陣，拚命犧牲的！我總司令沒有一時不是以一個死字懸在心裏的！……所以不能不授他的特權——因為要他負這個重大任責，因為要他不惜犧牲，所以不能沒有一種特權。[3]

以此為由，蔣認為他的權力不應被限制、被管束，而應當軍隊優先，「軍權」至上。身為北伐軍總政治部主任，鄧演達對蔣介石擴張「軍權」，進而搞軍事獨裁的圖謀，不會視而不見、聽之任之，必然起而反對。這是他們政治上最大的分歧所在，最終促使他們分道揚鑣，背道而行。

1　《蔣介石年譜初稿》，第 553 頁。按：在《蔣介石日記》中，「修正黨代表制」為「改正黨代表制」。

2　蔣的原話是：「那時我對於黨代表的用意，並不是用來監督帶兵官」，「蘇俄黨代表的性質是因為帶兵官不是黨員，所以由黨派代表去監督他，現在我們帶兵官都是黨員，為什麼還要黨代表來監督呢」。見《蔣介石年譜初稿》，第 561 頁。

3　蔣介石：《在南昌總部第十四次紀念周演講》（1927 年 2 月 21 日），黃埔中央軍事學校政治部編纂委員會：《蔣校長最近之言論》，中央軍事政治學校政治部出版，1927 年，第 10 頁。

1926年9月初，蔣介石轉赴江西戰場，鄧演達負責湖北行政，並任總司令武漢行營主任。在此期間，鄧得力於武漢國民黨內的文官集團（徐謙、顧孟餘、陳友仁、孫科、何香凝等）的支持，並借力、借勢於中共，其勢力與聲望大增，政治抱負日長。隨着蔣、鄧分歧的擴大，二人漸行漸遠。1927年1月，蔣在南昌建立國民黨「中央黨部」，意欲與武漢聯席會議分庭抗禮，從而挑起了「遷都武漢」還是「遷都南昌」的爭論。蔣、鄧矛盾，至此急劇惡化。鄧向當時任總政治部副主任的郭沫若說：他和蔣介石共事多年，如今不能不分手了。

1927年2月初，武漢聯席會議發起恢復、提高「黨權」運動，試圖抑制蔣的「軍權」擴張和構築軍事獨裁的圖謀。聯席會議為此成立「行動委員會」，鄧演達被推舉為委員會成員，負領導責任。鄧並受委派兩次飛赴廣州，試圖說服李濟深（第四軍軍長、黃埔軍校副校長）與武漢持同一立場。2月23日，鄧演達在《漢口民國日報》發表文章，不指名指責蔣以「軍權」控制「黨權」和「政權」。蔣閱報後惱怒異常。隨後，蔣得知鄧引導軍校學生及勸說李濟深反蔣的消息，對鄧即徹底絕望。不多久，鄧演達、唐生智聯合反蔣。

鄧演達與蔣介石的對立，從軍隊體制來說，是總政治部對總司令軍權擴張的試圖抑制或抗衡，在一定程度上，具有以「黨權」制衡「軍權」的意味，因而在國民革命營壘中，擁有相當廣泛的認同者和支持者。鄧、蔣衝突的結果，導致黨、軍關係的嚴重對立，以至於公開撕裂。這是汪精衞與蔣介石的衝突在北伐條件下的重演，其影響範圍，甚至超出了汪、蔣的衝突。因為鄧演達軍人出身，鄧之出任總政治部主任，是軍人執行「黨權」的象徵，無論在黃埔軍校的學生中，還是在國民革命軍中，都具有很大的影響力和號召力。因此，蔣可能更深有感觸：一旦讓軍人姓了「黨」，具有「黨」的意識，並使之執行「黨權」，像鄧演達那樣，其後果比文人行使「黨權」更為嚴重。故對蔣介石來說，鄧演達給予他的「教訓」就來得更為深切，更加難以忘懷。[1]

1　在南京國民政府建立後，國民黨軍中的黨代表制被廢止。抗日戰爭時期，儘管重建了政治部，但無論是陳誠主持，還是張治中主持，蔣都沒有在制度上賦予政治部制衡軍事指揮者的權力。

第十七章　北伐「迎汪」運動

第一節　汪的復職試探及反響

中山艦事件後，汪敗出廣州政壇，去國途中，作《雜詩》：

處事期以勇，持身期以廉。
責己既以周，責人斯無嫌。
水清無大魚，此言誠詹詹。
污瀦蚊蚋聚，暗陬蛇蝎潛。
哀哉市寬大，徒以便羣僉。
燭之以至明，律之以至嚴。
為善有必達，為惡有必殲。
由來狂與狷，二德常相兼。[1]

「蚊蚋」「蛇蝎」「羣僉」所指，不言而喻；「為惡有必殲」，流露出他對蔣既怨恨，又無可奈何的陰暗心情。

汪雖然已離職，並自放於萬里之外，而戀權、眷位之心未了。1926 年 7 月 16 日，也就是廣州誓師北伐大會開過，蔣即將啟程北上之時，汪從海外寄回了一封信，主動要求回國，恢復職務。全文如下：

1　汪精衛：《雙照樓詩詞藁》，第 59 頁。

中央執行委員會常務委員會公鑒：

茲奉五月二十日手示，敬悉一切。前因病請假，幸蒙可許，原期早日調理就痊，照舊奉職，嗣因病勢非旦夕可癒，而所任各職關係重大，又未便久懸，故不敢不提出辭職。茲奉否決並暫准給假休養，深感待遇之寬，及責望之殷。惟弟自念獻身革命事業，一切畏難卸責之思想，固不容存於胸中，而擔負與能力之是否相稱，則不能不有所量度。蓋不量力而僨事，與畏難而卸責，其咎維均。一年以來，弟之不能勝任國民政府委員會軍事委員會及政治委員會等職，至三月間而至顯明。弟即使病癒勉強復職，於政治軍事前途有害而無利，弟個人不足惜，誠不願政治軍事之進步為之阻滯也。茲尚在給假休養期間，再申前情，伏祈允准辭去政治委員會國民政府委員會軍事委員會諸職，俾弟銷假以後，或在粵或在別處為黨服務，一切危難均不敢辭。耿耿之誠，惟祈監察。專此敬請公安。

汪精衛覆

七月十六日[1]

汪此函，寫於離穗兩個多月之後，表明他身在異國，而心懷海內。信中稱病賣慘，措辭謙恭。函中表示「辭去政治委員會、國民政府委員會軍事委員會諸職」，只願「在粵或在別處為黨服務」，是有意放低架勢，博取同情，但求有所突破。此為北伐出師之際汪的試水之策，小心翼翼，試探其重操舊業、東山再起的可能性。

這封信在路上走了一個多月，8 月下旬才寄達廣州。汪的政治動作，與北伐開始後國民革命陣營中抑制蔣介石的動向，正好切合，所引發的反響，因之十分強烈。

這與北伐前期蔣的所作所為及其政治處境，是密切聯繫在一起的。

北伐前期，當國民革命軍第四軍、第七軍、第八軍一路順暢，沿途革命

1　汪精衛：《致國民黨中央執行委員會常務委員會函》（1926 年 7 月 16 日），《廣州民國日報》1926 年 8 月 25 日。

民眾運動迅猛發展時，蔣在軍事上、政治上遭遇不少挫折，遇到了新的挑戰。

首先，北伐伊始，蔣極力擴張個人實力，排斥異己，遭到各方抵制。中共中央 9 月間的一份文件，寫到了蔣私慾膨脹的情形，其中說：

> 於是黨權、政權、軍權皆集中於總司令一身。蔣所在地，就是國民黨中央所在地，國民政府所在地；蔣就是國民黨，蔣就是國民政府，威福之甚，過於中山為大元帥時。蔣之中派分子，係以浙江人及黃埔系組成，現時黨中、軍中、政府機關以至廣東大學握重權者，多此兩系分子，大遭各派各軍之忌。[1]

其次，蔣親率的第一軍北伐部隊在兩湖、江西戰場上，遭受一系列挫折。隨蔣參加北伐的，是國民革命軍第一軍第一師（王柏齡）和第二師（劉峙）。中山艦事件後，王、劉兩部排斥中共黨員，成為清一色的國民黨部隊。出發在途，兩部軍紀盪然，戰鬥力銳減，在兩湖出盡「洋相」，在江西遇敵即潰，多次吃了敗仗。凡此，蔣無法加以掩飾。《蔣介石年譜初稿》對此有若干記述：

7 月 18 日，蔣在廣州「電斥」第一師團長倪弼：「該團出發未久，竟多方要求，殊屬不合⋯⋯足見平日辦事毫不經心，特電申斥。」[2]

7 月 26 日，蔣電總預備隊王俊、第一師師長王柏齡、第二師師長劉峙：「迭遽〔據〕告，此次一、二兩師行軍紀律未盡嚴肅，曷勝駭歎⋯⋯萬不料我最有光榮歷史之第一軍，閱時未久，即已墮落。」[3]

8 月 4 日，因「第一軍紀律日墮」，蔣「甚憤恚，嚴電三通，申斥其主帥」。[4] 10 日蔣在衡陽「免除第一軍團長三人職」。[5]

8 月 15 日，已到長沙的蔣，又從長沙乘火車返株洲。「檢閱第一、二師，

---

1 《中央局關於最近全國政治情形與黨的發展的報告》（1926 年 9 月 20 日），中央檔案館編：《中共中央文件選集（2）》，中共中央黨校出版社，1983 年，第 242-245 頁。

2 《蔣介石年譜初稿》，第 621 頁。

3 《蔣介石年譜初稿》，第 628 頁。

4 《蔣介石年譜初稿》，第 633 頁。

5 《蔣介石年譜初稿》，第 636 頁。

痛誡其官長及士兵」，因第一師、第二師「從廣東出發到湖南，一路經過的地方，隨便佔住民房，無論男女學校，都要強迫人家搬出，讓給我們軍隊住」。「那吃鴉片煙的，就是我們第一軍的蟊賊，誰都可以槍斃他的。還有在路上賭錢的，及買東西不給錢的，以後如果真〔再〕有，這不是國民革命軍了，更不是從前的第一軍了」，「從前很好的名譽，很大的光榮，現在要完全敗壞在你們手裏了」。[1]

8 月 20 日，第四軍佔領平江城，第七軍出通城、蒲圻。蔣「見第一師竄敗，痛恨無已。憤然曰，外伺者如此，而本軍又不爭氣，是誠欲哭無淚矣。召師團長厲責之」。[2] 24 日，蔣說：「基本軍隊之不得力，辦事人員之不奮勉，憂患日深，恥辱日增」。[3]

9 月 3 日，北伐軍攻武昌城而未得手。次日蔣對劉峙說：「爾等如再不爭氣，何以立世見人？雖至全軍覆沒，積屍累丘，亦非所恤，望奮勇拚死維持爾等光榮之歷史已耳。」[4] 5 日，攻城再次受挫，而劉峙於晨 7 時報告：第二師之第一、二陣線「已經進城」。但很快查明劉的報告「完全不是事實」，而是謊報軍情，冒功邀賞。[5] 蔣在日記中寫道：「有生以來，愧悔愁悶未有如今日之甚者。」

9 月 19 日，北伐軍第一次佔領南昌，而「一師不聽命令（應歸六軍指揮），王柏齡、繆斌又十分怕死（迄今避匿不見），敵未來已先慌亂退卻，於是六軍一師大受損失（六軍損失一半，一師損〔失〕一團餘）」，南昌得而復失。[6] 20 日，蔣「電斥王柏齡抗命後退，不受程軍長指揮」。蔣說：「此皆余用人不當，計劃多疏。平時不能專心訓練，戰時不能熟慮斷行。以軍隊為應酬，以戰陣為等閒。雖欲不敗，焉得不敗！」30 日，蔣致電方鼎英：「此次出

1　《蔣介石年譜初稿》，第 643-645 頁。
2　《蔣介石年譜初稿》，第 655 頁。
3　《蔣介石年譜初稿》，第 661 頁。
4　《蔣介石年譜初稿》，第 674 頁。
5　《北伐的七個戰役》，張靜如主編：《北伐戰爭（1926 — 1927）》，上海人民出版社，1994 年，第 121 頁。
6　《中央軍事特派員一飛報告》（1926 年 10 月 23 日），《王一飛傳略 · 文存》，第 82 頁。

師，第一第二師成績皆不良。」[1]

10月3日，蔣對第一師訓話：「這次失敗，是我們革命軍最不名譽的一件事，也是北伐史上最恥辱的一頁。」稱已按「連坐法」槍斃臨陣逃跑的團長孫元良（按：實際上並未槍斃，孫後為蔣之兵團司令），並「痛斥王俊代師長」。9日蔣致電何應欽：「此次第一師挫敗，實王達天（王俊）指揮無方，茂如（王柏齡）、達天，皆非帶兵之才，應調別事。」[2]

王柏齡、劉峙所部，是蔣的嫡系部隊，蔣寄有厚望。而北伐進程中，王、劉兩部的表現，蔣給了「不爭氣」三字評價。這是王、劉所部排斥共產黨員，削弱或取消政治工作的結果。王、劉所部既「不爭氣」，身為北伐軍總司令，蔣的地位與聲望，乃大打折扣。

再次，北伐前期，迅速崛起的是唐生智的第八軍、李宗仁的第七軍和李濟深（陳可鈺率）的第四軍。因第一軍滯後，蔣常感到失落。北伐軍攻破汀泗橋時，蔣「愧悔未減，恍惚時現」；賀勝橋傳捷時，蔣「煩悶鬱結比昨日更甚」；之後，「前方勝仗愈大，武昌距離愈近，而憂患程度亦因之加深，近日幾乎無一些樂趣，但有愧惶悲痛而已」。唐生智還對蔣說：劉峙之師「非調贛不可」，公然要挪走蔣那「不爭氣」的親信部隊。蔣為此感到「恥辱至極」。[3]

不但軍事上可能被邊緣化，對兩湖的政治和羣眾運動，蔣也插不上手。

在上述情況下，蔣不得已作出了向中共求助的選擇。這一舉動出人意外。中共中央9月間的文件說：「蔣介石曾派胡公冕（北伐軍總司令部政治部宣傳大隊長、中共黨員）同志來上海見仲甫（陳獨秀）」，「又請吳廷康（維經斯基）同志赴鄂」，「蓋自知地位之危險，仍望我們能援助他」。[4]「蔣入長沙後，見軍事、政治全在唐生智手，民眾力量全在C.P.手，遂向我們及俄同志表示請維持一軍，維持黃埔，維持蔣之總司令威信，招致已經退出一軍之

1　《蔣介石年譜初稿》，第709頁。
2　《蔣介石年譜初稿》，第726頁。
3　蔣介石日記，1926年8月27日、30日、31日、9月4日。
4　《中央給廣東信——汪、蔣問題最後的決定》（1926年9月2日），《中共中央文件選集（2）》，第261頁。

C.P. 分子回去工作」。[1]

在國民黨內和國民革命軍內，蔣本來不是一位一致歸心的人物。蔣之上台，只是他以非正當手段、走非程序小道打拼的結果，而不說明他已為多數人所接受。在許多國民黨人心目中，蔣是一顆驟然上升的不祥之星。他多疑、狡詐、冷酷的性格以及野心勃勃、鋒芒畢露的作派，早在黨、政、軍各界不少人士當中，引起不安。汪離穗未久，國民黨中央海外部部長彭澤民已於 5 月下旬提出了「慰問汪精衛、請汪銷假」的提議，此是「迎汪」先聲。北伐後，在蔣的名聲「一落千丈」的情勢下，廣州地區鬱積着一股抑蔣的情緒，日益擴散。陳友仁、何香凝、甘乃光等「不滿於現狀，要求有所改變」。第四軍軍長、中央軍事政治學校副校長李濟深，也「常常恭維嚮報（指中共中央刊物《嚮導》）的議論」。[2]

汪自請復職的信寄達廣州後，《廣州民國日報》於 8 月 25 日刊出此信，後又刊出《汪精衛先生病狀近聞》一文，謂汪患糖尿病、慢性盲腸炎等，「非無故放棄其職任也」。以汪為黨代表的中央軍事政治學校，率先以「全體黨員」名義發《請汪黨代表銷假電》。各地「迎汪」的提案、信函或電報，不斷傳至廣州。所謂「迎汪」，是迎汪「銷假復職」，其實質是對中山艦事件、「整理黨務案」的否定。「迎汪」很快變成一場「運動」。

第二節　廣州聯席會議與「迎汪」復職

1926 年 7 月，中共中央在上海舉行四屆三中（擴大）全會。會議認為中山艦事件和「整理黨務案」後，在廣東掌握政權者為「武裝的中派」，廣州政府是「中派政權」。處理國共關係，應既反對共產黨退出國民黨，又反對共產黨「包辦」國民黨。強調「共產派」與左派分開，「只能扶助左派而不能代替

1　《中央局關於最近全國政治情形與黨的發展的報告》（1926 年 9 月 20 日），《中共中央文件選集（2）》，第 240 頁。

2　《瞿秋白由粵回來報告》（1926 年 9 月），《廣東區黨、團研究史料（1921 — 1926）》，第 414-415 頁。

左派；只能聯合左派控制中派使之左傾，而不能希圖消滅中派」[1]。按當時的解釋，左派指汪精衞、甘乃光；中派即新右派，指戴季陶、蔣介石；右派指李福林、馮自由。會議的主要精神，是扶持左派，控制中派並使之左傾，打擊右派。

在「迎汪」問題上，鮑羅廷和中共廣東區委的態度，初時較為審慎，「認為現時軍事上及各方面均無準備，若做得太早則中派必先盡除左派，汪回來亦無用」。但在上海的陳獨秀卻認為：通過幫助汪精衞復職，可以達到扶助左派，造就左派核心的目的，因而贊成「迎汪」。當蔣派胡公冕來見陳獨秀，「請 C.P. 勿贊成汪回」（理由是汪回來後將為小軍閥利用，同他搗亂，從而分散國民革命勢力）時，陳對此明確答覆說：「我們贊成汪回！」然而，陳卻擔心因「迎汪」而刺激蔣，因此又主張既「迎汪」，又拉蔣，促成汪蔣合作。9 至 10 月間，中共中央按照「迎汪復職、蔣汪合作」的方針，連續給廣東區委發出一系列指示信，要求慎重做好「迎汪」的宣傳、組織和其他有關的工作。

蔣對「迎汪」極為反感。8 月 20 日，他在長沙讀到埔校全體黨員請汪銷假的通電，斷言其中「必有人操縱」，意在搗亂後方，無是非，但有狡詐。攻武昌城時（9 月初），因民眾有「迎汪」呼聲，在武昌城下的李家橋，蔣要他的秘書蔣先雲等出面「阻止」。據蔣先雲說：「他恐怕民眾擁汪，親身對我們講，要我們阻止那種運動。」對於中山艦事件，蔣介石還提到，去年三月二十日事件，並不是國民黨與共產黨之鬥爭，乃是他與汪精衞之鬥爭。[2] 從武昌轉至江西時，「迎汪」的聲浪更加高漲，蔣電示埔校第四期學生，謂「迎汪比倒蔣還壞」，「中正必辭卻一切以達諸位倒蔣目的也」[3]。

10 月 15 日至 26 日，國民黨中央執行委員暨各省、各特別區、各市、海外各總支部代表聯席會議在廣州召開。出席會議的中央執行委員 34 人，各地黨部代表 52 人。宋慶齡、何香凝、張靜江、譚延闓、戴季陶、李濟深、鄧澤如、徐謙、陳友仁、孫科及加入國民黨的中共黨員吳玉章、惲代英、于樹

1　《中央局關於最近全國政治情形與黨的發展的報告》（1926 年 9 月 20 日），《中共中央文件選集（2）》，第 116 頁。

2　《中央軍政學校各期學生昨日舉行討蔣大會》，《黃埔軍校史料（1924 — 1927）》，第 484 頁。

3　王一飛：《黃埔生迎汪與蔣對 CP 的懷疑》（1926 年 11 月 1 日），《王一飛傳略．文存》，第 86 頁。

德、毛澤東、鄧穎超、楊匏安、許甦魂、宣中華、謝晉、江浩等出席會議。譚延闓、徐謙、張靜江、宋慶齡、吳玉章為主席團成員。

會議召開前，蔣佈置張靜江抵制「迎汪」，稱蔣的主席地位「決不能動」。張說：「請汪復職，是不啻擁汪倒蔣，余誓以去就爭。」張還「申言（迎汪）係個人的事，不用過於張皇」，甚至「揚言提出歡迎胡漢民以為抵制」。10月18日，江蘇、上海、安徽、浙江4省市黨部聯名提出「請汪精衛銷假復職案」，山西、山東等25省黨部附署。[1]「迎汪」案遂提上聯席會議的日程。

此前（9月29日），蔣曾接汪來函。蔣的感受是，汪「辯明前事無嫌，且其欲出之意，則甚明也」[2]。蔣稱：「余將覆函應之，今日決心請其復出，以自覺政治能力薄弱，不能主持黨國，只要其能於黨國與革命前途有益，則對於我個人之好惡是非，皆可置之。」10月3日，蔣將同意汪回國的電報發給張靜江。電文內容是：

> 請轉汪主席鈞鑒：弟不學無狀，致獲罪左右。刻奉手教，撝抑誠摯，令人讀之，益增汗顏。本黨使命前途，非兄與弟共同一致，始終無間，則難望有成。兄放棄一切，置弟不顧，累弟獨為其難，於此兄可敝展尊榮，豈能放棄責任與道義乎？耿耿至今，當能鑒其愚忱，而諒其無他也。茲特請靜江石曾二兄前來勸駕，代達鄙意，並乞偕來，共荷艱巨，使弟有所遵循，不致延誤黨國，是所至禱！[3]

蔣在這裏變了調子，變「拒汪回國」為「責汪棄職」，表示要請汪回任，與他「共荷艱巨」。此時，王柏齡部受挫於江西戰場。10月3日發這封電報這一天，蔣作了痛斥王師「不爭氣」的訓話。

廣州聯席會議提出「迎汪」議案後，張靜江仍以「不知何處可以尋汪」為辭，反對派代表出國「迎汪」。[4]只是在不得已的情況下，他才公佈了蔣10

1　《K.M.T. 中央地方聯席會議經過情形》，《廣東區黨、團研究史料（1921 — 1926）》，第466頁。
2　《蔣介石年譜初稿》，第708頁。
3　《蔣介石年譜初稿》，第712頁。
4　《K.M.T. 中央地方聯席會議經過情形》，《廣東區黨、團研究史料（1921 — 1926）》，第466頁。

月 3 日發來的電報。

出席聯席會議的中共黨員和國民黨左派「每日會商一切」，終於使請汪精衞銷假復職案全票通過。聯席會議隨即發表通電及「致各級黨部函」:「聯席會議為革命之利益，念黨國之前途，察同志之仰望，因於本月十八日一致決議，請汪同志銷假復職。」[1] 決定派何香凝、彭澤民、張曙時、簡琴石、褚民誼前往敦促。會議並向汪發出通電，請汪「即日命駕回粵」。

廣州聯席會議通過的「迎汪」決議案，基本精神是促成蔣汪合作。會議發給各級黨部的通告寫明:「蔣介石督師前方，黨務、政治任務繁重，汪同志亟宜銷假，共同負責。」會議致汪電的主旨，是汪蔣「共肩黨國巨任」。會議並通過「電慰蔣總司令決議案」:「因工作之擴大，籌畫之需人，特決議促汪精衞同志銷假，與執事共負黨政重責。」[2] 可見聯席會議既「迎汪」，又拉蔣，企圖使「迎汪」不觸及蔣的利益，不引起蔣的反對，達到促成蔣汪合作之目的。

「迎汪」第一回合產生如此結果，並非偶然。

首先，當時各地雖抵制蔣，情緒強烈，但由於北伐還在繼續，前方戰事正激烈進行，北伐陣營中各類不滿於蔣者，不得不有所克制或約束，試圖用折中之法，以不打亂現有政治秩序為前提而提出「迎汪」。

其次，北伐開始後，國民黨左派要求恢復政治指導權，「起來自負其責，直接與右派鬥爭」。左派雖有一定的羣眾基礎，但「無有力的領袖」，故急於請汪回任。同時，由於廣州仍在蔣系勢力的控制之下，左派缺乏公開與蔣對壘的決心和勇氣。這就形成了「迎汪空氣極濃厚」，但卻沒有「明顯反蔣」的格局。

再次，中共中央 7 月會議確定的對國民黨的政策，是「只能扶助左派而不能代替左派；只能聯合左派控制中派使之左傾，而不能希圖消滅中派」。基於這種認識，中共對「迎汪」一開始就持謹慎的態度。一方面，從鞏固廣東、造就一個左派核心着想，贊成「將黨權和軍權分開，請汪精衞回粵，黨權交

1 《中國國民黨歷次代表大會及中央全會資料》，第 278 頁。

2 《中國國民黨歷次代表大會及中央全會資料》，第 278 頁。

與汪精衞」；另一方面又從北伐考慮，不希望因「迎汪」而加劇蔣、汪矛盾，以免蔣「離開北伐前線」。這樣，陳獨秀就在主張「迎汪」的同時，極力拉蔣，極力將「迎汪」作出對蔣無害的解釋。陳對蔣派來的使者說明「迎汪」的好處是：第一，可以增加國民政府的力量；第二，可以緩和蔣與各種實力派的矛盾衝突；第三，可望整頓廣東政治。陳還認為，蔣一旦走了，繼蔣而起者，未必可靠。中共強調「迎汪」必須在得到蔣的贊同的情況下才能提出來，並對「迎汪」作了嚴格的限制：一是蔣汪合作，不是「迎汪」倒蔣；二是維護蔣的總司令地位，不許別的軍人擁汪倒蔣；三是不推翻「整理黨務案」。

最後，蔣內心是反對汪回國的，但因種種緣故，他不得不表示「贊同」汪復出。主要是「迎汪」呼聲太高，各地「迎汪」函電紛至沓來，李濟深等人也亮出「迎汪」的旗號「向蔣進攻」。也由於蔣在前方處境不利，唐生智先佔長沙而得湘，後克陽夏而據鄂，實力驟增，大有取蔣而代之勢。蔣親率的王、劉各部，紀律盪然，遇敵即潰，讓他的名聲一落千丈。在這種情況下，蔣 10 月 3 日不得不表示請汪復職。蔣的表態雖非出於真心，但他既表示贊同，則「迎汪」亦就不可能以抑蔣或反蔣的姿態出現。

「迎汪」第一回合，指導方一廂情願，以自我限制、自我束縛的措施，去安蔣氏之心，形勢估計、指導方針均有錯失。但「迎汪」案的通過，在一定程度上抑制了蔣的政治野心和軍權擴張。

第三節　遷都之爭與「迎汪」抑蔣

北伐軍佔領武漢後，武漢逐漸成為全國革命中心，兩湖工農運動迅猛發展，革命勢力日益壯大。至 1926 年底，武漢工會組織發展到 300 多個，工會會員達 30 萬人；34 個縣建立了農會，農會會員人數將近 30 萬人。

兩湖戰事結束後，北伐重心移至江西。蔣將其嫡系部隊佈置於江西、福建一帶，到處收編軍閥部隊，搶佔地盤，擴充實力。11 月 8 日，北伐軍再克南昌，蔣逐漸擺脫了此前他所處之窘境。南昌、武漢對峙的局面，隨亦形成。隨着形勢的變動，廣州聯席會議所作「迎汪復職、蔣汪合作」的決定，遂成為一廂情願，對蔣不起作用的一紙空文。

這時，北伐陣營中圍繞國民黨中央、國民政府設武漢還是南昌問題，發生了一場「遷都之爭」。

遷都武漢，本是蔣介石的主張。1926 年 10 月 22 日，蔣致電張靜江、譚延闓，針對廣州聯席會議關於國民政府仍暫設廣州的決定，提出要將國民黨中央執行委員會和中央黨部遷至武昌。電文曰：

> 武昌既克局勢大變，本黨應速謀發展。中意中央黨部與政府機關仍留廣州；而執行委員會，移至武昌為便。否則政府留粵，而中央黨部移鄂，亦可使黨務發展也。[1]

同日，蔣又致電張、譚和鮑羅廷：

> 政治人才大缺乏，更不宜分散各處，廣東偏於一隅，且地方界限甚深，如黨部移鄂，其進行必較粵為利，如欲發展，非速移不可。至於國民政府，仍設廣州亦可也。[2]

這兩封電報說明，將國民黨中央執行委員會、中央黨部移往武昌，最初乃出於蔣的提議。

11 月 8 日，在武漢革命中心形成的情況下，國民黨中央政治會議決定將中央黨部和國民政府遷往武漢，「到武漢適中地點去指導全國」。蔣 19 日致電張靜江、譚延闓，對此表示贊同，謂：「中意中央如不速遷武昌，非政治、黨務不能發展，即新得革命根據地亦必難鞏固。此非中有所私。且中以後必不能駐武昌也。如中央與政府未遷武昌以前，中亦不到武漢。以此時除提高黨權與政府威信外，革命無從着手，如個人赴武昌，必有認人不認黨之弊，且

1 《蔣介石年譜初稿》，第 754 頁。

2 《蔣介石年譜初稿》，第 754 頁。

自知才短，實不敢負此重任也。」[1] 24 日，蔣接廣東來電，知悉中央黨部及政府將遷武昌，「喜懼交集。懼責任加重，不能兼顧廣東革命根據地；喜黨務與政治可以從此發展也」[2]。

從 11 月 16 日起，在粵國民黨中央執行委員和政府委員分兩批北遷。先行赴漢的宋慶齡、陳友仁、徐謙、孫科、宋子文、鮑羅廷等，於是日從廣州啟程，23 日到達江西南康，12 月 2 日到南昌。12 月 4 日，宋慶齡等與蔣介石同赴廬山，次日召開牯嶺會議，討論財政、軍事、遷都和「迎汪」等問題，制定收復東南的軍事實施計劃，提出統一財政方案，認為國民政府應早日遷武漢，敦請汪精衛回國，擔任政府首腦。對此，蔣均表贊成。會後，蔣仍返南昌，各委員往武漢。國民黨中央黨部和國民政府於 12 月 7 日停止在廣州辦公。赴漢各委員於 12 日到達漢口，受到武漢三鎮民眾熱烈歡迎。

鑒於廣州黨、政各部門已經停止辦公，而政治、軍事等問題亟須解決，第一批抵漢之中央執行委員、國民政府委員及有關方面代表於 13 日召開談話會，認為有設一臨時機構的必要，遂決定將談話會改為國民黨中央執行委員會、國民政府委員會臨時聯席會議（武漢中央臨時聯席會議），於中央黨部、國民政府到武漢之前，代行最高職權，作為處理重要問題之機關。出席人員，以國民黨中央執行委員、國民政府委員及湖北省政務委員會主席、漢口市特別黨部、湖北省黨部各一人為限。組成人員有徐謙、孫科、宋子文、陳友仁、鮑羅廷、宋慶齡、鄧演達、吳玉章、王法勤、唐生智、詹大悲、董必武、于樹德、柏文蔚、蔣作賓等；以徐謙為主席，鮑羅廷為總顧問，葉楚傖為秘書長。當中央臨時聯席會議在武漢成立時，蔣「來電贊成並且致賀」。[3]

由譚延闓、顧孟餘、何香凝、彭澤民、丁惟汾等組成的第二批北上人員，自 12 月 11 日起從廣州出發，隨行人員達數百人。到韶關後，中央各部職員取道湖南；譚延闓及各部長，則取道江西贛州。武漢中央臨時聯席會議

1　《蔣介石年譜初稿》，第 800 頁。

2　《蔣介石關於中央黨部及政府遷移武昌喜懼交集之日記》，1926 年 11 月 24 日，《中華民國史檔案資料彙編》（第四輯），第 373 頁。

3　國民黨二屆三中全會「本會經過概況」謂：中央臨時聯席會議成立之日「蔣介石同志亦來電贊成並且致賀」。見《中國國民黨歷次代表大會及中央全會資料》，第 300 頁。

知悉江西一行 12 月 31 日到達南昌後，宣佈從 1927 年 1 月 1 日起，正式在武漢辦公，同時決定將於 3 月 1 日在武漢召開國民黨二屆三中全會。

當張靜江、譚延闓等到達南昌後，蔣於 1 月 3 日斷然宣佈要在南昌召開「中央臨時政治會議」，決定國民黨中央黨部、國民政府設南昌，「定奪東南」之後，再遷至南京，稱此舉出於「政治軍事順利發展之需要」。

蔣此時設國民黨中央黨部、國民政府於南昌，明顯是想將黨和政府置於個人控制之下。核心是以軍制黨、以軍干政。國民黨的「黨權」「政權」，面臨着來自軍方實力派的嚴重挑戰。

1 月 6 日，徐謙、宋慶齡、孫科、陳友仁等致電南昌，堅持「中央黨部及國民政府宜照已定策略來鄂」。次日，武漢臨時聯席會議致電南昌，申明國民黨中央機關所在地點，「應俟中央執行委員會全體會議決定；在未決定之前，武漢政局有維持之必要」。12 日，蔣到達武漢。武漢聯席會議及各界反對遷都南昌。在歡迎蔣的宴會上，鮑羅廷說：革命要依靠人民羣眾，反對個人獨裁。[1] 蔣認為鮑是公然羞辱他，後來在他的講演中將鮑的話轉述為：「蔣介石同志，我們三年以來，共事在患難之中，所做的事情，你應該曉得，如果有壓迫農工，反對 C.P. 的這二種事情，我們無論如何，要想法子來打倒他的。」[2] 蔣對此耿耿於懷，返回南昌後，繼續阻撓在南昌的兩委委員赴漢，並提出對鮑要「驅而逐之」。蔣 21 日以政治會議名義，22 日與張靜江聯名致電武漢，謂武漢「聯席會議無庸繼續」，應即成立政治會議武漢分會，轉南昌商決中央駐地問題。蔣還說中央已在南昌開始辦公，武漢聯席會議既為中央停止辦公期內之代行最高職權之機關，則名義上應予取消。[3]

武漢聯席會議堅持認為，遷都武漢是既定方針，不容改變。這樣，一場以武漢為中心，以反對蔣的軍事獨裁為目標的抗議運動，迅即掀起。共產黨人與國民黨左派組成「行動委員會」，提出「提高黨權，反對個人獨裁，實現黨的民主化，迅速遷都武漢」的口號。宋慶齡、徐謙、孫科、陳友仁、吳玉

---

1 王宗華主編：《中國大革命史：1924 — 1927》（下冊），人民出版社，1990 年，第 357-358 頁。

2 蔣介石：《在慶祝國府遷寧大會宴會席上之演説》（1927 年 4 月 18 日），《蔣校長最近之言論》，第 72 頁。

3 《中國大革命史：1924 — 1927》（下冊），第 358 頁。

章、于樹德、鄧演達、董必武、唐生智、張發奎等，紛紛發表通電，支持定都武漢。

當時，汪精衞是「黨權」的象徵。隨着「黨權」口號呼聲高漲，「迎汪」口號再次響起。人們在各種場合，以各種形式，呼汪速出。武漢三鎮、廣州以至全國各地，處處張貼着「迎汪」的標語，「請汪復出的函電，如雪片飛來」，「提高黨權的呼聲不絕於耳」。[1]

廣州10月聯席會議作出「迎汪」決議後，汪於10月23日從海外致書陳樹人，談了一通病況後，說惟望「宿疾告痊，稍能用我心力，以彌補此□月之疏懶也」，又說：「報端見各處黨部促弟銷假之函電，病懷愈覺杌楻□安。」12月1日，《黃埔日刊》以《汪黨代表病癒消息》為題，刊出此函。[2] 第二天，國民黨中央執行委員會發表通電，請何香凝、陳樹人電轉汪精衞，請汪康復後「遄回銷假，共襄大計」。[3] 1927年1月28日，國民黨中央黨部致電汪精衞，催促汪早日啟程回國。

處於北伐後方，且為蔣「發跡」之地的中央軍事政治學校，在「迎汪」運動中，行動不落人後。3月23日，《黃埔日刊》推出了「促汪銷假復職特號」，發表了由埔校署名的《為促汪銷假復職運動告全國民眾》，並發表《促汪銷假復職宣傳大綱》，稱汪是「黨的思想行動的指導者」。埔校政治教官陳日新發表《促汪銷假復職運動的意義》，教育長方鼎英發表《刻不容緩之汪黨代表銷假復職問題》，呼籲汪早日銷假復職。[4] 在此時的蔣、汪對峙中，黃埔軍校的多數教官學生，並未站在擁蔣一邊。

廣州10月聯席會議的「迎汪」，是促使汪蔣合作；遷都之爭的「迎汪」，卻是迎汪抑蔣，試圖以汪在黨、在政治方面的影響，來抑制、抵制蔣的軍事擴張。人們把汪當作蔣的「剋星」，把制服蔣，扭轉大局的希望，寄託在汪的身上。大有「斯人不出，如蒼生何」的味道。這種情形，暴露了國民革命

1　《中國國民黨歷次代表大會及中央全會資料》，第300頁。《中央局關於全國政治情形及黨的策略的報告（十、十一月份）》（1926年12月5日），《中共中央文件選集（2）》，第376頁。

2　《汪黨代表病癒消息》，《黃埔日刊》1926年12月1日。

3　《中央黨部致汪主席電》，《黃埔日刊》1926年12月8日。

4　《黃埔日刊》1927年3月23日。

陣營的弱點與不足，說明人們並沒有找到真正可以制服蔣的力量。但「迎汪」運動確也打到蔣的痛處，使他一度陷入被動。因為逼汪去職是蔣的一塊政治瘡疤。正如中共中央的文件所指出：「蔣此時在全國迎汪高潮中，對汪亦只能有暗鬥，而不能有明爭，更不至於有武裝的衝突。」[1]

在武漢、廣州等地「提高黨權」的壓力下，1927 年 2 月 8 日，在南昌的兩委委員議決：「中央黨部和國民政府遷至武漢」，「中央全體會議俟東南戰事告一段落，另定日期召集」。2 月 27 日，蔣發表宣言，表明：

> 中正服役軍事，受黨重託，於軍事方面，雖負總司令之責，而對於中央黨部之決議，一時一刻，毋或少忘。每復訓誥武裝同志，服從個人為輕，服從黨部為重，而服從三民主義為尤重。……此中正所以尤希望各同志體黨之存亡，務使軍隊完全在黨指揮之下，統一起來，勿使軍隊有統一於黨之名，而行其個人割據行省之實者。[2]

在南昌滯留的兩委委員中，有主張速往武漢者，有衝破阻撓毅然離贛赴漢者，蔣遂陷於孤立。至此，遷都之爭以蔣受挫而拉下帷幕。

第四節 「黨權」與「軍權」再較量

當反對蔣的軍事擴張深入開展時，1927 年 3 月 10 日至 17 日，中國國民黨第二屆中央執行委員會第三次全體會議在漢口召開。蔣對在漢召開國民黨二屆三中全會作過多番阻撓，最後與張靜江拒絕到會。三中全會以「提高黨權」、反對個人獨裁和軍事專制為中心，所通過的「對全體黨員的訓令」指出：

1 《對於目前時局的幾個重要問題》（1926 年 11 月 9 日），《中共中央文件選集（2）》，第 297 頁。
2 《蔣介石對黨務宣傳大綱宣言》（1927 年 2 月 27 日），《蔣校長最近之言論》，第 26、27 頁。

> 自北伐軍興，軍事、政治、黨務之集中個人，愈使政治之設施不能受黨的指導，而只受軍事機關之支配。此種制度，弊害甚多，不但使黨內之昏庸老朽分子盤踞於內，官僚市儈及一切投機分子乘機而入，因此縱成個人獨裁、軍事專政之謬誤，妨害中央執行委員會在政治上之權威，形成黨內投機腐化之傾向。且亦使軍事呈紛爭複雜之象，而不能收整齊統一之效。[1]

武漢時期國民黨的文官領袖，有徐謙、顧孟餘、宋慶齡、孫科、宋子文、陳友仁、何香凝等，替代了廣州時的廖仲愷、胡漢民、汪精衛。這批人加上此時在漢的吳玉章、董必武、李達、李漢俊、詹大悲等，以鄧演達為代表的總政治部為基礎，欲對蔣的軍權擴張，有所制衡與監督。武漢黨權運動的高漲，緣由在此。

三中全會決定「使一切政治、軍事、外交、財政等大權，均集中於黨」，以提高國民黨黨權的權威。在提高黨權原則下，改組國民黨中央領導機構，實際上免去蔣的國民黨中央常委主席、中央組織部部長和國民政府軍事委員會主席等職。北伐「迎汪」運動，實現了請汪復職的目的，並削去蔣的部分權力。

然而，蔣並沒有收斂。3 月下旬，蔣離開南昌沿長江東下，進入上海後，隨即準備暴力「清黨」，不惜以發動一場流血政變，來轉移武漢帶給他的政治危機。蔣喊着「打倒軍閥」的口號，走進了新軍閥的行列。

當武漢「迎汪」運動展開時，汪從海外打道回國。中山艦事件時，蔣對汪口誅筆伐，指責汪「抹殺總理人格，消滅總理系統，叛黨賣國，一至如此，可痛乎？」仇汪、倒汪之心，躍然紙上。現當汪即將被「迎」回來時，蔣的文章、講話，變了調子。蔣 2 月 21 日在南昌總部第 14 次紀念周演講中說：

1　《國民黨中央二屆三中全會對全體黨員訓令》（1927 年 3 月 16 日），《武漢國民政府資料選編》編輯組：《武漢國民政府資料選編》，1986 年，第 109 頁。

> 汪精衛同志，譚祖安（譚延闓）同志，張靜江同志，這三位主席，乃為本黨和國民政府及一般同志，以及總理在生時所最信任，最親愛的！……汪精衛同志和中正的關係，我們兩個人是如手如足的，可以說我們是最親愛的同志！……如我中正想一個人把持黨，不要汪精衛同志出來，中正便是沒有人格，誰都可以來殺我的！[1]

2 月間，蔣在總司令部南昌特別黨部成立大會時的演講中說：本黨（民國）十三年改組以後和國民政府成立以來，在政務上在黨務上，肯努力，肯犧牲的，「就當推汪精衛同志」。[2] 2 月 27 日，蔣發表《對黨務宣傳大綱宣言》，文曰：

> 自去春汪精衛同志因病請假，黨日分離，反動者得以肆其造謠惑亂之機，而挑撥者更因緣時會，反間唆煽，中正與汪同志，在個人為良友，在黨內為共同奮鬥之三民主義信徒。分之為全黨失敗之基，全之為革命完成之利，函電往返，銷假無期。……中正曾下決心，如汪同志更不歸國，共負艱難，惟有辭職以謝同志，此中正希望各同志共同敦促汪精衛同志銷假復職，使黨內領袖團結一致者三也。[3]

蔣在致國民黨中央並答長沙市黨部的電報中說：「查汪精衛同志之復職，中正為主張最力之一人；披肝瀝膽，疊電促歸；今幸回國有期，羣情可慰。」[4] 3 月 12 日，即武漢三中全會召開時，蔣發表《告黃埔同學書》說：

> 汪精衛同志復職一事，中正函電敦促，何止再三，最近且電告汪同志，如其再不歸國共負艱難，唯有辭職以謝同志，中正認為汪同志銷假，於黨國有絕對之必要，其唯一障礙即在抹卻事實造謠挑撥忘［妄］

1　《蔣校長最近之言論》，第 5-6 頁。
2　《蔣校長最近之言論》，第 17 頁。
3　《蔣校長最近之言論》，第 26 頁。
4　《蔣校長最近之言論》，第 28-29 頁。

思離間吾二人感情之徒，故排除障礙，首先應認清真相。[1]

4月2日，汪返至上海，發表通電云：「兆銘遵命啟程回國，已於二日到滬，應如何工作，敬候指示。」蔣即於3日發表《擁汪通電》，曰：

> 汪主席病假經年，不特全國民眾渴望仰慕，黨國政要亦蒙受重大影響。中正曾經迭電促駕，今幸翩然出山，恍若大旱之獲甘露，莫名欣慰。汪主席在黨為最忠貞之同志，亦為中正生平最敬愛之師友；……今後黨政主持有人，後顧無憂，中正得以專心軍旅，掃盪軍閥，恪盡革命天職。凡我將士，自今以往，所有軍政、民政、財政、外交事務，皆須在汪主席指揮之下，完全統一於中央，中正率全軍而服從之。[2]

蔣以上言論，讓人產生蔣汪親如兄弟、情同手足之感。4月3日至5日，蔣拉汪參加吳稚暉、何應欽、陳果夫、李宗仁、白崇禧等的秘密會議。很顯然，在汪回國前後，蔣的態度已由拒汪變成拉汪，企圖將昔日政敵變成今日夥伴，變成他搞反共「清黨」的同盟者。

這時，武漢方面也加緊做爭取汪的工作，當務之急，是阻止蔣汪結盟。鮑羅廷說：「我們要設法使精衞同志不被他們利用。」[3]武漢地區「迎汪」的呼聲，不僅比過去高漲，而且包含着告誡汪須認清形勢的意思。4月5日，陳獨秀、汪精衞發表「聯合宣言」，主題是「中國共合作之旨」，宣稱將「建立一個各被壓迫階級的民主獨裁來對付反革命」。從陳獨秀來說，有拉汪反蔣之意;從汪來說，則是他從國外回來後的首次政治亮相。4月6日，汪離滬赴漢。

汪此時離滬赴漢不是偶然的。首先，武漢方面一直以汪為政治領袖，大多數人是擁汪的，共產國際和共產黨人也認為汪是左派領袖。汪到漢可以重掌大權，與蔣爭雄於天下。相反，如果留在上海，汪勢必失去最有力的政治

1　《蔣校長最近之言論》，第33頁。
2　蔣介石：《擁汪通電》，1927年4月3日。
3　《鮑羅廷在中國的有關資料》，中國社會科學出版社，1983年，第200頁。

支持而成為蔣的附庸。其次，武漢此時仍然是革命中心，與上海的對立雖然一觸即發，但武漢地區工農的勢力仍很大。汪可以藉助於這種形勢，重登權力之巔。再次，汪蔣矛盾很深，積怨很多，汪深知蔣之為人。所有這些，都促使汪不得不離蔣而去，到武漢作新的政治博弈。

然而，此時國民革命的失敗已成定局，武漢黨權運動的高漲，只不過是中國大革命運動失敗的迴光返照。而汪這時種種表演，也不過是他動搖、變身及同蔣合流的前奏。持續多時、舉世矚目的迎汪運動，至此降下了帷幕。

北伐時期蔣、汪關係的鬥爭，是中山艦事件以來蔣、汪權力角逐的繼續。蔣以製造中山艦事件、「整理黨務案」實現逼汪去職和以蔣代汪，這樣一來，便缺乏足夠的正統性依據。北伐初期蔣在兩湖、江西所陷的困境，也說明蔣的資源不足。「迎汪」運動是武漢國民黨文官集團引領、以左派為主體的一場運動，動員面較廣泛，高潮一個接一個。這場以反對蔣的「軍權」擴張為目的的運動，最後卻以形成蔣的軍事獨裁而告終，其結局耐人尋味。

在指導思想、策略方針上，「迎汪」運動存在一些問題。

北伐開始後，共產黨和蘇聯顧問對蔣的政治定性，是所謂「中派」，或「武裝的中派」，是團結、爭取的對象。「迎汪」運動的指導者，對蔣在北伐中的作用估計過高，生怕一不小心讓蔣翻臉而去，從而影響北伐大局。陳獨秀等對「迎汪」作種種自我限制，一開始就強調：「迎汪」「雖成為前方將領後方民眾的一致呼聲，明知蔣無力反對，然而我們還是主張先得蔣有一表示方發動」。陳並主動以不推翻「整理黨務案」、維護蔣的地位及幫助蔣發展為條件，去換取蔣對「迎汪」的贊同。[1] 此為捆自己手腳，求蔣氏安心。陳等對聯蔣、和蔣顯得主動、熱衷和積極，在很長一段時間內，把「迎汪」限定在促成汪蔣合作和促蔣左轉的範圍內，而不想越此雷池一步；而對抑制蔣的權力擴張，則處處顯得被動和軟弱，以致為蔣的態度所左右，讓他牽着鼻子走。對蔣委曲求全的結果，不但不能控制蔣和使之左傾，反而讓蔣在獨裁擴張的道路上越走越遠。

1　《中央局關於全國政治情形及黨的策略的報告（十、十一月份）》（1926 年 12 月 5 日），《中共中央文件選集（2）》，第 375 頁。

對汪精衞其人缺乏正確認識。這表現為將汪理想化、定型化，甚至偶像化，沒有看到他過去與現在的區別、表面與本質的區別。其結果，將策略上的「迎汪」搞成政治上的崇汪和擁汪，此為方向性錯誤。中山艦事件後，身為國民政府主席和軍事委員會主席的汪精衞，屈服於蔣的軍事壓力而消極隱退。這表明汪是軟弱無力的，汪的歷史作用已完結。汪政治上的所作所為，帶有極大的投機性和強烈的領袖慾，汪充其量只是個暫時的同路人，而非真正的革命者。「迎汪」運動指導者看不到中國階級關係的複雜性，用僵化的、一成不變的眼光去看待昔日的同盟者，忽視中山艦事件前後汪的變化，忽略了表面現象背後的本質問題，不恰當地抬高了汪的地位和作用。他們不是把「迎汪」作為動員爭取羣眾、發展革命運動的策略手段，而是把扶汪復職當作解決中國革命問題、挽救革命危機的靈丹妙藥，以為汪一旦重新上台，一切問題將會迎刃而解。

北伐前夕開始的蔣以軍制黨、制政的所作所為，已是蔣對國民黨、國民政府權威的嚴重挑戰。面對軍事實力日益擴張的蔣，無論是鮑羅廷還是汪精衞，這時都已拿不出什麼可以制衡、約束他的手段。中共中央提出的監督、制衡、約束蔣的政策，只有到工農商學和北伐軍的新興力量中，才可能找到落實的基礎。但指導者忽略了這個帶根本性的問題。他們不是採取正確的方針去壯大工農力量，而是試圖以限制工農的舉措，去爭取蔣的由右向左。這不但不可能使蔣向左轉，反而嚴重阻礙了工農運動的發展。

北伐前期，迅速發展起來的是國民革命軍第八軍、第四軍、第七軍。「以唐之第八軍實力最雄厚，合一、二、三、六軍之總合始能及八軍，湘、鄂實權均在唐手。」[1] 由於多數軍事將領同屬於保定系（保定軍校），唐生智還得到第四軍、第七軍保定系軍人支持。「迎汪」運動指導者，本可以運用這幾個軍的力量去制衡、約束蔣，進而逐步建立起由國民黨和國民政府來掌控軍隊的機制，實現黨權、政權、軍權的合理配置。但當時卻沒有這樣做。他們先是抑制唐，明確提出不許有的軍人（主要是指唐）擁汪倒蔣或取蔣自代，試圖

1 《中央局關於全國政治情形及黨的策略的報告》（十、十一月份）（1926 年 12 月 5 日），《中共中央文件選集（2）》，第 374 頁。文中的「唐」是指唐生智。

以此取得蔣的信任；然後又提出「我們現時對於蔣、唐的衝突，不去助長，也不去消滅，只維持其平衡」[1]。他們還認為：讓蔣東下取得浙、閩、贛三省，聽其自成局面，就可以消除蔣、唐的地盤衝突，使蔣「不必再回漢口與唐生智衝突，回廣東與汪精衛衝突」[2]。這些設想與舉措，不是對蔣的「控制」，反而是對非蔣系軍人加以「控制」，結果勢必導致對蔣的完全失控，使國民黨及其政府完全置諸蔣的軍隊控制之下。

總之，北伐「迎汪」運動，迎回了本來已經敗出廣州政壇的汪精衛，讓他復職掌權，重新置於國民黨「最高」位置上，但是最後既不能抑制軍權日益擴張的蔣介石，也不能將國民黨引上正軌，更不能挽救國民革命的危機。事態的進一步發展，是 1927 年 7 月 15 日汪的武漢「分共」。迎汪抑蔣，又這樣一步步演變為汪蔣合流。

---

1 《中央局關於最近全國政治情形與黨的發展的報告》（1926 年 9 月 20 日），《中共中央文件選集（2）》，第 240 頁。

2 《中央局關於全國政治情形及黨的策略的報告》（十、十一月份）（1926 年 12 月 5 日），《中共中央文件選集（2）》，第 365 頁。

第十八章　黃埔軍校在北伐期間的擴展

第一節　統戰格局的維護

北伐期間，黃埔軍校的政治環境出現了若干變化。因北伐興師，各地革命運動高漲，軍校內外，人心振奮，大大激盪着軍校官生的革命熱情。此外，蔣介石離粵後，軍校人事變更，以共產黨人為骨幹的軍校政治部有所加強。這樣，處於北伐後方的黃埔軍校遇到了一定的轉機，出現了一些新的氣象。

這一期間，中共黃埔黨團的活動，對埔校的革命化建設和對外擴展，發揮了積極作用。

中共黃埔黨團是在中山艦事件後成立的。黨團成員饒來傑回憶：3 月 20 日後，熊雄到中共廣東區委向陳延年、周恩來彙報軍校的情況，要求加強軍校黨的組織和領導力量。廣東區委當即決定抽調饒來傑以區委特派員名義，到黃埔軍校負責黨的組織工作。饒來傑，江西南昌人，曾留學法、俄，1925 年秋回國。1926 年 4 月初，饒到埔校政治部報到，以政治部圖書管理員的公開身份，開展中共廣東區委交辦的工作。

中共在黃埔軍校的組織，前三期稱直屬支部，第四期稱特別支部。饒到校工作後，廣東區委指示另設黃埔黨團，由熊雄、惲代英、聶榮臻、陳賡、饒來傑組成。[1] 饒來傑稱，黃埔黨團是中共在黃埔軍校的「核心組織」。

黃埔黨團成立後，針對中山艦事件和北伐前後的新情況、新問題，開展了一系列的工作。

1　饒來傑：《回憶中共黨組織在黃埔軍校的活動情況》，《廣東文史資料》第三十七輯，第 14 頁。

第一，加強黨內教育，統一思想，穩住陣腳。在中山艦事件中，當迫害、打擊突如其來時，黨內難免有人茫然不知所向，有的人激於義憤，不顧一切，盲目而動。黃埔黨團有針對性地做了許多工作，批評了個別學生（中共黨員）魯莽、急躁的行為，遏止驚惶失措情緒的產生。黨內認識逐步統一，陣線歸於穩定。

第二，調整策略，有步驟地、主動地作出退讓。4 月 10 日，中國青年軍人聯合會發表「自動解散通電」：「青年軍人聯合會以蔣校長及廖黨代表付託之重，不敢稍自逸豫，嚴詞痛辟，無稍假借。惟態度容有不遜，措詞間有不恭，然區區為革命、為本黨、為擁護革命的三民主義的真誠自信可見諒於人，但因此遂引起各方之誤解，還有以本會為自立門戶毀謗於革命領袖之前者，而本會同志才能又太簡陋疏忽粗直，竟愈貽人以口實，影響若此，誠非始料所及。」[1] 宣佈即日起，自動解散。青軍會並發表《上蔣校長書》及《致孫文主義學會書》，申明成立的初衷及自動解散的旨意。當謠言四起，毀謗橫來，而蔣已發佈取消校內組織通令時，青軍會宣佈自動解散，實為委曲求全、顧全大局、維護黃埔軍校之舉。

中國青年軍人聯合會解散後，孫文主義學會也跟着解散。隨之，蔣宣佈解散國民黨黃埔軍校特別區黨部，重新組織軍校特別區黨部籌備改組委員會，以方鼎英、張定璠、張治中、張與仁、熊雄 5 人為籌備委員，歐陽繼修（陽翰笙）為籌備總幹事。5 月 28 日，蔣主持特別區黨部選舉，選出張治中、袁同疇、蔣先雲、賈伯濤、范藎、杜心樹、賈聲、霍焜為執行委員；嚴重、方鼎英、熊雄為監察委員。在這次選舉中，共產黨人也作出了退讓，當選的人員中，只有蔣先雲、范藎和熊雄 3 人是中共黨員。

第三，堅決抵制蔣介石對共產黨員的退黨誘逼。中山艦事件後，蔣最關心、最為投入的，是誘使中共黨員退出共產黨。為此，饒來傑向中共廣東區委書記陳延年請示，陳延年斬釘截鐵地說：「一個都不要向所在單位國民黨黨部表態，尤其是一向沒有暴露中共黨員身份的人更應保持常態。」[2] 饒將這一精神傳達至軍校各基層黨小組。此時，黃埔系統有中共黨員 500 多人（周恩來

1 《黃埔軍校史料（1924 — 1927）》，第 347 頁；《黃埔軍校史料（續篇）》，第 309 頁。

2 饒來傑：《回憶中共黨組織在黃埔軍校的活動情況》，《廣東文史資料》第三十七輯，第 15-16 頁。

語），蔣介石誘逼的結果，只有 39 人退出共產黨，而已暴露的共產黨員，卻有 250 多人退出了國民黨。北伐出師之前，蔣又在 6 月 7 日、6 月 28 日的講話中，反覆強調，限時限刻，誘逼共產黨員「自動」退出共產黨。由於共產黨人的堅決抵制，蔣的目的仍然沒有得逞。

第四，對蔣成立的黃埔同學會，抱不即不離的態度，有原則地參與其中的一些工作。北伐前夕，為加強對黃埔同學的掌控，蔣決定成立黃埔同學會，指定賈伯濤、李正韜，曾擴情、伍翔、余程萬、楊麟、梁廣烈、鍾煥羣、蔣先雲等人（後增加葛武棨、李超、胡靜安、關犖等）為籌備委員。

6 月 27 日，黃埔同學懇親大會召開，選舉黃埔同學代表，當選者：第一期，曾擴情、賈伯濤、余程萬、楊其綱、劉疇西、伍翔、蔣先雲（蔣先雲表示「不受選」）；第二期，余灑度，葛武棨、楊引之、陳超、蔣友諒、關犖；第三期，黃仲翔、黃格君、曾晴初、金亦吾、張炎；第四期，楊新民、張兆尼、魏亮生、史保亭、李聯珍、王庭漢。懇親大會的召開，標誌着黃埔同學會正式成立。

6 月 29 日，蔣召集黃埔同學會籌備委員及黃埔同學代表聯席會議，宣佈由他自任會長，曾擴情為秘書；總務科長李正韜，科員游步瀛、李超、金亦吾；組織科長楊引之，科員劉疇西、陳超、黃仲翔、張炎、楊新民、張兆尼；宣傳科長余灑度，科員葛武棨、關犖；監察委員劉漢珍、伍翔、蔣友諒、楊其綱、蔣先雲、賈伯韜、余程萬、胡靜安、曹勖、魏亮生、李聯珍、黃格君；潮汕分會組織員吳斌、劉漢珍、牟庭芳、高明、陳泰運、彭熙、李勁夫、王吉樹、胡秉鐸，以胡秉鐸為秘書；入伍生部分會組織員賈伯濤。隨後，蔣又指派林桓為組織科員，鄭峻生、周復為宣傳科員。[1] 黃埔同學會是以蔣為中心的組織，其簡章規定：「校長為本會會長」，「一切會務均聽命於會長」。[2]

黃埔同學會成立初及其後一段時間內，共產黨人對黃埔同學會的態度是不即不離，即既不積極，也不反對。除蔣先雲聲明「不受選」外，其他人未作直接抵制。有一些黨員（游步瀛、劉疇西、蔣友諒、楊新民、楊其綱、胡秉鐸、魏亮生、李聯珍等）還參與其中的一些工作，這不排除有組織安排的

1　關犖：《黃埔同學會成立經過》，《黃埔軍校史料（1924 — 1927）》，第 387-388 頁。

2　《黃埔同學會簡章》，《黃埔軍校史料（1924 — 1927）》，第 383 頁。

可能，且掌握了黃埔同學會一些宣傳陣地（《黃埔潮周刊》《黃埔旬刊》等），開展了不少有益於國民革命運動的活動。

雖然如此，隨着形勢的變動，黃埔同學會最終未能改變其以蔣介石為中心、為蔣所利用和跟蔣走的性質和方向。黃埔同學會秘書曾擴情（一期）後來說：黃埔同學會實質上是蔣的個人御用工具，「為蔣介石的法西斯獨裁統治建立了初步的基礎」。[1] 後來橫行於中國軍界、政界的「黃埔系」，根源於此。

第五，堅持革命原則，維護埔校官生的團結。蔣介石北上之前，於 7 月 26 日對埔校各部、處負責人講話，將「禁絕小組織、小團體」作為臨別贈言，指令印發全校。蔣這一舉動，顯然是針對共產黨的，欲將中共在埔校的活動，定性為「小組織」「小團體」的活動，進而加以「禁絕」。

對此，埔校政治部代主任、黃埔黨團負責人熊雄於 8 月 13 日在《黃埔日刊》上，發表《對於校長「臨別贈言」的說明》，將蔣的口號作了為維護軍校的革命團結的解讀。熊雄說，這一口號的意義，就是要「統一意志，團結精神」，要點是：其一，孫中山「主張容納各派革命分子」原則，是「不可移易」的原則，必須堅持；其二，所謂「小團體」，是「純以鄉土或感情而結合」的團體；其三，「至 C.P. 則另一個問題，他既是代表工農的政黨，自有其獨立性，各能認清合作的原則，自當了然，尤其在黃埔公開之後」。[2] 熊以上「說明」，堅持孫中山革命原則，對「小組織」「小團體」作了界定，將帽子擲還適合於戴這種帽子者，並嚴正維護中共的獨立性。對「禁絕小組織」一語，熊雄加了「黨內」兩個字，完整表述為「黨內禁絕小組織」，將國民黨和黃埔軍校內破壞革命團結的小幫派，列為「禁絕」的對象。

對蔣介石提出的一些口號，埔校共產黨員的對應之策，就是將口號接過來，以正確的原則加以解讀，賦諸革命含義，使之成為對革命運動的發展有益的口號。黃鰲（一期生，中共黨員）在《黃埔潮周刊》發表《黃埔同學應注意的幾點》一文，就是這一策略的運用。這篇文章對「加強團結」的思想意義，作了全面的闡述：首先，團結並非只是因為黃埔同學的關係，而是因

1　曾擴情：《黃埔同學會的活動情況》，《黃埔軍校史料（1924 — 1927）》，第 391 頁。

2　熊雄：《對於校長「臨別贈言」的說明》，《黃埔日刊》1926 年 8 月 13 日。

同為國民革命效力，同在一條戰線上奮鬥的關係；其次，不能只在黃埔同學中講團結，對非黃埔同學的革命同志，也要團結，不能對非黃埔同學的同志加以歧視;最後，講團結，就要維護國民革命的聯合戰線。[1] 經過這樣的解讀，實際上抵消了蔣介石以封建、宗派思想控制黃埔軍校學生的企圖。

第六，加強正面教育，團結大多數。北伐開始後，蔣離粵北上，對軍校的掌控有所鬆動，黃埔軍校的革命氣氛持續高漲。在這種情況下，埔校共產黨組織積極開展正面教育，因勢利導，通過各種渠道，在埔校期刊上刊發了一系列公開宣傳馬克思主義、堅持聯俄聯共、維護國共合作的文章。埔校政治部在《黃埔日刊》開闢《政治問答》專欄，有針對性地解答學生提出來的各種關於理論、政治、政策和思想認識方面的問題，幫助學生提高政治鑒別力，辨明大是大非。埔校政治部還在學生隊增設政治指導員，加強對學生的引導和指導。[2] 這樣，黃埔軍校中左翼陣營的力量與聲勢不斷提升。

當時，孫文主義學會已宣佈解散，但有的人仍在暗中活動，挑動是非，撥弄暗潮。在上述氛圍下，這類活動不斷被曝光，其成員不斷分化。黃埔四期生符琇，陝西涇陽人，入伍訓練時在惠州加入孫文主義學會。符雖然只是一名學生，此前卻在《嚮導》雜誌上與陳獨秀打過筆墨官司，算是小有鋒芒者。[3] 1926 年 11 月 16 日，符琇在《黃埔日刊》刊出「早已退出孫文主義學會」的啟事；次年 1 月 7 日，符又發表反思文章《我過去的錯誤》，並揭露孫會之「惡跡」。繼符琇之後，有栗亢麟、潘質、王為、賀奎年、李培、梁文芳、謝斌等發表聲明，宣佈與孫會劃清界線，退出其暗中操縱的小組織。

第七，加強黨的自身建設。經過大量、細緻的黨內教育，沉機應對，埔校中共黨團不但抵制了蔣對共產黨員的退黨誘逼，保全、穩定了埔校黨的組織，而且不斷吸收新黨員，發展、壯大黨的隊伍。有不少人是面對險情逆勢而上，毅然申請加入共產黨的。如四期生饒繪峰，就是在中山艦事件後、「整理黨務案」發生的陰雲密佈的 5 月間，在農民運動講習所宣誓入黨的。上海

1　黃鰲：《黃埔同學應注意的幾點》，《黃埔潮周刊》第八期，1926 年 9 月。

2　軍校政治部於 1926 年 11 月制定《政治指導員體例》，高玉峰、姚成武、尹伯休、蘇文駿、廖劃平、潘超世為第一至第六隊政治指導員。見《黃埔日刊》1926 年 11 月 20 日。

3　陳獨秀：《致張人傑符琇黃世見冥飛等》（1926 年 9 月 13 日），《陳獨秀書信集》，第 412 頁。

大學社會系學生羅懋其（後名羅髫漁），也是在北伐期間，在農講所由陳延年主持宣誓入黨的。羅隨後到埔校任政治教官（中華人民共和國成立後，羅在中國人民大學工作，任《教學與研究》總編、清史研究所所長）。埔校各級黨的組織，也逐步建立，黃埔黨團之下，設立有總支、支部和小組。[1]

1927 年 3 月，國民黨黃埔軍校特別區黨部改選，選出孔韋虎、陳良、甘竹溪、李誠、鄒今海、曾武烈、韋鳳喈、胡啟圖、陳葆華為執行委員，李永光、尹沛霖、周仲英、廖朴、楊若濤、陳建文、邱凌為候補執行委員，方鼎英、熊雄、吳思豫、譚其鏡、何焜為監察委員，游於藝、胡彬文、金孟堅為候補監察委員。以上當選者中，韋鳳喈、李永光、陳葆華、尹沛霖、周仲英、廖朴、楊若濤、熊雄、譚其鏡、何焜等為共產黨員。

同月，中央軍事政治學校政治部秘書、中共黃埔特支負責人楊其綱發表文章說：在中國，「有了無產階級羣眾，當然也有無產階級政黨的組織」。明確說黃埔軍校的每期學生，都有中共黨員。[2] 楊文表達的意思是，共產黨人在黃埔軍校的地位不容置疑。

綜上所述，北伐出師後，幾個月之間，革命形勢高漲，在蔣對埔校的掌控相對鬆動的情況下，共產黨人經過艱苦的努力、大量深入細緻的工作，逐步驅散了籠罩在廣州上空的中山艦事件、「整理黨務案」的陰雲，一步步從困境中走了出來。中共在黃埔軍校的活動，逐漸復甦，並打開了一片新的局面。

第二節　第五、六期教官與學生

一、第五、六期教官

北伐戰爭開始後，黃埔軍校的組織、人事，相應有所變更，由原入伍生部主任、教育長方鼎英主持全校事務。方受蔣的信任，有辦學經驗，較為務

1　在中央軍事政治學校人物的資料中，北伐期間，出現團建立中共總支、連建立支部，炮、工科有「黨團」的記述。有關情況，有待於進一步查證。

2　楊其綱：《本校之概況》，《黃埔日刊》1927 年 3 月 1 日。

實。方的治校班子，亦較專注於辦學。此時，黃埔軍校的許多軍事教官參加了北伐，如何應欽、鄧演達、張治中、嚴重、王柏齡、劉峙等。北伐出師前後到埔校工作的，有教練部主任李鐸，教授部主任吳思豫、張華輔，經理部主任鍾嶽峻，等等。在埔校工作的，有日本帝國大學造兵科畢業的成仿吾（中華人民共和國成立後任中國人民大學校長，是著名的教育家）；畢業於美國斯坦福大學和威斯康辛大學，獲哲學博士學位的何浩若；畢業於德國柏林大學，獲法學博士學位的廖尚果（青主）等。何浩若在黃埔期刊上發表《從帝國主義的老巢到東方革命策源地》。1927 年 2 月 24 日，國際工人代表團參觀黃埔軍校，廖尚果和夫人蔭嘉（德籍）參與接待，並發表了演說。[1] 畢業於雲南講武學堂的朝鮮人崔庸健（崔石泉），任第五期第二區隊少校副隊長。蘇聯顧問羅加覺夫，此時也在黃埔軍校工作。

北伐期間，第四期政治部的工作人員，不少仍留在黃埔軍校工作。中山艦事件後，蔣要求中共黨員退出國民黨和黃埔軍校，埔校政治部副主任熊雄本屬應退之列。但在 1926 年 4 月 27 日，熊仍被聘為黃埔軍校特別黨部籌備委員會委員，5 月 22 日當選為軍校特別黨部監察委員。7 月 29 日，政治部主任邵力子與政治部同人話別，此後政治部的工作即由熊雄全面負責，並於 12 月 14 日正式代理政治部主任。12 月 24 日，熊雄、蕭楚女、張秋人、孫炳文被聘為黃埔軍校特別區黨部政治顧問；安體誠、張秋人等 40 人被聘為宣傳委員會委員。

惲代英從 1926 年 5 月起，接高語罕任政治主任教官。由此至本年底，惲代英主要在黃埔軍校工作。惲所撰《第四期同學錄序》謂：「這一期同學是與我相處很久的」，「此數月以來，置身於此革命的學校，與我三千同學蓬勃的革命精神中間，身心所受鼓舞之益，殊非淺鮮」。[2] 惲離開廣州後，政治主任教官改由孫炳文擔任。孫為朱德摯友，曾與朱德同赴德國留學，到廣州後任廣東大學教授、北伐軍總政治部秘書長、總政治部後方留守處主任。1926 年 11 月 26 日，軍校政治部召開第五期第一次政治工作會議，宣佈惲代英赴前方，孫炳文「奉校長、教育長命令，代惲主任教官職務」。留埔校工作的，還

1　《總政治部歡宴國際工人代表團盛況》，《黃埔日刊》1927 年 2 月 28 日。
2　惲代英：《第四期同學錄序》，《黃埔日刊》1926 年 8 月 4 日。

有軍官政治研究班主任教官韓麟符。

中共黃埔特別支部負責人楊其綱，繼續在政治部工作，任中校秘書。一期畢業生譚其鏡（第二、三期政治部職員），任第六期入伍生部政治部主任。歐陽繼修（陽翰笙）任入伍生政治部秘書，兼政治教官，同時是入伍生部中共黨組織的負責人。一期生游步瀛、三期生饒榮春在黃埔同學會工作，任《黃埔潮周刊》編輯。三期生尹伯休，任訓練股上尉股長。

北伐期間，先後到中央軍事政治學校工作的，有施存統、蕭楚女、熊銳、黃克謙、羅懋其、陳日新、李求實、張今鐸、宋雲彬、張鴻沅、李元傑、毛澤覃、蘇怡、彭士浩、張慶孚、宛希先、應修人、任卓宣、陳祖康等。上列人員，當時均為中共黨員。其中施存統為中共早期組織成員、中國社會主義青年團第一屆中央執行委員會書記，1926 年 9 月到廣州，任黃埔軍校政治教官，講授「馬克斯主義與孫文主義」。蕭楚女是《中國青年》編輯、上海大學講師，1926 年初到廣州，任農民運動講習所專職教員，11 月到黃埔軍校任政治教官，講授「社會科學概論」「帝國主義侵略中國史」等。羅懋其（政治部少校教官）曾協助蕭楚女整理文稿，撰聯贈蕭：「一身浩然正氣，滿腹錦繡文章。」熊銳早年赴法、德留學，獲博士學位，回國後任廣東大學教授，1927 年初到軍校任政治教官。黃克謙（黃松齡）為日本明治大學研究生，1926 年經惲代英引入黃埔軍校任政治教官，講授「帝國主義侵略中國史」「三民主義」。陳日新（陳濤）畢業於日本慶應大學經濟學系，1926 年到廣州，同年底任黃埔軍校政治教官，作《北京「三一八」運動的回顧》等講演等。李求實為莫斯科東方大學學生，回國後任共青團廣東省委宣傳部部長，兼埔校政治教官，講授「國民革命概論」「青年運動」（後為「左聯」五烈士之一，1931 年 2 月犧牲）。中共廣東區委宣傳部負責人任卓宣（後名葉青），被聘為軍校第五期政治教官，講授列寧的歷史與理論。宋雲彬、張鴻沅、李元傑為《黃埔日刊》編輯，宋的職務是政治部編纂股少校股長。蘇怡為北京大學學生，中山艦事件後不久到廣州，被安排到軍校入伍生部工作，負責編輯《先聲旬刊》（後改名《民眾的武力》）。張慶孚畢業於上海大學，經惲代英介紹於 1926 年秋天到黃埔軍校，任第六期入伍生部政治教官。

第三期學生姚成武、第四期學生李逸民（葉書，中華人民共和國成立後任中國人民解放軍總政治部文化部部長），畢業後調任《黃埔日刊》編輯。何焜任第五期國民黨特別區黨部執行委員。第四期炮科學生郭俊英（郭化若），任第五期炮科代理區隊長，並任第五期炮科中共支部書記，炮、工科黨團書記（後為傑出軍事理論家、教育家）。

二、第五期學生

第四期學生升學時，該期未升學的入伍生，編為第五期入伍生第一團；1926 年 3 月至 7 月底，陸續招收的入伍生，編為第二團。第五期入伍生分駐市郊燕塘等地，入伍生部隨由天平街遷往肇慶會館。9 月 16 日，第五期入伍生奉准開學。至 11 月，經升學考試合格者，升為正式學生，於 11 月 15 日舉行開學典禮。設步科、炮科、工科、政治科、經理科 5 科，共 6 個大隊、17 個中隊、53 個區隊，總共 2600 多人。

第五期學生開學初編隊、分科、人數和駐地情況[1]

隊別	分科	人數	中隊數	區隊數	駐地
第一學生隊	步科	800	4	16	燕塘
第二學生隊	步科	800	4	16	校本部
第三學生隊	炮科	200	2	4	曾家祠
第四學生隊	工科	200	2	4	曾家祠
第五學生隊	政治科	450	3	9	蝴蝶崗
第六學生隊	經理科	200	2	4	蝴蝶崗

11 月底，第五期的炮科、工科、政治科 3 科學生奉命北上，開往已為北伐軍佔領的武漢，與當地新招收之男女入伍生總隊，合稱為中央軍事政治學校武漢分校。

第五期入伍生招生、入學正值兩廣統一、準備北伐之時。因革命聲勢

1　惲代英：《致政治教官公函》，《黃埔日刊》1926 年 11 月 19 日。

壯大，各地青年報考黃埔軍校的熱情隨之高漲。來自湖南祁陽的陶鑄（陶劍寒），由入伍生升為第五期學生，編入第十區隊。黃埔第五期同學錄查不到陶的名字，[1] 而《黃埔日刊》（1927 年 2 月 2 日）則刊出他的《革命軍人的學識與人格》一文。中華人民共和國成立後，陶鑄任國務院副總理、中共中央書記處常務書記。張宗遜，陝西渭南人，先赴河南報名，後經上海到廣州，入校後編在入伍生第二團第二營第五連，中山艦事件時公開了自己的中共黨員身份，升為學生之後，編入政治科第二隊。楊至成，貴州三穗人，侗族。許光達，湖南長沙人，入讀黃埔軍校前已加入中共，入校後編在入伍生第二團，升學後編在炮兵科。許光達在黃埔軍校的聽課筆記，是極為罕見的一份黃埔軍校的歷史遺物。中華人民共和國成立後，許光達授大將銜，楊至成、張宗遜授上將銜，是出自黃埔軍校第五期的傑出將領。中國人民解放軍中將譚希林、少將廖運周，也是黃埔五期學生。

目前所知入讀過黃埔軍校第五期的，還有潘忠汝、陳葆華、文紹珍、馬心一、張鵬翥、尹沛霖、毛定方、吳福疇、丘隸華、唐有章、淩栖、姚家芳等。以上各人，當時為中共黨員。國民黨軍隊將領呂旃蒙、劉眉生、陳克非、楊家騮、柳樹人、李鴻、胡家驥、龍天武、鄭庭笈、唐守治、彭孟緝、陳文杞、邱行湘、陳孟熙、陳恭澍等，均為黃埔五期入伍生或學生。國民黨軍隊中將軍長郭汝瑰，也是黃埔軍校五期生。郭汝瑰後來實際是中共隱蔽戰線的一員。

1927 年 4 月後，因寧漢對峙，黃埔軍校第五期的畢業典禮分別在武漢、南京兩地舉行。武漢畢業儀式由惲代英主持（7 月 18 日）。南京畢業典禮由何應欽主持（8 月 15 日），實到者 1488 人。

三、第六期入伍生

根據黃埔軍校的規定，凡 1926 年 8 月 1 日以前入學者為第五期入伍生；此後入學者，為第六期入伍生。8 月 4 日，第六期入伍生開始招考；8 月 31

1 黃埔軍校第五期部分學生在學時已北遷武漢，未畢業又發生了「清黨」與「分共」。可能因為這一原因，黃埔軍校第五期同學錄是不完整的，許多第五期學生在本期同學錄查不到名字。

日、9月30日和10月初旬分批繼續開考。

此時，北伐戰爭大力推進，北伐軍挺進兩湖，國民革命運動從珠江流域迅速向長江流域擴展。黃埔軍校的生源，因之大為拓寬，北方各地南下投考黃埔軍校者，不絕於途。黃埔軍校的招生，呈現出強勁之勢。「到黃埔去」依然是各地青年精英的心聲。

當黃埔軍校第六期入伍生招生時，中共中央以「李承先」的代號，於1926年10月3日發出「鍾字第二十二號」通告：

> 黃埔軍校現在正招收大批的入伍生，除湖南、四川兩地一因已去千人不必再派，一因道路太遠派送不及外，其餘各地均應鼓動K.M.T.左派青年及無黨派青年之有革命傾向者前往投考；使此國民革命的軍事訓練機關勿為右派分子所拿去，造出一般反動的軍事人材。
>
> 此次所招因係入伍生，故條件極松，只須中學生程度均可放入。惟到粵路費須自備，並須取得省黨部介紹信；其有無黨派之革命青年願往者，均可臨時會之加入K.M.T.前去（無省黨部的地方，能有民校要人的介紹信便可取入）。
>
> 我們的同志宜少派人前往，總以多找左派為原則。凡已任有工作同志——尤其是工運、農運同志——絕對不可令之拋棄工作前去。惟能力幼稚，尚不能獨立工作而生活又難自維持，想入黃埔者，亦可允其前去。……[1]

當時中共中央所以提出多派國民黨左派和進步青年、少派共產黨員，應當是出於勿因大批中共黨員的離去而影響各地方工作的考慮。然而，實際上有為數不少的中共黨員，進入了黃埔軍校。後來廣州發動反共「清黨」時，軍校教育長方鼎英說：在廣州市內「各入伍生駐地」，第一次逮捕40餘人，第二次逮捕60餘人；在東莞各處逮捕入伍生共百餘人。另有資料提到：「清黨」後關押於廣州南石頭（「懲戒場」）西樓者，全部是黃埔軍校入伍生。

1　《中國共產黨通告（鍾字第二十二號）》，《黃埔軍校史料（1924—1927）》，第80頁。

10月8日，第六期入伍生正式入學，設步兵、炮兵、工兵、經理4科，共招生4400多人。考生來源於全國各地及緬甸、越南、朝鮮、南洋羣島諸地。入伍生教育期間，部分駐廣州市區沙河，部分駐東莞石龍、莞城、虎門，部分駐深圳等，一邊執行勤務，一邊訓練。1927年7月15日第六期舉行開學典禮。此後，第六期學生的一部分編入黃埔六期二總隊（廣州），1929年2月畢業；另一部分編入黃埔六期一總隊（南京），1929年5月畢業。

目前所知，中共黨員宋時輪、郭天民、周文在、張開荊、王良、張如屏、王芳澤、戴冠宇、趙鏄、劉光夏、朱侃、呂文遠、張廷仁、王金喚、韋鳳喈、楊大朴、郭成榮、楊學哲、葛承烈、楊汀楓、周倜、周仲英、宋一星、王鶴、資桂林、申春（梁道益）等，為軍校第六期入伍生。宋時輪原為五期入伍生，因病就醫，出院後轉為第六期，編在入伍生第一團第四營，中華人民共和國成立後授上將銜。同時授人民解放軍上將銜者，還有來自湖北黃安的郭天民；周文在、張開荊授少將銜。來自朝鮮的申春，後參加廣州起義。國民黨軍隊的將領姚子青、李頤、蕭作霖、唐縱、廖耀湘、戴笠、劉放吾等，為埔校第六期學生。姚子青後來參加淞滬抗戰，1937年9月7日殉國。劉放吾1941年12月任新三十八師一一三團團長，1942年春所部編入中國遠征軍，開赴緬甸抗日戰場，4月20日於仁安羌大破日軍，揚軍威於異國他邦。李頤抗戰時任預備第二師第五團團長，1944年9月在雲南騰衝對日作戰中陣亡。

第三節　教學與教研活動

北伐期間，中央軍事政治學校在校的學生，是第四期、第五期學生和第六期入伍生。此外還有軍官政治研究班、軍官政治訓練班、高級班、無線電班、外語班的學生等。雖然中山艦事件和北伐出師等使軍校的教學、訓練等事務受到一定的影響，但黃埔軍校的辦學，處於上升之勢。長洲島上，依然精英薈萃，熱氣騰騰，一片忙碌。

一、第四期學生的畢業與分派

第四期的教學訓練，部分是北伐期間進行的，有關情況見第十章所述。方鼎英總結說：第四期入伍生的教育、訓練不完整，入校選拔不嚴格，因學生係由各省分別考試及各軍軍官學校歸併送來，程度參差不齊，未經嚴格之篩選，入學之初，教育俱感困難，即軍紀風紀，亦頗有不足之處。

1926 年 10 月 4 日，黃埔軍校第四期畢業典禮，在廣州東較場舉行。軍校訓練部主任吳思豫說：

> 回溯去年（1926 年）本校畢業員生，數達二千六百四十三人，內第四期中之為步兵者，一千六百六十七人，為炮兵者，一百三十五人，為工兵者，一百三十一人，為經理［科］者，一百九十八人，為政治［科］者，一百九十二人（內五十名於九月間派赴長沙總部服務，十二月間奉校長電准發文憑），軍官政治研究班五十九人，第十隊一百十七人，第三期補習班二次，計一百三十四人。迨至七月，北伐興師，軍書旁午，需人孔亟，各軍調用學生或學生請願躬負湘鄂魯豫各省工作，經核定許可者，計二百四十九人，而政治科居其強半，此學生人數之總計也。[1]

據《中央軍事政治學校第四期學生畢業紀念冊》：第四期畢業生 2247 人（第四期畢業生人數還有 2826 人、2654 人的說法），其中 407 人留校服務，1151 人分派北伐軍各軍。本期政治科派往北伐軍總司令部及各部隊者，有 220 多人。[2]

二、第五、六期的軍事教學與訓練

因北伐及各種因素影響，軍校之學科、術科教育難於按部就班進行，搞不了「正規化」。方鼎英說：「本校應時世之需要而產生，並以環境之逼迫，

1　吳思豫：《訓練部之訓育經過》，《黃埔潮周刊》第二十四、二十五期合刊，1927 年 1 月 7 日。
2　《中央軍事政治學校第四期學生畢業紀念冊》，1926 年 12 月。

關於教育上之設施，殆無從容佈置之餘地。」[1] 故第五、六期軍事教學與訓練，仍較為忙亂。邊幹邊學、急用先學的特點較為明顯。

第五期的入伍教育，分三個階段實施。前、中兩個階段，大致能按照計劃進行，1926 年 7 月 1 日在燕塘大操場，舉行入伍教育檢閱。至第三階段，因北伐開始，第五期入伍生炮兵團、工兵營和迫擊炮連，開往前線，參與鄂、贛各戰役；留守後方者，負責守衛本校，分防各地之勤務，維護後方秩序。因人員調動頻繁、派出勤務過多，這一階段未能按照原定教育計劃施行。入伍生教育初定為 6 個月，實際經過了 9 個月，甚至有一年以上的。

同年 11 月初，第五期入伍生教育期滿。與第四期由各省分別考試、各軍校歸併不同，本期學生一律經本校考試，合格者始正式升為學生。之後，廢除團營制，改為學生隊制。計劃在前 10 個月中授予初級軍官必要的知識技能，後 8 個月就前期之學科、術科，繼續研究而充實之。方鼎英說：「照理論推測，將來第五期軍事學術科之成績，當然較優。」[2] 然而，授課甫半月，炮兵、工兵、政治三科學生，先後奉令遷鄂。

第六期的入伍生，教育程度相對劃一，學生素質較為純正，入伍訓練亦正常進行。學科每日三次，以講授「典」「範」「令」為主，並施以實地講解；術科上下午各一次。1926 年冬，因第五期入伍生須回校升學，故調第六期入伍生第二團至東莞石龍、莞城和深圳，第一團第四營至虎門駐防，其餘留沙河訓練。翌年 3 月調防，將第二團全部調回沙河訓練。駐防各地期內，訓練仍照常進行。

三、政治教育的深入

第五期開學之際，軍校計劃大力加強、推進政治教育。11 月 18 日，即第五期開學後的第三天，《黃埔日刊》刊發「第五期政治教育工作特號」，公佈本期學生「政治教育大綱」；24 日召開第五期第一次政治工作會議，方鼎英、

---

1 方鼎英：《一年來的中央軍事政治學校》，《黃埔潮周刊》第二十四、二十五期合刊，1927 年 1 月 7 日。本節所引方鼎英有關黃埔軍校的言論，均出自本文。

2 方鼎英：《本校十五年一年中的教育情形》，《方教育長言論集》，中央軍事政治學校政治部印，1927 年，第 17 頁。

熊雄、惲代英、孫炳文等參加，方鼎英作《對於軍事政治工作應協同的我見》的講話，強調政治工作與軍事工作「須打成一片」。[1] 至 1927 年 2 月，政治工作會議先後舉行 4 次。

第五期「政治教育大綱」規定：步兵、炮兵、工兵三科政治教育的目的，為養成國民革命軍下級幹部人才，如部隊官長、官佐及各級軍事人員：全隊政治科目授課 161 回（每回 70 分鐘，下同）。政治科政治教育目的，是養成國民革命軍中做政治工作的人才，如黨代表、政治指導員、政治部工作人員；授課共 446 回，分三期授完，第一期授 27 題，第二期授 15 題，第三期授 9 題，包括宣傳技術（講演、演劇、繪畫、作文等）。經理科教育目的，為養成國民革命軍中經理人才，如部隊副官、軍需管理人員；授課共 122 回。

第五期各隊學生政治教育之授課科目、授課回數計劃如下表所示（表格中的數目字為授課回數）[2]：

第五期學生政治科目授課回數（單位：回）

政治科目	步兵、炮兵、工兵科	政治科第一期	政治科第二期	政治科第三期	經理科
三民主義	8	8	8		8
黨史	6	6			4
黨的組織問題	4	4			4
本黨宣言訓令	6	6			6
國民革命概論	6	6			4
帝國主義侵略中國史	8	8			4
帝國主義	6	6			4
世界政治經濟狀況	6	6			4
中國政治經濟狀況	8	8			4

1　《第五期第一次政治工作會議紀事》，《黃埔日刊》1926 年 1 月 26 日。

2　據《中央軍事政治學校第五期學生政治教育大綱》摘要整理，《黃埔日刊》1926 年 11 月 18 日。

續表

政治科目	步兵、炮兵、工兵科	政治科第一期	政治科第二期	政治科第三期	經理科
蘇俄研究	4	4			
社會進化史	4				4
各國革命史	8	8			
社會主義運動	6	6			
政治學概論	6				4
經濟學概要	6		8		4
財政學概要	6				4
經濟政策	4	6			6
農民運動	4	6			4
勞動運動	4	4			4
青年運動	4				4
商民運動	2				2
軍隊中政治工作	2	6			2
近代國際問題		6			
中國民族問題		4			
中國社會組織		4			
宣傳煽動問題		4			
建國大綱			2		
不平等條約			10		
各國政綱比較研究			8		
各國財政比較研究			6		
蘇俄法制研究			4		
國民政府法制研究			6		
農村問題研究			6		
最近政治問題			10	10	

續表

政治科目	步兵、炮兵、工兵科	政治科第一期	政治科第二期	政治科第三期	經理科
軍隊內容之研究			6		
實際工作指導			8	4	
實際工作			22	12	
總理學説				10	
本黨領袖重要講演				10	
中國政治問題				6	
中國財政問題				8	
中國經濟問題				8	
革命史料研究				10	
宣傳技術分組訓練				40	
講演	10	6	6	6	6
音樂	10	8	6		6
討論	16	8	8	8	10
測驗	6	4	4	4	6

第五期全校政治教官任課分配情況是：「三民主義」，陳其瑗、余鳴鑾；「本黨宣言訓令」，廖劃平、惲代英、劉重民；「國民革命概論」，李求實、張秋人；「帝國主義侵略中國史」，林祖烈、蕭楚女；「帝國主義」，劉侃元、陳祖康、羅霞天；「各國革命史」，湯澄波；「中國政治經濟狀況」，葉啟芳、陳啟修；「經濟學」，陳啟修；「政治學概論」，羅霞天；「黨史」，惲代英、余鳴鑾；「軍隊中政治工作」，羅加覺夫；「近代國際問題」，張秋人；「勞動運動」，王懋廷；「青年運動」，李求實；「現代社會剖析」，施存統；「社會進化史」，廖劃平；「社會科學概論」，蕭楚女；「社會主義」，陳祖康；「經濟政策」，楊道腴。[1]

1　《第五期全校政治教官任課分配表》，《黃埔日刊》1926 年 1 月 19 日。

軍校並設「特別講演」，授課對象為本校「各部、處準尉以上官長」，每周兩次，由政治部負責規定題目，敦請各界名人到校講演。受邀請的講演者，有譚延闓、李濟深、李烈鈞、甘乃光、戴季陶、何香凝、陳樹人、宋子文、孫科、陳其瑗、鄧中夏、徐謙、顧孟餘、陳啟修、施存統、陳羣、周佩箴、陳孚木、陳克文、羅綺園、李求實、陳果夫、彭澤民、彭湃、惲代英等。[1] 其中，譚延闓講《國民政府之組織及其工作》，李濟深講《國民革命運動之過去與現在》，孫科講《肅清吏治問題》，李烈鈞講《中國革命戰爭略史》，徐謙講《法律與革命》，陳其瑗講《廣州工人運動之實況》。

此外，劉少奇 1926 年 8 月 25 日到校作關於省港大罷工的報告，毛澤東 9 月 3 日應邀到校講演，周恩來 10 月 14 日講《武力與民眾》，魯迅 1927 年 4 月 8 日到校講《革命時代底文學》。

四、班次增加

上述學生隊（步、炮、工、經理、政治五科）及入伍生部為軍校的主體班次。北伐期間，埔校擴大辦學範圍，增辦了若干班次。

（一）軍官政治研究班

熊雄《一年來本校之政治工作》提及：本校附屬軍官政治研究班，先後舉辦兩期，學員有一二百人。[2] 1926 年 11 月 2 日，《黃埔日刊》刊出軍官政治研究班舉行畢業典禮的消息。熊雄為《軍官政治研究班同學錄》撰序，勉勵同學「為黨為主義即為被壓迫的民眾——特別工農——利益而奮鬥犧牲！」[3]

（二）軍官政治訓練班

軍官政治訓練班學員為前方送回的俘虜軍官。1927 年 1 月 26 日，《黃埔日刊》刊發陳日新所撰《我們要歡迎覺悟了的同志》一文說：「訓練班不過一月，在語言行動上處處表現傾向革命，樂於接受黨的訓練。」2 月 20 日，又一批學員從武漢啟程來廣州，接受訓練。軍官政治訓練班由埔校戰術總教官

---

1 《黃埔日刊》1926 年 11 月 19 日。
2 熊雄：《一年來本校之政治工作》，《黃埔日刊》1927 年 1 月 1 日。
3 熊雄：《軍官政治研究班同學錄 · 序》，《黃埔日刊》1926 年 9 月 21 日。

姚琮任班主任，韓麟符為主任教官。

（三）高級班無線電科

1926 年 11 月 9 日，埔校發佈高級班無線電科招考學員的信息，目的是「於短期間養成無線電幹部人才」；招考對象為第四期畢業生現在後方充當見習官者，或第一、二、三期中有志於無線電專業者；考試科目為聽力、物理、數學、英文，名額 50 人。12 月 2 日，高級班無線電科開學。1927 年 4 月畢業。方鼎英說：無線電班在這樣短時間內，開始草創，咄嗟之間，能夠辦到這樣成績，總算令人大致滿意。[1]

（四）高級班

1926 年 12 月 22 日，《黃埔日刊》刊出「選送初試高級班學員」的「校聞」，校部通令：凡本校各職員中符合該班條例之規定，有意應試者，着向各該部處團隊主管官報名。校本部各部處正取 10 員，備取 14 員；入伍生部所屬團營正取 14 員，備取 20 員。由訓練部主任吳思豫任初試委員會委員長。[2] 1927 年 3 月 1 日，高級班開學。方鼎英說：「高級班是國民革命軍目前最高的軍事學府，也可說是中央軍事政治大學的基礎……以求具備一個高深而且專門的大學問。」[3]

（五）「學生軍」和「軍士教導隊」

方鼎英說：「學生軍」的程度介於入伍生與軍士之間，「可視為升入伍生的預備學校」。「軍士教導隊」的成立，是「謀軍士教育之完全，是為各軍補充軍士的預備，與別的部隊不同，能處處為人家的模範」。「學生軍」駐魚珠炮台，「軍士教導隊」駐北較場，各編一個總隊。

（六）外國文班

外國文班招收分修俄、英、日、德、法五國語言的學生，以期造就能直接閱讀外文的人才，1927 年 3 月 21 日開學。俄文學生 130 餘人，教官吳聲倫；英文班 140 餘人，初級班教官蘇寶秋、方瑩，高級班教官張培珍；日文

1　方鼎英：《對高級班無線電科畢業生訓詞》，《方教育長言論集》，第 35 頁。

2　《選送初試高級班學員》，《黃埔日刊》1926 年 12 月 22 日。

3　方鼎英：《紀念典禮大會概述》，《方教育長言論集》，第 38、39 頁。

班 130 餘人，初級班教官劉鈞衡，高級班教官彭忻祥；德文班 10 餘人，教官王有德；法文班 6 人，教官楊芳。[1]

五、教研活動的開展

最值得注意的是重視兵器研究。成仿吾在《黃埔日刊》第五期開學紀念號發表《兵器的進步與我們》，指出：近代的戰爭由種種意義上可以說是兵器的競賽。兵器是這樣的進步繁衍，將來的兵器，將愈奇巧，所以近代戰術不得不為之一變。現在上天下地，都無處不是戰場，最能利用物質征服空間的，方能是戰史上的勝利者。[2] 成仿吾呼籲，軍校應重視兵器研究，重視兵器人才的培養。

軍校兵器研究處成立於 1926 年 7 月。畢業於日本帝國大學造兵科的成仿吾，任兵器研究處技正。《黃埔日刊》1927 年 2 月 27 日編發「本校兵器研究處工作特號」，宋雲彬所撰弁言說：「兵器為國防上重要之工具」，「故對於兵器之研究與製造，為目前重要之急務」。可見兵器研究，在軍校受到了重視。

六、報刊工作的加強

黃埔軍校向來注重辦報、辦刊。中山艦事件後，由中國青年軍人聯合會主辦的《中國軍人》停刊，此後，中央軍事政治學校出版的報刊主要有以下數種。

（一）《黃埔日刊》

1924 年 11 月，陸軍軍官學校創辦《壁報》（又名《士兵之友》），由楊其綱、洪劍雄任編輯。洪病亡於北伐途中，《洪劍雄同志事略》記洪「可稱為編輯軍中《壁報》之第一人」。[3] 1926 年 3 月 3 日，《中央軍事政治學校日刊》出版，此為《黃埔日刊》創刊之日，由軍校政治部主辦。至 5 月 26 日，刊名改稱《黃埔日刊》。據李逸民（葉書）回憶：初期的編輯委員會，由政治部宣

---

1 《外國文班開學紀事》，《黃埔日刊》1927 年 3 月 21 日。

2 成仿吾：《兵器的進步與我們》，《黃埔日刊》1926 年 11 月 15 日。

3 《廣東各界追悼北伐陣亡烈士特刊》。

傳科科長安體誠任主編，宣傳股長宋雲彬，李逸民等任編輯。[1] 張鴻沉、姚成武、李元傑等參與編輯。《黃埔日刊》「是民眾和革命武力的輿論機關」（熊雄語），設《新聞》《黨務》《革命運動》《中國政治經濟狀況》《國際政治經濟狀況》《特載》《政治報告》等欄目及《革命之路》副刊。宋雲彬在《黃埔日刊》發表的文章，有《革命家與宗教家》《黃埔同學應有的認識》《謝謝羅素先生》《黨與軍隊》等，目前可以查到 30 多篇（宋雲彬後為著名文史學者）。在《黃埔日刊》發表文章或演講稿的，有熊雄、惲代英、孫炳文、蕭楚女、安體誠、施存統、張秋人、楊其綱、羅懋其（羅髫漁）、黃克謙、陳日新、韓麟符、宛希先、陶鑄、鄒今鐸等。軍校校歌創作於 1926 年底，陳祖康作詞，音樂教官林慶培譜曲，刊登於 1927 年 1 月 19 日的《黃埔日刊》。《黃埔日刊》日發行量達 2.6 萬份，1927 年 1 月 10 日記錄為日發行量 3 萬份。

（二）《黃埔潮周刊》

軍校本有以《黃埔潮》為刊名的三日刊、半周刊，由軍校政治部主辦。從 1926 年 7 月起，《黃埔潮周刊》由黃埔同學會宣傳科編輯股出版，改為周刊。編輯股負責人為游步瀛、饒榮春等。《黃埔潮周刊》撰稿者除游、饒二人外，還有黃鰲、羅碧湖、楊新民、繆芸人、吳善珍（吳奚如）等。半年之內，游步瀛在該刊發表文章 20 多篇，不少是長篇之作。署名「鐵血」的長篇論著《孫文主義與列寧主義之比較觀》，共約四萬言，在該刊連載多期，此文說：「中國共產黨就是中國三萬萬一千萬勞苦大眾的急先鋒」。作者為中共黨員，當無疑問。蕭楚女、孫炳文、韓麟符的文章或講稿，亦在《黃埔潮周刊》上發表。

（三）《民眾的武力》

由第六期入伍生部政治部主辦，原刊名《先聲旬刊》，1926 年 12 月改刊名為《民眾的武力》。由曾擔任中共北京大學支部書記的蘇怡（舒大楨）任編輯。目前所知，在《民眾的武力》發表文章的，有譚其鏡（6 篇）、蘇怡（4 篇）、尹伯休（8 篇）、歐陽繼修、王一沙、韋鳳喈等。

1　李逸民著，黃國平整理：《李逸民回憶錄》，湖南人民出版社，1986 年，第 36 頁。

（四）《革命畫報》

《革命畫報》由梁鼎銘、梁中銘、梁又銘兄弟主持，每期刊行萬份。

此外，中央軍事政治學校出版的講義、各種紀念冊及小冊子等，在 1926 年的 8 個月內，共印 1000 萬份以上，發行至全國各省及東西洋各大埠。

綜上所述，黃埔軍校在廣州時期的辦學，無論是陸軍軍官學校階段還是中央軍事政治學校階段，均屬於面對實戰需要的辦學。辦學的目的性、實用性較為明確。

經過前後兩個階段的實踐，校務主持者逐步體會、認識到與此相關的若干問題，要點是：（1）學生的選拔應當嚴格，學生非有中學以上程度者，不能入學；（2）入伍生的教育與訓練不應缺少；（3）初級軍官的培養，入伍教育訓練期滿之後，非經過一年以上的軍事教育與訓練，絕難完成；（4）學科設置應面對實戰需要，隨着北伐的進展，為適應黃河以北地區的作戰，騎、炮、工、輜、飛行等科的開設，尤為迫切；（5）軍事教育應與政治教育互相結合，「啟發式」教育應與「鍛煉式」教育互相結合，在校教育應與離校之後的繼續學習、研究相結合；（6）學生離校之後，須寓「學」於「術」，做事不忘求學，時加策勵，等等。[1]

以上幾點，應視為軍校創辦數年來的實踐經驗的總結。

第四節　武漢軍校的開辦

黃埔軍校之設立分校，開始於 1925 年東征時，簡況如下。

潮州分校：1925 年第一次東征時為隨同出發的第二期學生補習課程而設，東征軍回師廣州後結束。第二次東征時復辦，何應欽兼校長。學員隊以第三師及獨立第二師下級幹部組編之，入伍生隊由潮、梅各屬考取之學生組編。1925 年 12 月 18 日開學，1926 年 6 月 1 日學員隊畢業，為分校第一期

1　參見方鼎英：《一年來的中央軍事政治學校》，《黃埔潮周刊》第二十四、二十五期合刊，1927 年 1 月 7 日。

畢業生，共 348 名，與本校第三期同等待遇。同時入伍生隊升學，至 12 月畢業，為分校第二期畢業生，共 380 名，與本校第四期同等待遇。

南寧分校：設於 1926 年春。俞作柏任校長。學生班 300 名，從中學生中考選；學員班 400 名，從現役軍官中考選，分步、炮、工、政治諸科。

長沙分校：設於 1927 年 2 月，石醉六任校長，學員定額 1000 名，內有皖、豫兩省學生各 100 名，分步、炮、工、政治諸科。後併入武漢分校。

黃埔軍校分校之中，規模最大的是武漢分校。

隨着北伐戰爭的推進，革命運動的中心逐步北移。中央軍事政治學校教育長方鼎英於 1926 年 9 月 29 日提議：「現在我方局面進展，粵東偏處一隅，招致人才不易，似宜及時在武漢或長沙設立分校，一面為擴充之準備；一面為延攬人才之辦法，關係頗為重要。」[1] 10 月 16 日，武昌破城後不足一周，武漢分校即開始籌備。

最初，為適應形勢發展的需要，加緊培訓政治、軍事人才，北伐軍總政治部主任鄧演達決定先行舉辦政治訓練班，設籌備處於北伐軍總政治部，初擬招生 500 人，以曾任陸軍軍官學校後方政治部主任的包惠僧為籌備處主任。[2] 10 月 22 日，蔣介石致電國民黨中央執行委員會、國民政府：「中央軍事政治學校名稱，請仍改為黨立陸軍軍官學校，免除前後各期學生派別之分；並在武昌另設分校，原有校內政治科，移設武昌，再加擴充，以便多方造就政治人才也。」[3] 10 月 27 日，改政治訓練班籌備處為中央軍事政治學校政治科，以鄧演達為主任，並擇定武昌蘭陵街前之兩湖書院舊址為校址。

11 月 1 日，武漢分校成立招考委員會，以鄧演達為主席，郭沫若、李民治、彭澣蘭、王法勤、楊樹松、王樂平、陳公博、詹大悲、李漢俊、董必武、劉芬、包惠僧、紀錢、鄭強為委員。[4] 招考委員會開會多次，討論決定招生、考試諸事宜，包括投考資格、名額分配、考試日期、閱卷、錄取等。11 月 6 日，管理處成立，並陸續成立總辦公廳、總隊部、軍醫處、經理處等。

1　《黃埔軍校史料（續篇）》，第 513 頁。

2　包惠僧：《武漢行營時期的二三事》，《包惠僧回憶錄》，第 289 頁。

3　《蔣介石年譜初稿》，第 754 頁。

4　《中央軍事政治學校武漢分校籌備經過概略》，《黃埔軍校史料（1924 — 1927）》，第 416 頁。

11月，中央軍事政治學校第五期（廣州）之政治科學生500人，奉令開赴武昌。[1] 到達武昌後，鄧演達於12月9日主持召開政治科教務會議，討論課程設置、教材編寫及教員人選諸事宜。擬聘請李漢俊授「三民主義總綱」，李達授「社會科學概論」，毛澤東授「中國農民問題」，李立三授「國際職工運動」，周恩來授「軍隊政治工作實施方法」「中國最近社會運動」，惲代英授「中國國民黨政綱及一切決議案」，鄧演達授「國民革命軍歷史及戰史」「國民革命軍之軍事政治組織」等。[2] 李達任代理政治總教官。正式開學前，暫以講演形式上課，教官由鄧演達、李漢俊、李達、毛澤東、惲代英、朱代傑、鐵羅尼等擔任。

12月間，廣州本校第五期之炮兵科和工兵科，亦啟行移往武昌。炮、工兩科發表「告民眾書」謂：

> 半個月前，我們中央軍事政治學校第五期政治科由黃埔開至武昌，現在我們是中央軍事政治學校炮科、工兵科的學生，也是奉令開至武昌。我們所學的是炮、工科，要預備把我們的炮，去轟毀那軍閥的營寨，帝國主義的壁壘；要把我們的工具，去掃除革命前途的一切障礙。所以我們的炮是民眾所有的炮，我們所學和技能是為民眾使用的。[3]

與此同時，武漢招考委員會派員分赴湖北、湖南、江西、四川、上海、奉天招生，國民黨河南、安徽、山東、直隸、山西、陝西、甘肅、奉天、熱河等處黨部及韓國青年會亦介紹學生投考。先後初試、複試6次，初試參與者6000餘人，複試者4000餘人，計取男生986人、女生195人。男生以四川最多（207人），女生以湖南最多（61人）。

1927年1月，第五期炮科（800餘人）、工科（400餘人）兩大隊從廣州到達武漢。武漢分校即以從廣州遷武漢的政治大隊、炮兵大隊、工兵大隊為

1　1926年11月30日為「第五期政治科學生隊奉令開赴武昌的日子」，是日熊雄副主任對赴武昌政治科學生作最後訓話。見《黃埔日刊》1926年12月3日。

2　《革命軍日報》1926年12月13日。

3　《第五期炮工科移駐武昌旅途告民眾書》，《黃埔日刊》1926年12月15日。

第五期學生總隊；以新招收的男女學生為第六期入伍生總隊（入伍期 3 個月）。全校兩期、三科，近 3000 人，分駐四處：第五期工兵大隊駐武昌大東門外；第五期炮兵大隊駐平湖門外舊騎兵營；第五期政治大隊和第六期入伍生政治第一大隊、第二大隊駐兩湖書院舊址；女生隊駐兩湖中學。

1 月 19 日，武漢軍校正式命名為「中央軍事政治學校武漢分校」，蔣介石兼任校長，汪精衛兼總黨代表，以鄧演達代理校長，顧孟餘代理黨代表，張治中為教育長兼訓練部主任，周佛海為秘書長兼政治部主任，惲代英為政治總教官。2 月 12 日，武漢分校舉行開學大典，宋慶齡、孫科、吳玉章、董必武等出席。宋慶齡宣讀祝詞。鄧演達的訓話指出，「本校為黃埔的分校」；又說：「我們要有革命的武裝力量，軍校就應運而生，目的是要解放痛苦的民眾。」

分別在武漢分校各種班次擔任教官的，有郭沫若、周恩來、李富春、李達、李季、章伯鈞、蔡暢、張國燾、李漢俊、陳潭秋、項英、陸沉、彭澤湘、郭冠傑、沈雁冰、樊仲雲、區克昌、袁振英、董光孚、吳文祺、吳企雲、周佛海、許德珩、陳啟修、陸更夫、施存統、高語罕、譚平山、馬哲民、陶希聖、黃克謙等。其中黃克謙是黃埔廣州本校政治教官，北伐軍佔領武昌後，調任武漢分校政治教官，講授「農民土地問題」。特聘講演者，有毛澤東、譚延闓、李立三、張太雷、彭澤民、徐謙、陳獨秀、瞿秋白、甘乃光、彭述之、陳公博、鄧初民、何香凝、吳玉章、宋慶齡、顧孟餘、李合林、高一涵、董必武、孫科、唐生智、向忠發、張國燾等。擔任軍事教官的，有侯連瀛、楊樹松、李青雲等。

留法勤工儉學、北京中法大學畢業生陳毅，以準尉文書的身份，到武漢分校主持黨（中共）的工作。廣州本校一期畢業生徐向前任分校政治大隊第一隊少校隊長。陸侃如（歷任燕京大學、中山大學、山東大學等高校教授）任分校《革命生活》編輯。

2 月 14 日，武漢分校正式上課。學校規定每天上課 7 小時，其中炮科、工科兩大隊每天上政治課 1 次，政治大隊每周上政治課 14 次，其餘為軍事課；入伍生各隊每天上政治課 1 次，學科 2 次，術科 2 次。

武漢分校的學生，有鄧萍、羅瑞卿、陳伯鈞、張友清、程子華、劉型、周維烱、段玉琳、徐彥剛、李超時、張赤男、陳忠柱、宋綺雲、孫明瑾、臧克家等。羅瑞卿等後來成為人民軍隊將領；宋綺雲後任楊虎城秘書；孫明瑾抗戰時任第十軍預備第七師師長，1943 年 12 月 1 日在常德外圍對日作戰中陣亡；臧克家是名聞遐邇的詩人。

與廣州本校相比較，武漢分校最具特色之處，是向女性招生。武漢分校女生隊有 195 名學生，來自全國各地，大多數受過中等或中等以上的教育，入學之前，有的是北京大學的學生，有的當過教師或校長，有的從事過婦女運動或革命活動；有共產黨員、共青團員、國民黨員，亦有無黨派者。

當年的武漢街頭，常見頭剪短髮、身着軍裝、腰紮皮帶、打着綁腿、英姿颯爽的女兵。此為中國第一批軍事院校女生。惲代英讚揚她們是「中國婦女解放的先鋒和榜樣」。

在廣州任國民黨中央執行委員會宣傳部秘書的沈雁冰，任武漢分校政治教官，在女生隊主講「婦女解放運動」。沈雁冰後來回憶說：武漢分校初創時，沒有桌椅，沒有固定的課室，上課時，教官大多站在桌上講，學生就圍在周圍聽。簡陋的條件，絲毫沒有影響教官、學生們投身革命的滿腔熱情，武漢分校一派龍騰虎躍的景象。沈後來成為著名作家，筆名茅盾。在他的小說中，有江漢之濱的歷史雲煙，有武漢分校女兵的身影。

武漢分校女生隊的學生，主要有胡蘭畦、謝冰瑩、趙一曼、游曦、胡筠、黃傑、張瑞華、危拱之、周月華、曾憲植、譚珊英、黃靜汶、王亦俠、陳覺吾、彭鏡秋等。謝冰瑩撰有國內外流傳甚廣的《從軍日記》。游曦在廣州起義時陣亡於羊城街頭。胡筠參加平江起義，是一名出色的紅軍將領。趙一曼原名李坤泰，學名李淑寧，後參加東北抗日戰爭，壯烈犧牲。

3 月 10 日，國民黨二屆三中全會通過《關於軍事政治學校之決議案》：

> （一）軍事政治學校及各分校，為本黨培養黨軍將校之教育機關。此等教育機關，須確立於黨的指導之下。
>
> （二）軍事政治學校及各分校，均應改校長制為委員制；學校所在地之最高黨部，應舉代表參加；委員會委員由中央執行委員會指定，並指定一人為委員長。

（三）軍事政治學校之政治教育，須嚴格受軍事委員會總政治部指導。[1]

上述三中全會決議的通過，與武漢當時的形勢密切相關。針對蔣介石的軍權擴張，以軍制黨、以軍制政的行為，武漢革命營壘正掀起一場提高黨權運動，力圖以國民黨之黨權，抑制蔣的軍權擴張（詳見第十七章）。在國民黨二屆三中全會上，詹大悲發言：「校長制能使學生忘卻有黨，只知崇拜個人影響、個人獨裁。」惲代英建議「改校長制為委員制」；解釋說，「不然校長與黨衝突時，真不知有若何危險！如學生常言我是某某的學生，造成一人的學生」。毛澤東覺察到「黃埔同學會」被蔣利用，說「黃埔學生皆黨員，似不必有同志會之設立。凡同學會、同志會皆封建思想之遞嬗，已不適宜於今日」。[2] 言下之意，是防止黃埔學生忘卻自己的黨員身份，不自覺變成蔣的工具。三中全會這一決議的主旨，是強調軍校姓「黨」、實行集體領導，防止突出個人。

武漢分校之體制，也因之改變，校長制改成委員制。3 月 22 日，吳玉章在國民黨中央常務委員會第二次會議上提議，將「中央軍事政治學校武漢分校」改為「中央軍事政治學校」，獲一致通過。[3] 4 月 12 日，《黃埔日刊》登出「『中央軍事政治學校武漢分校』改為『中央軍事政治學校』，隸屬於中央軍事委員會」的消息。[4] 武漢分校遂升格為「中央軍事政治學校」。譚延闓、鄧演達、惲代英、徐謙、顧孟餘被任命為校務委員會委員，譚、鄧、惲為常務委員，惲代英主持日常工作。蔣之校長名義，實際上已被取消。

4 月初，武昌南湖學兵團編入武漢分校第六期入伍生隊。南湖學兵團由未被軍校錄取的考生組成，稱國民革命軍總司令部學兵團，張治中任團長。

1　國民黨二屆三中全會《關於軍事政治學校之決議案》，《中國國民黨歷次代表大會及中央全會資料》，第 326 頁。

2　《中國國民黨第二屆中執會第三次全體會議速記錄．第七日速記錄》（1927 年 3 月 17 日），中國第二歷史檔案館編：《中國國民黨第一、二次全國代表大會會議史料》（下），江蘇古籍出版社，1986 年，第 869 頁。

3　《中國國民黨中央執行委員會第二屆常務委員會第二次會議錄》，1927 年 3 月 22 日。

4　《黃埔日刊》1927 年 4 月 12 日。

張治中曾說：這個團包括三個步兵營、機關槍連、迫擊炮連、交通兵連，是一個部隊化的軍事學校。[1] 至此，武漢分校全校學生和入伍生，共 6000 餘人。1936 年出版的《中央陸軍軍官學校史稿》稱：「武漢分校規模之宏大，不亞於黃埔本校，有男女學生及入伍生六千餘人，實為中國腹部武裝革命勢力之大本營。」

7 月 15 日，武漢「分共」。軍校五期於 7 月 18 日提前畢業，其餘整體改編為第二方面軍軍官教導團，移駐南湖。武漢分校至此結束。

1　張治中：《張治中回憶錄》，中國文史出版社，1985 年，第 61 頁。

第五部分

黃埔軍校在廣州的終結

第十九章　國共合作破裂與黃埔軍校的質變

第一節　風雲驟變的 1927 年春天

1927 年的早春，風雲激盪，人心振奮。然而總體來看，形勢是逆向而行，朝着有利於蔣介石的方向變動的。

一、莫斯科遠程操控

北伐時期，莫斯科對中國革命的指導思想，主要內容有兩點：一是要解決農民問題和土地問題；二是反對共產黨員退出國民黨，讓共產黨員繼續留在國民黨內。

以上第一點，實際的效果是帶來了農村「土地革命」的迅猛開展，但卻助長極左的土地政策。這不符合中國的實際，激化了城鄉各種矛盾，導致社會劇烈動盪和人羣的重度撕裂，使國民革命陣營逐步陷於瓦解。

第二點出於斯大林的意旨。如前所述，「黨內合作」本來為共產國際及蘇聯所策劃和主導。鮑羅廷說得很明白：「共產黨人沒有堅持要加入國民黨，是共產國際說服中國共產黨人加入國民黨的」，「是共產國際逼迫中國共產黨人加入國民黨」。[1] 黨內合作讓國共關係陷入複雜化，陳獨秀因此多次提出共產黨員應當退出國民黨，試圖以退出來破解危局，從困厄中脫身。但陳獨秀的主張，遭到了斯大林的反對。

1　《鮑羅廷在聯共（布）中央政治局使團會議上的報告》（1926 年 2 月 15 日和 17 日），《共產國際、聯共（布）與中國革命檔案資料叢書》3，第 138 頁。

1926 年 11 月，斯大林在共產國際第七次大會中國委員會上作《論中國革命的前途》的演說，提到:「有人說，中國共產黨人應當退出國民黨。同志們，這是不對的。中國共產黨人現在退出國民黨將是極大的錯誤。」[1] 直到 1927 年 4 月 21 日，當蔣介石發動了四一二反革命政變後，斯大林仍在《中國革命問題》一文中這樣說：

反對派認為共產黨加入國民黨是不適當的。因此，反對派認為共產黨最好退出國民黨。但是現在，當整個帝國主義匪幫及其一切走狗要求把共產黨人趕出國民黨的時候，共產黨退出國民黨是什麼意思呢？這就是說，退出戰場，拋棄自己在國民黨內的同盟者，使革命的敵人稱快。這就是說，削弱共產黨，破壞革命的國民黨，幫助上海的卡維涅克們，把中國一切旗幟中最受歡迎的國民黨旗幟交給國民黨右派。[2]

斯大林在中共提出反對意見的情況下，堅持讓中共黨員留在國民黨內。按照他的解釋，要等到將來中國搞「十月革命」時，中共黨員才能從國民黨中退出，才能變「黨內合作」為黨外聯合。斯大林這一決定，無異於讓中共繼續陷身於「跨黨」的絕地不能自拔，這等於為國共關係的最終破裂和中國革命的失敗，鋪就了一條道路。

二、1927 年春國內局勢

1927 年的春天，一方面，莫斯科的遠程操控失誤，未能給中國革命指明正確的發展道路；另一方面，蔣介石因時就勢，在實際情況的變動中獲得了擺脫困境的一些際遇。

1　《斯大林論中國革命的前途》（1926 年 11 月 30 日），中國社會科學院近代史研究所翻譯室編譯：《共產國際有關中國革命的文獻資料（1919 — 1928）》第一輯，中國社會科學出版社，1981 年，第 269 頁。

2　斯大林：《中國革命問題》（1927 年 4 月 21 日），中共中央黨史研究室第一研究部編：《共產國際、聯共（布）與中國革命檔案資料叢書》6，北京圖書館出版社，1998 年，第 83 頁。文中的「卡維涅克」是法國 1848 年 2 月革命後臨時政府的陸軍部長，鎮壓了巴黎工人的 6 月起義。

（一）北伐軍將領的分化

北伐軍官兵許多人來自鄉村，他們的家庭不少是程度不等的土地佔有者。他們本能覺察到農民運動必然觸及他們自身的利益。此外，在經濟上，由於戰爭的影響，城鄉震盪，工廠、作坊倒閉，資金大量流失，加上舊軍隊收編太多，軍費猛增，致使政府財政窘迫，長期發不出軍餉。1927年春初，各地軍人因欠餉而嘩變的事件，接連發生。這時，有的人存心將軍隊方面的怨恨，引向農工和共產黨，煽動反共，把北伐軍官兵推向親蔣的一邊。

隨着武漢、南昌兩大陣營的對峙，北伐軍將領的分化日趨明顯。起初，有的人不安、苦悶，對北伐的前途憂心忡忡；有的人擔心國民革命軍會重蹈太平天國內訌的覆轍；有的公開表態，有的決然離去，還有的徘徊觀望。越到後來，南昌、武漢之間，越來越成水火之勢。在政治危機面前，北伐軍將領一步步走向分裂。這種情況，給蔣介石拉攏軍隊，收買軍事將領，提供了可乘之機。

（二）南昌破城——蔣介石處境的翻轉

1926年北伐軍攻下南昌之前，是北伐以來蔣介石最不順心的日子。蔣既對兩湖的軍事、政治插不上手，又在江西連遭失敗。為蔣所倚重的那批黃埔軍人，包括教官王柏齡、劉峙、繆斌、王俊，一期生孫元良等，在關鍵的時刻，不但未能幫上蔣的忙，反而不停地添亂，讓蔣丟盡了顏面。對此時的蔣介石，歷史學家唐德剛給他戴了頂帽子——「孤立的政治難民」。[1]

這年11月7日，是俄國十月革命九周年紀念日。蔣致電斯大林：

> 貴國革命第九〔周年〕紀念節，中正遠在南昌陣中，不克躬予慶祝，謹特代表中國國民革命軍全體將士，以至誠恭祝我最友愛同志國蘇俄革命成功萬歲，並祝中俄兩國革命精神之團結，與年年紀念革命而益

1 唐德剛説：（1926年冬）「蔣總司令在南昌開始秘密向上海的商人請求財務援助。直到這時為止，蔣只是國民黨內反獨裁運動中一個孤立的政治難民，商人們對蔣的請求反應相當冷漠。」見唐德剛：《中國革命簡史：從孫文到毛澤東》，（台灣）遠流出版事業股份有限公司，2014年，第242-243頁。

增長，深望兩國同志共同奮鬥，以完成世界革命之責任也。[1]

此時，南昌尚未攻破。這天蔣向蘇聯唱的，是「至誠」的讚歌。

鑒於北伐軍在江西戰場的失利，蔣調第七軍、第四軍入贛。北伐各軍協同作戰，圍殲孫傳芳主力於南潯鐵路南段。11 月 8 日，即十月革命紀念日第二天，北伐軍攻克了南昌。蔣於 9 日進駐南昌。軍閥孫傳芳的主力部隊基本上被消滅，南京、上海的佔領，已不再是可望而不可及的事情了。蔣在軍事、政治上的處境，因之翻轉，他的言論，也隨之而變調。11 月 12 日，在南昌舉行孫中山誕辰六十周年紀念大會，蔣任大會主席並發表講話，這是一篇變聲換調的言論，其言謂：

> 我們總理不單是東方民族革命的領袖，並且是世界革命的領導者。今天紀念本黨總理的誕辰節，就是紀念世界革命領袖的誕辰節，也是紀念東方民族解放領袖的誕生節。各位同志們，我們要照我們總理定下的遺訓，時時在精神上紀念他，使我們總理四十年的奮鬥精神，不至於因為無人繼續而汩沒下去。我們要使總理的主義普遍全球，使我們革命早日成功，這是我們紀念總理誕辰的意義。[2]

蔣的這篇講話表明，他已將五天前的高歌斯大林，轉變為大力讚頌孫中山，極力抬高孫中山和三民主義的地位：將孫打造為東方民族解放運動和世界革命的領袖，把三民主義提升為具有世界意義的、普照全球的普遍真理。通篇講話，顯然有在宣傳上將孫中山與列寧、將三民主義與馬克思主義、將中國革命與俄國革命相提並論的意味。

這應當不是偶然和隨意的。觀察北伐時期蔣的心路走向，梳理他的思想軌跡，不應忽略南昌破城這個日子（11 月 8 日）。因南昌破城，在「軍權」「黨權」博弈的天平上，蔣自以為手上多了個砝碼。隨之，才有定都南昌，與武

1　《蔣介石年譜初稿》，第 781-782 頁。
2　《蔣介石年譜初稿》，第 787 頁。

漢的嶄然對峙；才提升了他與鮑羅廷、蘇聯叫板的底氣；也因為這樣，他才會公然喊出「制裁」共產黨。有中國革命史學者認為，南昌破城，是蔣的「矛盾性質」轉變的節點。

1927年2月21日，蔣在南昌總部第14次紀念周發表講演，其中說：

> 如其（中共）黨員有跋扈強橫的事實發生，那我一定要糾正他，並且一定要制裁他的……現在共產黨黨員事實上有許多對於國民黨黨員加一種壓迫，表示一種強橫的態度，並且有排擠國民黨員的趨向，使得國民黨黨員難堪……我有干涉和制裁的責任及其權力。[1]

這篇講演中講到的「制裁」兩個字，十分搶眼，不能不令人驚悚。彭述之在《嚮導》發文說：「這是一篇很嚴重的講演，在目前政治上甚至全部的革命上都有極嚴重的意義。」[2] 認為這是蔣自己放出的、非同尋常的政治信號。路透社、《字林西報》《順天時報》等在顯著位置上，刊出了這篇講演。傳媒紛紛預言，一場激變，將呼之而出。

南昌破城前，蔣曾派人到上海，請求財政援助，上海商人的反應冷淡。南昌破城，蔣並鞏固他對江西的控制後，這些商人改變了對蔣的態度。1927年初，蔣介石的盟兄黃郛（曾代理北方政府內閣總理）抵達南昌，給蔣帶來了一張由銀行家張嘉璈發出的中國銀行100萬元的支票。這個數目，相當於宋子文任國民政府財政部長全部現金儲備的四分之一。上海富商領袖虞洽卿，也到南昌會見蔣，允以數百萬巨款的幫助。蔣的「政治難民」這頂帽子徹底扔掉了。唐德剛對此又有一段點評：（武漢三中全會後）「一個基於需要的結合逐漸成形，蔣介石不久就改弦更張，從被擊敗的政治難民變成領導反共的英雄。國民黨內軍事領袖與一羣在武漢的文官領袖間的領導權之爭，轉化為國、共兩黨之間的鬥爭。中國革命的性質因此起了激烈的變化。」[3]

1　《蔣校長最近之言論》，第8-9頁。
2　彭述之：《讀了蔣介石二月二十一日的講演以後》，《嚮導》第一百九十二期。
3　《中國革命簡史：從孫文到毛澤東》，第243頁。

這樣，共產國際指導方針的失誤，中共因「跨黨」而越陷越深的困厄，北伐軍將領因具體環境際遇而產生的逆反情緒，為蔣的下一步轉向鋪平了道路。南昌破城後，蔣躍出了困谷，加上有江、浙、滬財閥力挺，他具備了通過反共而轉嫁危機，特別是轉化他與武漢文官領袖衝突危機的現實條件。

中國革命的形勢，因之急轉直下。

第二節　黃埔軍校「清黨」——血雨腥風的日子

當國民黨中央黨部和國民政府北遷、廣東省政府改組時，1926 年 11 月 23 日，中共廣東區委向中共中央提交了一篇報告，認為「廣東現在是要經過一個新軍閥統治時期，這種新軍閥較舊軍閥更厲害些，他會壓迫一切民眾運動」。區委並認為：民團與農會衝突、地主與農民衝突、農民與軍隊衝突「就是將來絕大衝突的開始」。[1] 廣州在北伐後已從國民革命的「中心」變成北伐的後方。中共廣東區委從「後方」的視角觀察革命運動的走勢，預感到逆變可能發生。後來的事態表明，這篇報告所說，並非無的放矢。

1927 年 3 月 26 日，北伐軍佔領上海和南京。4 月初，蔣介石在上海舉行秘密會議，讓吳稚暉以國民黨中央監察委員名義，提出「共產黨連結容納於國民黨內之共產黨員同有謀叛證據」一案（公開發表時題為《中央監察委員吳敬恆呈中央監察委員會文》），並通過《中國國民黨中央監委會諮請執委會處置各地共籍叛亂分子諮文》，附以陳獨秀、譚平山、林祖涵、于樹德、吳玉章、楊匏安、惲代英、毛澤東、鮑羅廷、鄧演達等 190 多人名單，要國民黨中央執行委員會「緊急處置」。[2] 隨之發出《中國國民黨中央監察委員會護黨救國通電》。蔣並決定在上海「清黨」，密令各省一致行動。4 月 12 日，一場

1　《中共廣東區委政治報告》（1926 年 11 月 23 日），《廣東區黨、團研究史料（1921 — 1926）》，第 484 頁。

2　中山大學政治訓育部編：《政治訓育》第九期，1927 年 4 月 17 日，第 11 頁。

血雨腥風的反革命政變，在上海發生。

4月14日下午6時，李濟深（黃埔軍校副校長）召錢大鈞（埔校教官，時任廣州警備司令）、鄧彥華（廣州市公安局長）等謀劃廣州「清黨」問題，決定錢大鈞任臨時戒嚴司令，指揮在穗之海軍、陸軍；徐景唐（第十三師師長）負責「清剿」石圍塘、花地、芳村一帶；鄧彥華負責市區搜捕；李福林（第五軍軍長）警戒珠江南岸；海軍處警戒珠江江面。

廣州市公安局隨即發佈「佈告」：

> 奉總司令訓令開，准中央監察委員會諮，請以非常緊急處置各地共產黨首要分子，交軍警機關看管。本總司令認為有完全接受及迅飭軍警執行之必要。為此令仰公安局迅將廣州附近共產黨分子全行逮捕，並將各工會糾察隊勒令繳械，如違即行剿辦等因，奉此，特飭軍警即日嚴密執行，仰人民一體知照。[1]

4月15日凌晨2時，廣州宣佈特別戒嚴。珠江江面大小軍艦升火以待，市面交通要道步哨林立，各軍警機關換發了特別口號及通行證，兵士改換白布藍字布章。公安局附近馬路、省政府前、財政廳前、東堤、東川馬路、沙基、彩虹橋、西村、觀音山（越秀山）一帶戒嚴區域，步哨和偵緝遍佈，如臨大敵。軍警控制了電話局和電報局，以致「全市電話不通，商店閉門，內街交通斷絕」。佈置妥當後，鄧彥華派出公安局武裝警察及保安大隊800餘人，錢大鈞、徐景唐派出步兵兩團，兵分數隊：一隊開向廣九站，一隊開向石圍塘站，一隊開向燕塘四標營，一隊開向東堤，[2] 分路向各工會、工人糾察隊和農民自衛軍發動進攻。白色恐怖迅即蔓延廣州全市，共產黨員和革命者四處受到搜查和追捕。

---

1 《廣州公安局關於「清共」之佈告》（1927年4月15日），《四．一二反革命政變資料選編》，人民出版社，1987年，第265頁。

2 《中國國民黨廣東特別委員會搜捕反革命派詳情》，廣東軍事廳政治部編：《革命政治》第一期，1927年4月21日，第29-30頁。以下所述軍警武裝攻擊各工會團體及搜查、追捕革命者的內容，主要依據此文。

廣州軍警進攻的主要目標，是粵漢、廣三、廣九鐵路工會。在粵漢路，士兵兩連及保安隊包圍了黃沙粵漢路公司，同時，國民黨右派掌控的「機器總工會」派人分乘電船兩艘開至黃沙水面，配合陸上軍警的行動。鐵路工會糾察隊和農民自衛軍頑強抵抗。錢大鈞增調大隊來援，四面包圍夾攻，攻破了粵漢路公司正門。工人及居民死傷者 60 餘人，被捕 20 多人。在廣三路，錢大鈞、李福林各派士兵一營進攻廣三路局，攻破了工人的防線，工人死傷數人，被捕 10 多人，被繳槍 200 餘支。在廣九路，軍警衝鋒擁進，佔領工會和車站，逮捕工人多名。至是日中午，三鐵路工會完全被軍警攻佔。

是日，反動軍警暨各反共組織四處出動，按址搜捕。中共廣東區委的辦公樓（文明路 75 號）、省港罷工委員會黨團機關和廣東區委軍委聯絡點（榨粉街）、省港罷工委員會（東園）被包圍搜查，許多人被逮捕。反動軍警包圍搜查了中華全國總工會廣州辦事處、中華海員工會廣州分會、濟難會、中華全國鐵聯會廣州辦事處、廣東省農民協會、廣東婦女解放協會、廣州工人代表會暨所屬工會等。位於財政廳前的國光書店，因出售進步書報，「是日上午十一時許，市黨部宣傳員會警將該店標封，貼有『打倒反動宣傳』等字樣」。至 15 日下午，廣州工代會所屬 200 多個工會完全被解散，工會糾察隊一律被繳械。軍警還查抄了中山大學、執信學校、省立一中等學校。

廣州大規模的追捕和屠殺，持續了一周之久，大批中共黨員和工人、農民、學生、婦女運動幹部遇害。據國民黨廣東省特別委員會報告：

> （四月）十五日上午九時，廣東總工會派出體育隊多隊，分赴廣州洋務罷工團總工會、酒樓茶室總工會、省港罷工委員會、廣州工人代表大會及其他共產黨操縱主持之工會機關，逐一搜查，並派隊搜索共產黨重要人物。結果拿得劉某、李某等數百名，或解交南關戲院之臨時收容所，或交警區收解云。又聞軍警捕獲蕭某、容某、熊某等，在中大學校捕獲畢某等三十餘人，在一中學校捕獲數十人，均交由戒嚴司令部公安局分別看管訊明辦理云。⋯⋯被捕之人數，聞是日（十五日）共捕二千

餘人之多，以南關戲院為收容所，有百數十名留押公安局。[1]

此文提到的「劉某」「李某」「熊某」「蕭某」「畢某」，應是廣州著名中共黨員劉爾崧、李森（啟漢）、熊銳（或熊雄）、蕭楚女、畢磊；「容某」指誰待考。在大搜捕中被捕者，還有鄧培、何耀全、張瑞成、沈春雨、陳永年等，這些人不久後全被殺害。

搜查、逮捕之風，很快刮到了黃埔軍校。

當時，留在廣州黃埔本校的，有教職人員、第五期部分學生、第六期入伍生（入伍生分駐廣州市內、東莞虎門、深圳等處）。14 日深夜，教育長方鼎英把即將「清黨」實情，面告政治部主任熊雄，請熊離校，並表示願予協助。熊雄隨後乘坐軍校安排的小汽船，離開埔校。但船開不久，即因機件「失靈」停泊江中，熊雄遂被逮捕。是夜，錢大鈞「以中山艦及西江艦駛至黃埔，嚴重監視」。入伍生駐地（四標營）「亦被錢司令遣兵包圍，一律繳械」。[2]黃埔軍校校本部及東莞虎門、深圳各入伍生駐地，隨即實施「清黨」。主要的動作，是以「緊急集合」為名，令中共黨員出列，並發動檢舉或指認。凡自行出列者，或一經檢舉、指認者，當場予以逮捕。據方鼎英《對於清黨運動說幾句衷腸話》一文：「首將駐省（廣州市區）各入伍生團營之共產搗亂分子，計一次逮捕四十餘人，二次逮捕六十餘人，共計百餘人；校部員生共一百七十餘人；駐在東莞各處之入伍生共百餘人。」[3]部分被捕者最初收押於珠江上的船隻，被稱為坐「水牢」。

在四一五反革命政變前後死難的黃埔軍校教官，共產黨員主要有如下數人。

熊雄，黃埔軍校政治部代理主任。4 月 15 日被捕，16 日夜被囚於廣州公安局監獄的特別室。5 月初轉囚於南石頭監獄。5 月 17 日被秘密殺害，遺體

1 《中國國民黨廣東特別委員會搜捕反革命派詳情》，《革命政治》第一期，1927 年 4 月 21 日，第 31 頁。

2 《中國國民黨廣東特別委員會搜捕反革命派詳情》，《革命政治》第一期，1927 年 4 月 21 日，第 30 頁。

3 方鼎英：《對於清黨運動說幾句衷腸話》，《黃埔周刊》第一期，1927 年 5 月 14 日。

裝進麻袋，沉沒珠江。熊雄是黃埔軍校著名的中共黨員，周恩來後來說：「宣傳黃埔要宣傳熊雄。」[1]

孫炳文，政治主任教官。4 月 10 日應鄧演達電邀離開廣州，12 日上海反革命政變發生時，孫在船上毫不知情，16 日船抵上海即被捕，關押於上海龍華淞滬警備司令部軍法處看守所。19 日被殺害。25 日《廣州民國日報》報道，「孫炳文已在滬槍決」。

熊銳，政治教官。鄧演達曾邀熊銳到武漢軍校工作，但熊因工作繁忙而繼續留守廣州。被捕後於 4 月下旬與蕭楚女、鄧培、畢磊等一同被殺。

蕭楚女，政治教官。蕭因患多種疾病於 1927 年 3 月底入住廣州東山醫院，4 月 14 日《黃埔日刊》仍刊登出他對學生鄧友馥所提問題的書面解答，15 日在醫院被捕，22 日被押往南石頭監獄，下旬被槍殺。

安體誠，政治部宣傳科長，《黃埔日刊》編委主任。4 月在上海被捕，5 月被槍殺於上海龍華。

在四一五反革命政變前後死難的黃埔軍校各期學生和入伍生，主要有以下人員。

譚其鏡（一期），共產黨員，第六期入伍生部政治部主任。4 月 15 日在家中（廣州市芳草街）清理文件時，軍警包圍其住宅，遂被捕，26 日被殺害。

麻植（二期），共產黨員，中共廣東區委軍委秘書。北伐後留守軍委聯絡處（廣州市惠愛路榨粉街），負責保管軍校黨團員名冊及有關文件。遇變時緊急燒毀了名冊和文件，被捕後被害於紅花崗。

朱凱（四期），共產黨員，中共廣東區委軍委秘書。4 月 15 日晚在軍委辦事處被捕，死於獄中。

穆世濟（三期），共產黨員，中共廣東區委軍委秘書，被捕後遇害。

楊新民（四期），共產黨員，黃埔同學會組織科科員，被捕後囚於南石頭監獄中。1928 年 2 月 13 日《廣州民國日報》報道：楊新民及陸國華、譚毅夫、李成通、黃錦濤、張兆濤、何祝三（彭粵生）、李潤生、郭明生、盧福茂、蘇

1　周恩來 1959 年審查中國革命博物館「中國革命展覽」時的談話。引自熊巢生、熊英、易敬林編著：《中國大革命中的熊雄》，江西人民出版社，2002 年，第 273 頁。

家祺、鄧劍虹、梁朝棟、丁正時、譚其英等「共黨重要分子」，已經於 2 月 11 日晨在「南石頭山崗被槍決」。這一篇報道另寫道，「共黨分子沿途非常鎮靜，並高呼口號」。[1]

蔡鴻猷（二期），共產黨員，國民政府稅警團上校黨代表，被捕後遇害於南石頭。

張廷仁（六期入伍生），共產黨員，被捕後在南石頭被折磨致死。有一篇文章寫道：張死後「雙眼睜着，腳鐐還未去掉，完全是皮包骨了，慘不忍睹。他死號編為 103 號」。[2]

韋鳳喈（六期入伍生），共產黨員，軍校國民黨特別黨部執行委員。被捕後囚於南石頭，病死獄中。

寧烈（六期入伍生），被捕後在獄中不堪壓迫，用鐵釘插進自己的喉嚨，自殺身亡。

此外，1945 年中共中央組織部印軍隊「烈士英名錄」所開列的「清黨」時死難的黃埔軍校學生，還有王貞廉（一期）、王文華（三期）、司徒仕（四期）、王日祚（四期）、勵志敏（四期）、時逢至（六期）、張建仁（六期）、楊大樸（六期）、唐模生（六期）、王震球、譚子和、龍卓靈等。以上各人情況未詳。

廣州四一五反革命政變時黃埔軍校被捕的教官、學生和入伍生，大多數以「政治犯」的身份，收押於廣州南石頭「懲戒場」（監獄）。在虎門被捕的入伍生，起初收押在上橫檔（珠江中的小島）。有資料提到，關押於南石頭的黃埔軍校官生有 700 多人。至廣州起義後，仍有 300 多人在押。詳情難以查考，目前僅知，這些人中有宋時輪、張開荊、張如屏、王一沙、呂文遠、宋一星、葛承烈、戴冠宇、郭成榮。南石頭內之西樓所關押的，全部是黃埔軍校入伍生。

1　按：譚毅夫是中共廣州手車伕工會黨團書記，李成通是廣州市一中學生，黃錦濤是香港學生，彭粵生是省港罷工委員會幹部，李潤生是廣州金屬業工會黨團書記，蘇家祺是中山大學醫學院醫生，譚其英是省港罷工工人。以上各人及陸國華、張兆濤、郭明生、盧福茂、鄧劍虹、梁朝棟、丁正時非黃埔軍校官生。

2　呂文遠：《我在南石頭監獄—兼回憶張廷仁同志》，中共廣東省委黨史研究委員會編：《南石頭監獄的鬥爭（回憶錄）》，1988 年，第 95 頁。

國民黨黃埔軍校特別區第五屆黨部（1927 年初選出）在 1927 年 4 月 3 日召集軍校全體黨員大會，表明擁護武漢國民黨中央、國民政府的立場。廣州四一五反革命政變時，埔校本屆黨部班子，遂「首遭摧殘」，有多位執行委員、候補執行委員、監察委員被捕。幸而未被逮捕的執行委員、候補執行委員和監察委員甘竹溪、鄒今海、陳葆華、李永光、周仲英、尹沛霖，黨部秘書李元傑，以及黨員百餘人，先後分水、陸兩路，潛離廣州，遠上武漢。[1] 昔日「怒潮澎湃，黨旗飛舞」的黃埔長洲島，已經沒有了風雲際會的興盛景象，也不再是革命教官、學生的栖身之地。

黃埔軍校「清黨」的日子裏，革命者飽受摧殘。教官、學生之間，同學與同學之間，互不信任，嚴重撕裂，勢如水火，告密、檢舉、誣陷、公報私仇者，比比皆是。被捕者之中，有許多是進校不久的第六期入伍生，有的並不是共產黨員，但也被「清」到南石頭、上橫檔，備嘗牢獄之災。四一五後出版的《黃埔周刊》有文章說道：「因為有人演講，有謂『我們要徹底做清黨運動，稍有嫌疑的，即行扣留』，於是大起恐慌，忠實同志逃亡的也有二百餘人。」[2] 軍校教育長方鼎英的文章也寫道：「有對於忠實戇直之同志，加以詆毀；或對於鼠角睚眦之夙怨，藉此報復。如某也被誣離職，某也被誣就逮。甚至因此對於某某加以種種恐嚇的話，而以威迫之；或對於某某許以較優之位置，而以利誘之。含沙暗射，隱語中傷，瓦釜黃鐘，是非莫辨。推衍所極，寧堪設想？」[3] 由於乘機報復者實在太多，校方不得不宣佈：「檢舉人須用公正精確的態度，切實考察同志的言論行為，不得挾嫌誣控。」黃埔軍校各駐地的教官、學生，一片恐慌，人人自危。

黃埔軍校在校的學生、入伍生，有的人在「清黨」中陷入了迷惘、彷徨、苦悶之中。有一位學生投書於為「清黨」當局掌控的《黃埔日刊》，問：（1）武漢政府與南京政府誰是非法？（2）汪精衛、吳稚暉二人，誰是革命者？（3）南京政府何以只要「三民主義」而不要「三大政策」？（4）廣東政府為什麼屠

1　《黃埔軍政校特別黨部全體執委被迫來鄂》，《黃埔軍校史料（1924 — 1927）》，第 434 頁。按：陳葆華、李永光、周仲英、尹沛霖、李元傑為中共黨員，甘竹溪、鄒今海等人情況未詳。

2　《關於「入伍生逃亡事件」的幾句話》，《黃埔周刊》第七期，1927 年 6 月 26 日。

3　方鼎英：《對於清黨運動說幾句衷腸話》，《黃埔周刊》第一期，1927 年 5 月 14 日。

殺農工？這幾個問題提得十分尖銳，編者無法回答，卻將提問者斥為「反動分子」，將這幾個問題冠於《反動分子提出的幾個問題》的標題，在報紙上刊登了出來。[1]

黃埔軍校「清黨」後，校內共產黨組織被摧垮，黨員多遭捕殺，漏網者亡命天涯海角。蔣系之鄧文儀（一期）任軍校政治部主任，胡靖安（二期）任入伍生部政治部主任。他們主持校務，控制軍校政治部及《黃埔日刊》。據政治部 1927 年四、五月的工作報告：「自『清黨』運動後，C.P. 分子被扣留者達百餘人，餘者逃亡。故當時部內一切事務，已入於停頓狀態。」鄧文儀 4 月 22 日到任時，政治部原有人員僅存十分之二三。

由上可知，黃埔軍校之「清黨」，打擊面極廣，手段殘忍，留校和留在廣州的教官、職員、學生及入伍生中的中共黨員，許多都被逮捕，幸而脫逃者不多。這一歷史性的逆變，對被害者來說，當然創鉅痛深。這就表明，所謂「清黨」，就是在蔣介石的實際操控之下，出動軍隊，公然對共產黨人發動突然襲擊，將昨日國民革命陣營的合作者、同盟者，任意予以逮捕、關押和殘殺。「清黨」無論對國共關係，還是對黃埔軍校，都造成極為嚴重的後果。

黃埔軍校創辦伊始，即有共產黨員在其中工作和學習。據黃埔同學會組織科 1929 年的統計報告，第一至第五期黃埔軍校學生中的「共黨嫌疑者」，共有 1522 人。黃埔軍校在廣州辦學時期（1924 — 1927）的教官、學生和入伍生中，目前所能辨認出來的中共黨員，有 780 多人（未含武漢等分校）。在這些人之中，有的是各地國民黨黨部選派的，有的是經過國民黨各地、各種人物的推薦而入讀埔校的。中山艦事件後，因蔣要求每人只能保留一種黨籍，有的人還公開了自己的中共黨員身份。在國共兩黨仍有合作關係的前提下，在北伐戰爭步步推進之時，蔣介石出於轉嫁自身危機的目的，大興「清黨」之獄，使用暴力機器，摧毀共產黨的組織，捕殺共產黨人。在中國近代政治歷史上，此番「清黨」，實為公然將軍隊使用於黨派鬥爭，用槍桿子解決意識形態的分歧和政黨之間政治觀念、政治主張分歧的一次大規模的舉動。逮捕、殘殺政敵之惡風，至此愈刮愈烈。

1　《反動分子提出的幾個問題》，《黃埔日刊》1927 年 5 月 21 日。

第三節　國共合作的黃埔軍校的終結

北伐途中，蔣介石策劃的上海四一二、廣州四一五「清黨」，具體的動作是集中目標，暴力打擊中國共產黨。蔣的這一舉動，叫做抓主要矛盾，即着力於要緊之處，以改變事態變動的方向和進程，所得的回報，至為「可觀」：租界列強、城市大資產階級和各地豪紳地主，紛紛支持；原來與蔣積有矛盾或保持距離的各派軍隊和地方勢力，也爭先恐後，紛紛向蔣示好並靠攏；最終，蔣還讓武漢那班國民黨文官集團領袖，一個一個從反對者或曰麻煩製造者，轉變成為同一條反共戰線上的同盟者。蔣在北伐中一度陷身的危機，因之得以解脫。

蔣介石搞「清黨」反共，對黃埔軍校來說，意味着這所創辦於國民黨改組後國共合作的著名軍校，發生了質變。

黃埔軍校建校、建軍之初，形格勢禁，蔣對在軍校、軍隊設黨代表，實行「以黨治軍」的新體制，並未反對，並一度宣稱他是這一制度的創立者。但這只是一段短暫的時日而已。蔣本質上是一名專制軍人。蔣一貫以來的作為，已經清楚顯示了他並不樂意在他自己的身邊，站着一位以「黨代表」或其他什麼名義出現的人物，對他實行權力監督、制衡和約束。蔣的「軍權」，絕不願意被裝進「籠子裏」。中山艦事件及其後的「整理黨務案」，究其實質，是軍事實力發展到可左右廣州局勢時的蔣介石，欲以軍隊控制國民黨和國民政府的表現。質言之，是欲以軍制黨、以軍制政。北伐時聚集在武漢的國民黨文官集團領袖，並不認同蔣以武力安排的政治秩序，而要求有所糾正，重新理順「黨權」「政權」「軍權」之間的關係。國民黨武漢三中全會制衡蔣的「軍權」擴張的種種舉措，無論是怎樣令人眼花繚亂，在客觀上同黃埔建校、建軍的初衷是一致的，目的是要將軍隊納入國民黨、國民政府所能掌控、管治的軌道，以免重蹈孫中山過去長期受制於軍人、為軍人所反噬的覆轍。在國民黨內，這是一次捍衛孫中山「黨治」路線的、非同凡響的大動作。蔣卻不惜以發動一場血洗黃浦灘頭、珠江兩岸的反革命政變，來扭轉這一不為他所樂見的勢頭。面對蔣的暴力抓狂與發飆，武漢國民黨人拿不出什麼可以化解的資源，只有徒呼奈何。弄到最後，武漢國民黨營壘也陷於土崩瓦解，有的人很快倒向了蔣的陣營。這樣，孫中山「以黨治軍」或「以黨制軍」，只能作為一張施工爛尾的藍圖，存放於歷史博物館裏。可以預見，這個黨未來的前途與命運，只會操諸槍桿子強硬的人手裏。

「清黨」之後，在蔣的授意下，國民黨的黨務為蔣之親信，亦與黃埔軍校關係密切的陳果夫、陳立夫所包辦。陳氏兄弟按蔣的意旨經營的國民黨，即他們所營造的「黨機器」，摒棄了 1924 年國民黨第一次全國代表大會的改組精神，再不是掌握軍隊的政治方向、引領軍隊前進的黨，而是圍繞着蔣的軍人掌政的需要而運行的黨。黨、軍關係位置的擺放，厥為先軍而後黨。

此後，在黃埔軍校和蔣的軍隊內，黨代表制度失去了繼續推行的意識與精神，結果無疾而終，不了了之。這一項黃埔軍校史上最為人稱道的、以廖仲愷為首任黨代表的創制，終被廢止於悄無聲息之中。黨代表的副署權與監察權隨之煙消雲散，軍事長官了無拘束。其結果，是讓誕生於黃埔軍校，在東征、北伐中一度虎虎生威的國民革命軍，脫離了黨的管治的軌道，迷失了政治方向。而沒有靈魂、不受管束的軍隊，只能成為民生與社會的禍害，與帝制垮後各霸一方的軍閥部隊相比，並沒有兩樣，亦與曾經橫行於南粵的陸（榮廷）、莫（榮新）、楊（希閔）、劉（震寰）之滇桂各軍，沒有兩樣。

蔣介石的軍隊「清黨」後雖然還有政工機構，但政治工作的性質、地位、任務已經發生了變化。軍隊政治工作的職責，原為輔助黨代表，掌握部隊的政治方向，指導部隊黨務，實施政治教育，對「以黨領軍」起保證的作用。黨代表制度實際上被廢止後，政工機構與黨務工作剝離，政治工作只是作為蔣的宣傳工具而存在，起反共、反革命傳聲筒的作用。政治工作的正能量一旦消失，其尊嚴遂亦流失，地位一落千丈。

1927 年夏國民黨「以黨領軍」路線的逆轉，應當從國民黨本身去尋找原因。國民黨是個複雜的黨，1924 年的改組並不徹底。孫中山逝世後，這個黨內部在思想、政治上的分歧，趨於表面化；思想、政治上的分歧，很快又導致了組織上的破裂，各派纏鬥無時，內耗不已。體制內種種固有的頑疾、禍患，無以調治，不斷腐蝕着這個黨的肌體，成為黨自我革新、前行的阻力。這個黨也未形成團結而有力的領導集體。黨的外強中乾，與軍隊的崛起和日益膨脹，形成了鮮明的反差。總而言之，國民黨創建了一支軍隊，卻未能以作為一個革命黨應當具備的思想、政治、組織優勢，並整合調動各種資源，形成對軍隊有效的監督、約束和引領。此為一頹一盛，黨不制軍，而最終反為槍桿子左右了黨的根本原因所在。

黃埔軍校創建並推行的「以黨領軍」體制，在形成、發展的過程中一再受到衝擊，終於於 1927 年 4 月蔣介石發動反革命政變後，終結收攤。繼之而來的，是聽命於蔣介石一人的「黃埔系」，縱橫於歷史的舞台。

廣州四一五政變後，長洲島陰雲密佈，黃埔軍校籠罩於恐怖之中，國共合作在廣州舉辦黃埔軍校的歷史，至此終結。至 1927 年 12 月廣州起義後，軍校校務陷於停頓。1928 年 5 月 15 日，軍校改名為「國民革命軍軍官學校」，次年 9 月又更名為「國民革命軍黃埔軍官學校」。1930 年 9 月 7 日，蔣介石電令「埔校着即停辦」，10 月 14 日校務乃正式結束。

第二十章　黃埔軍校後話

第一節　黃埔軍校的變遷

國共合作創辦的黃埔軍校結束後，從 1928 年至 1949 年，國民黨先後在南京、成都繼續舉辦陸軍軍官學校。南京、成都軍校，雖均稱以廣州黃埔軍校為源頭，與黃埔軍校有人事等方面的若干關聯，習慣統稱為黃埔軍校，而性質卻截然不同，即非國共合作舉辦的軍校。

一、南京「中央陸軍軍官學校」

北伐軍 1927 年夏佔領江蘇和浙江後，定都南京，國民黨着手籌建中央軍校。次年 3 月 6 日，中央軍校在南京舉行開學典禮，定名「中央陸軍軍官學校」。原中央軍事政治學校在廣州等地所招收第五、六期的部分學生、入伍生，陸續遷至南京就讀。中央陸軍軍官學校一度實行校務委員制，以蔣介石、何應欽等為校務委員。後恢復校長制，以蔣介石為校長，張治中為教育長。學制初為兩年制，採取日式教育;1930 年後改為三年制，採取德式教育。從 1928 年至 1937 年全面抗日戰爭爆發，稱為黃埔軍校南京本校時期，共招訓正期學生 8 期，即從第六期至第十三期。

南京中央陸軍軍官學校的大致情況，據鄒志紅、陳以沛《黃埔軍校歷期學生情況概略》所述，列表如下。[1]

1　鄒志紅、陳以沛:《黃埔軍校歷期學生情況概略》,《黃埔軍校史料(續篇)》,第 538-543 頁。按:鄒、陳所述與台灣陸軍軍官學校《蔣公與陸軍軍官學校》所述有所不同，主要是各期入伍生、學生入學或開學日期不同，招生、畢業人數亦不同。下述成都時期辦學的情況亦有同樣情形。本書對此不一一查考和註明。

期別	入校（入伍生）日期	開學日期	畢業時間	畢業人數	備註
第六期		1926 年 10 月	1929 年 2 月	718 人	廣州二總隊
		1928 年 3 月	1929 年 5 月	3252 人	南京一總隊
第七期	1927 年 8 月	1928 年 12 月	1930 年 9 月	666 人	廣州二總隊
	1928 年初	1928 年 12 月	1929 年 12 月	852 人	南京一總隊
第八期	1930 年 5 月	1932 年 3 月	1933 年 5 月	505 人	第一總隊
			1933 年 11 月	1240 人	第二總隊
第九期	1931 年 3 月	1931 年 5 月	1934 年 5 月	654 人	
第十期	1933 年 9 月		1936 年 6 月	940 人	第一總隊
			1937 年 1 月	621 人	第二總隊
第十一期	1934 年 9 月	1936 年 1 月	1937 年 8 月	605 人	第一總隊
			1937 年 10 月	664 人	第二總隊
第十二期	1935 年 9 月	1938 年 1 月		740 人	畢業於武昌
第十三期	1936 年 9 月	1937 年 11 月	1938 年 9 月	1412 人	

南京辦學時期，中央陸軍軍官學校在各地設有如下分校：

（1）武漢分校。主要由「清黨」後原武漢軍校部分離校學生組成，1928 年 4 月開學，更名為「中央陸軍軍官學校武漢分校」，前後招生兩期，1932 年 3 月合併至南京本校。

（2）長沙分校。1927 年 2 月開辦，修業時間一年，至 1928 年 5 月學生畢業後停辦。

（3）南昌分校。1928 年 4 月籌備完成，初名「第五路軍軍官補習所」，至 10 月更名為「中央軍官學校南昌分校」，1928 年學生畢業後停辦。

（4）廣州分校，又稱燕塘分校。1927 年廣州「清黨」後，第八路軍總指揮部組辦幹部學校，後改名「廣東軍事政治學校」。1936 年秋奉命改組為「中央陸軍軍官學校廣州分校」。

（5）洛陽分校。1933 年 12 月籌備就緒，先後舉辦軍官講習班五期，至

1937 年 7 月，改為「中央陸軍軍官學校第一分校」。

（6）成都分校，開辦於 1935 年秋，先後招生兩期。

二、成都「中央陸軍軍官學校」和「陸軍軍官學校」

1937 年 7 月盧溝橋事變爆發後，南京中央陸軍軍官學校奉命西遷，經江西、湖南、湖北，行軍數千公里，備嘗播遷之苦，陸續到達四川省銅梁。1938 年 11 月，軍校由銅梁遷至成都。由此而至 1949 年 12 月，稱為黃埔軍校成都本校時期，歷時 13 年，共辦學 10 期，即從第十四期至第二十三期。先後由陳繼承、萬耀煌、關麟徵（一期）任教育長。

1945 年抗日戰爭結束後，成都中央陸軍軍官學校於 1946 年元旦改名為「陸軍軍官學校」，恢復 1924 年建校之初的校名。1947 年冬，由關麟徵任校長（此前一直由蔣介石兼任校長）。1949 年 9 月，關麟徵調任陸軍總司令，改由張耀明（一期）繼任校長。黃埔軍校成都本校時期，是辦校地點較為固定、培訓學生最多的一個時期。

成都辦學時期的基本情況如下表：

期別	入校（入伍生）時間	開學時間	畢業時間	畢業人數	備註
第十四期	1937 年冬		1938 年 11 月	669 人	第一總隊
	1937 年 10 月	1938 年 3 月	1939 年	1510 人	第二總隊
	1937 年 9 月		1939 年 1 月	1520 人	第三總隊
第十五期	1938 年 1 月		1940 年 7 月	1831 人	第一總隊
第十六期	1938 年 10 月		1940 年 12 月	1693 人	第一總隊
	1939 年 1 月		1939 年 10 月	1629 人	第二總隊
	1939 年春		1940 年 4 月	1165 人	第三總隊
第十七期		1940 年 4 月	1942 年 5 月	1527 人	第一總隊
		1940 年 5 月	1941 年 11 月	1374 人	第二總隊
		1940 年 7 月	1942 年 2 月	1030 人	第三總隊

續表

期別	入校（入伍生）時間	開學時間	畢業時間	畢業人數	備註
第十八期	1941 年 4 月		1943 年 2 月	1216 人	第一總隊
	1941 年 11 月		1943 年 10 月	1237 人	第二總隊
第十九期	1942 年 12 月		1945 年 4 月	998 人	第一總隊
				902 人	第二總隊
第二十期	1944 年 3 月		1946 年 12 月	1116 人	
第二十一期	1944 年 5 月		1947 年 8 月	6038 人	共編 11 大隊
第二十二期	1948 年 1 月 1 日		1949 年 2 月	1538 人	第一總隊
	1948 年 7 月		1949 年 7 月	1100 人	第二總隊
	1948 年 7 月		1949 年 10 月	810 人	第三總隊
第二十三期	1948 年 12 月		1950 年春	1506 人	第一總隊
	1949 年 1 月		1950 年春	800 餘人	第二總隊

全面抗戰爆發後，中央陸軍軍官學校在全國設分校 9 所：第一分校創設於洛陽，後遷陝西漢中；第二分校原稱武漢分校，後遷湖南邵陽，再遷湖南武岡；第三分校設江西瑞金，後一度遷廣豐，再遷回瑞金；第四分校原為廣州分校，1938 年 10 月廣州淪陷後遷德慶，再遷廣西宜山、貴州獨山和湄潭；第五分校前身為雲南講武堂，全面抗戰爆發後稱為第五分校；第六分校原為黃埔軍校南寧分校，全面抗戰爆發後時更名南寧分校，後遷廣西桂林、宜山、百色；第七分校初成立於甘肅天水，後駐西安王曲，並在終南山麓舉辦訓練班；第八分校創辦於湖北均縣草店，後遷湖北房縣；第九分校前身為新疆講武堂、新疆軍官學校，1942 年 9 月改組為中央陸軍軍官學校第九分校，駐新疆迪化（今烏魯木齊）。

以上，從 1928 年初至 1949 年 12 月，先後在南京、成都舉辦中央陸軍軍官學校、陸軍軍官學校，共辦學 18 期，畢業生 4 萬餘人（不包括各地分校）。1949 年 12 月，中國人民解放軍佔領成都，國民黨在大陸辦軍官學校的歷史宣告結束。[1]

第一次國共合作破裂後，黃埔軍校發生質變，然而，共產黨人對大革命時期的在廣州舉辦的黃埔軍校，卻給予充分的肯定。1938 年，毛澤東對陝北公學畢業生說：

> 從前有個黃埔，那裏表現着一種朝氣，這種朝氣也就代表着一種傾向。黃埔和陝公一樣，同學是從各地方來的，又分佈到各地方去。那時的黃埔是要打倒軍閥和帝國主義，它是那時中國進步的縮影。我們陝公的方向是要打倒日本帝國主義，建立新中國，這個方向我們要堅持下去。[2]

中國共產黨在領導中國革命的進程中，先後創辦了彭楊軍事政治學校、紅軍大學、中國人民抗日軍政大學、陝北公學等等，高舉革命旗幟，積極弘揚黃埔軍校思想建校、政治建軍的傳統，致力於培養革命軍事、政治幹部，為中國革命的勝利，作出重大的貢獻。

第二節　黃埔軍人的走向

黃埔軍校前四期的畢業生共近 5000 人，第五期在廣州招生 2600 多人，第六期在廣州招收入伍生 4400 多人，總計大革命時期有 12000 多人在廣州陸軍軍官學校、中央軍事政治學校學習過（未包括各分校）。1927 年夏秋大革命失敗後，黃埔軍校的教官、學生，走上了不同的道路。

1　國民黨退守台灣後，以「陸軍軍官學校台灣訓練班」（成立於 1947 年）的所在地高雄鳳山為校址，恢復黃埔軍校建制，接續黃埔軍校成都本校的期數，從第二十四期起招生，校名「陸軍軍官學校」，也稱鳳山軍校。

2　毛澤東：《對陝北公學畢業同學的臨別贈言》（1938 年 3 月 3 日），《毛澤東文集》（第二卷），人民出版社，1993 年，第 104 頁。

一、大革命失敗後

1927 年蔣、汪相繼發動反革命政變後，國民黨將中共稱為「逆黨」或「亂黨」，厲行暴力打壓和軍事「圍剿」。國共之間從思想意識分歧和路線政策爭拗，一變而成為全面、激烈、長久的武裝鬥爭。在這一情勢下，分別隸屬於國共兩黨的黃埔軍校教官和學生，乃迅速分化。昔日同室而居、同窗共硯並曾經在同一條戰壕中作戰的師生，旋即集結成勢不兩立、嶄然對壘的兩支軍隊。近代中國的歷史，由此進入所謂「十年內戰」時期。

一部分是追隨校長蔣介石的。在黃埔軍校教官、學生中這部分人顯然屬於多數，並成為蔣的基本隊伍。既為蔣之「門生」，又在關鍵時刻跟蔣走，這當然是不一般的資歷。蔣對這些人的信用，體現於放手讓他們掌握軍隊。僅以埔校第一期為例，至 1929 年，已經升至步兵旅長的，至少有胡宗南、鄭洞國、甘麗初、李正華、劉戡、張忠頫、唐雲山、黃傑、李玉堂、李延年、桂永清、李樹森、楊步飛、俞濟時、樓景越、李仙洲、陳明仁、李默庵、孫常鈞、王敬久、蔣伏生等 21 人。此時，這批人從黃埔軍校畢業，不過 5 年左右時間。至 1937 年全面抗戰爆發前，升至步兵師長的黃埔一期生，有胡宗南、李文、陳烈、王萬齡、李鐵軍、李玉堂、黃維、俞濟時、關麟徵、柏天民、陳鐵、楊步飛、冷欣、王文彥、李延年、鄭洞國、唐雲山、王仲廉、李樹森、李仙洲、范漢傑、彭善、董釗、宋希濂、王敬久、孫元良、桂永清、蕭乾、李默庵、梁華盛、甘麗初、丁德隆、李及蘭、劉戡、霍揆彰、黃傑、伍誠仁、陳沛、陳淇、夏楚中、陳明仁等，共 40 多人。其中胡宗南 1930 年已出任代師長，1936 年 4 月又升至軍長，是追隨蔣介石的黃埔一期生中升得最快的一位。筆者在台灣「黨史館」查到的一份檔案顯示：胡宗南 1924 年投考黃埔軍校時，算術只考了 5 分（以 100 分為滿分），考官給他所寫的評語，是「中下老」三個字，[1] 可能是說他資質中等、身材矮小、年紀太大，已經將他列為「落第生」之列。只是校方又決定「從寬取錄」，他才有機會成為埔校

1　蔣中正：《致中國國民黨中央執行委員會會函（附件）》（1924 年 4 月 29 日），存台北國民黨黨史館，漢 17666-1。

學生。胡宗南可能連他自己都不曾想到，他會是黃埔一期生中運氣最好的一位。幸運之星，當然不只是落到胡宗南一人頭上，也不只是降臨於第一期。當時凡是跟着蔣走的黃埔生，都會有這樣擢升的機會。第二、三、四期，乃至第五、六期，均不乏走出校門不幾年即肩扛星銜的人物。

蔣對追隨他的黃埔生，除放手讓他們帶兵之外，還着力於對他們再打造，即讓他們繼續到更高檔次的軍事院校「深造」。陸軍大學是國民黨以「養成軍事高等人才，選拔品學優越之青年軍官，授以高等用兵學術，以養成健全之軍事幕僚及指揮官」為目的而創設的學校。[1] 1928 年 12 月，陸軍大學招收了黃埔一期生 6 名、二期生 4 名入讀正則班第九期，從而啟動了黃埔生接受軍事再教育的宏大工程。自此以後，共有 191 名黃埔一期生、40 名黃埔二期生、68 名黃埔三期生、131 名黃埔四期生，先後上過陸軍大學，分別入讀陸軍大學的正則班、將官甲班、將官乙班、特別班、參謀班等。如第一期的何紹周、冷欣、陳明仁、李杲、周振強、劉戡、王敬久、范漢傑、李仙洲，第二期的姚中英、容幹、沈發藻、張炎元，第三期的劉伯龍、方先覺、李天霞，第四期的張靈甫、羅列、高魁元等人，均有入讀陸軍大學的經歷。蔣還將部分黃埔生送至國外，讓他們取得出洋留學的資格。如第一期的桂永清（德國步兵學校、德國帝國海軍學校）、潘佑強（日本陸軍大學）、李杲（日本陸軍兵工學校）、范漢傑（德國柏林陸軍大學）、賀衷寒（日本明治大學）、孫元良（日本陸軍士官學校），第二期的邱清泉（德國柏林陸軍大學）、史宏熹（日本陸軍炮兵學校）、胡靖安（德國陸軍工兵學校）、彭克定（德國陸軍坦克軍官學校），第三期的文重孚（日本憲兵學校、警察學校）、劉伯龍（日本步兵專門學校）、邱開基（日本陸軍經理學校）、熊綬春（日本陸軍步兵專門學校）、劉騫（日本明治大學研究院）、周復（日本明治大學法科），第四期的胡軌（日本步兵學校）、滕傑（日本明治大學）、任覺伍（日本明治大學）等，均在國外的軍事院校或高等學校繼續學習過。蔣介石曾經說過，黃埔軍校本身的軍事教育只有「陸軍中學」的水平。而經過以上的再培養、再教育，對這批黃埔生的「軍學造詣」，當然要刮目相看了。

1 南京國民政府軍事委員會：《陸軍大學組織法》，1929 年 8 月 23 日。

1927 年夏秋國共合作破裂之際，黃埔軍校的另一部分教官和學生，緊跟着中國共產黨，走上了另外一條不同的道路。

當年的 8 月至 12 月，共產黨人連續發動、領導了南昌起義、秋收起義和廣州起義，大批黃埔軍校教官和學生，加入了起義者的行列。周恩來、聶榮臻、陳毅、惲代英、周士第、許繼慎、陳賡、周逸羣、林彪等，參加南昌起義；盧德銘、朱雲卿、陳毅安、伍中豪等，參加秋收起義；葉劍英、聶榮臻、惲代英、徐向前、王侃予、陶鑄等，參加廣州起義。在此前後，全國各地都打響了武裝起義的槍聲。僅在廣東，從 1927 年「清黨」之日起，到 1928 年的春天，大大小小的武裝起義，總共爆發了 150 多次，如海陸豐三次起義、瓊崖武裝總暴動等。在湖北，1927 年秋冬間也舉行了近 20 次，如黃（安）麻（城）起義等。此外，還有陝北清澗起義、渭（南）華（縣）起義，河北玉田起義，河南確山起義，江西吉安起義、弋（陽）橫（峰）起義，福建閩西起義，湖南湘南起義、平江起義，廣西百色起義，等等。所有這些起義，也多與黃埔軍人的策劃、組織和參與密切相關。

當然，尚有少量中共黨員，未暴露身份，仍在國民黨軍隊中工作，默默地為革命作出貢獻。

此後，相當多的黃埔軍校教官、學生（包括武漢軍校在內有 3000 多人），在全國各地投入了中共黨史稱為創建紅軍、創建革命根據地、開展土地革命的風起雲湧的鬥爭。在各地黨委、各路紅軍、各塊紅色根據地中，到處活躍着從長洲島上走出來的人物。如徐成章（黃埔特別官佐），瓊崖工農革命軍東路總指揮；符節（三期），瓊崖工農革命軍政治部主任；陳永芹（四期），瓊崖工農討逆軍前敵總司令；趙自選（一期），中共廣東省委駐東江軍事特派員；葉鏞（四期），東江紅四師師長；聶榮臻（政治教官），廣東省委常委、軍委書記；楊劍英（四期），廣東省委軍委書記；廖乾五（教官），湖南省委軍委書記；許繼慎（一期），紅一軍軍長；孫一中（一期），紅六軍軍長、紅二軍軍長；林彪（四期），紅一軍團軍團長；徐向前（一期），紅四方面軍總指揮；劉疇西（一期），紅十軍團軍團長；魯易（政治部副主任），中央軍委總政治部主任；葉劍英（教授部副主任），中央軍委總參謀部部長；周逸羣（二期），紅二軍團政委；唐澍（一期），西北工農革命軍總指揮；朱雲卿（三期），紅一方面軍參謀長兼紅一軍團參謀長；伍中豪（四期），紅十二軍軍長；王良（六期），紅四軍軍長；董朗（一期），教導一師參謀長；黃鰲（一期），湖南省委軍委書記、工農革命軍第四軍參謀長；吳光浩（三期），紅十一軍軍長兼第三十一師師長；王懋廷（教官），雲南省委書記、軍委書記；黃公略（高級班），紅三軍軍長；姜鏡堂（三期），紅四軍第十二師政委；蔡申熙（一期），紅十五軍軍長、紅二十五軍軍長；陸更夫（四期），兩廣省委書記；段德昌（四期），紅六軍副軍長；毛澤覃（四期政治部），紅三軍政治部主任，獨立第五師師長；曾中生（四期），中共中央鄂豫皖分局委員、軍委副主席，紅四軍政委；楊寧（教官），滿洲省委軍委書記；劉志丹（四期），紅十五軍團副軍團長，紅二十八軍軍長；周建屏（四期），紅十軍軍長；袁國平（四期），紅八軍政委；趙尚志（四期），東北人民革命軍第三軍軍長；左權（一期），閩西紅軍新編第十二軍軍長，第十五軍政委兼軍長；馮達飛（一期），紅八軍代軍長；袁仲賢（一期），廣東東江革命委員會主席；蕭人鵠（二期），工農革命軍第五軍軍長，河南省委軍委書記；李天柱（四期），紅八軍代軍長；王泰吉（一期），紅二十六軍師長；彭幹臣（一期），滿洲省委軍委書記、順直省委軍委書記；霍錕鏞（四期），安徽省委常委、組織部部長；胡公冕（教官），紅十三軍軍長；何昆（四期），紅十四軍（如皋）軍長兼第一師師長；李漢藩（一期），湖南省軍委書記；李文林（四期），江西省蘇維埃政府委員；劉之志（三期），紅五軍參謀長；劉軼超（三期），紅一方面軍獨立第三師師長；鄧毅剛（四期），紅二十一軍（閩西）軍長；熊受暄（三期），紅四軍第十二師政治部主任；王鄂峰（三期），紅四軍第十二師參謀長；唐克（三期），紅八軍政治學校校長；宛旦平（二期），紅八軍參謀長；李鳴珂（四期），四川省委常委兼軍委書記；杜永瘦（四期），湖北省委常委兼軍委書記；于以振（四期），上海南市區委書記；劉力勞（四期），上海兵委書記；李鳴岐（四期），河南省委委員；熊敦（四期），四川省委軍委委員；陶鑄（五期），福建省委書記；李運昌（四期），冀東特委書記、河北省委書記；等等。

這一時期，並有許多中共陣營的黃埔人物，活動於上海、香港、北京、武漢等城市的街頭巷尾，從事黨的隱秘戰線的工作。這部分人主要有陳賡（一期，上海特科情報科長）、霍步青（四期，中共中央秘書處秘書）、傅維鈺（一期，臨時中央軍委書記）、王世英（四期，上海局軍委情報站長、北方局情報部長）、宣俠父（一期，上海特科負責人）、靖任秋（四期，北方聯絡局成員）、周仲英（六期，中央交通站交通員，中共順直省委交通科長）、胡允恭（《中國青年軍人聯合會周刊》主編，江蘇省委軍委秘書）等。周恩來、毛簡青（教官）、王懋廷（教官）、卜士畸（代理政治部主任）、白海風（一期）、王備（三期）、曾中生（四期）、李鳴岐（四期）、霍錕鏞（四期）、陳治平（五期）等，參加了 1928 年 6 月至 7 月在莫斯科召開的中國共產黨第六次全國代表大會。有的人轉入左翼文化戰線，如陽翰笙（歐陽繼修，教官）任中國左翼作家聯盟（簡稱「左聯」）黨團書記、中共中央文委書記和中國左翼文化總同盟黨團書記；聶紺弩（聶甘雨，二期）從莫斯科中山大學回國後加入左聯，1935 年 5 月在上海加入共產黨；黃松齡（黃克謙，教官），任教於朝陽大學、中國大學、北平師範大學，組織「世界論壇」社等等。

以上，是 1927 年國共分裂之後，分道揚鑣的兩個陣營的黃埔軍人的不同歷史走向。一路追隨蔣的黃埔教官和學生，被蔣一步步栽培、打造成為縱橫捭闔於歷史舞台的「黃埔系」骨幹。而「黃埔系」，則是蔣的整座軍事大廈的柱石和強樑。此為蔣發動「清黨」及隨後「圍剿」共產黨人的擁護者和參與者。所謂「十年內戰」，在某種意義上說，簡直就是「黃埔之戰」，是黃埔軍校的一部分教官學生同另一部分教官學生之間的對抗戰爭。在各地「圍剿」及搜捕共產黨人的行動中，以上所列中共陣營中出自黃埔軍校的人員，有許多人未能從這危難十年中走出來，犧牲、陣亡、罹難者不計其數。

二、抗日戰爭時期

從廣州長洲島走出的許多黃埔軍校軍人，無論屬於國民黨陣營者還是共產黨陣營者，在抗戰 14 年中，在舉國共赴國難的嚴峻時刻，紛紛投身於抗日戰場。

1931 年九一八事變後，日軍侵佔領東北。黃埔四期生、東北抗日聯軍第三軍軍長趙尚志，黃埔軍校區隊長、東北抗日聯軍第七軍軍長、第二路軍總參謀長崔庸健（崔石泉），黃埔軍校武漢分校女生趙一曼等，高舉抗日大旗，轉戰於白山黑水之間。上海「一·二八」事變時，黃埔一期宋希濂、孫元良等，與蔡廷鍇、陳銘樞所部十九路軍一起發起淞滬抗戰，予日軍沉重打擊。當日軍進逼熱河、綏察時，在長城各關口，黃埔一期關麟徵、黃傑，三期戴安瀾等，率部與日軍進行了多場激戰。

1937年七七事變後，全面抗戰爆發。在抗戰初期的淞滬戰場上，黃埔軍人大量雲集於此：黃埔教官張治中，中央軍總司令、第九集團軍總司令；教官陳誠，左翼軍總司令、第十五集團軍總司令；一期孫元良，中央軍第七十二軍軍長、第八十八師師長；一期王敬久，中央軍第七十一軍第八十七師師長；一期宋希濂，中央軍第七十八軍第三十六師師長；一期夏楚中，左翼軍第五十四軍第九十八師師長；一期李延年，左翼軍第二軍第九師師長；一期霍揆彰，左翼軍第五十四軍軍長；一期彭善，左翼軍第十一師師長；一期黃維，左翼軍第六十七師師長；一期李玉堂，中央軍第三師師長；一期俞濟時，左翼軍第七十四軍軍長兼第五十八師師長；一期胡宗南，中央軍第一軍軍長；一期李文，中央軍第七十八師師長；一期黃傑，中央軍第八軍軍長；二期鍾松，中央軍第八軍第六十一師師長；三期王耀武，左翼軍第五十一師師長。浴血奮戰於淞滬戰場的黃埔軍人，還有黃梅興、謝晉元、蔡炳炎、官惠民、姚子青等。淞滬會戰歷時三個多月，中國軍隊投入70餘萬人，陣亡10萬人以上，是全面抗戰中規模最大、最慘烈的一役。

全面抗戰爆發後，國民黨、共產黨建立了第二次合作。中共領導的軍隊，先後改編為八路軍、新四軍，迅速開赴抗日戰場。八路軍中的黃埔軍校教官，有周恩來、葉劍英、聶榮臻等；黃埔軍校各期學生有徐向前、左權、陳賡、周士第、彭明治、林彪、郭化若、倪志亮、蕭克、李運昌、唐天際、許光達、宋時輪、陶鑄、張宗遜、陳伯鈞、羅瑞卿、郭天民、程子華、楊至成等。新四軍中來自黃埔軍校的軍人，有一期生馮達飛，四期生袁國平及來自武漢分校的陳毅和項英等等。1937年9月，以四期生林彪為師長、教官聶榮臻為副師長的八路軍一一五師，大破日軍於山西平型關。接着，八路軍又在神頭嶺伏擊戰、響堂鋪伏擊戰中，取得重大勝利，而參與組織、指揮這幾次戰鬥的一二九師副師長徐向前、一二九師三八六旅旅長陳賡，均為黃埔軍校第一期畢業生。

經過淞滬會戰，平津之戰，忻口、太原會戰，南京保衛戰，中國軍隊蒙受極大損失，兵員銳減，正面戰場擔綱的責任，多數落到了黃埔軍人的肩上。第一期的胡宗南、李延年、孫元良、黃維、關麟徵、范漢傑、董釗、李默庵、馮聖法、霍揆彰、張耀明、鄭洞國、李鐵軍、甘麗初、冷欣、俞濟時、王敬久、宋希濂、陳明仁、桂永清、杜聿明、劉戡、侯鏡如、彭傑如、張鎮、余程萬、陳鐵、梁華盛、何紹周，第二期的邱清泉、覃異之、戴安瀾，第三期的方先覺、王耀武、劉安琪、熊綬春，第四期的方靖、李彌、林偉儔、彭孟緝、胡璉、張靈甫、彭士量，第五期的廖運周、鄭庭笈、郭汝瑰、孫明瑾等，分別出任中國抗日軍隊的軍團長、軍長、師長、旅長或團長。為阻擊西進之日軍，中國軍隊在長江沿岸，先後組織了馬當之戰、九江之戰、黃梅之戰、廣濟之戰、田家鎮之戰、瑞昌之戰、馬頭鎮之戰、星子之戰、富金山之戰、萬家嶺之戰、信陽之戰等，重創日軍。黃埔軍人在這一系列激戰中，留下了許多為人稱頌的事跡。

在八路軍、新四軍中，在敵後抗日戰場和各條抗日戰線上，也活躍着許多黃埔軍校教官和學生。教官聶榮臻率部創建以五台山為中心的抗日根據地，挺進雁北、察南、冀西敵後，收復了大片國土，成立了晉察冀軍區；一期生徐向前率部創建平原根據地，鞏固和發展了晉冀豫、晉南、山東等抗日根據地；一期生陳賡率部轉戰於晉東南地區，鞏固、發展了太嶽抗日根據地；一期生周士第和一二〇師師長賀龍，率部挺進晉西北，創建晉綏根據地；五期生許光達參加創建晉綏根據地；五期生宋時輪率部創建了雁北根據地。黃埔軍校武漢分校教官項英、陳毅，一期生馮達飛，四期生袁國平等新四軍將領，率兵轉戰大江南北，創建了皖南、蘇南、蘇北多處根據地。1940 年秋，八路軍在華北發起震動中外的「百團大戰」，重創日軍。參與組織、指揮百團大戰的八路軍副參謀長左權，為黃埔軍校一期畢業生。

在國共再次合作的背景下，國共雙方的黃埔軍人一度走得很近，留下許多近距離共事合作的足跡。當時，國民政府軍委會決定重新組建政治部，由陳誠任政治部部長，周恩來任政治部副部長，賀衷寒任第一廳廳長，康澤任第二廳廳長，郭沫若任第三廳廳長。在這張名單中，陳誠、周恩來是黃埔教官，賀衷寒、康澤分別是黃埔一期、三期學生，郭沫若是武漢分校教官。而在政治部第三廳（宣傳廳）中，主任秘書陽翰笙（歐陽繼修）是埔校政治教官；

總務科科長尹伯休是黃埔三期生；電影科科長兼中國電影製片廠廠長鄭用之（鄭峻生），是黃埔三期生和血花劇社成員。

國共兩個陣營的黃埔軍人，還在南嶽衡山合作舉辦軍事訓練班。武漢、廣州淪陷後，蔣介石說「二期抗戰，游擊戰重於正規戰」，乃決定在湖南衡山，舉辦游擊戰爭幹部訓練班，大力培訓從事抗日游擊戰爭的幹部。鑒於打游擊是共產黨人的專長，經蔣同意，又決定請延安派人參加籌建這個班，並派教員來此講授游擊戰術。黃埔軍校教官、八路軍總參謀長葉劍英，於是帶了一批幹部走上衡山。該訓練班由蔣介石兼主任，陳誠任副主任，湯恩伯任教育長（後由李默庵任），葉劍英任副教育長。葉劍英講授「游擊戰爭概論」。隨葉上衡山擔任教官的吳奚如，畢業於黃埔四期（在校名吳善珍）。當年長洲島上的蘇聯教官、被學生稱為「柴顧問」的切列潘諾夫，又一次來到了中國，並出現在衡山訓練班的講壇上，講授炮兵、步兵協同作戰原理。黃埔一期生、衡山訓練班教育長李默庵認為，這個訓練班是對廣州黃埔軍校辦學傳統的繼承和發揚。

太平洋戰爭爆發後，中國政府先後組建中國遠征軍和中國駐印軍，在緬、印、滇西戰場上與英美盟軍並肩抗日。大量黃埔軍人參加中國遠征軍和中國駐印軍。

1942 年 3 月，中國遠征軍第一路軍組成，黃埔一期生杜聿明任副司令長官兼第五軍軍長，三期生戴安瀾任第二〇〇師師長，六期生廖耀湘任第二十二師師長，五期生鄭庭笈任第二〇〇師副師長，六期生劉放吾任第一一三團團長等，第一路軍團以上的軍官，出自黃埔軍校者有 29 人。1942 年 10 月，撤至印度的部分中國軍隊，改編為中國駐印軍，一期生鄭洞國任副總指揮。1943 年 2 月，國民政府在滇西重組中國遠征軍，黃埔教官陳誠任總司令。分別於不同的時間段任職於中國駐印軍、中國遠征軍的黃埔軍人主要有：一期生宋希濂（第十一集團軍總司令）、黃傑（第十一集團軍總司令兼第六軍軍長）、霍揆彰（第二十集團軍總司令）、鍾彬（第七十一軍軍長）、陳明仁（第七十一軍軍長）、梁華盛（第十一集團軍副總司令）、史宏烈（第六軍軍長）、胡素（新一軍副軍長）、何紹周（第八軍軍長）、李彌（第八軍副軍長）；二期生鍾松（第二軍副軍長）、方天（第二十集團軍副總司令）；三期生熊綬春（第一〇三師師長）；四期生高吉人（第二〇〇師師長）、潘裕昆（第五十師師長）、闕漢騫（第五十四軍軍長）、顧葆裕（新三十九師師長）；五期生陳克非（第九師師長）、唐守治（新三十師師長）、胡家驥（第八十八師師長）；六期生廖耀湘（新六軍軍長）。從 1942 年初至 1945 年初，中國投放於緬、印、滇西戰場的兵力，共達 40 萬人，傷亡近 20 萬人，為亞洲、太平洋抗日戰爭和世界反法西斯戰爭，作出重要貢獻。

在漫長而艱苦的抗戰歲月中，黃埔軍人義無反顧投身於抗戰，只有極少人（如繆斌）當了漢奸，絕大多數的黃埔教官和學生，英勇奮戰於抗日戰場及抗戰崗位上。黃埔軍校高級將領在抗戰中陣亡近百人，歷屆學生（包括廣州、南京、成都時期的學生）陣亡約 2 萬人。東北抗日聯軍總司令趙尚志（四期），1942 年 2 月 12 日犧牲於東北林海雪原；八路軍副參謀長左權（一期），同年 5 月 25 日犧牲在太行山上；中國遠征軍第二〇〇師師長戴安瀾（三期），同年 5 月 26 日犧牲於緬北叢林。這三位黃埔同學，在艱難的 1942 年，分別在東北、華北和域外抗日戰場上，為抗日戰爭獻身，真乃黃埔之英、民族之雄，不愧為黃埔軍人的典型。為中國抗日戰爭和世界反法西斯戰爭準備及輸送了這許多鐵血將士，是黃埔辦學成效最主要的體現。

三、抗日戰爭結束後

抗戰結束後，歷史又將黃埔軍人劃分為嶄然對壘的兩個陣營。此時，國共雙方出自黃埔軍校的軍人，多已手握重兵，指揮着千軍萬馬。

在國民黨方面，教官顧祝同任陸軍總司令，陳誠任東北行轅主任，一期關麟徵任東北保安司令長官，一期胡宗南任西北「剿總」司令，一期宋希濂任湘鄂邊「剿總」司令，一期杜聿明任華北「剿總」副總司令、徐州「剿總」副總司令，一期范漢傑任陸軍副總司令、東北「剿總」副司令，一期羅奇任陸軍副總司令、京滬杭警備副司令，六期廖耀湘任新六軍軍長，一期王叔銘任空軍司令，一期桂永清任海軍司令，三期王耀武任第四方面軍總司令、山東省主席。

在中共方面，周恩來任中共中央軍委副主席、總參謀長，葉劍英任中共中央後方委員會書記，聶榮臻任晉察冀軍區司令員兼政委，陳毅任第三野戰軍司令員兼政委。一期徐向前任華北軍區副司令員，陳賡任第二野戰軍第四兵團司令員，周士第任第一野戰軍第十八兵團司令員兼政治委員，閻揆要任第一野戰軍參謀長。四期林彪任第四野戰軍司令員，蕭克任晉察冀軍區副司令員、第四野戰軍兼華中軍區第一參謀長。五期程子華任第四野戰軍兵團司令員，張宗遜任第一野戰軍第一副司令員。六期（武漢軍校）羅瑞卿任華北軍區政治部主任。這一場決定中國命運、前途的空前大決戰，簡直又是一場「黃埔之戰」。

這一大決戰的結局，歷史早已揭出分曉。本來在軍隊的數量上、裝備上佔絕對優勢，擁有各種資源的國民黨最高掌權者、黃埔軍校校長蔣介石，結果一敗再敗，山崩堤決，不過短短幾年時間，就輸掉了他的數百萬大軍。

第三節　綴語

蔣介石的最終失敗不是偶然的。他的失敗，根植於黃埔軍校，有歷史原因可尋。

在黃埔軍校的歷史上，1927 年夏蔣發動的反共「清黨」，絕非不痛不癢、可以淡忘、可以掩飾，或按一下電腦上的刪除鍵就可刪得一乾二淨的記憶。這不但關係到黃埔軍校的走向，而且關係到中國革命的歷史的走向，是一個根本性的大變局。蔣由此邁出他一生最關鍵的一步，讓他自己從「革命將領」一變而成為專制軍閥，從而完成了他自己的形象塑造和對未來道路的設計。這一被哲學家們稱為「飛躍」的變化，又反作用於蔣之自身，讓他此後深受影響，並一直為這一轉變制約和糾纏着。終其一生，蔣再無法改變他自己。這是因為，重走舊軍閥的老路，搞專制獨裁，擁兵自重，等待着他的當然只能是最終的失敗。歷史的邏輯，其實就是這樣。

「清黨」之後，蔣對跟他走的教官、學生極力籠絡，悉心「栽培」，刻意經營他的「黃埔系」，一心將其打造成為自己的「掌中利劍」。他專注於「黃埔系」的經營，將情感、資源大量投注於此。有人說，蔣處事的原則是：凡隊伍先查看是否「嫡」出，見來人只問他姓「黃」（黃埔軍校）與否。在其「嫡系」部隊中，師生、門第之間的潛規則，暢行無阻；籠絡、寵信多於管治；相互之間的「關照」與「提攜」，替代了軍紀和軍律。得意之士，陵邁超越；悠悠風塵，無非奔競之徒。這當然不可能「栽培」「打造」出真正能打仗的軍隊來，反而讓驕兵悍將得到了適合其滋長的環境與土壤。「黃埔系」被一些人稱為「黃禍」，其來由在此。這就種下了蔣失敗的種子。

與此相關聯的還有，蔣未能一視同仁地對待他旗下的那些非「黃埔系」的軍隊，而對那些軍隊採取了歧視、排斥、打擊以至併吞的政策；特別是對那批不願跟他走的黃埔軍校教官和學生，更是將他們推向敵對的方面，重拳打壓，到處「圍剿」、追捕，必欲除之而後快。這樣做的結果，是將許許多多非「黃埔系」的軍隊和人士，將非親蔣的黃埔教官和學生，或先或後，推向了反蔣的一邊，將他們變成了對手。蔣的失敗，其實與此亦大有關係。

至於部分親蔣的黃埔教官和學生，在蔣的策劃、授意之下，先後成立「力行社」「復興社」「別動隊」「軍統」「中統」等組織，被賦予強權與特權，好行兇慝，為所欲為，致人神共怨。歷史已經表明，這一類組織及其活動，不但達不到維護、加強蔣的目的，反而加速了蔣的失敗。

「清黨」之後，蔣在他所統率的軍隊中，廢除了黨代表制度，逐步削弱以至拋棄了軍隊政治工作。於是，軍事長官被置於無制度約束、無有效監督的地位，軍隊失去了正確政治工作的指引和管治。

而黃埔軍校的黨代表制度和軍隊政治工作，在中國共產黨所領導的紅軍、八路軍、新四軍和人民解放軍中，卻得到全面繼承和發揚。黨代表制度被帶到井岡山上和各個革命根據地中，部隊中的「政委制」「政治部制」「支部建在連上」，一直在堅持着，並不斷發展、充實和完善。政治工作在人民軍隊中被比喻為「生命線」。這一套制度與傳統其實都來源於廣州黃埔長洲島，卻為蔣和蔣統率的軍隊所拋棄。這一揚一棄，也決定了兩種軍隊不同的命運與結局。

以上，其實都蘊含在一部黃埔軍校史中。陳寅恪先生詩曰：「讀史早知今日事」。有先前種下的根子，才有後來結出的果子。

時間來到了 1949 年。這是蔣介石快要敗出大陸的時候。廣州黃埔長洲島畢竟是蔣用心最深、最有感情的一個地方。這是他的「發跡」之地。在風雨飄搖，國民黨軍隊拋盔棄甲、敗潰千里的日子裏，蔣介石常常心念着的，是廣州的黃埔軍校。

那一年的 6 月 16 日，是黃埔軍校建校 25 周年的紀念日。此時已經移往台灣的蔣介石，對這個日子未能忘懷。這一日，他親到台灣鳳山陸軍軍官學校，參加了紀念大會。

7 月 1 日，在廣州，黃埔軍校各期的親蔣同學成立了一個所謂的「非常委員會」。蔣給這些學生發了封電報，其中說：「我和你們的生命是整個的，成敗榮辱也是一致的，我的恥辱，也是你們的恥辱。」蔣多麼希望，這些黃埔學生能夠跟着他一條道上走到底，並且給他創造一個「奇跡」。

這還不夠。7 月 14 日，蔣介石親自從台南飛到了廣州，於 7 月 19 日特意選擇在黃埔軍校的遺址，召開國民黨在粵高級幹部會議。實際上，這是少數親蔣的黃埔將領的一次非常會議。黃埔軍校的校舍在 1938 年 10 月已經被日軍飛機炸毀。

此時的黃埔長洲島上，斷壁殘垣，一片荒蕪，那情景令人觸目驚心。這個在黃埔軍校的遺址上召開的所謂商討「保衞廣州」大計的會議，參加者有何應欽（教官）、梁華盛（一期）、容有略（一期）、何崇校（四期）等，共 20 多人。

蔣經國《風雨中的寧靜》一書寫道：從 1949 年 9 月 22 日起，蔣介石再一次來到了廣州，一直到 10 月 3 日，他才離開了這座留下了他的多種記憶、多重情感的城市。其間的 10 月 1 日，正是毛澤東在北京莊重宣告中華人民共和國成立的日子。

很顯然，直到這個時候，蔣介石仍然想在廣州、想在廣州的黃埔長洲島上，經營他的某種「希望」，耕耘他的某種「奇跡」。蔣崛起於黃埔，敗出大陸之際，仍然心繫黃埔，期待着有人能「障百川而東之，回狂瀾於既倒」。

但是，到了這個地步，誰還能發此洪荒之力？這當然是不可能了。

那時，在黃埔軍校教官葉劍英、學生陳賡等人的率領之下，中國人民解放軍發起進軍廣東之役。廣州城，乃於這年的 10 月 14 日，插上了鮮紅的中華人民共和國國旗。

史事簡表

1923 年

11 月 26 日　國民黨臨時中央執行委員會第 10 次會議決議，將「義勇軍學校」改為「國民軍軍官學校」。

1924 年

1 月 20 日　國民黨第一次全國代表大會在廣州召開。

1 月 24 日　陸軍軍官學校籌備委員會成立，蔣介石任委員長。

1 月 28 日　孫中山指定長洲島為本校校址。

1 月底　鮑羅廷率蘇聯軍事顧問小組參加本校籌備工作。

2 月 6 日　軍校籌備處設於廣州南堤 2 號。

2 月 8 日　校籌備委員會首次會議召開。

2 月 21 日　蔣介石辭籌委委員長職。

2 月 23 日　廖仲愷兼理軍校籌委委員長職務。

3 月 20 日　入學試驗委員會成立，蔣介石為委員長。蔣辭職未歸，由李濟深代理委員長。

3 月 27 日　第一期入學考試，考生共 1200 餘人。考場設於廣東高等師範學校。

4 月 21 日　蔣介石返抵廣州。

4 月 28 日　第一期考試放榜，正取生 350 人，備取生 120 人。

5 月 2 日　蔣介石任陸軍軍官學校校長。

5 月 5 日　第一期正取生進校，編為第一、二、三隊。備取生於 5 月 7 日進校，編為第四隊。鄧演達代理總隊長。

5月9日 廖仲愷任國民黨駐陸軍軍官學校黨代表。

5月10日 李濟深任陸軍軍官學校教練部主任，王柏齡任教授部主任，戴季陶任政治部主任，何應欽任總教官。

6月15日 呂夢熊、茅延楨、金佛莊、李偉章分別任第一期第一、二、三、四隊隊長。

6月16日 舉行開學盛典，孫中山、宋慶齡、鮑羅廷等出席。

7月6日 校國民黨特別區黨部成立。

8月14日 招收第二期學生，編為第五隊、第六隊、第七隊，合稱第二總隊。

8月17日 第一期學生舉行甄別試驗，及格447名，飭令退學19名，留校察看33名。

9月3日 何應欽奉派籌備校教導團。

10月7日 蘇聯軍艦運送槍械8000支抵達虎門。

10月11日 第一期第二、三隊學生開進廣州城區，準備參加平定商團之役。

10月14日 孫中山發平定商團命令，以蔣介石為指揮，廖仲愷為監察。

10月15日 本校教官學生參加平定商團。

10月19日 第一期學生分發各團任見習官。見習期間月薪18元。湘軍講武堂學生158人歸併本校，編為第一期第六隊。

11月3日 孫中山行將北上，來校作告別演說。

11月20日 校教導團第一團成立。

11月30日 第一期畢業考試完畢。及格者456名。決定教導團採黨代表制。

11月 周恩來任校政治部主任。

12月26日 校教導團第二團成立。

12月 第三期新生相繼入校。本期起實行入伍生制。

1925年

1月14日 校特別區黨部選舉第二屆執行委員。

1月25日 校青年軍人社成立，決定出版《青年軍人》。

1月31日 校舉行東征誓師典禮。教導團第一、二團加入東征軍右路。

2月1日 中國青年軍人聯合會成立，決定出版《中國軍人》。

2月13日 教導團參加圍攻淡水。

2月15日	教導團挑選奮勇隊強攻淡水，即日佔領該城。營黨代表、一期生蔡光舉重傷身亡。
2月28日	教導團進駐海豐。
2月	國民黨中央執行委員會任命校政治部主任周恩來為東江各地黨務組織主任。
3月7日	東征右路軍克復潮安、汕頭。
3月12日	校總理孫中山在北京逝世。
3月13日	教導團於揭陽棉湖擊敗敵軍，稱「棉湖大捷」。教官、教導團營黨代表章琰陣亡。
3月21日	教導團進駐興寧。
4月上旬	周恩來任校軍法處長。
4月13日	廖仲愷提請國民黨中央執行委員會成立「黨軍」，以校教導第一、二團組成「黨軍」第一旅，以何應欽為旅長。
4月14日	廖仲愷被任命為「黨軍」黨代表。
4月24日	孫文主義學會成立。
4月29日	蔣介石任「黨軍」司令。
5月15日	包惠僧任校後方代理政治部主任。
6月10日	東征軍回師廣州。本日由石龍、石灘向廣州推進，進攻龍眼洞等。
6月12日	滇、桂軍全線潰敗，楊希閔、劉震寰逃離廣州。
7月1日	廣州國民政府成立。埔校舉行第三期開學式。
7月11日	設政治班，胡漢民、汪精衛、廖仲愷、甘乃光等任教官。
8月20日	校黨代表廖仲愷被戕。
8月21日	長洲戒嚴，三期生擔任海岸警戒，二期生為全島總預備隊。
8月24日	教導第四團第二、三營由沙角移駐校內；第五團第四、五連由黃埔開進廣州城。
8月25日	軍校各部參與搜捕、繳械涉嫌「廖案」之軍隊的行動。
9月4日	舉行下級幹部考試，取錄66名。
9月6日	舉行第二期學生畢業式，畢業生共440多人。
9月13日	成立軍校籌備校史編纂委員會，邵力子兼主席，袁同疇為總編纂。校特別區黨部第三屆黨部委員選舉。

9 月 14 日　國民黨中央執行委員會任命汪精衛為軍隊及埔校黨代表。

9 月 19 日　周恩來任國民革命軍第一軍政治部主任。

9 月 28 日　蔣介石任東征軍總指揮。周恩來任第一軍第一師黨代表，張靜愚為第二師黨表，賀衷寒任第一團黨代表，金佛莊為第二團黨代表，包惠僧為第三團黨代表，徐堅為第二師第四團黨代表，嚴鳳儀為第五團黨代表，蔣先雲為第三師第七團黨代表，張際春為第八團黨代表，王逸常為第九團黨代表。

9 月 29 日　何應欽、李濟深、程潛分別為東征軍第一、二、三縱隊長，周恩來為東征軍總政治部總主任。

9 月　聶榮臻任校政治部秘書。

10 月 4 日　張治中代理入伍生第一團團長。

10 月 5 日　邵力子任校政治部主任。

10 月 13 日　東征軍發起惠州攻城之戰。翌日，攻克惠州城，第四團團長劉堯宸陣亡。

11 月 1 日　中共中央局發出第六十二號通告，通知各地為本校選送考生。

11 月 4 日　周恩來率總政治部進駐汕頭。

11 月 6 日　蔣介石率總指揮部進駐汕頭。

11 月 12 日　潮州分校復校。何應欽以第一軍軍長兼分校校長。

12 月 8 日　蔣介石在潮州召開政治部職員與黨代表會議，討論本黨團結辦法。

12 月 29 日　魯易任第二師黨代表。

1926 年

1 月 4 日　校教導師成立，師長王柏齡，黨代表包惠僧，副師長兼參謀長劉峙，王文翰、葉劍英、李杲分任第一、二、三團團長。

1 月 6 日　熊雄任校政治部副主任，主持部務。

1 月 12 日　國民政府軍事委員會通過「改組黃埔軍校為中央軍事政治學校提案」，決定各軍自辦軍校統歸黃埔軍校。

1 月 17 日　舉行第三期畢業典禮，畢業生計 1200 多人。

2 月 1 日　校改組籌備委員會成立，蔣介石、鄧演達、嚴重、邵力子、熊雄、陳公博、馮寶森為改組籌備委員。

2月2日　汪精衛、蔣介石召開青年軍人聯合會、孫文主義學會聯席會議。

2月6日　校教導師改稱第二十師，直屬於國民政府軍事委員會。

2月26日　蔣介石免王懋功第二師師長職。

3月1日　校名改稱中央軍事政治學校，是日舉行中央軍事政治學校成立典禮。

3月8日　舉行第四期學生開學典禮，出席新生2650人，從本期起設政治科。

3月19日　蔣介石「竟夕與各幹部密議」，至次日凌晨4時「下定變各令」。

3月20日　「中山艦事件」爆發。

4月3日　蔣介石建議「整軍肅黨」，提出「軍隊中的共產主義分子應暫時退出軍隊」。

4月10日　中國青年軍人聯合會發表解散通電。部分共產黨員開始從本校及第一軍退出。

4月11日　李濟深任副校長，校教育長鄧演達調任潮州分校教育長兼第一軍政治部主任，何應欽調本校兼教育長。

4月27日　校特別黨部籌備委員會成立，方鼎英、張定璠、張治中、張與仁、熊雄任籌備委員。

5月18日　嚴重任教授部主任，吳思豫任訓練部主任。

5月20日　第四軍獨立團（葉挺獨立團）從廣州啟行北伐。

5月23日　選舉校第四屆特別黨部執行委員及監察委員。主席蔣介石，執行委員張治中、袁同疇、蔣先雲、賈伯濤、范藎、杜心樹、陳超、賈聲、霍焜，監察委員嚴重、方鼎英、熊雄。

5月24日　籌備成立黃埔同學會。

5月　軍事委員會政治訓練部高級政治訓練班開學，周恩來任班主任，學員多為從第一軍撤出之共產黨員。27日蔣介石到會演講。

6月1日　潮州分校第一期畢業，畢業生共340多人，與第三期同等待遇。

6月18日　舉行創校二周年紀念會。蔣介石稱辦校至今官長士兵死亡共516人，何應欽報告本校成立以來情況，蔣先雲報告《本校烈士事略》。

6月27日　黃埔同學會成立。蔣介石任會長，秘書曾擴情，總務科長李正韶，組織科長楊引之，宣傳科長余灑度，潮州分會秘書胡秉鐸，入伍生部分會組織員賈伯濤。

7月5日　蔣介石任國民黨中央黨部軍人部部長。

7月9日　國民革命軍舉行北伐誓師典禮，蔣介石任北伐軍總司令。

7月27日　蔣介石由廣州啟行北伐。教育長方鼎英代理校務。

7月29日　邵力子離校，熊雄負責校政治部工作。
自本年3月至7月底，陸續招收入伍生1000餘人。其間所招入伍生編為第五期，此後所招入伍生，編為第六期。

9月3日　廣州農民運動講習所所長毛澤東來校講演。

9月5日　北伐軍圍攻武昌城，一期畢業生曹淵等陣亡。

9月16日　第五期入伍生開學。

10月3日　中共中央發出「鍾字第二十二號」通告，通知各地黨組織為埔校選派考生。

10月4日　舉行第四期畢業典禮，各科畢業生共2600多人。

10月8日　第六期入伍生招收事畢，原定額3000名，實際招收4400餘人。

10月14日　周恩來在第四期新政治隊講演《武力與民眾》。

10月16日　決定籌辦武漢分校。

10月25日　軍官政治研究班畢業。

11月1日　第五期學生編為步兵、炮兵、工兵、政治、經理5科，共6個大隊、17個中隊、53個區隊，學生共2620人。武漢分校招考委員會成立，以鄧演達為主席。

11月15日　舉行第五期升學典禮。第六期入伍生相繼入校編隊。

12月13日　留校之第一、二、四期學生共182人開赴前方。

12月14日　政治部副主任熊雄代理政治部主任。

12月15日　本校炮兵、工兵兩學生隊移赴武漢。

12月17日　設高級班，學員定額150名，以南堤江防司令部舊址為校舍。修學期限一年。

12月24日　校特別區黨部聘熊雄、蕭楚女、張秋人、孫炳文為政治顧問，安體誠等40人為宣傳委員。

12月底　潮州分校第二期畢業，比敘為本校第四期。

1927年

1月5日　舉行第五期第三次政治工作會議。

2月3日　舉行第五期第四次政治工作會議。

2月10日　長沙分校招生，石醉六任校長，夏曦任政治部主任。

2月12日　武漢分校舉行開學典禮，共招收男女學生及入伍生6000餘人。鄧演達代行校長職，顧孟餘代行黨代表職，張治中任教育長兼訓練部主任，惲代英任政治總教官。

2月15日　駐漢黃埔同學集會，並向蔣介石提交《駐鄂黃埔各期同學報告書》。

2月16日　召開擴大政治工作會議。

3月1日　高級班開學。

3月12日　蔣介石發表《告黃埔各期同學書》，回應此前在漢各期同學的「報告書」。後黃埔學生再發「覆校長書」。

3月18日　校發表《紀念「三一八」告全國民眾書》。

3月26日　武漢分校改校長制為委員制，譚延闓、鄧演達、惲代英、徐謙、顧孟餘為校務委員會委員，譚延闓、鄧演達、惲代英為常委。

4月3日　校特別黨部舉行全校大會，出席者15000餘人。

4月8日　魯迅到校演講《革命時代底文學》。

4月12日　蔣介石在上海發動「清黨」。是日《黃埔日刊》刊登武漢消息表明武漢分校改為中央軍事政治學校，隸屬於中央軍事委員會。

4月14日　李濟深召錢大鈞等謀劃「清黨」，決定錢大鈞任臨時戒嚴司令，集合部隊，實施「清黨」。是夜，方鼎英面告熊雄「清黨」實情，促熊離校，熊於乘船後被逮捕；黃埔長洲島及四標營入伍生駐地被監視、包圍。

4月15日　廣州宣佈特別戒嚴。大規模追捕持續一周之久，大批中共黨員和工、農、學生、婦女骨幹遇害。
黃埔軍校「清黨」中，校本部及各入伍生駐地被捕400餘人。蕭楚女、熊銳、譚其鏡、麻植等被捕遇害。

6月30日　鄧演達在武漢發表《告別中國國民黨的同志書》。

7月8日　南京籌辦中央軍校，令廣州第五期學生開赴南京參加畢業典禮。

7月15日　汪精衛在武漢實行「分共」。

7月18日　武漢中央軍事政治學校第五期畢業典禮，在廣州入學之第五期生炮兵、工兵、政治三大隊共800人畢業。武漢軍校實際結束。

參考文獻

一、文獻檔案

中央檔案館編：《中共中央文件選集（1）》，中共中央黨校出版社，1982 年。

中央檔案館編：《中共中央文件選集（2）》，中共中央黨校出版社，1983 年。

中央檔案館編：《中共中央文件選集（3）》，中共中央黨校出版社，1983 年。

中央檔案館編：《中共中央文件選集（4）》，中共中央黨校出版社，1983 年。

中共中央黨史研究室第一研究部編：《共產國際、聯共（布）與中國革命檔案資料叢書》1，北京圖書館出版社，1997 年。

中共中央黨史研究室第一研究部編：《共產國際、聯共（布）與中國革命檔案資料叢書》2，北京圖書館出版社，1997 年。

中共中央黨史研究室第一研究部編：《共產國際、聯共（布）與中國革命檔案資料叢書》3，北京圖書館出版社，1998 年。

中共中央黨史研究室第一研究部編：《共產國際、聯共（布）與中國革命檔案資料叢書》4，北京圖書館出版社，1998 年。

中共中央黨史研究室第一研究部編：《共產國際、聯共（布）與中國革命檔案資料叢書》5，北京圖書館出版社，1998 年。

中共中央黨史研究室第一研究部編：《共產國際、聯共（布）與中國革命檔案資料叢書》6，北京圖書館出版社，1998 年。

中國第二歷史檔案館編：《中華民國史檔案資料彙編》（第四輯）上、下冊，江蘇古籍出版社，1986 年。

榮孟源主編：《中國國民黨歷次代表大會及中央全會資料》（上、下冊），光明日報出版社，1985 年。

中央檔案館編：《中共中央政治報告選輯（一九二二——一九二六年）》，中共中央黨校出版社，1981 年。

中央檔案館、廣東省檔案館編：《廣東革命歷史文件匯集》，甲 1、甲 2、甲 3、甲 4、甲 5、甲 6、甲 7，1982 年至 1985 年。

陸軍軍官學校編：《陸軍軍官學校學生詳細調查表》（共四冊）（民國十三年七月），（台灣）文海出版社，1990 年。

湖南省檔案館校編：《黃埔軍校同學錄》，湖南人民出版社，1989 年。

國民黨中央陸軍軍官學校校務委員會編纂：《中央陸軍軍官學校史稿》，1936 年。

中國社會科學院近代史研究所翻譯室編譯：《共產國際有關中國革命的文獻資料（1919 — 1928）》第一輯，中國社會科學出版社，1981 年。

二、文集、著作

中共中央文獻研究室編：《毛澤東年譜（一八九三——一九四九）》（上卷），人民出版社、中央文獻出版社，1993 年。

中共中央文獻編輯委員會編：《周恩來選集》（上卷），人民出版社，1980 年。

中共中央文獻研究室編：《周恩來年譜（一八九八——一九四九）》，中央文獻出版社、人民出版社，1989 年。

王宗華主編：《中國大革命史：1924 — 1927》（上、下冊），人民出版社，1990 年。

李新、陳鐵健主編：《偉大的開端（1919 — 1923）》，上海人民出版社，1991 年。

張靜如主編：《北伐戰爭（1926 — 1927）》，上海人民出版社，1994 年。

丁言模：《鮑羅廷與中國大革命》，寧夏人民出版社，1993 年。

中共中央黨史研究室：《中國共產黨歷史》第一卷（1921 — 1949），中共黨史出版社，2002 年。

中共廣東省委黨史研究室：《中國共產黨廣東地方史》（第一卷），廣東人民出版社，1999 年。

中共廣東省委黨史研究室編：《中共廣東黨史大事記》（新民主主義革命時期），中共黨史出版社，1993 年。

盧權主編：《廣東革命史辭典》，廣東人民出版社，1993 年。

王曉天、王國宇主編，毛健副主編：《湖南古今人物辭典》，湖南人民出版社，2013 年。

中共安徽省委黨史研究室編：《安徽革命史辭典》，安徽人民出版社，1996 年。

徐友春主編：《民國人物大辭典》，河北人民出版社，1991 年。

陳漢初主編，廣東省汕頭市社會科學聯合會編：《周恩來在潮汕》，中央文獻出版社，2004 年。

徐向前：《歷史的回顧——徐向前回憶錄》，解放軍出版社，2007 年。

聶榮臻：《聶榮臻回憶錄》，解放軍出版社，2007 年。

張宗遜：《張宗遜回憶錄》，解放軍出版社，2008 年。

《葉劍英傳》編寫組：《葉劍英傳》，當代中國出版社，1995 年。

廣東省社會科學院歷史研究室、中國社會科學院近代史研究所中華民國史研究室、中山大學歷史系孫中山研究室合編：《孫中山全集》（第一卷），中華書局，1981 年。

中山大學歷史系孫中山研究室、廣東省社會科學院歷史研究所、中國社會科學院近代史研究所中華民國史研究室合編：《孫中山全集》（第五卷），中華書局，1985 年。

中山大學歷史系孫中山研究室、廣東省社會科學院歷史研究所、中國社會科學院近代史研究所中華民國史研究室合編：《孫中山全集》（第六卷），中華書局，1985 年。

中山大學歷史系孫中山研究室、廣東省社會科學院歷史研究所、中國社會科學院近代史研究所中華民國史研究室合編：《孫中山全集》（第八卷），中華書局，1986 年。

廣東省社會科學院歷史研究所、中國社會科學院近代史研究所中華民國史研究室、中山大學歷史系孫中山研究室合編：《孫中山全集》（第九卷），中華書局，1986 年。

廣東省社會科學院歷史研究所、中國社會科學院近代史研究所中華民國史研究室、中山大學歷史系孫中山研究室合編：《孫中山全集》（第十卷），中華書局，1986 年。

廣東省社會科學院歷史研究所、中國社會科學院近代史研究所中華民國史研究室、中山大學歷史系孫中山研究室合編：《孫中山全集》（第十一卷），中華書局，1986 年。

廣東省社會科學院歷史研究室編：《廖仲愷集》（增訂本），中華書局，1983 年。

《鮑羅廷在中國的有關資料》，中國社會科學出版社，1983 年。

［蘇］亞・伊・切列潘諾夫著，中國社會科學院近代史研究所翻譯室譯：《中國國民革命軍的北伐——一個駐華軍事顧問的札記》，中國社會科學出版社，1981 年。

［俄羅斯］阿納斯塔西婭・卡爾圖諾娃編，張麗譯：《來到東方：加倫與中國革命史料新編》，廣東人民出版社，2017 年。

［蘇］A・И・卡爾圖諾娃著，中國社會科學院近代史研究所翻譯室譯：《加倫在中國（1924 — 1927）》，中國社會科學出版社，1983 年。

任建樹：《陳獨秀傳》，上海人民出版社，1995 年。

唐寶林：《陳獨秀全傳》，社會科學文獻出版社，201 年。

水如編：《陳獨秀書信集》，新華出版社，1987 年。

劉冠賢主編：《鄧演達研究概覽》，廣東人民出版社，2011 年。

周士第：《周士第回憶錄》，人民出版社，1979 年。

包惠僧：《包惠僧回憶錄》，人民出版社，1983 年。

彭述之：《評張國燾「我的回憶」——中國第二次革命失敗的前因後果和

教訓》，（香港）前衛出版社，1975 年。

胡允恭：《金陵叢談》，人民出版社，1985 年。

羅章龍：《椿園載記》，生活・讀書・新知三聯書店，1984 年。

中共一大會址紀念館編：《陳公培文集》，上海人民出版社，2016 年。

張治中：《張治中回憶錄》，中國文史出版社，1985 年。

熊巢生、熊英、易敬林編著：《中國大革命中的熊雄》，江西人民出版社，2002 年。

盧璐、謝中、蔣美成：《黃埔第一傑蔣先雲》，湖南人民出版社，2012 年。

李默庵口述，劉育鋼、高建中編寫：《世紀之履：李默庵回憶錄》，中國文史出版社，1995 年。

廣東革命歷史博物館編著：《黃埔軍校圖志》，廣東人民出版社，2010 年。

中央黨史研究室《蕭楚女文存》編輯組、廣東革命歷史博物館編：《蕭楚女文存》，中共黨史出版社，1998 年。

田子渝、任武雄：《惲代英傳記》，湖北人民出版社，1984 年。

段建國、賈岷岫：《王世英傳奇》，山西人民出版社，1992 年。

靖任秋：《縱橫龍潭虎穴間——靖任秋回憶錄》，中共黨史出版社，2009 年。

馬敍倫：《馬敍倫自述》，中國大百科全書出版社，2012 年。

錢義璋：《沙基痛史》，廣東人民出版社，1995 年。

陳公博：《苦笑錄》，東方出版社，2004 年。

康澤：《康澤自述》，團結出版社，2012 年。

少侯編：《汪精衛文選》，上海仿古書店，1936 年。

王仰清、許映湖標註：《邵元沖日記》，上海人民出版社，1990 年。

楊天石：《蔣氏秘檔與蔣介石真相》，社會科學文獻出版社，2002 年。

黃仁宇：《從大歷史的角度讀蔣介石日記》，中國社會科學出版社，1998 年。

蔣永敬：《國民黨興衰史》（增訂本），（台灣）商務印書館，2009 年。

汪榮祖、李敖：《蔣介石評傳》，中國友誼出版公司，2005 年。

唐德剛：《中國革命簡史：從孫文到毛澤東》，（台灣）遠流出版事業股份有限公司，2014 年。

李玉貞：《國民黨與共產國際》，人民出版社，2012 年。

黃振涼：《黃埔軍校之成立及其初期發展》，（台灣）正中書局，1993 年。

毛思誠編：《民國十五年以前之蔣介石先生》，（香港）龍門書店，1965 年。

中國第二歷史檔案館編：《蔣介石年譜初稿》，檔案出版社，1992 年。

黃埔中央軍事政治學校政治部編纂委員會：《蔣校長最近之言論》，中央軍事政治學校政治部出版，1927 年。

呂芳上主編：《蔣中正先生年譜長編》，（台灣）「國史館」，2014 年。

蔣中正：《蘇俄在中國——中國與俄共三十年經歷紀要》，（台灣）「中央文物供應社」印行，1956 年。

李勇，張仲田編：《蔣介石年譜》，中共黨史出版社，1995 年。

中華民國史事紀要編輯委員會編：《中華民國史事紀要（初稿）》（1925 年 1 月至 6 月），（台灣）中華民國史料研究中心，1975 年。

中華民國史事紀要編輯委員會編：《中華民國史事紀要（初稿）》（1925 年 7 月至 12 月），（台灣）中華民國史料研究中心，1975 年。

中華民國史事紀要編輯委員會編：《中華民國史事紀要（初稿）》（1926 年 1 月至 7 月），（台灣）中華民國史料研究中心，1975 年。

容鑒光、葉泉宏：《黃埔軍校一期研究總成》，（台灣）易風格數位快印有限公司，2003 年。

關玲玲：《許崇智與民國政局》，（台灣）大安出版社，1991 年。

《黃埔軍校史叢書》編輯部、廣州市社會科學院歷史研究所：《黃埔軍校研究》（第一輯），廣東人民出版社，2006 年。

《黃埔軍校史叢書》編輯部、廣州市社會科學院歷史研究所：《黃埔軍校研究》（第二輯），中山大學出版社，2007 年。

《黃埔軍校史叢書》編輯部、廣州市社會科學院歷史研究所：《黃埔軍校研究》（第三輯），中山大學出版社，2008 年。

鄭志廷、張秋山等編著：《保定陸軍學堂暨軍官學校史略》，人民出版社，2005 年。

陳予歡編：《雲南講武堂將帥錄》，廣州出版社，2011 年。

李烈鈞：《李烈鈞將軍自傳》，中華書局，2007年。

張玉法、陳存恭訪問，黃銘明紀錄：《劉安祺先生訪問紀錄》，（台灣）「中央研究院」近代史研究所編印，1991年。

《譚平山文集》編輯組：《譚平山文集》，人民出版社，1986年。

［蘇］維什尼亞科娃—阿基莫娃著，王馳譯：《中國大革命見聞（1925—1927）——蘇聯駐華顧問團譯員的回憶》，中國社會科學出版社，1985年。

阮嘯仙著，《阮嘯仙文集》編輯組編：《阮嘯仙文集》，廣東人民出版社，1984年。

［蘇］C·A·達林著，侯均初、潘榮、張亦工等譯：《中國回憶錄：1921—1927》，中國社會科學出版社，1981年。

劉秉粹編：《革命軍第一次東征實戰記》，（台灣）文海出版社，1981年。

中國第二歷史檔案館編：《中國國民黨第一、二次全國代表大會會議史料》（上、下），江蘇古籍出版社，1986年。

廣東省檔案館、中共廣東省委黨史研究委員會辦公室編：《廣東區黨、團研究史料（1921—1926）》，廣東人民出版社，1983年。

中共中央黨校黨史教研室資料組編寫：《中國共產黨歷次重要會議集》，上海人民出版社，1982年。

中共中央黨史資料徵集委員會、中共中央黨史研究室編：《中共黨史資料》（第三輯），中共中央黨校出版社，1982年。

方鼎英：《方教育長言論集》，中央軍事政治學校政治部印，1927年。

李逸民著，黃國平整理：《李逸民回憶錄》，湖南人民出版社，1986年。

《四·一二反革命政變資料選編》，人民出版社，1987年。

中國科學院歷史研究所第三所南京史料整理處選輯：《中國現代政治史資料彙編》（第一輯）。

《黃埔日刊》，中央軍事政治學校政治部出版，1926至1927年。

中國青年軍人聯合會會刊《中國軍人》，1925至1926年。

黃埔同學會宣傳科編輯股編：《黃埔潮周刊》，黃埔同學會印行，1926至1927年。

黃埔同學會宣傳科編：《黃埔旬刊》，1926至1927年。

《民眾的武力》，中央軍事政治學校入伍生部政治部印，1926 至 1927 年。

《沙基屠殺中黨立軍校死難者》，1925 年，載廣東省立中山圖書館、廣州市社會科學院、中山大學圖書館編:《黃埔軍校史料彙編》(第一輯第十六冊)，廣東教育出版社，2012 年。

《黃埔潮半周刊》，國民革命軍中央軍事政治學校政治部出版，1925 至 1926 年。

廣東黃埔陸軍軍官學校青年軍人社:《青年軍人》(第六期後改名《革命軍》，出版與發行者署廣東黃埔陸軍軍官學校特別區黨部革命軍人社)。

伯休編:《中央軍事政治學校第四期學生畢業紀念冊》，中央軍事政治學校，1926 年。

李雲漢:《從容共到清黨》，(台灣)及人書局，1987 年。

中國人民大學中國革命史教研室編:《第一次國內革命戰爭時期的統一戰線》，高等教育出版社，1957 年。

張國燾:《我的回憶》(上冊)，北方婦女兒童出版社，2007 年。

蔡和森:《蔡和森的十二篇文章》，人民出版社，1980 年。

李一氓:《李一氓回憶錄》，人民出版社，2001 年。

余濬陽主編:《王一飛傳略·文存》，中共黨史資料出版社，1988 年。

汪精衞:《雙照樓詩詞藳》。

馬超俊、傅秉常口述，劉鳳翰等整理:《馬超俊、傅秉常口述自傳》，中國大百科全書出版社，2009 年。

陶水木編:《沈定一集》，國家圖書館出版社，2010 年。

桑兵主編:《各方致孫中山函電彙編》(第五卷)、(第六卷)、(第七卷)，社會科學文獻出版社，2012 年。

三、史料彙編

中共廣東省委黨史資料徵集委員會、中共廣東黨史研究委員會辦公室編:《廣東黨史資料》(第一輯)，廣東人民出版社，1983 年。

中國人民政治協商會議全國委員會文史資料研究委員會編：《文史資料選輯》第二輯，中華書局，1960 年。

中國人民政治協商會議全國委員會文史資料研究委員會編：《文史資料選輯》第十一輯，中華書局，1961 年。

中國人民政治協商會議全國委員會文史資料研究委員會編：《文史資料選輯》第十九輯，中華書局，1961 年。

中國人民政治協商會議全國委員會文史資料研究委員會編：《文史資料選輯》第四十五輯，中華書局，1964 年。

中國人民政治協商會議全國委員會文史資料研究委員會編：《文史資料選輯》第七十七輯，文史資料出版社，1981 年。

中國人民政治協商會議廣東省委員會文史資料研究委員會編：《廣東文史資料》第十二輯，廣東人民出版社，1964 年。

中國人民政治協商會議廣東省委員會文史資料研究委員會、廣東革命歷史博物館合編：《廣東文史資料》第三十七輯，廣東人民出版社，1982 年。

中國人民政治協商會議廣東省委員會、廣州市委員會文史資料研究委員會，廣東革命歷史博物館合編：《廣東文史資料》第四十二輯，廣東人民出版社，1984 年。

中國人民政治協商會議全國委員會文史資料研究委員會編：《第一次國共合作時期的黃埔軍校》，文史資料出版社，1984 年。

廣東革命歷史博物館編：《黃埔軍校史料（1924 — 1927）》，廣東人民出版社，1982 年。

陳以沛、鄒志紅、趙麗屏合編：《黃埔軍校史料（續篇）》，廣東人民出版社，1994 年。

廣東省立中山圖書館、廣州市社會科學院、中山大學圖書館編：《黃埔軍校史料彙編》（第一輯第一冊），廣東教育出版社，2012 年。

廣東省立中山圖書館、廣州市社會科學院、中山大學圖書館編：《黃埔軍校史料彙編》（第一輯第二冊），廣東教育出版社，2012 年。

廣東省立中山圖書館、廣州市社會科學院、中山大學圖書館編：《黃埔軍校史料彙編》（第一輯第三冊），廣東教育出版社，2012 年。

廣東省立中山圖書館、廣州市社會科學院、中山大學圖書館編：《黃埔軍校史料彙編》（第一輯第四冊），廣東教育出版社，2012 年。

廣東省立中山圖書館、廣州市社會科學院、中山大學圖書館編：《黃埔軍校史料彙編》（第一輯第五冊），廣東教育出版社，2012 年。

廣東省立中山圖書館、廣州市社會科學院、中山大學圖書館編：《黃埔軍校史料彙編》（第一輯第六冊），廣東教育出版社，2012 年。

廣東省立中山圖書館、廣州市社會科學院、中山大學圖書館編：《黃埔軍校史料彙編》（第一輯第十五冊），廣東教育出版社，2012 年。

廣東省立中山圖書館、廣州市社會科學院、中山大學圖書館編：《黃埔軍校史料彙編》（第二輯第三十五冊），廣東教育出版社，2013 年。

中共惠陽地委黨史辦公室、中共惠陽縣委黨史辦公室編：《葉挺研究史料》，廣東人民出版社，1987 年。

中共廣東省委黨史研究委員會辦公室、廣東省檔案館編:《中山艦事件》，1981 年。

中共中央黨史資料徵集委員會、中共廣東省委黨史資料徵集委員會、廣東革命歷史博物館編：《廣州起義》，中共黨史資料出版社，1988 年。

中共廣東省委黨史研究委員會辦公室：《中共廣東黨史訪問資料》，打印本，1963、1964 年。

中共廣東黨史研究委員會辦公室選印：《大革命時期廣東工、農、青、婦運動參考資料》，打印本，1964 年。

中共廣東省委黨史研究委員會辦公室、廣東省檔案館編:《中山艦事件》，打印本，1981 年。

方鼎英：《我的一生》，手寫稿複印件，1974 年。

中共中央黨校中共黨史教研室編：《中國國民黨史文獻選編》，1987 年。

《張隱韜烈士日記》，中國革命博物館黨史研究室：《黨史研究資料》，第七、八、九期，1988 年。

《陳毅安烈士書信集》，打印件，1922 年至 1927 年。

裘樹凱：《我和我的二哥裘樹藩》，打印件，1982 年。

《近代史資料》編輯部編：《近代史資料》總 106 號，中國社會科學出版社，2003年。

中共惠州市委統戰部、中共惠州市委黨史辦公室編：《東征史料選編》，廣東人民出版社，1992年。

廣東省檔案館、廣東青運史研究委員會：《廣東青年運動歷史資料》（一），1986年。

中國社會科學院近代史研究所中華民國史組編：《中華民國史資料叢稿：大事記》（第十一輯），中華書局，1978年。

四、本書作者相關著述、論文

《廣州國民政府》，廣東人民出版社，1996年。

《共產黨人與黃埔軍校》，廣州出版社，2004年。

《共產黨人與黃埔軍校》，廣州出版社，2013年。

《黃埔軍校》（大型歷史文獻專題片《黃埔軍校》文字稿增撰本），中國民主法制出版社，2011年。

《蔣介石在黃埔軍校政治思想的矛盾及其演變》，《史學月刊》第5期，1986年。

《北伐時期的「迎汪」運動與中國共產黨的方針》，《近代史研究》第1期，1988年。

《蔣介石與廣東革命政府的兩次東征》，《近代史研究》第6期，1988年。

《孫中山大元帥大本營述論》，《近代史研究》第3期，1991年。

《廣州國民政府述論》，《近代史研究》第5期，1992年。

《鐵軍風采——葉挺獨立團述論》，廣東黨史資料叢刊編輯部，1996年。

《1925至1927年的胡、汪、蔣三角關係》，《中國革命史研究述論》，（香港）華星出版社，2000年。

《黃埔軍校研究・總序》，《黃埔軍校史叢書》編輯部、廣州市社會科學院歷史研究所：《黃埔軍校研究》（第一輯），廣東人民出版社，2006年。

《黃埔軍校的話語空間與學術魅力》（在華南師範大學「文化素質大講壇」講演），溫惠琴主編：《大學問》，廣東高等教育出版社，2008 年。

《「廖案」能見度》，《黃埔軍校史叢書》編輯部、廣州市社會科學院歷史研究所：《黃埔軍校研究》（第四輯），中山大學出版社，2009 年。

《黃埔軍校圖志 · 綜述》，廣東人民出版社，2010 年。

《共產黨人在黃埔軍校》（在「黃埔軍校同學會」講演），2011 年。

《蔣介石「中山艦事件」倒汪謀略的形成——對蔣介石 1926 年 3 月末虎門之行的剖析》，《國民革命與廣州》，廣州出版社，2011 年。

《關於黃埔軍校——黃埔軍校史料彙編 · 前言》，廣東省立中山圖書館、廣州市社會科學院、中山大學圖書館編：《黃埔軍校史料彙編》第一輯第一冊，廣東教育出版社，2012 年。

《黃埔：從水陸師學堂到陸軍軍官學校》，《黃埔軍校史叢書》編輯部，廣州市社會科學院歷史研究所：《黃埔軍校研究》（第九輯），廣東人民出版社，2015 年。

《晚清民國變局視野中的黃埔軍校》（在首屆穗台「黃埔論壇」講演），《黃埔軍校研究》（第九輯），廣東人民出版社，2015 年。

《一座小島與一個時代》（在成功大學歷史系講演），2016 年。

《黃埔軍校：從廖蔣配到汪蔣配》，《廣東黨史與文獻研究》第 1 期，2017 年。

《軍校政治教育、軍隊政治工作和戰時政治工作》，《周恩來與教育國際研討會論文集》，天津南開中學，2017 年。

《廣州大革命史論叢》，中央文獻出版社，2021 年。

《讀黃埔軍校共產黨人文存》，《嶺南文史》第 1 期，2024 年。

《在化解危局中穩步前行——中山艦事件後共產黨人維護黃埔軍校的若干舉措》，《團結報》，2024 年。

《黃埔軍校百年回顧》（在廣州市社會主義學院、民革廣州市委會、黃埔軍校舊址紀念館舉辦「黃埔軍校建校 100 周年研討會」講演），2024 年。

《黃埔軍校史五題》，《隨筆》第 6 期，2024 年。

《共產黨人對黃埔軍校的貢獻作用》（在廣東省黃埔軍校同學會、廣東革命歷史博物館等舉辦「紀念黃埔軍校建校 100 周年學術研討會」講演），2024 年。

《黃埔軍校史若干問題解讀》（在廣州圖書館「羊城學堂」講演），2024 年。

《黃埔軍校政治部的創立及其貢獻》（在民革上海市委會、上海黃埔軍校同學會、上海大學等舉辦「大革命洪流與黃埔精神」學術研討會講演），2024 年。

後記

我畢業於中山大學歷史系。從上世紀 70 年代末開始，任教、任職於中共廣東省委黨校和中共廣東省委黨史研究室。

閱讀黃埔軍校的史料，尋繹黃埔軍校之史事，最初是從想弄清「中山艦事件」底細的一閃之念開始的。說起來，這與我所寓居的「黃華園」有點兒關係，算是因感而發，沿波討源。在個人讀書、問學的道路上，卻是個考正亡逸，研覆異同，追求已逝往事真相的漫長過程。

1926 年 3 月 20 日，黃埔軍校校長蔣介石，坐鎮於「廣東造幣廠」內（當時是國民革命軍第二師師部和廣州衞戍司令部所在地），調兵遣將，下「定變各令」，從而發動了一場深刻影響了黃埔軍校歷史走向的「中山艦事件」。這在蔣的日記和別的相關史料中，都有所記述。

廣東造幣廠原為廣東「錢局」，位於廣東省城大東門外之黃華塘。數十年之後，在廣東造幣廠原址，辦了中共廣東省委黨校（省委黨史研究室也曾設於此），校園稱「黃華園」。事過境遷，除一座低矮厚實的「銀庫」作為歷史遺址被保留下來了之外，廣東造幣廠的痕跡，久已盪然無存。只有那十數棵百年老榕樹，頑強屹立於校園內各座建築物之間。綠葉婆娑，迎風起舞，颯颯有聲，讓人聽着，才不時對這個地方的陳年舊事，生出些聯想來。

我在省委黨校和省委黨史研究室工作，在黃華園辟室而居，一住就住了數十個年頭。或許就是因為這個地方與「中山艦事件」的發生有點關聯吧，讓我對「中山艦事件」的往事，不期然地有所留意，注意搜尋起與之相關的東西來。這可能就是所謂「在地化」意識的作用使然吧。長期的閱讀與揣摩，獲見積少成多。對蔣在廣東造幣廠所斷然下達的「定變各令」究竟意味着什麼，對這一事變的表象與實質，逐漸形成了一定的看法。乃知蔣從這裏走出的那一步，真謂非同尋常，不但撕裂了黃埔軍校，影響、決定了黃埔軍校左右兩翼軍人的歷史走向，而且種下了蔣走向最終失敗的根子。這樣的尋繹與思索，疏鑿疑於心胸，對黃埔軍校史的認識，似有腦洞被打開、豁然貫通之感。

長年居住黃華園，閱讀與梳理舊事，未免意緒千端。然而，說到研究與寫作，還是從做「共產黨人與黃埔軍校」這一專題開始的。以將屆退休和已退休之年，不自量力，不揣淺陋，努力打磨，撰成《共產黨人與黃埔軍校》一稿。這本書前後出版了兩次，算是我在黃埔軍校史的研究領域中向讀者交出的粗淺之作。隨後，參加中央新聞紀錄電影製片廠攝製大型歷史文獻片《黃埔軍校》，任總撰稿。影片播出後，又應出版社之約，在該影片腳本的基礎上，增訂修飾，補寫了若干內容，仍以《黃埔軍校》之名出版。

現在奉獻給讀者的《黃埔軍校史（1924 — 1927）》一書，是《共產黨人與黃埔軍校》《黃埔軍校》出版之後，我繼續在電腦鍵盤上敲敲打打之作。這是我的一個自選動作。主要是有感於目前還沒有國共合作時期的《黃埔軍校史》的學術著作出版，而相關資料的蒐集、整理和出版工作，已有較大的進展（例如，廣東省立中山圖書館等單位編印的卷帙浩繁的《黃埔軍校史料彙編》，已陸續推出；廣東革命歷史博物館也已將館藏《黃埔日刊》掃描印出），資料的查找已不至於茫無頭緒；學界對黃埔軍校史的專題和人物研究，成績可觀，已推出了許多值得學習和參考借鑒之作；個人的資料積累和前期研究，也有一定的基礎。退休之年，行有餘力，且將這點小小的心思，寄之於鍵盤，長敲慢打，綴字成文。所謂「稟魯鈍之資，挾鄙陋之學」，欲言人所未言，並欲言一己未盡之言也。日就月將，敲出了這本書，惟史乏新意，文少情采，或令舊雨新朋，有所失望乃爾。

感謝中共廣東省委黨史研究室、廣東省委統戰部、廣東黃埔軍校同學會對本書寫作和出版的支持。

我多年來與各地黨校、黨史研究室、高校、社科院、方志辦、圖書館、博物館、檔案館和出版單位的朋友來來往往，得到許多關心、支持、幫助和指教，念茲在茲，足慰平生。全書清稿之際，謹以一片真摯，向各地朋友表示深深的謝意。

謹以此書獻給黃埔軍校建校一百周年，中山大學建校一百周年。

2024 年 5 月

於廣州黃華園之省三書屋

黃埔軍校史（1924—1927）（增訂版）

曾慶榴　著

責任編輯　譚俊鵬
裝幀設計　姚雙林
排　　版　黎　浪
印　　務　劉漢舉

出版　中華書局（香港）有限公司
香港北角英皇道 499 號北角工業大廈一樓 B
電話：（852）2137 2338　傳真：（852）2713 8202
電子郵件：info@chunghwabook.com.hk
網址：http://www.chunghwabook.com.hk

發行　香港聯合書刊物流有限公司
香港新界荃灣德士古道 220-248 號
荃灣工業中心 16 樓
電話：（852）2150 2100　傳真：（852）2407 3062
電子郵件：info@suplogistics.com.hk

印刷　美雅印刷製本有限公司
香港觀塘榮業街 6 號海濱工業大廈 4 樓 A 室

版次　2025 年 6 月初版

規格　16 開（240mm×170mm）

ISBN　978-988-8913-47-3

本書原出版者為廣東人民出版社，經授權由中華書局（香港）有限公司
在全球獨家出版發行中文繁體版本。